国家出版基金项目
NATIONAL PUBLICATION FOUNDATION

上海市文教结合“高校服务国家重大战略出版工程”
中国产业新体系、新模式、新动能研究

# 产业创新
## 理论与实践

芮明杰　等著

上海财经大学出版社

**图书在版编目(CIP)数据**

产业创新理论与实践/芮明杰等著．—上海：上海财经大学出版社，2019.4
(中国产业新体系、新模式、新动能研究)
ISBN 978-7-5642-3160-6/F・3160

Ⅰ．①产…　Ⅱ．①芮…　Ⅲ．①产业发展-研究-中国　Ⅳ．①F121.3

中国版本图书馆 CIP 数据核字(2018)第 269183 号

□ 丛书策划　王永长
□ 责任编辑　林佳依
□ 封面设计　张克瑶

**产业创新理论与实践**

芮明杰　等著

上海财经大学出版社出版发行
(上海市中山北一路 369 号　邮编 200083)
网　　址：http://www.sufep.com
电子邮箱：webmaster @ sufep.com
全国新华书店经销
上海华业装璜印刷厂印刷装订
2019 年 4 月第 1 版　2019 年 4 月第 1 次印刷

710mm×1000mm　1/16　21.75 印张(插页：1)　345 千字
定价：78.00 元

# 总　序

中国经济已经进入新常态，产业结构问题十分严峻，支持国民经济增长的主要产业出现了产能过剩、效益严重下滑、增长乏力等状况；而战略性新兴产业增长虽然比较快，但对GDP贡献依然十分有限，何况这些产业的进一步发展将受到发达国家的严重挑战。对于产业体系与产业结构的这一状况，我称为产业发展的“结构性陷阱”，而其他许多经济学家称为中等收入陷阱。要走出这个陷阱十分困难，全球许多类似国家的成功例子寥寥。正因如此，中国能否顺利跳出此陷阱，不仅是政府需要考虑的问题；作为经济学者，应该深入分析研究，探究解决此问题的新思路和新策略。应该说，当下供给侧结构改革就是解决此问题的新尝试。然而，目前我国供给侧结构改革的任务艰巨，因为“三去一降一补”作为行政性措施效果有限。

我们所面对的是消费者消费需求与消费习惯正在发生巨大变化、以“工业4.0”为代表的第四次工业革命正在发生的新时代。此革命将形成新的生产体系，即基于新一代互联网的智能生产服务系统，这一体系最终目的是为了实现智能化、大规模个性化定制生产与服务，满足消费者全新的个性化需求。目前美国、德国等制造业强国已经从自身的优势领域切入此新工业革命，它们在积极引导智能技术、智能制造等方面的进步，引导生产方法与模式的创新，进而谋求在未来全球产业体系与产业分工体系中成为有竞争力的领导者。在全球经济与产业发展的这种背景下，我认为，我国目前进行的供给侧结构改革的根本目标不能仅仅是去掉一些产能、补一些产业体系中的短板，而是要建立适应未来需求变化的新型供给体系。这一体系在我们看来就是，要建立面向未来的、全球产业分工中具有国际竞争力的、符合我国未来全球市场定位的新型产业体系与产业结构，并同时形成新的发展模式，寻找并确立引领我国下一轮经济增长的产业发展新动力。

## 一

“中国产业新体系、新模式、新动能研究”丛书旨在探索我国如何走出产业发展的结构性陷阱或中等收入陷阱并成为高收入发达国家的新理论、新战略与新政策。我们将对关系中国未来新型产业体系与新型结构构建，以及新体系、新模式、新动能等方面的重大理论与实践问题进行系统深入分析，形成重大理论成果与政策创新成果，为我国供给侧结构改革、新型产业体系发展、新发展模式、新产业发展动能的形成做出我们复旦大学的贡献，同时据此形成复旦大学产业经济学科创一流学科的标志性成果。

本研究系列将形成五本著作，具体包括：

1.《中国新型产业体系构建与发展研究》

中国新型产业体系应该是面向未来的，带有中国社会制度文化、自然资源禀赋、人力资源、消费需求倾向、技术发展路径、生态环境等特色的，基于新的比较优势基础的，可持续科学发展的，先进的，具有国际竞争力的现代产业体系，其具有资源节约、环境友好、自我发展、信息技术复合、价值链优化、内外向结合、开放先进等特征。

主要研究内容如下：

(1) 对中国产业体系的现状进行多方面的实证分析。具体包括产业体系宏观层面的分析、区域产业体系层面的分析、重要类型产业的分析（如流通产业、高技术产业等实证分析）。通过这些方面的实证，试图深入分析我国现行产业体系存在的问题及其背后的深层次原因。

(2) 通过国际比较研究，分析欧美发达国家自2008年开始的“再工业化”和“第三次工业革命”，以及对未来产业体系的构建设想与政策导向，希望勾勒出未来新型产业体系的轮廓。

(3) 新型产业体系理论构建研究。对最近的“工业4.0”战略构想、“互联网+”与智能化等欧美国家新型产业发展和产业体系的可能构造进行深入研究，推导出未来新型产业体系轮廓，为我国构造新型产业体系提供战略参考。研究分析影响我国新型产业体系形成与发展的中长期因素，建立我国新型产业体系的动态演进的理论模型，从理论上构造我国未来新型产业体系的目标模式、运行逻辑和理论基础。

(4) 新型产业体系中关键产业发展与宏观对策研究。具体包括我国未来新型产业体系中的核心产业和战略性新兴产业发展的新模式研究、未来先进制造业与服务业的融合发展模式研究、未来我国流通产业发展的战略研究，以及我国从现行产业体系转型升级为新型产业体系的主要对策研究。

2.《产业创新理论与实践》

供给侧结构改革不是简单地把现有产业体系中的低端产品淘汰掉一点、高端产品发展一点就可以，而是我们现有的整个产业体系必须达到全球发展的要求，符合全球科学技术和发达国家的未来发展趋势。我国的供给侧结构改革应该跟上新一轮产业革命和技术进步的步伐，为此需要培育新型产业体系和新的动力机制。因此，我国现行供给侧结构改革，除了要对我国现行的产业体系、产业结构进行转型升级外，一定还需要通过产品创新、业态创新、产业创新等，形成面对消费需求变化、面对未来市场和符合我国未来在全球产业体系中定位的一批战略性新兴产业，形成经济发展新动能，进而改变现行的产业体系与供给结构。

为此，我们希望就供给侧结构改革与产业创新的理论、产业创新的过程内容、产业创新的合作网络、知识传播与分享、产业创新推动新兴产业发展的新模式、新兴产业发展的新政策等方面开展深入研究，探讨创新的产业化成功的规律，为解决我国有科技成果创新而缺乏产业化成功这一问题提供新思路、新方案。

3.《平台经济——趋势与战略》

随着新一代互联网信息技术的发展，平台、平台经济及其外部性对整个经济形态及其下的产业体系、产业结构和相关产业产生了重大的影响。交易市场作为流通中的重要组成部分，其平台化发展的趋势已经逐渐显现。在中国推进供给侧结构改革与产业体系发展变化的大背景下，如何把握新产业体系的发展趋势，准确定位当前中国商品交易平台发展水平，制定政策以促进交易平台向未来模式进一步发展，进而带动中国未来新体系、新业态、新模式成型，是我国面临的重大挑战。

平台经济属于新产业体系的组成部分，是一种新的交易组织模式，它改变了传统交易供需见面的模式，改变了生产与分销的组织形态，对供给与消费的连接有新的影响。今天的电商平台主要是商品交易与服务的平台，平台尚未延伸至研发和生产制造环节，一旦平台延伸进入研发和生产制造环节，并与物联网结合，则可能产生重大变革，从而对经济新形态、新型产业发展产生较大影响，改变产业链形态、竞争格局和价值链。未来新一代平台与互联网的发展趋势、发展规律，平台生态，新一代平台发展的模式，我国平台经济未来发展的方向等，都是我们希望进一步深入研究的内容。

4.《新型产业体系的微观基础：新企业、新管理模式研究》

21 世纪，新型产业体系将会有很大的发展，新型产业体系形成的标志是产生了新的生产方式，即网络技术支撑下的智能化、大规模个性化定制生产方式。新的生产方式产生了新的经济运行规则，导致目前的企业必须进行转型，成为适应新经济规则的新企业。新企业是新型产业体系的微观基础，一定具有许多不同于旧企业的特点。其中，最根本的特点是，新企业资源配置过程中，知识是关键要素，智力资本最为重要。因此，新企业需要全新的管理理念、管理思想、管理模式、管理方式（即新管理）。新管理的核心价值观为：以人为本，合作创新，自我超越，永远领先。

为此本书主要研究新型产业体系形成导致新的经济运行法则、新的产业发展与运行范式、新技术革命和新消费需求变化导致企业转型升级的基本问题，并由此开展对新企业的构造与运行、新企业的管理变革、新管理的价值观、新管理的内容与方式等方面的一系列深入研究，为我国企业转型发展提供理论与战略性的指导。

5.《“工业 4. 0”与我国智能制造业发展战略研究》

“工业 4. 0”实质上是针对消费者个性化消费需求的新一代智能制造生产方式，这一新的生产方式代表了工业或制造业发展的未来。德国与美国已经对这种工业新技术变化、新生产模式进行积极准备，而且利用自己原来在工业装备、信息技术、互联网和物联网方面的强大基础与实力，希望在新一代制造业信息、数字、智能三个方面融合，谋求全球领先，成为未来制造业的领导者，进而控制全球制造业发展。为此，我们必须对“工业 4. 0”有更清醒的认识，我们要有中国自己的战略与对策。

我国是制造业大国，但不是制造业强国，我国制造业总体水平与美国、德国、日本等比较还有很大差距，而德国、美国等开始的“工业 4. 0”及 CPS 成为未来制造业智能化发展的重要方向。为此，我们需要抓住机遇，实现弯道超车，需要研究欧美发达国家在“工业 4. 0”，即智能制造方面的最新发展趋势、技术路径和技术特征，需要研究我国制造业现状及其背后的问题，需要分析转型、升级、智能化发展的可能方向，需要探讨我国智能制造业发展的战略目标与思路以及我国智能制造业发展的路径与策略等。

## 二

复旦大学产业经济学科发展至今，已有三十多年的历史。复旦大学产业经济学硕士点建立于 1983 年；产业经济学博士点于 1986 年经国务院学位委员会审定批准建立，至今已 30 年。1988 年，复旦大学产业经济学科被国家教委确定为首批国家级重点学科之一，之后顺利通过 2001 年和 2007 年教育部的两度评选，28 年来一直保持国家级重点学科的荣誉，在国内同行中享有盛誉。

2003 年以来，在学科带头人芮明杰教授的领导下，复旦大学产业经济学科把握国际前沿发展趋势，进一步拓展产业经济学科新领域，研究解决国民经济发展中的产业经济新问题，高起点进入产业经济研究的主要领域，先后成立了获得上海市政府批准的“上海产业结构调整”上海市社会科学创新研究基地，以及上海市人民政府决策咨询研究基地芮明杰工作室，承担了大量的国家与地方研究基金课题和政府委托的产业发展与规划方面课题。目前已经形成复旦大学产业经济学科的特色研究方向，即“产业结构调整与布局”“价值模块与产业链整合”“策略行为与规制”“产业创新与知识网络”“产业成长与竞争力”，并取得许多优秀的创新成果，有广泛的学术与社会影响。

本研究系列是在上海财经大学出版社出版的《产业发展与结构转型研究》系列成果之后的最新研究成果，是复旦大学产业经济学科、复旦大学

“上海产业结构调整”上海市社会科学创新研究基地、上海市人民政府决策咨询研究基地芮明杰工作室、复旦大学企业发展与管理创新研究中心的又一重要的标志性研究成果。

**芮明杰**
于复旦大学管理学院思源楼
2017年1月

# 前　言

在全球资源价格上升、汇率波动、贸易保护主义抬头、智能化、信息化、技术进步快速和劳动力成本加大等因素影响下，中国经济与产业体系面临严重挑战，我国的现行产业体系运行困难，低端产业产能严重过剩，高端产业核心技术缺乏，迫切需要转型调整。另一方面，新技术革命正在全球发生，按照未来学家们的说法，人类社会即将来临的是以人工智能、信息物联为代表的新产业革命。在这样的背景下，创新驱动发展才是我国正确的产业发展战略选择。

## 一

我国至今为止的科技成果创新成果不少，科学论文、技术专利数已经跃居世界前列，诸多重大科研项目也在进行。但我们很少有原创性产品在市场商业化方面取得重大成功，并直接形成全球领先的新兴产业。我们目前推动发展的战略性新兴产业基本上是发达国家已经发展中的优势产业。为什么我国的科技创新成果不能够导致我们新兴产业有大规模的市场成功呢？除了所谓产学研合作不太协调之外，还有如下几个原因：

第一，对产业创新认识不足，四大创新环节上有弱项。我国这些年在科技进步与研发的投入不断增长，成果不断增长，但在产业创新的支持方面重视不够。而作为产业创新主体的企业对新产品、新工艺创新的投入也十分有限，这一方面与企业长期处在低附加价值获得的状态，导致无力在研发与创新上投入有关，另一方面也与创新人才、创新能力缺乏，追求短期快速回报的思想理念有关。更进一步的分析可以发现，我们的企业习惯于低成本、低价格竞争，在产品的核心技术、产品品质提升产品差异化方面下功夫不多，因为这方面涉及研发组织、工艺创新、组织创新与市场创新，需要更多的人财物投入，且在这方面也缺乏经验与人才，加之回报周期又长。

第二，缺乏产业创新的领军主体，或领军主体比较弱。我国经济与产业发展的主力虽然是民营企业，但在各行业中的领军企业还是国有企业，由于国有企业的体制机制改革缓慢、国有企业领导人的评价体系问题等，导致国有企业在成为产业创新的领军主体时遭遇大家都知道的体制机制僵化、决策缓慢、动力不足等一系列问题。而像华为这样的优秀产业化创新型领军民营企业数量太少，大部分民营企业虽然有发展，但所处产业领域的相对低端，导致缺乏研发、核心技术与产业创新的能力与资本实力。再加上，目前两类企业的税负都普遍比较大，企业产品服务附加价值比较低，收益状况不良，也没有财力和信心投入研发创新与产业创新。

第三，政府管理能力很强，但有时替代市场机制的发挥。我们的政府很努力、很繁忙，在社会、文化、经济等方方面面管理了许多，取得了很好的成绩，创造了良好的生活环境。但另一方面，我们的政府甚至事无巨细什么都管，管到科研机构科技创新的具体项目、管到企业产业创新的具体落实等，由于大包大揽，直接替代了市场机制的发挥，直接替代了科学家们的研究选择、企业家产业创新的选择。产业创新完全是在市场需求导向为主的再创新，企业只有看到创新租金可以获得，新产品未来市场潜力大时，才愿意在产业创新的四个关键创新环节（产品创新、工艺创新、组织创新、市场创新）连续努力。因此，如果市场机制缺乏，创新激励机制不到位、宏观政策状况尚未有利于竞争与创新，没有良好的产业创新环境，那么政府无论如何进行产学研结合方式的调整和创新的尝试，实际效果自然不佳。

## 二

从宏观上来看，产业创新是建立新型产业体系，调整现行产业结构，推动产业转型升级，经济焕然一新的内在需要。为此，提出如下建议：

第一，重新认识产业创新，重新认识再创新的价值。产业创新是过程性创新，产业创新的成功需要产品创新、工艺创新、组织创新和市场创新四个创新环节交替发力，动态演进，最终形成伟大的新兴产业，甚至改变人类的生活方式。从另一方面看，除了产品创新是产业创新的源头创新外，其他三个环节本质上都是帮助新产品实现市场成功的再创新。所谓再创新是指在前一次创新的基础上进行更进一步的创新，完善或帮助实现原创新的创新。今天，我们可能更要关注和支持再创新，大力鼓励企业包括中小企业在别人创新的基础上进行改造再创新，千万不要造成这样的误解：一谈创新就一定是原创！再创新能力比较强的是日本企业，汽车不是日本的原创，但日本丰田等企业可以在欧美基础上大胆再创新形成特色，成就日系汽车产业的成功。甚至可以这么说，后发国家的跨越式发展成功的关键是这个国家的再创新能力与再创新实效。

第二，大胆进行体制机制的深化改革，强大产业创新主体的创新动力。为此需要深入研究我国科技创新成果及其应用、产业化创新不足的总体状况，通过对我国产业创新的主体即民营企业、国有企业及其状况分析，希望研究分析这些主体在产业创新应用及所谓产学研合作中的困惑及背后的体制与机制难点，进行大胆的体制机制创新。国有企业的改革必须深化，改革的关键是企业经营者的利益如何更加有效地与企业中长期成长及业绩相挂钩，而不是简单的什么允许创新犯错，因为如果不能够从经营者内在的利益机制设计导致他在经营企业时有内在的约束力，那么允许犯错就会成为下一轮寻租的一个方面。

第三，建立与维持开放性的有效公平竞争性市场。开放的科技成果转让市场是获得全球科技创新与产业创新资源的关键。产业创新成功既然是市场导向与市场需求成长的结果，那么在科技创新成果转让市场的建设发展过程中，如何使市场成为配置创新资源的主导力量，就需要有效公平竞争的市场，因为此时市场机制才比较有效。科技成果创新固然以科学技术导向为主，但只有存在良好的科技成果市场，科技成果未来的市场价值才能得到比较好的鉴定，企业购买科技成果不是简单就看科技专家的鉴定结论，而是需要判断该成果未来的市场价值。科技成果得不到市场的鉴别，所谓产学研合作就是空话。更何况这样的开放性市场存在，就能够让全球的科技成果到我国来交易、鉴别、转让，笔者以为这也是成就全球影响力科技创新国家的重要条件。开放才能使全球创新资源流入我国，知识产权保护才能使全球创新资源留在中国，公平竞争才能促进企业有动力、有意愿开展创新。

第四，金融体系建设与创新生态环境优化，是建设全球影响力科技创新国家的另外一个重要条件。例如，上海建设国际金融中心这么多年，在金融机构数量、交易数量、资本流量等方面有了许多的进步，但在服务体系、金融产品的创新，尤其在产融结合方面、在产业创新的服务方面尚需要检讨。

是否具有良好的创新生态环境，判断的标准是我们在科技成果创新、产业创新推进的现行政策及其效果是好的、是有利的，是我们创新服务体系的集成有效与服务令企业满意，创新的合作网络开放而便利合作发展，使创新的效率得到不断提高。我国各地已经建立了许多研发中心、创新平台，政府投入也很大，其效果究竟如何恐怕要探讨其背后的设计逻辑，可能的问题，可能的影响因素。建设过程中忽视市场需求的因素，忽视企业产业创新的要求，那么这些平台、中心对产业创新的支持就非常有限，或仅仅对科研创新有助。

## 三

产业创新对于我国建立新型产业体系、推动现有产业的转型升级是非常重要的，因此没有理由不对产业创新的理论进行深入研究，也没有理由不对产业创新的主体企业进行研究。笔者很早就开始关注产业创新的研究，2009年笔者与学生还出版了专著《产业创新战略——基于网络状产业链内知识创新平台的研究》，这本书先后获得上海市哲学社会科学优秀著作奖和国家新闻出版署原创经济学著作奖，但其主要研究产业链内的创新平台及其创新机制设计，并没有涉及产业创新的一般理论研究。

大概在2016年，上海市科委与上海市科学学研究所创办三思派公众号，约笔者为专栏作者。于是写什么就成了个问题，又由于上海要建设全球有影响力的科创中心，此又是三思派最关心的话题，笔者自然就想到了创新、科技创新与产业创新。慢慢地在那里写了些有关产业创新的小文，有一些影响，后来与学生合作写了若干论文，也有发表。2017年，有知道者强烈建议我是否深入研究一下，把产业创新理论系统化表达，作为给正在努力创新的人们的一个礼物，也作为开展产业创新理论进一步研究与实践的基础。我深以为然，借此入选国家出版基金资助项目之际，重新梳理和研究，呈现给读者。

本书由上篇产业创新理论研究、下篇产业创新实践探索以及一个附录报告构成，书中的有些思想与观点是笔者近两年发表过的，笔者认为十分重要故保存在内。需要特别指出的是：上篇中第七章内容是笔者与学生合作发表的论文，由于其内容实际是我们研究获得的中期成果，在融入本书理论研究的内容体系时未做大的修改。下篇是笔者在我们一项研究报告基础上重新改写的，我们认为人工智能技术的发展未来将使许多产业尤其是制造业发生重大变革，制造业智能化发展是制造业转型升级的方向，为此上海制造业需要通过技术创新与产业创新，加快智能化发展才能重塑辉煌。本书的附录是我们关于我国创新投入产出状况的分析报告，曾作为笔者主编的《2017中国产业发展年度报告》中的一个章节。将此报告附在书后，笔者以为有助于理解本书的理论观点，有助于理解我国近年来创新驱动发展取得的成绩、产业创新的重要性以及创新的困难与挑战。

本书完成之际需要感谢学生张琰、张群、刘勰、钟榴、郭进、韩自然博士等的贡献。我还要感谢国家出版基金对本书的出版支持，感谢上海市文教结合“高校服务国家重大战略出版工程”对本书出版的支持，感谢上海市人民政府发展研究中心的部分研究支持，感谢上海财经大学出版社的支持以及王永长先生的不断督促。当然，最后还要感谢自己，年逾花甲还这么努力！其实，有时我只是想把自己的思想表达给大家看看而已，谢谢！

**芮明杰**

于复旦大学

2018年9月19日

# 目　录

## 下篇 产业创新实践探索
## ——上海制造业智能化发展的战略与对策

# 上篇

# 产业创新理论研究

# 第一章

# 产业创新的理论发展

随着社会经济的发展，由于创新、科技创新以及产业创新对经济发展的影响日益增长，对创新、科技创新的研究逐渐引起学界和理论界的重视。特别是 20 世纪 90 年代以来，在早期熊彼特的创新理论引导下，产业创新的研究逐步展开。

澳大利亚国立大学马克 · 道格森(Mark Dodgson)教授和英国苏塞克斯大学罗艾 · 劳斯韦尔(Roy Rothwell)教授合编的名著《产业创新手册》(*The Handbook of Industrial Innovation*，1994)是目前国际上较有影响的产业创新论著。这本书中汇集了当时不同学科领域的学者关于产业创新理论和实证研究成果的精华，主要包括产业创新的本质、来源和产出，创新的部门和行业特征研究，影响创新的关键因素，创新的战略管理以及全球视野中对创新的未来挑战五个部分，为系统研究产业创新理论提供了丰富的资料。

## 1.1 产业创新的理论渊源

### 1.1.1 产业创新的三个理论基础

1. 熊彼特的创新理论

奥地利经济学家熊彼特(Schumpeter J. A. ，1939)提出的“创新”概念和理论引起了经济学界轰动。熊彼特认为创新就是把一种从来没有过的生产要素和生产条件的新组合引入生产体系，实现创新的途径主要靠企业的创新行为，创新主体是有创新能力和创新精神的企业家，而要素组合创新是企业创新的核心内容。

2. 诺斯的制度创新理论

20 世纪中叶兴起的新制度学派将创新的研究深入到制度层面，关注制度创新问题。诺斯(1999)运用熊彼特的创新理论来考察制度变迁现象，首次提出了制度创新的概念，并基于此建立了制度创新理论。诺斯认为，制度创新是对现有制度的变革从而使创新者获得更大利益。制度创新的动力来源于创新的预期净收益大于预期成本，而这种预期收益在现有制度下是无法实现的，只有通过改造现有制度中的阻碍创新的因素才能够实现创新的预期收益。

3. 弗里曼等人的国家创新系统理论

20 世纪下半叶，知识创新的重要性引起人们的高度重视，知识经济、信息经济等概念的提出，使人们更加认识到社会整体的互动性不断加强。创新是需要各方面协同才能成功的事业，为此弗里曼提出了国家在推动技术创新中的重要作用，形成了“国家创新系统理论”。弗里曼和纳尔逊认为国家在推动技术创新中能够发挥重要的作用，政府可以将技术创新与政府职能结合起来，形成国家创新系统，以实现经济的追赶和跨越。弗里曼(1997)还对日本、美国和苏联的产业发展情况进行了对比研究，认为一国只有建立起将技术创新转化为产业的能力才能在国际竞争中占据优势。

纳尔逊在《国家创新系统》(Nelson，1993)一书中指出，现代国家的创新系统是一个包括各种制度因素、技术行为因素以及大学、政府等职能机构的复杂的体系。由于科学和技术的发展过程充满不确定性，因此国家创新系统中的制度安排应当具有弹性，赶超战略应该具有适应性和灵活性。伦德瓦尔维等人是从企业行为讨论国家创新体系的构造与运行，大学、科研机构、企业等都是创新主体，它们的创新行为需要良好的创新环境，而制度是创新环境中的关键要素。

### 1.1.2　产业创新内涵的探索

上述三个理论涉及国家创新系统、创新制度设计以及企业作为创新主体的作用等方面的研究，与此同时，学者们也从不同视角开始对产业创新内涵加以探索。

1. 从技术创新到产品创新、工艺创新

技术创新是一个将科技成果转化为生产力的过程。美国国家科学基金会(NSF)在《1976 年：科学指示器》中提出："技术创新是将新的或改进的产品、过程或服务引入市场。"联合国经济合作发展组织(OECD)在 1988 年的《科技政策概要》中将技术创新定义为"发明的首次商业化应用"，认为技术进步包括技术发明、技术创新以及技术扩散三阶段过程。弗里曼也指出，创新是将新产品引入市场，新技术工艺投入实际应用的技术的、工业的以及商业的系列步骤。

2. 从制度创新到组织与管理创新

制度创新是指制度主体通过建立新的制度以获取追加利润的活动，包括产权制度创新、组织制度创新、管理制度创新和管控制度创新四个方面的内容。企业进行制度创新是企业发展与转型的需要，也是企业提高创新效率的需要，制度创新实际上也包括创新的机制变革，因为创新是需要动力的，何况创新有大的风险(卢现祥，1996)。

3. 从要素组合创新到产业创新

有学者认为产业创新是把产业自身及关联产业的关联要素重新组合并引入产业体系(张治河，2003)，产业创新包括产业组织创新、产业结构创新(Rothwell，1992)，其目的是实现产业的可持续发展(Dosi，1988)，是特定产业在成长过程中或在激烈的国际竞争环境中主动联手开展的产业内企业间的合作创新(严潮斌，1999)。陆国庆(2002，2003，2004)认为，产业创新就是企业突破已结构化的产业约束，运用技术创新、产品创新、市场创新或组合创新等来改变现有产业结构或创造新产业的过程。

4. 产业创新是过程性创新

产业创新是企业创新战略的核心和最高目标，是企业技术创新、管理创新、市场创新的系统集成，也是企业家创新精神的主要体现。从能力的角度看，产业创新是指新兴产业的形成过程，产业创新能力是指形成新兴产业的能力，即指能够满足新的需求，或者满足同样的需求却可以节约更多资源的产业的形成与普及能力（张耀辉，2002）。

综合以上文献，有关产业创新的内涵探索可以归纳为两个方面：一是狭义的理解，产业创新指的是以技术创新为核心、产品创新为载体，产学研创新主体之间通过协同作用，实现技术的创造发明和产业化应用，从而实现产业突破性的进步或发展形成新产业。二是广义的理解，产业创新指的是产业创新主体（政府、大学、研究机构、企业等）通过制度创新、技术创新、组织创新、环境创新等，充分利用社会资源和能力，使得原有产业转型升级处于领先地位；或使其获得突破性的发展形成新兴产业的创新活动。产业创新的这两个方面内涵解释，都有其合理的部分，实际上也可以加以融合。

## 1.2 产业创新的理论探索

### 1.2.1 创新的理论模型研究

1. 国外的研究

哈佛大学的阿伯纳西（N. Abernathy）和麻省理工学院的厄特拜克（Utterback J. M）于20世纪70年代提出了A-U模型，后经不断改进和扩展，在创新研究领域得到了广泛的引用。A-U模型首次将产品技术和工艺技术变化结合在一起，提出了产业生命周期模型，并明确指出了各产业成长阶段的技术变化特点，尤其是创新的特点和类型，以及实施这一创新所需要的关键资源和需要解决的潜在问题。

《大众创新》一书的作者埃里克·冯·希佩尔（Eric von Hippel，1988）强调创新过程中企业与企业的合作，认为由于存在各种“粘着信息”，技术创新的过程是一个充满试错的过程。为了加快创新的过程，需要加强创新者与用户的交流与合作，才能及时地提取必要的“粘着信息”，提出了产业创新的“企业合作模型”。

在前人研究的基础上，劳斯韦尔（1992）总结了产业技术创新的演进过程，归纳了从简单线性创新模型到复杂网络模型的五个演化模型，即“技术推动模型”“需求拉动模型”“相互作用模型”“链状创新模型”以及“网络状创新模型”，对于后人系统理解产业创新的路径具有指导性作用。

2. 国内的研究

在综合研究国内外产业创新管理优秀成果的基础上，张治河(2006)构建了产业创新系统模型，由产业创新政策系统、产业创新技术系统、产业创新环境系统和产业创新评价系统组成，对各子系统结构、功能和运行机制进行了分析。孙晓华和田晓芳(2008)将产业技术创新划分为自发型、实验型、应用型和系统型四种基本模式，针对不同产业创新模式下市场失灵的成因与表现，揭示市场失灵产生的关键环节，进而提出公共政策设计的思路与方法。张耀辉(2002)探讨了高新产业的科技要素、市场创新等发展规律，认为产业创新是高新产业形成的基础和动力，并基于产业经济理论提出了产业创新的“创新—扩散”模式和“分工创新”模式。胡树华(2000)从战略的角度研究产业创新问题，将产品创新的整体战略分为攻势战略与守势战略、速度战略、成功率战略和精益战略、专利战略，并提出目标、对象、力度、动力、主体、组织是支撑创新结构的六个基本维度，提出了与这些维度相对应的目标模式、对象模式、力度模式、动力模式、主体模式、组织模式六大创新模式。

### 1.2.2　产业创新系统理论探索

弗里曼(1997)认为，产业创新是一个系统的概念，系统因素是产业创新成功的决定性因素。可以说，产业创新系统是技术创新、产品创新、市场创新等的系统集成，是企业创新的最高层次和归宿，是企业突破已结构化的产业约束，运用技术创新、产品创新、市场创新或组合创新等来改变现有产业结构或创造新产业的过程。

产业创新系统是当前国际上关于国家创新系统理论研究的热点，相关理论研究成果也非常丰富。弗里曼(1997)在产业创新理论的基础上首创了国家创新系统理论，并指出国家创新的核心是产业创新；迈克尔·波特在其创新模型(钻石模型)中，把产业基础纳入创新系统，把产业竞争优势与产业创新联系了起来。劳斯韦尔(1992)提出的以并行工程为基础的综合创新模型是产业创新系统思想的又一种体现。卡尔森(Carlsson，1997)的技术系统理论为产业创新系统的建立和完善奠定了良好的基础。在理论发展的基础上，一些学者将理论与实践结合起来，考察不同区域的创新系统发展。萨克森宁（Saxenian，1994）结合当地情况研究了“128 高速公路”和硅谷创新系统；库克（Cook，2003）研究了欧洲的区域创新系统，并提出了发展战略和政策建议。

2. 自主创新战略的重要意义得到越来越多的重视，推动了国内学者对国家创新系统的研究。陈劲（1999）提出了建立“包容企业环境要素”的创新体系与框架的产业创新系统思想，率先将产业创新系统与国家创新系统、技术创新系统联系起来。他认为“国家创新系统应当被看成是各子系统的综合体，而各子系统又可以根据不同的产业、区域和关键技术进行进一步划分。而且，国家创新系统是可视为由许多产业创新系统构成的。由于每一个产业中都存在创新的源——用户关系，因此可将国家创新系统的概念应用到产业中，通过推动主要创新源之间的协作和信息流动，加强产业的竞争能力”。张凤和何传启（1999）把产业创新系统视为国家创新系统的重要组成部分，根据国家创新体系的功能，把国家创新体系分成四个分系统，这四个分系统和地区、产业创新系统一起，构成国家创新体系的二级结构。刘洪涛等（1999）将国家创新系统的结构划分为生产—学习系统、搜寻系统、探索系统和选择系统四个子系统，并对各子系统的主要功能、主体构成、能力来源、机构层次、创新层次进行了系统的研究。宁钟和司春林（2002）提出了国家创新系统的核心构成要素（企业、公共研究机构、教育培训机构、政府机构、金融机构），并从其演化角度具体分析了宏观、中观和微观层次的集群含义。

### 1.2.3 产业创新生态系统理论

创新生态的概念较为广泛，是指支持产业创新的众多共生要素、共生组织等的体系，例如，创新人才、创新教育、科研机构、企业群体、市场规模、社会文化、服务体系等。

一些学者对产业创新生态系统进行了理论归纳。李晓华和刘峰（2013）从产业创新的主要功能视角出发，指出产业生态系统由创新生态系统、生产生态系统以及应用生态系统三个子系统构成。其中创新生态系统和生产生态系统还包含各种服务产业，例如服务提供商、中介组织等。创新生态环境则包括外部政策、要素供给、基础设施、创新文化、国际环境等元素。创新生态系统主要特征有相互依赖、复杂连接、自我修复、共同演化等。

何向武等则认为产业创新生态系统的范围更广，包括创新群落子系统、内部环境子系统、外部环境子系统等。创新群落子系统的参与主体按创新环节和功能可分为创新生产者、创新分解者、创新消费者等群落。特征包括系统性、多样共生性、动态性、演化性和栖息性等（何向武、文泳和尤建新，2015）。

### 1.2.4 破坏性创新与产业创新

克莱顿·克里斯坦森（Clayton M. Christensen，1997）将技术创新与市场创新成功地融合在一起，提出了破坏性创新的理论分析框架，他将创新分为两类：维持性创新（sustaining innovation）和破坏性创新（disruptive innovation）。维持性创新是以处于主流市场的高端消费者为目标，这些消费者往往要求得到性能更好的产品，为此主流市场上的企业希望通过持续的创新维持产品品质，维持市场地位，获取先占优势。破坏性创新目标并不是向主流市场上的消费者提供功能更强大的产品，而是通过创新引入与现有产品相比尚不够好的新产品和服务，或者提供比较简单、更加便利与廉价的新产品，吸引处于次要市场上不太挑剔的消费者，甚至是潜在消费者（非消费者），不断改进产品特性，然后击败原来的市场在位者。

图1—1阐明了克里斯坦森提出的破坏性创新理论。在图中有两种改进轨迹。实线代表企业维持创新的轨迹，是指产品和服务如何随维持创新而变得更好。虚线代表消费者需求轨迹，是指消费者能使用的性能的增减。如虚线轨迹所示，在既定的市场应用下，消费者的需求趋向于随时间变化而保持相对稳定。低端破坏性创新是指植根于原有的价值网络或主流的价值网络而进行的破坏，通常采取低成本商业模式，破坏原有市场来获得发展空间。新市场破坏性创新是指在第三个坐标轴上产生新价值网络，与“非消费”进行竞争性破坏。新市场破坏者面临的挑战就是创造一个新的价值网络，即创造一个新市场。成功的新市场破坏性创新一般遵循两种模式：一是推出相对简单、消费者能负担得起的产品或服务，使过去因缺乏财力或技能而无法消费的消费者，具备途径和能力去消费；二是新市场是帮助消费者更容易和有效地选择他们已经预设的消费方式，而不是改变他们的消费行为。

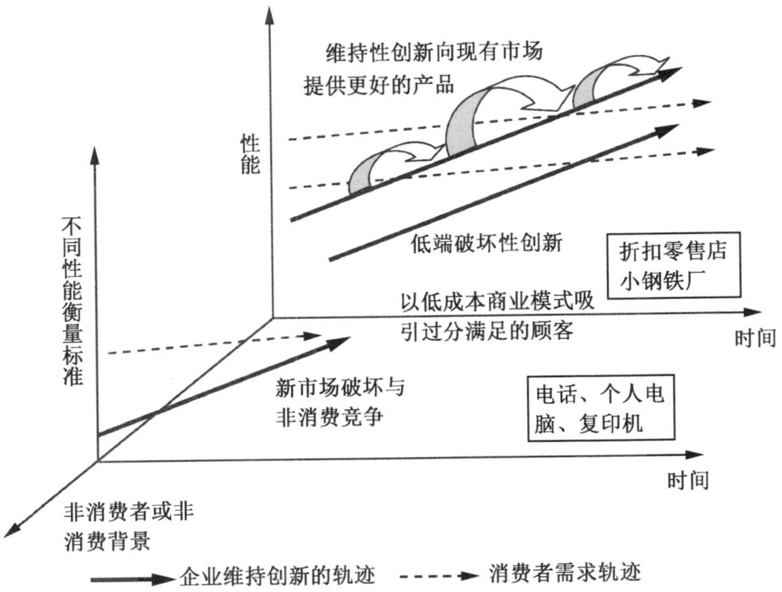


**图 1—1　破坏性创新理论**

克里斯坦森(2004)提出,当与功能和可靠性相关的难题得到解决后,专业公司可以在模块化的关键点提供足够好的产品或服务,利润从组装模块产品或服务的公司(它们成为利润"薄"的一体化者)移向那些生产关键子系统的公司以及那些能够整合影响速度和便利性关键点的公司。而且,充分利用模块化规则的新行业参与者兼备低端和新市场破坏的元素,当它们有办法在新背景下提供产品或者组合一种商业模式,以相当低的价格提供足够好的产品时,它就使低端和新市场破坏性创新成为可能,从而推动产业创新发展。例如,戴尔在创新其低端破坏性商业模式时,就充分利用了个人电脑行业的模块化特性。

虽然克里斯坦森的破坏性创新理论源于发达国家的企业竞争和创新实践,理论本身也主要是从发达国家技术领先企业的角度研究如何在面临破坏性技术时避免失败,但是该理论对发展中国家的经济增长以及制定产业发展政策有积极的借鉴价值。苏启林(2006)认为,破坏性创新作为目前世界主流创新理论,在企业、产业和国家层次上具有广阔的应用前景,但在中国受到了不应有的忽略。相对于哈佛大学教授迈克尔·波特(Michael E.

Porter)的国家竞争优势理论而言,克里斯坦森的破坏性创新理论更适合发展中国家,特别是中国和印度这样的发展中大国,这两个大国目前正处于一个赶超的发展态势,急需一个合适的创新理论支持,而破坏性创新理论与印度和中国的创新突破有切合点。克里斯坦森(2004)提出的动机/能力框架表明,当企业具备创新的动机和能力时,创新就会繁荣起来;在缺乏动机或者限制能力的市场背景中,创新则会受到抑制。而政府或者其他非市场参与者有影响企业参与创新的动机和能力,政府通过制定创新政策以及加以创新管制就可以影响企业创新及创新的效率。破坏性创新的成功通常是多方协作的成果,也通常是新兴产业发展的创新来源。

### 1.2.5　开放式创新与产业创新

传统的创新企业逐渐发现,独立创新的利润不再丰厚,与此同时一些成熟的行业逐渐发现销售增长缓慢,大企业的产品没有小企业好卖。因此大企业转而收购小企业版权,再进行营销和分销,或者将研发中心建在大学附近,便于获取外部创意(Henry Chesbrough,2003)。

1. 开放式创新的定义与特点

开放式创新将研发创新活动放开到组织外部,与更多的大学、创新企业、供应商、竞争对手等(Henry Chesbrough,2003)进行创新协作,是汇集外部智慧的创新。与封闭式创新即企业内部为主的创新活动相对应,虽然最初的开放式创新主要针对产品创新环节的研发活动,然而产品开发式创新会扩散到产业创新的其他环节。切萨布鲁夫 2006 年的《开放式商业模式》论述了开放式创新的第二阶段——商业模式的开放化。而后 2011 年切萨布鲁夫的《开放式服务创新》关注了服务产品开发的开放式创新。

开放式创新具有以下几大特点:(1)开放技术交换。企业不采用封闭研发模式,而是将专利与技术用于交换,从而获利。(2)内部创造知识产权。开放式创新并不是让企业放弃自主创新,而是调整创新管理哲学,创造的知识产权用于交换并将研发部门放置于大学旁边用于吸收专利。(3)专利整合能力。企业内部研发主要致力于将现有专利和技术进行整合。

2. 开放式创新改变了现有产业的创新竞争模式

首先,开放式创新下的竞争维度更多样化。开放式创新的竞争优势取决于创新核心企业对创新的组织和协调能力、资源获取量、开放程度、标准制定能力、整合能力等。而企业封闭的创新则主要取决于个体企业的绝对创新实力，例如研发深度、人才状况、资本实力等。

其次，开放式创新下，企业创新形式主要是采用虚拟组织形式，创新竞争的焦点可能是某个创新团队某项技术的知识产权，而非整个项目。

再次，开放式创新是一种合作式创新，合作双方可能共享某个资源、技术、信息或团队，创新过程中彼此互相影响和启发，双方最终产出的成果都较单独创新更为丰富，同时创新利用率更高。

最后，开放式创新的过程也是消费者需求的塑造和获取过程，开放式创新的根本出发点不仅是为了商业利益，还应该是为社会、为消费者提供更好产品的社会责任，开放式创新是合作，但合作中有竞争，市场竞争也需要合作。

3. 开放式创新的优缺点分析

首先，开放式创新追求创新的范围、广度以及整合，可能忽略创新的深度。企业采用开放式创新，希望合作者沿着创新链合作创新，可能会放弃自己的创新，结果转变为单纯的创新整合商。此时的企业自身难以掌握产业发展的核心技术，通过合作在短期内可能会有创新成果，但由于缺乏核心技术最终难以成为产业创新的主导者。

其次，开放式创新可能适用于复杂困难的大型创新项目，包括破坏性创新或原创性创新项目，这样的创新项目涉及较多方面，是单一公司无法独立完成的，因为其投入大、成本高、技术复杂。一般意义上技术与产品创新具有创新能力的企业，自主创新成本更低，效率更高。然而，在沟通便捷，信息知识共享程度提高的当下，开放式创新已经成为一种高效率的有突破可能的创新模式。

再次，开放式创新本身是一种创新模式的创新，是产业创新的一种有效率的创新模式。开放式创新鼓励产业中企业进行合作，共同研发，获得新技术、新产品、新工艺，从而获得市场上的商业成功。开放式创新的参与对象包括大学、创新型企业、供应商、生产商、竞争对手、顾客等，产学研结合是开放式创新的初级组织模式，“产学研＋顾客”是开放式创新的新型组织模式，只有顾客的参与才可能有真正符合消费者消费需求的创新和市场商业化成功，即产业创新的成功。

# 第二章

# 产业创新的本质内涵

一个产业的形成，是从一个根本性的技术与产品创新开始的。一个新技术、新产品通过采用新的材料和原件，具有新的性能或功能，提供了新的用途或市场需求，随着市场需求不断扩大，逐渐形成了一个新的产业。在根本性的产品创新出现之后，还会有一系列后继的渐进性创新并形成创新群，从而引起新产业的成长，这一过程为产业化过程。产业化过程实质是持续创新的过程，我们称之为产业创新。

实践证明，根本性的产品创新固然具有重大的经济意义，随后的持续创新即产业创新往往具有更大的商业价值。国家战略宏观政策目的之一是辨别清楚符合未来发展方向的新兴产业，帮助我国新型产业体系有效发展，同时建立相对完善的市场机制，通过市场竞争创新发展促使产业体系自然升级。

## 2.1 “A-U 模型”的检讨

### 2.1.1 “A-U 模型”

阿伯纳西和厄特拜克(1978)著名的“A-U 模型”(见图 2－1)指出新兴产业形成与发展是一个动态过程，包括产品创新、工艺创新在时间上的动态发展，从而影响产业的发展演化。由该模型可知，一个新产业的产生，是由新产品的初始创新开始。新产品的创新和发展是一个动态过程,包含产品创新、工艺创新和产业组织等方面,并总是由产品创新主导开始、工艺创新紧随其后,新一代产品则是新的一轮动态创新过程。根本性技术创新是产品更新换代的主要原因,然而并不是所有技术创新都能导致产品创新,尤其是获得产业创新成功。我们把从一个根本性的技术与产品创新开始,通过采用新的材料和原件,具有新的性能或功能,提供了新的用途或市场需求,从而形成了一个新的产业的过程称之为产业创新,我们认为这个过程本质上是一系列连续的创新,而且完成的主体是市场上的具有强大创新能力的企业。

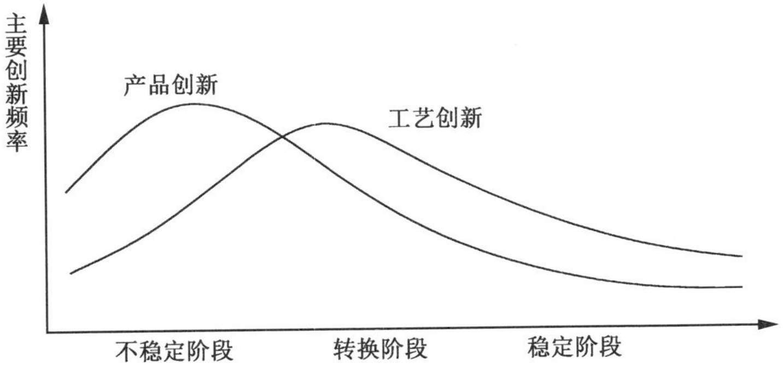


**图 2—1 “A-U 模型”:产品创新到工艺创新**

从“A-U 模型”(见图 2—2)来看,产业创新主要由产品创新、工艺创新两个部分组成。这两个部分是产业创新十分重要的部分,但我们认为产业创新成功还有赖于另外两个重要环节,这就是组织创新环节与市场创新环节。只有这两个环节成功,新产品才能在市场上成功,当其显示出市场需求潜力时,就会吸引大量其他企业进入此尚处在幼稚阶段的新兴产业,结果是竞争加速了新兴产业的成长,扩大了产品市场,进而推动下一轮产品的创新与工艺的创新。而当消费需求发生巨大变化,或者新的创新导致替代性产品产生,原来的新兴产业就可能走向衰退。如苹果推出的第一代智能手机以及生产此手机背后的工艺创新,它的生产协作网络以及所谓“饥饿营销”的成功,之后第二代智能手机及其工艺上的进一步创新等,加上三星等其他企业的进入与发起的市场竞争,等等,如此进展才形成了今天的智能手机产业。

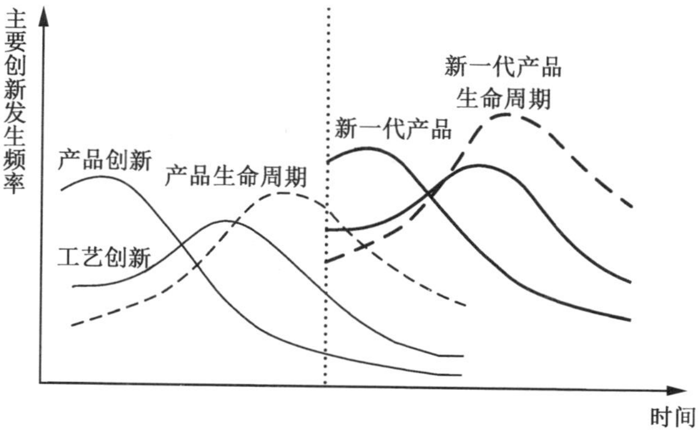


图 2—2 "A-U 模型":产品创新换代至新产业形成

### 2.1.2 "A-U 模型"的讨论

阿伯纳西和厄特拜克(1978)著名的"A-U 模型",也被称为技术生命周期模型(technology life cycle model),它将产品发展周期分为三个阶段:不稳定阶段、转换阶段和稳定阶段。模型指出产业的创新特点,例如创新类型、创新程度、创新特征取决于产业的不同成长阶段(不稳定、转换、稳定)。同时分析了实施创新所需的关键资源,需要解决的潜在问题。

(1)在不稳定阶段:也就是产品创新初期,通过研发和用户双方频繁地创新与互动完善产品。工艺创新往往成本较高且不可靠。在转换阶段:技术和市场达到融合,形成了具有代表性的优秀主导设计,产品逐渐稳定,产品创新频率开始降低,转向大批量生产。在稳定阶段:主导设计逐渐标准化,产品规模效益达到最大化,产品创新重点是以降低成本和提高质量为目标的渐进性的工艺创新。同时产品产业链逐渐固化,产生抵制重大创新的力量。

(2)厄特拜克和阿伯纳西(1975)实证检验了公司内部创新模式之间的关系。假设的关系用以当前调查,是对以往研究的综合。作者建立了两个独立但互补的创新概念模型:竞争战略和创新的关系、生产流程特征和创新的关系。实证调查数据来自迈尔斯(S. Myers)和马奎斯(D. G. Marquis)对五个不同行业成功技术创新的调查。其假设关系的关键在于:创新过程的特征与生产过程技术的发展阶段和竞争、成长战略系统地一致。作为一个更为具体的案例,这些关系预示着一个清晰的模式,创新刺激因素(市场、生产或新技术)、创新的不同类型(产品、工艺,原创或模仿)、创新的阻碍等。研究的统计证据显著支持假设关系,结论广泛的应用与公司创新能力、竞争战略和掌握生产资源的位置等变量密切相关。

(3)自从著名的"A-U 模型"提出后,许多学者对该模型进行了改进和应用,中国学者对"A-U 模型"也进行了深入研究,例如对模型的提出、模型的实证检验等。

一些学者指出"A-U 模型"可能存在的问题,并提出了可能的改进建议。从长期来看"A-U 模型"的产业升级是跳跃的,可能存在跨越式发展,发展到一个新的技术轨道,由于竞争期的存在,合适的跨越方式就可能存在(刘友金和黄鲁成,2001)。而市场创新、长周期状况、技术突变、产品和需求生命周期、不同国家发展轨迹也可纳入模型之中(姚志坚、程军和吴翰,1999)。在"A-U 模型"的产品创新环节,美国西北大学教授迈耶(Meyer M. H)和厄特拜克(1993)提出了产品平台的概念,产品平台是市场导向的,以期通过其市场,产品平台的能力维度包括:用户洞察力、产品技术能力、制造工艺能力、组织能力等(陈劲、王毅和许庆瑞,1999)。产品创新的研发投入是因为,新产品发展为企业带来更多利润(安同良,2006)。

产业中不同角色在"A-U 模型"中的行为也不同,买方势力对"A-U 模型"具有影响,买方实力越强(数量较少),上游企业工艺创新投入较小,产品创新投入越大。卖方势力与本行业企业的产品创新正相关,与工艺创新关系不确定;买方技术能力提升通过产业传导机制促进上游企业产品创新,抑制工艺创新(孙晓华和郑辉,2013)。

对于后发企业而言,后发企业的创新是以工艺创新为主导的,在其成长过程中扮演重要角色(刘欣和陈松,2015)。工艺创新是后发企业边缘赶超战略的基础之一(罗珉和马柯航,2013)。差异化的工艺创新帮助后发企业获取有利生态位,充分利用低劳动力成本、工艺创新能力和互补资产也是关键因素(朱瑞博、刘志阳和刘芸,2011)。

进一步的研究者们将"A-U 模型"中规模较大企业、发挥主导作用的企业称为主导企业,单独进行研究。一些学者认为主导企业在面临突破性技术快速变化的变革时，应关注技术投资、技术能力以及互补资产的平衡和互动，并提出实物期权技术投资、资助开发新技术、建立互补资产战略联盟等应对机制（薛红志和张玉利，2007）。

（4）当面对突破性创新来临的情况下，“A-U 模型”可以进行一定的改变。有学者指出不连续创新是发达国家企业获取国际竞争力的重要手段，因为其改变了消费者的潜在消费需求模式。当前进入了第四代研究开发模式，其主要特点是探险式的市场营销，关注产品平台和主导设计，强调知识的获取与转移，新的公司治理结构（柳卸林，2000）。而主导企业在技术变革时经历技术劣势取决于突破创新的破坏程度，如果只破坏技术能力而没有破坏互补资产则绩效可能改进，主导企业控制互补性资产而可以选择建立合作关系，分享创新利润，如果两者都破坏则可能降低绩效。

严海宁和邱国峰（2008）综合以往研究发现，企业规模影响过程创新和产品创新：大企业研发实力较强，具有规模经济，对工艺创新投入有重要补偿作用，在过程创新中占主导地位；小企业偏好产品创新但机制比大企业更复杂，其作用受到其他因素影响，如果小企业之间频繁互动则可能进行过程创新。来自美国硅谷半导体行业的中小企业的成功证明了企业规模与“A-U 模型”中创新行为紧密联系（和文凯和曾晓萱，1996）。

存在产品差异的市场，竞争相对较小，企业多倾向过程创新，彼此独立的产品使企业获得垄断地位。稳定的竞争促进了产品创新，但过于激烈的竞争则减弱了企业积累，阻碍了产品创新。在更新换代的市场中，激烈竞争迫使企业不得不加强产品创新。生产技术快速提高，增加了过程创新的难度，产品竞争减弱，产品创新力度有所减轻。

在大规模定制情况下，企业对工艺创新比对产品创新更为重视，因为工艺过程对产品变化有较强适应能力可以保证个性化产品从灵活、敏捷而又长期稳定的过程中生产出来（方爱华，2002）。

信息技术产业对产业创新的影响日益加强。雷家骕（2005）指出当前信息产业为主导的特点一方面加快了产业创新的速度，另一方面产业创新复杂性增加，分工化趋势明显，同时对科技创新的依赖度也随之增加。在资源使用上变得更为广泛，既包括企业内部也包括组织外部。在组织方式上趋向于大企业主导、中小企业辅助的组织形式。在互动形式上竞争与合作并存，以协同创新为主，同时采取合同外包的方式分散风险，提高创新效率。在垄断利润获取上以占领市场份额、掌握产业标准为手段，而非以往仅仅掌控完整的技术。

(5)“A-U 模型”首次提出了“主导设计”的概念，而后学者对主导设计的相关机制进行了分析。学者认为在“A-U 模型”的不同演进阶段政府的行为能够促进产业主导设计形成，以我国电信产业为例说明了政府在 3G 和 4G 标准演化过程中的角色和地位(缪小明和赵晖，2008)。学者分析了战略新兴产业中主导设计的形成过程，即系统技术优越性、可升级、联盟治理能力、初始用户、金融资本以及国家等因素，以此提出技术标准推广策略、联盟策略和控制策略等竞争策略(刘志阳，2010)。

(6)后来学者的研究将经济周期(熊彼特)和企业生命周期(爱迪斯，1997)等概念引入产品创新研究中，拓宽了研究视角。研究首次将产品创新和工艺创新结合，提出了产品创新的作用模式，解释了产品创新的客观发展规律。“A-U 模型”将产品创新模型和产业组织联系在一起，丰富了产业组织理论。“A-U 模型”提出了“主导设计”的概念，“主导设计”形成标志着产业竞争本质发生变化。此后“主导设计”被引入产业分析的主要参考范围，在不同行业的理论和实践中运用。

然而“A-U 模型”仍然存在一定缺陷。首先，原始的“A-U 模型”只考虑连续创新的模型，现实产业中往往存在不连续创新现象。不连续现象即所谓的破坏性创新，是由于技术创新的突变带来新的革命性的技术变化和技术平台。

其次，“A-U 模型”只包含产品创新和工艺创新，现实创新过程可能更为复杂，影响因素更多，可能存在其他创新。

再次，从长期来看“A-U 模型”应该是一个交替循环的过程。原始的“A-U 模型”展示了一个标准阶段。如果核心技术没有突破性的变化，技术创新还是在原有轨道上。但这不代表创新模式不再继续，通过新的“核心技术创新集群”带来产品和工艺创新，引领新的市场需求。新旧“核心技术创新集群”采用同一代技术，每一个“核心技术创新集群”代表一个完整的“A-U 模型”周期。新的“核心技术创新集群”代替旧的，“A-U 模型”则从头开始进入一轮新的循环。新旧循环之间的过渡阶段存在显著的产品升级现象，但升级的技术还停留在同一技术层面上。

此外，“A-U 模型”不是具有广泛适用性的模型，例如有些实证文章指出日本某些产业可能不符合“A-U 模型”。因为装配产品和非装配产品的“A-U 模型”存在不同。在“主导设计”确认以后，元器件层次上的创新竞争仍然激烈。

最后，“A-U 模型”对不同阶段的产业组织是何状况尚需进行深入解析。产业组织是指同一产业内企业间的组织或者市场关系。因为“A-U 模型”从企业普遍规律出发，分析重点在于产业中企业群体的宏观行为特征，产业如何组织可以被视为工艺创新下的子问题，但不属于主要研究目标。因为从工艺创新为主导的逻辑来看，产业组织不需要过于频繁的改变，除非产品创新导致的产业组织创新。当然，在“A-U 模型”不同阶段，产业组织的形式和重点也不同。举例来说，在不稳定阶段，以产品创新为主，工艺创新成本较高，此时产业组织更多依靠传统组织方式，改变较小，然而，另一种情况是，因为新的产品创新，为支持产品创新，原有工艺跟随得到较大改变；在转换阶段，产品设计趋于稳定，企业主要进行工艺创新，通过渐进性的方式改善工艺，包括产业组织的渐进改变；在稳定阶段，产品创新和工艺创新都有一定程度的降低（见图 2—3）。

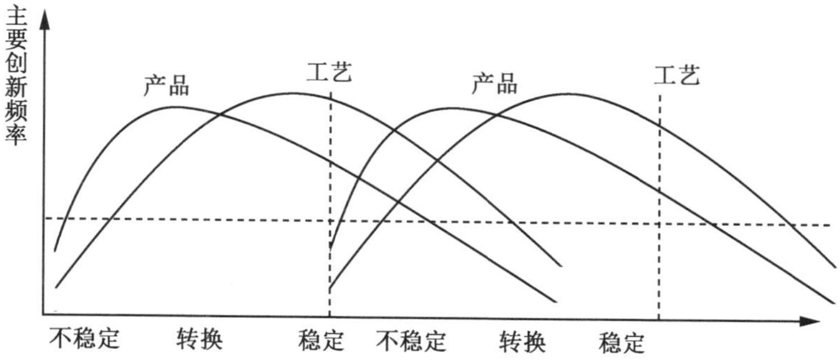


图 2—3 修正“A-U”模型

### 2.1.3 “A-U 模型”进一步研究的可能

当今技术面临突飞猛进的变化，当前新的技术、新的业态对“A-U 模型”提出了新的挑战。对“A-U 模型”还存在以下潜在研究方向。新技术的产生，例如互联网技术，促进了组织扁平化、信息分享水平、协作程度、消费多样性等，产品创新和工艺创新面临剧变。不同类型的企业例如国有与民营企业具有不同的生产组织逻辑。而开放式创新趋势带来新的创新方式，势必影响产业创新过程。

随着研究的深入，有必要采用波特的价值链理论和产业链理论对“A-U模型”进行更为系统深入的分析。对“A-U 模型”进行更细致的划分，例如增加产业创新的环节，细分产业创新的周期。此外，从创新生态圈角度等新的理论角度分析，从而提高产业创新的成功率。其他研究问题还包括：产业创新与产业集中度、产业发展阶段与企业战略选择、先行者与模仿者的策略选择和博弈等。

## 2.2 产业创新的定义与环节

### 2.2.1 产业创新的概念

产业创新是指从一个根本性的技术与产品创新开始，经过企业的连续性创新，在市场上获得商业化成功，最后形成一个新型产业的过程。产业创新的本质就是将成功的技术创新成果转变为市场上受欢迎的新产品、新服务的过程，其中一个根本性的新技术、新产品创新，然后通过采用新的材料和元器件，使之具有新的性能或功能，提供了新的用途或市场需求，从而形成了一个新的产业。

在根本性的技术创新成果乃至产品创新出现之后，还会有一系列后继的渐进性创新并形成创新群，从而引起新产业的成长，这一过程称为持续创新过程。产业创新过程实际上是持续创新的过程，需要长期投入。实践证明，根本性的技术创新固然具有重大的经济意义，随后的持续创新即从产品创新开始的产业创新往往具有更大的商业价值。

具体来看，产业创新大致可以分为四个环节：研发创新阶段、工艺创新阶段、组织创新阶段、市场创新阶段。研发创新阶段中，产学研合作非常重要，决定了此类技术创新或产品创新成果是否具有一定的市场导向。之后的生产阶段中，创新主体首先是要通过工艺等一系列创新使新产品可以大规模生产出来并有较高的品质保证，这就是工艺方面的创新；其次还要组织产业链或价值链环节的其他合作者结合最新的科技创新，组织生产并协调产业链协同创新，开发原创性产品或改进现有产品的材料与零部件，为此需要组织开展材料、部件、工艺制造、生产组织等一系列创新合作，这实际上是组织创新的工作。而在市场创新阶段，创新主体企业根据市场情况，进行市场开发与组织，使创新成果获得市场成功，即形成新的产业或改造了现有产业（见图 2—4）。

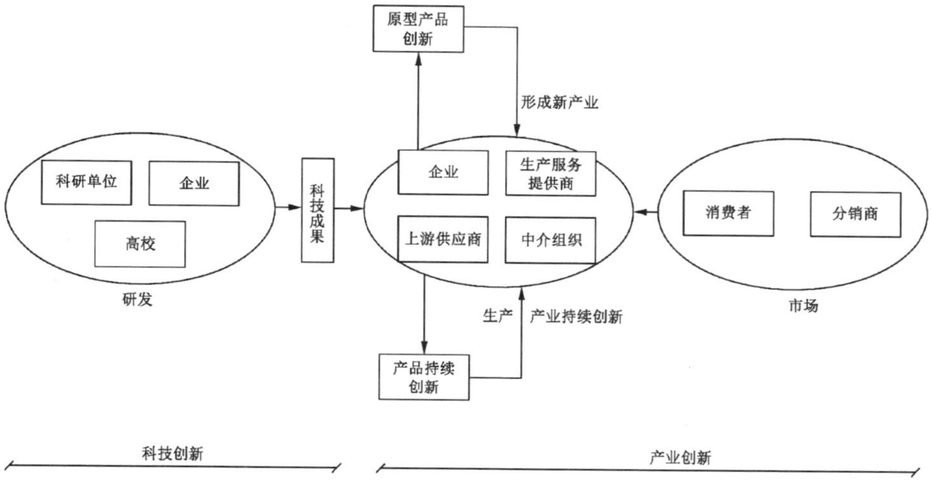


**图 2—4　产业创新过程**

## 2.2.2　产业创新的四个环节

产业创新成功需要有产品创新、工艺创新、组织创新和市场创新四个关键环节，这四个环节本质上是什么样的创新，对产业创新成功有什么样的影响，是非常值得研究的。

1. 产品创新

关于产品创新的研究文献汗牛充栋，新兴产业之所以形成与成长自然离不开原创性的产品，如智能手机产业离不开苹果 iPhone 的原创创新，也正是如此我们对乔布斯的创新才能非常佩服。但在这个巨大的光环下，很少有人看到那些能够把 iPhone 天才创新设计付诸生产成型，成为受消费者欢迎的高品质新产品的合作企业或场景。没有产品原创以及对原创产品之后的不断改进式创新,也就不会有新产业的成长与发展,产品创新是产业创新的源头,这是毋庸置疑的。产品创新的背后是重大的技术创新,例如人工智能技术的发展,可能导致一系列智能产品包括智慧机器人产品的问世。产品创新的重要性我们不去更多讨论,从产业创新的链条和创新的全过程来看,下面三个环节常常被我们所忽视,其实它们同样十分重要。

2. 工艺创新

能否实现产品创新到工艺创新的完美过渡,也就是说新产品研发成功后,如果生产工艺不能够因新产品要求进行再创新的话,新产品只能留在实验室。所以工艺创新十分重要,仔细研究工艺创新,可以发现工艺创新是一种再创新,它是在对新产品的功能构造、生产技术要求、设备与材料、加工方式等全面评估后的在生产工艺上的再创新,使之把新产品高品质、低成本精益生产加工出来。尽管产品创新是产业创新的源头,但如果工艺创新能力不强,那么一定是有新产品创新而没有新产业形成,例如如果我们的模具设计加工不行,不能设计加工出新产品要求的模具,那么工艺创新中的第一环就失败了。富士康虽然被定义为代工企业,似乎没有什么技术含量,是劳动密集型企业,但它却有极为先进的模具设计加工的子公司,再创新能力极强,曾经夸下海口:只要你产品设计出来我就一定可以高品质制造出来。可见,工艺创新在产业创新过程中的重要性,这一重要性的关键是工艺创新本质上是再创新。再创新虽然是在别人创新的基础上再开展,但一点不比产品创新简单。

3. 组织创新

新产品、新工艺的创新成功,并不能够保证新产品会呈现在消费者面前,因为在社会分工的条件下,新产品的制造成功还有赖于其他合作产业、合作企业,这样的合作总是基于现有产业链、价值链,并在其基础上进行改进创新,这就是组织创新。产业创新链上的组织创新是指完成新产品创新与工艺创新后的生产协作组织的创新。这个创新内容包括产品创新、工艺创新对合作厂商的相应要求与传递,由此导致产业链、价值链更新和产业链、价值链组织治理的创新;因为首先新产品、新工艺、新技术的实施对原有各产业链、价值链环节厂商提出了新要求,如果现有厂商创新能力能够胜任新产品、新分工的要求,则可能在新产品成功中获取更多价值,如果原厂商创新能力不能胜任新要求，则可能面临技术改进要求及价值链进入壁垒，降低获得的价值甚至被淘汰。其次，新产品、新工艺、新技术诞生可能促使新厂商进入价值链，以及现有厂商向相关价值链延伸和转移。再次，新产品需求的新价值链形成还面临对原来价值链、合作网络调整、压缩、分拆、增加等环节。最后形成的新产业技术标准将对现行产业价值分配带来不同影响。当新产业产生时，其产业链、价值链、协作网络也面临创新、组织变革等过程。这个环节的创新，仔细来看本质上也是再创新，即围绕着新产品、新工艺创新的新要求进行延展性的再创新。

4. 市场创新

新产品创新成功，工艺创新产品成功生产出来了，是否产业创新就成功了呢？我们的答案是否定的，因为产业创新成功离不开新产品在市场上的成功。所谓市场上的成功不光是该产品被消费者关注甚至认可，还需要该产品被广大消费者看作是十分喜爱的、愿意为之埋单的产品，而这离不开市场创新。所谓市场创新是指根据产品特性、消费者偏好对产品的品牌设计、分销方式、渠道构建、定价、售后服务设计等的一揽子创新，其目的可以有多样性，但核心是把市场做大，实现市场上的领先与利润获得。市场创新弱，可能导致好产品需求不旺的状况，如此产业创新就不能算成功。我们观察苹果 iPhone 的成功实际上离不开苹果公司的“饥饿营销”的创造，以及通过“果粉”培养导致大量客户被黏住。这里的市场创新显然与创新的新产品有关，因此也可以将其看作是再创新。

## 2.3　创新图谱与产业创新

图 2—5 也被我们称为创新图谱。从图 2—5 可以看出创新的体系与不同的创新阶段的联系，不同创新阶段有不同的创新主体，产业创新是最下游的创新，因为它直接面对市场和消费者。

整个创新图谱有不同的创新阶段，不同的创新阶段创新的主体是不同的。基础研究阶段，创新的主体主要是高校与政府支持设立的基础研究科学机构，它们从事的研究与创新主要是进行科学发现，发现规律、发现新的事实、发现人类的未知，进行知识的积累。这类创新的成果主要以科学论

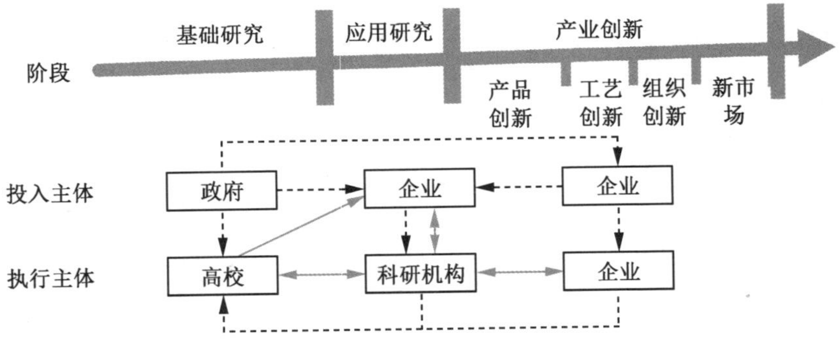


**图 2—5　创新的图谱**

文、科学著作、科学报告等形式表达。应用研究阶段的创新主体主要是各类科研机构以及企业研究中心，它们的研究与创新是以发明新技术、新材料、新方法、新产品、新模式等全新的或可以替代现有的技术与方法，提高应用中的效率、安全、品质等为己任。这类创新成果主要是以技术诀窍、技术专利、论文、报告等形式所表达。产业创新则不然，它的创新主体主要是企业和企业相关的研究机构，主要的目标是把新技术、新产品从实验室中成功地转变为工业化大生产，并在市场上取得消费者的认可，最终发展形成新型产业。乔布斯的伟大一方面是因为他在智能手机技术上的成功，另一方面则是他还将此技术成功地商业化，成就了苹果公司，也成就了智能手机产业的形成与发展。

产业创新的成功离不开前期的基础研究和应用研究，也离不开市场竞争机制的存在，新兴产业的健康发展也离不开市场竞争机制的存在，竞争迫使企业需要在上述四个环节上同时创新才可能脱颖而出。产业创新成功的基本要求是：

第一，产业创新有四个主要环节，产品创新、工艺创新、组织创新和市场创新，这四个环节环环相扣，缺一不可。尽管产品创新是产业创新的源头，是最重要的创新，值得重视与投入，但其他三个环节的创新成功对新产业成长与发展也十分重要，忽视这三个环节，往往导致产业创新失败。更为重要的是，产品创新和工艺创新又会通过原来的或改革的协作网络、产业链、价值链压迫相关合作厂商进行相关的再创新，成就创新的波及效果，这就是我们指出的主导产品创新与工艺创新的企业行为，在微观上表现为获得创新租金的动力，宏观上就表现为推动产业结构的转型升级。

第二，产业创新是过程性创新，产业创新的成功需要以上四个创新环节交替发力，动态演进，最终形成伟大的新兴产业，甚至改变人类的生活方式。从另一方面看，除了产品创新是产业创新的源头创新外，其他三个环节本质上帮助新产品实现市场成功的再创新。所谓再创新是指在前一次创新的基础上进行更进一步的创新，完善或帮助实现原创新的创新。今天，我们可能更要关注和支持再创新。

第三，市场创新的成功打开了新兴产业的市场需求空间，培养了巨大的市场潜力，也正是如此，才会导致新设企业或其他产业中的企业有巨大兴趣进入此产业，并以低成本或差异化的方式攻占这个市场，而要做到产品低成本或差异化其背后也需要再创新，也正是如此的竞争，直接推动了该新兴产业的发展与演化。在这个意义上三星公司的存在、华为公司的进入、小米公司的低成本智能手机的发展，挑战了苹果公司，给它以巨大的压力，迫使产业内所有的企业必须创新，必须重新审视消费者需求的变化，重新审视技术进步与人类社会发展的变化趋势，这样的竞争压力必然导致新的原创性新产品或现有产品和工艺甚至市场上的再创新。

## 2.4 知识创新与产业创新

近年来，知识经济与知识管理发展迅猛，知识以及创造知识和运用知识的能力是一个企业可持久竞争优势的最重要源泉（Drucker，1993；Nonaka，1991，1994；Quinn，1992；Nonaka 和 Takeuchi，1995；Winter，1987）。当市场、技术、产品与消费者都在发生着迅速变化时，企业技术创新以及产业创新赖以成功的知识已经成为其竞争优势的重要源泉。

### 2.4.1 知识创新的 SECI 模式

较早的学者认为企业组织是信息处理系统（西蒙，1947，1973），知识创新是信息处理的一部分，因此，很少有人探讨企业能动的知识创新过程。美国学者野中郁次郎（1998）首次提出了能动的知识创新过程 SECI 模型，并对知识创新的知识场——巴，以及知识创新的结果与支撑——知识资产进行了全面论述。为了解释组织是如何创造知识的，野中郁次郎、Konno 和 Yoyama(1998)提出了一项多层次知识创新模式，即 SECI 模型。在这个模型中，知识创新的三个层次必须相互作用才能形成创新知识的螺旋上升运动(见图 2—6)。这三个层次是：(1)通过社会化、外在化、组合化和内在化而实现的知识创新过程(SECI)，即模糊知识与明晰知识间的知识转换；(2)“巴”，实为知识创新平台；(3)知识或知识资产在知识创新过程中进行输入、输出和调节。

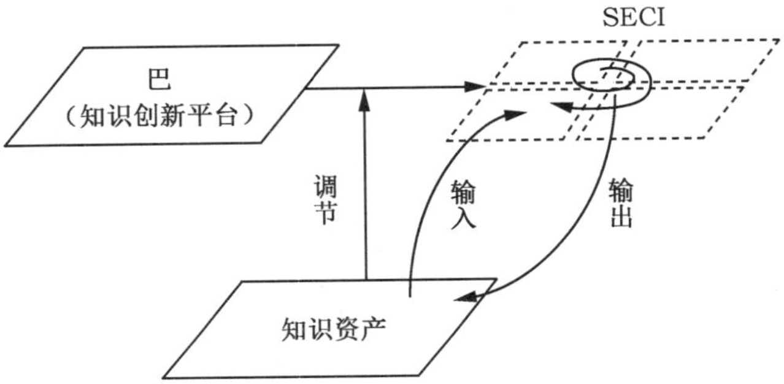


**图 2—6　知识创新过程的三个层面**

野中郁次郎的 SECI 模型非常有名，成为知识创新的经典模型。这个模型的本质是解释了企业内部的知识创新过程，解释了明晰知识与默会知识的转换，以及转换场所的重要性。但对于知识创新是如何在企业之间乃至在整个产业链、价值链上展开的，野中郁次郎没有进行研究。

### 2.4.2　组织学习与知识创新

从组织学习过程的角度，可以把组织学习划分为单环/双环学习(Argyris，1977)、行动学习(action learning)(Zuber-Skerritt，2002)，适应性学习(adaptive learning)(Appelbaum 和 Goransson，1997；Tyre 和 Von Hippel，1997)和创造性学习(creative learning)(Driver，2001；Kloot，1997)。不同的组织学习方式导致学习效果、知识积累状况、创新知识可能都是不同的(芮明杰等，2008)。

基于技术创新的组织学习模型从技术生命周期各个阶段特点出发，研究不同阶段的组织学习和知识创新模式。迈尔斯(1990)提出了四类技术性组织学习:维持性学习、适应性学习、过渡性学习和创造性学习。Hoday(1998)从制造模式角度提出了"OEM(original-equipment manufacture)—ODM(own-design manufacture)—OBM(own-brand manufacture)"的技术学习模式;国内研究技术创新的部分学者也做过类似的研究,如傅家骥、姜彦福和雷家萧(1992)的技术创新学习,王伟强、吴晓波和许庆瑞(1993)的研究与开发中学习,吴晓波(1995)的二次创新的组织学习模式,陈劲(1994)的技术引进到自主创新的学习模式等。

以彼得·圣吉为代表的学者,从系统论的角度对组织学习、团队学习进行研究,提出了在动态环境变化下,企业应该转变为学习型组织,通过"五项修炼"即自我超越、心智模式、共同愿景、团队学习和系统思考(彼得·圣吉,1998),使企业成为可持续发展的企业,适应环境的变化。作为一个学习型组织需要有不同以往的学习方式即团队学习方式,交流互动、学中干干中学,推动企业创新发展。

学习与创新总是在一定的场所进行,于是就有了创新社区的概念。学者们研究了社区中的非正式组织中知识共享和互相学习,如非正式实践社区的工作、学习与创新一体化模型(Brown 和 Duguid,1991),进化式学习社区模型(Laszlo 和 Laszlo,2002)等。组织学习的社区模型有开放的组织文化特征,如信任与诚信、互惠机制等,有助于知识的传播和扩散。Wagner(2003)更进一步认为企业之间的学习应该共享组织规范和价值,才能使组织学习有效地进行,因为嵌入于组织记忆中的知识是不容易转移的;而传统的资源共享或风险共享变换到合作伙伴的学习联盟可以使企业加快能力开发、提高对环境变化的响应速度、降低技术竞争的不确定性(Huber,1991)。科恩(Wesley M. Cohen)和丹尼尔·列文萨奥(Daniel A. Levinthal)于1990年提出了跨组织学习的知识吸收能力模型,认为知识吸收能力包括认识新的外部知识价值的能力、吸收并应用于商业目标的能力,这些能力显然是企业进行产业创新所需要的重要能力。

### 2.4.3 知识创新与产业创新

过去在研究组织学习与知识创新的问题时,企业经常被当作一个步调一致的独立系统,有固定边界,相对独立于外部环境而独立运作,其中心主题是适应环境、获取信息、制定规则、集团构建组织宗旨和组织记忆(迪尔克斯等,2001)。今天产业链与价值链的全球分工与合作,使企业的组织学习和知识创新遇到了新问题,诸如价值链上企业间关系、信用、协调以及合作、创新的传播等。因此全球化的背景下,企业如何通过技术创新、产业创新建立新的核心能力或使现有核心能力提高,以获得持续竞争优势是管理理论界和实践界共同关心的一个重要问题,也是企业持续发展的关键。

全球化背景下的企业跨界学习和知识创新合作是企业进行技术创新、产业创新的重要基础。今天企业产业创新不断取得成功的源泉是对全球各国各种不同的技术和知识的整合。一方面,企业通过其国际化的分支,可以有机会学习和使用国际上各种知识和技能;另一方面,对企业进行有效管理,需要有非集权的、灵活的办法来学习并转化知识。在产业创新的过程中,创新主体可以利用或发展形成企业之间的战略同盟与虚拟组织,通过建立战略技术联盟,形成外部网络,是其创新能力建立与提高的一条重要捷径(陈劲、王毅和许庆瑞,1999)。约翰·查尔德(John Child)和大卫·福克纳(Faulkner,1998)认为,战略同盟是国际合作最为普遍的方式,公司总是越来越寻求战略同盟,而且总是与竞争对手结成同盟,联合开发产品,实行协同行动,开发新的市场,获取新的知识和技能,不断开发企业的组织间学习的潜力。合作创新为有效的技术转移提供了一个新的形式,并且技术转移已成为研究开发合作组织成败的关键因素(Smilor 和 Gibson,1991)。Ingham 和 Mothe(1998)观察了欧洲高技术企业参与的 R&D 合作联盟组织的学习过程,发现企业的技术学习能力、创造能力与以下六个因素有关:(1)合作方的相互信任;(2)企业中研究开发活动的集成性;(3)获得足够的互补性资产;(4)合作过程中各成员的参与程度和合作动机;(5)企业自身的研究开发经验;(6)技术联盟中企业的数量。

产业创新作为企业创新的核心部分,离不开知识积累、知识传播、知识创新,现实的企业必须不断开展个人学习、团队学习和组织学习,必须不断提高企业产业创新、合作创新能力以及员工的知识与技能素养,才可能获得更好的产业创新的成果。

# 第三章

# 产业创新的主体

企业是产业创新的主体，这是毋庸置疑的。这是由企业的商业本质所决定的，也是企业获得创新红利的最主要的途径。

## 3.1 产业创新优势

企业在既定的竞争空间中不是不可能找到获利基础，但在领先者的阴影下，其成长的空间十分有限。因此，企业必然进行产业创新，创造新的产业。创造新产业就是创造未来。对于有雄心的企业来说，创造未来必须：(1)以某种方式从根本上改变老行业的游戏规则(如查尔斯·施瓦布公司在经纪业和互助基金业所做的那样)；(2)重新划定行业间的界线(如时代—华纳公司、电子艺术公司及其他公司在“寓教于乐”领域试图所做的那样)；(3)创造全新的产业(如苹果公司在智能手机方面所做的那样)。

### 3.1.1 企业视角的产业创新

从企业的角度理解产业创新的基本内容还可以这样解读：

1. 竞争规则创新

对历史悠久的产业，设法从根本上改变其游戏规则，是对此产业的变革与创新。这些产业中企业之间的竞争格局是由该产业的领先者所决定的，该产业的挑战者及跟随者只有设法改变产业的竞争规则，才有可能打破现有的竞争格局，从而在这个产业中走出领先者的阴影，成为产业新的领先者。

2. 重划产业界线

新出现的产业之间的界线往往难以划分，这些产业大多集过去所定义的多种产业于一体，许多旧产业由于新技术、新工具的使用与其他产业发生交叉或融合，只有重新设定产业界线，企业才能认识和发现其竞争对手和合作伙伴，从而找出新的竞争空间。

3. 创造全新产业

通过对顾客需求的前瞻式思考，依靠企业的核心能力，为顾客提供全新的产品或服务，通过产业创新的成功，从而创造一个全新的产业。

产业创新本质上就是为旧有的产业赋予新貌或创造全新的产业。竞争规则创新即改变产业游戏规则是企业重获新生的有效途径，加里·哈默尔认为战略创新就是在现有的行业改变竞争的核心能力以及创造全新行业的能力，这将成为世界各地公司下一个根本性的竞争优势。可见改变竞争规则是产业创新的重要手段之一。重划产业界线往往与技术创新密切相关，如电子计算机、通信、网络技术、生命科学的发展给社会带来的革命的变革，必然也给经济和企业经营带来翻天覆地的影响，同时它为创造全新产业提供了广阔的机遇。

### 3.1.2 产业创新的优势

产业创新是实现产业领先的根本途径，面对比比皆是的产业创新者的失败，面临巨大的研发风险和资金压力，企业实行产业创新究竟能获得哪些好处呢？毫无疑问，只有收益大于付出的成本，企业才会进行产业创新，更重要的是，只有通过产业创新，才能摆脱企业发展的停滞和危机，才能打破僵局和困境，变被动为主动，化压力为动力，重建竞争优势。

企业创造新的产业可以从以下四个方面获得优势：学习曲线、网络外部性（network externalities）、声誉和购买者不确定性、购买者转换成本。

1. 学习曲线

学习曲线是指由于经验和专有技术的积累所带来的成本优势，在产业发展早期，销售量先做大的企业能比其竞争对手更早沿着学习曲线向下移动，生产成本也更低。因此，积累了丰富经验的企业能凭价格策略比竞争对手得到更多的利润，从而进一步增加其累积产量，并提高其成本优势。

2. 网络外部性

对于某些产品，如计算机软件和家用电器的消费者来说，他们购买该产品所得到的使用价值随现有用户和预期的近期用户的增多而增加。例如，一种办公软件如微软的 Excel 用户越多，用户也就更有机会找到朋友或同事帮助解决使用该软件中遇到的问题。当新的用户加入现有用户网络时，他们就会给网络中的现有用户带来正的外部收益，经济学把这种现象称为网络外部性。存在网络外部性时，早期销售量较多的厂商获得了较大的顾客基数，从而在与顾客基数较小的厂商竞争时处于优势地位。这样就进一步扩大了该厂商相对于其竞争对手的顾客基数的差距，使竞争优势进一步增大。

形成网络外部性的前提是企业最先推向市场的新产品是主导设计(dominant design)的产品，主导设计是赢得市场依赖的一种设计，是竞争和创新者为支配重要的市场追随者而必须奉行的一种设计，如苹果手机的智能特性就是一种主导设计，是后来者都追随的设计。主导设计不一定要体现最尖端的技术性能，但它一定是在技术可能性与市场选择相互作用下广为接受的满意产品。一旦企业的产品成为主导设计，就意味着竞争者必须遵从它所确立的标准，而这种产品变成主流产品和变成新产业会形成巨大的消费群，从而大大增加其网络外部性，使其在与竞争对手的较量中处于优势地位。

正如 VHS 和 Beta 制式的录像机之间的竞争所揭示的那样，网络外部性不仅能影响两个厂商之间的竞争，而且还能影响两种能力之间的竞争。Beta 制式的技术是由索尼领导的日本企业集团研究出来的，索尼提前把这种技术的录像机投放市场时，日本胜利公司(JVC)立即把应用 VHS 原理的录像机投放市场应战。尽管 Beta 制式在很多方面都优于 VHS 制式，但是索尼制定的高价位使 VHS 录像机占领了大部分美国市场。20 世纪 80 年代，VHS 录像机的顾客基数进一步增大，它相对于 Beta 录像机的优势也就越来越明显，越来越多的制造商都生产 VHS 录像机而不是 Beta 录像机。最终，Beta 录像机在美国完全失去市场。

3. 声誉和购买者不确定性

在销售新产业的产品——那种在购买和使用之前不能确定其质量的产品时，企业树立起来的质量信誉使它占有明显的提前行动者优势。如果竞争对手的竞争性产品性能有可能不好的话，对某一品牌的产品有良好感觉的消费者不会愿意转而去购买这样的竞争性产品。购买者不确定性加上声誉效应使得企业的品牌成为一种有效的隔绝机制。一旦厂商树立了其品牌声誉，那么它在获取新顾客时就有了优势，并增加了成功地使用产品的消费者数量，因此进一步扩大了其品牌声誉，使新产品在市场上成功的概率大大增加。

当然，新进入者也可以通过广告劝说顾客，其产品质量更优于新兴产业开拓者的产品，从而打破开拓者的声誉竞争优势。但是，市场营销中的消费者行为研究告诉我们，新兴产业开拓者的品牌对消费者偏好的形成具有很深的影响。如果新兴产业开拓者能够劝说大量的消费者尝试该产品，那么消费者肯定会认为该产品特性的构成是同类产品中较理想的。后来者的新品牌必须告诉消费者，它的产品比开拓者的产品性能优良得多。开拓者的品牌享有知觉上的竞争优势的例子非常多，例如克莱斯勒的微型货车就是如此。克莱斯勒于 1983 年推出第一辆微型货车。尽管克莱斯勒微型货车的性能并不比福特或通用车优越很多，价格也不便宜，但是在 20 世纪 90 年代中期，美国微型货车市场上每三辆车就有两辆是克莱斯勒的。

4. 购买者转换成本

对某些产品来说，购买者更换另一个供应商会增加很多成本。若购买者已培养了有关使用某具体品牌的技能，并且这种技能是不易转移到其替换品牌上的话，那就出现了转换成本。例如，若一个顾客已掌握了使用 Word 的大量知识，他要转而使用 WPS 的话，还需投资培养新的技能。若企业已培养了有关购买者的特定的技能，而别的企业不能迅速给消费者或潜在消费者培养这种技能，或者企业给购买者提供客户化的售后服务，那么购买者也会增加更换成本，不愿意购买别的企业的产品。

品牌转换成本是提前行动者即产业创新先行者的强大优势，产业新进入者虽在争取已购买的原有厂商产品的消费者时确实处于劣势，但在争取第一次进入市场的新消费者时却没有劣势。法雷尔（Farrell J.）和夏皮罗

(C. Shapiro)指出，在没有规模经济或网络外部性的条件下，在成长性市场存在转换成本实际上比不存在转换成本更鼓励市场进入。这是因为原有企业不愿意把价格降到能够吸引新顾客的程度，因为这样做会减少它在原有顾客那里所得的利润。因此法雷尔和夏皮罗推测：存在高转换成本、低规模经济或低网络外部性的市场，有一种稳定的惯性，早期占有市场领导地位的企业会保持产品高价位，让其市场份额逐渐受到侵蚀，这就是产业创新的红利之一。

## 3.2　产业创新成功的基本条件

分析产业创新可能的关键影响因素，并解释其各自的作用方式，这很重要。不同视角中的因素对产业创新具有不同影响。从产业环境视角来看，主要产业环境影响因素有市场需求、相关生产或组织技术的配合、企业家创新精神、公平竞争的市场环境、政策环境、知识产权保护、制度与机制、金融体系、社会文化、服务体系等。从产业化过程视角来看，创新应用主要依赖于产业生产组织和商业模式市场开拓创新两方面。

产业创新主要影响因素有必要条件、环境因素等(见图 3—1)。

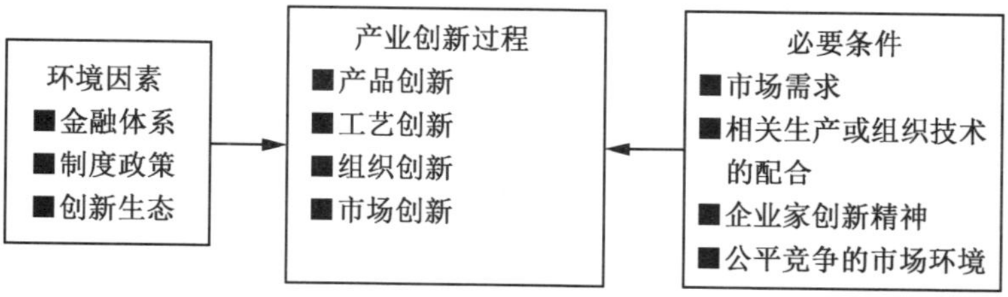


**图 3—1　产业创新成功的影响因素**

产业创新成功需要具备一些基本要素，含有市场、产业、配套产业等层面的因素，包括市场需求、相关生产或组织技术的配合、企业家创新精神、公平竞争的市场环境等。企业产业创新成功离不开一定的市场规模，而市场规模也与厂商的市场开拓能力有关。同时，产业创新过程需要与相关产业协同创新，创新厂商对配套产业的开放性至关重要。企业家精神和创新动力支持着企业持续创新，同时产业创新离不开企业家对生产过程的组织、对机会和风险的把握。政府在产业化过程中应做好公平竞争市场的维护职能，同时保持宽容的制度环境容忍企业的产业创新。例如在大规模定制情况下，企业对工艺创新比对产品创新更为重视，因为工艺过程对产品变化有较强适应能力，保证个性化产品从灵活、敏捷而又长期稳定的过程中生产出来（方爱华，2002）。

### 3.2.1 市场需求

市场需求是新产品形成新产业的关键条件，也是产业创新的目标和方向。新产品的产出要达到规模经济需要一定的市场基础。需求的市场规模，首先取决于消费者的消费偏好以及消费者当前及近期的未来有可预期的支付水平，否则新产业无法达到生产的规模经济要求；其次，与企业的市场开拓能力有关，即如何把消费者的消费欲望转变成实在的购买；最后，还取决于企业对购买者的服务水平。产业创新过程的根本任务是更好地搜寻和对接具备支付能力的市场需求；更好地开拓现有市场和未来的市场；把握消费者需求和消费习惯变化。

现有创新研究对市场需求的关注较少，尤其是以支付能力作为衡量的市场需求考虑不多，但已关注到市场需求或市场规模对产业发展具有重要的决定性影响。徐康宁（2008）以大飞机产业为例，提出规模化生产依赖于获得“买家”的订单。张国胜（2011）指出，市场规模可能促进产业升级的需求。实际上市场需求规模大小一定程度上与企业的市场开拓能力密切相关，且还取决于企业满足需求的能力以及消费者支付能力。在特定时期内，需求匹配且同时消费者具有支付能力时，即产生市场规模。对未来市场规模的估计已经是评价高新技术成果是否具有产业化成功条件的核心指标之一（赵小芸和芮明杰，2011）。

### 3.2.2 相关生产或组织技术的配合

新产品成长的配合产业体系是产业创新成功的一个重要条件。配合产业体系是指与产品相关的配套产业或组织技术，创新企业只有与相关配套产业形成协同运作和创新时，产业创新才可能提升。在我国，企业的产业创新面临的最大问题是缺少协同创新的配合产业，尤其缺乏对海外的配合产业的充分放开与合作。因为在全球产业、价值链分工条件下，任何产业创新过程都需要与相关产业的生产或组织技术方面的协同创新。相关产业是指与某个产业相关联的上下游产业（例如提供原材料、零部件、机械设备等厂商）和互补性产业（芮明杰和吴光飙，2001）。在传统一体化组织模式中，配套产业的协同创新显得没有那么重要。然而，当今产业分工深化已进入全球化、模块化、价值网络化阶段，在这样的状态下，创新的效率已经不再是简单的投入多少资本，而是创新的主导者如何利用创新平台，是否采用更为开放的创新合作策略组合，协同其他参与主体的创新活动，以实现创新的高效率与高的价值创造（姚凯等，2009）。以个人计算机总线结构为例，英特尔公司开发出 PCI 总线技术，并采取了更为开放的结构，同时技术性能优越、兼容性强、知识产权免费，因此被配套生产厂商、互补品厂商所接受成为平台领导者（姚凯等，2009），可以设想，如果离开了配套厂商的协同创新，英特尔公司总线技术的产业化恐怕不会这么快获得成功。所以，在全球化产业分工深化的背景下，我国应进一步扩大产业体系的开放性，借助国际分工合作与市场细分，推动产业创新效率提高（刘明宇和芮明杰，2009）。

### 3.2.3　企业家是产业创新的关键人物

企业是产业创新的主体，企业家是企业的灵魂，这样企业家也就成了产业创新的关键人物。李新春等（2004）指出，高科技产业发展的本质在于企业家的创业精神。隋广军等（2005）指出，企业家在高科技企业中担任核心角色，负责企业的运作和发展。因此，在某种意义上，企业家也是高科技产业的支柱。掌握科技创新成果的科技工作人员不一定能成为合格的企业家，企业家也可以是兼具市场化和创新能力的科技人员。如果说科技创新需要的是科研人员的专业知识储备、创造力等能力。那么在产业创新中，需要的则是企业家的创业素质，包含专业知识和创新精神等，例如，企业家具备的对市场的感知和把握、对资源的组织等；企业家有社会责任担当（创造就业、保护环境）、承受风险、开拓精神、独立精神、创造精神等特质。企业家精神和不断创新的动力是支持产业创新的根本原因。最为典型的例子是美国硅谷（隋广军等，2005）的产业创新。因此保护企业家创新的动力，就可以使企业保持较为活跃的产业创新活力。产业创新过程需要重视发挥企业家特质，尤其是创业相关的能力和精神，这是因为：

首先，企业家能对市场需求做出动态判断。新产业的形成需要对消费者需求偏好变化以及现在与未来支付能力具有准确判断和预期。新兴产业的建立往往需要较高投入，因此厂商面临更高的风险，此时消费者的支付能力更为重要。消费者需求匹配则依赖于厂商对市场趋势的判断以及产品的设计能力。另一方面，新产业的产生和发展与市场机会关系密切，而企业家对技术和市场拥有相对充足的信息、成熟的认识以及关系网络等，从而能对客观存在的市场机会做出合理的主观判断，成立新的企业或产业（李新春等，2004），并保证产业创新过程中的时机和方向正确。

其次，企业家对利润的追求是产业创新的根本动力。企业家创新的动力首先是对创新红利的追逐以及谋求企业长期的竞争优势，此外导致企业产业创新的内生动力还与企业家价值观、企业家梦想与追求等有关。产业创新成功光有动力是不够的，企业家还要具备产业创新必要的综合能力，以及领导企业推进持续的产业创新执行力。

再次，产业创新是有风险的，需要企业家对风险的把控。创新的风险可能来自外部市场和组织内部（李新春，2003）。产业创新过程中，外部市场和组织内部不断变化，每一次创新决策都可能影响企业发展，企业家作为决策者，也必须综合考虑决策的机会成本以及失败可能带来的影响。

最后，产业创新是一类知识创新，在产业创新过程中企业家还是企业持续学习的最积极的参与者和领导者，推动企业开展组织学习与个人学习来进行知识积累、知识传递以及知识创新，使企业成为学习型组织，成为具有产业创新能力的组织，推动企业持续的成长与发展。

### 3.2.4 公平竞争的市场环境和政策环境

公平竞争的市场环境下，企业才能有效地开展产业创新。产业创新面临较高的不确定性和风险，成本极高，在这种情况下，公平竞争的市场环境是产业创新成功的根本原因，是产业化发展的“土壤”。可以说，没有公平竞争的市场环境，企业的产业创新是不可能成功的。公平竞争的市场环境一方面依赖于市场机制的有效调节，另一方面依赖于政府的监管作用。由于市场也会产生缺陷，因此需要政府通过法律与政策来监管和维护开放、公平竞争的市场环境。例如，反垄断保护竞争的法律、创新性幼稚产业的保护政策、相应的科技成果产业化推进政策（如产业准入政策的宽松）等。一方面，公平竞争的市场环境是产业创新的必需条件，改善市场环境将大幅提高产业创新活动。另一方面，产业创新过程中，需要注重如何应对市场环境的变化，考虑如何保护知识产权、公司产权等的策略。

政府在企业的产业创新成功方面可以有一些制度政策安排，例如制定反垄断法规、公平交易法、幼稚产业保护政策、行业准入政策等（芮明杰，2006）。首先，创新激励政策能促进产业创新的动力，引导产业创新方向，培养市场需求，提高产业创新效率。其次，新兴产业扶植政策能支持和保护新产业在初始阶段的创新与成长。新兴产业在创新初期盈利较少，更可能投入多于产出，此时政府的扶持政策可以帮助产业度过初创期，迎来成长与成熟期，提升市场竞争力，最后获得盈利。政府的制度政策设计应该是全方位、多环节的，例如在创新人才、金融、税收、政府采购等方面均要有相应的考虑。产业化初期的配套扶植措施应该较为完善；市场的容错程度也较高。宽松的制度环境意味着鼓励企业进行大胆创新，追求商业利益，容忍企业失败，从而提高产业创新的积极性和效率。

### 3.2.5 知识产权保护

建立知识产权保护法律体系和实施策略，有助于产生公平竞争的科技创新、产业创新成果。因为只有创新获得的成果（知识产权）获得强有力的保护，创新主体进行科技创新、产业创新的积极性和效率才能持续。知识产权保护水平取决于知识产权法律法规的完善程度和执行程度。知识产权保护对产业创新的影响既可能促进也可能阻碍。一方面，严格的知识产权保护是当前产业创新的基础。产业创新展开有时需要向外部搜索和交易知识产权，因为一个重大创新一定是在前人的创新成果基础上展开的，为此需明确界定他人创新的知识产权的范围、定价、使用权限、交易规则等问题，如果缺乏有效的知识产权保障支持，相关环节知识产权的交易市场也难以有效运行，企业和创新者难以开展有效的创新活动，产业创新将不得不仍然延续使用内部创新，使创新效率和速度仍然无法提升。另一方面，在当前知识经济和产业结构背景下，产业发展依赖于专利、关键技术等核心知识产权，知识产权保护直接保护了科技创新成果、产业创新成果的商业利益，从而能够鼓励更多企业进行创新。也因为严格的知识产权保护，才有利于吸收全球创新成果的流入与流出，加快创新成果的涌现。

### 3.2.6 创新制度与机制

众所周知，制度环境对产业创新至关重要，产业创新的制度安排可分为国家和产业两个层面。国家层面制度主要有法律制度、经济制度、知识产权制度、反垄断制度等。适当的反垄断制度既保证新企业获得公平竞争的市场环境，也保证了现有企业的创新动力。产业层面主要的制度有产业公平竞争制度、产业进入和退出壁垒、资源配置安排等(金碚，2000)。

产业创新主要包括产品创新、工艺创新、生产组织创新、市场创新四个环节，产业创新的主体是企业，其中如何设立有效的机制促进我国规模巨大的国有企业成为我国当前产业创新的主体，出重大的产业创新成果是十分关键的改革发展难题。尽管中小企业应该努力创新发展，但国有大企业没有理由不成为产业创新的主体，因为它们拥有的资源规模以及品质都优于中小企业，它们与高校、科研院所的合作关系也优于中小企业。国有企业机制问题一直没有得到好的解决，其中尤其是在创新激励机制方面、持续竞争力维持的机制方面、领导人选拔机制方面等都没有根本性的变化，产业创新成功需要新的合适的制度机制安排。

## 3.3 产业创新的服务支持

产业创新要获得成功还依赖于良好的创新服务体系，创新服务业是维持良好创新生态的关键。服务业与科技成果创新、产业创新密切相关。一方面，创新服务产业的完善，促进了信息快速流通，帮助鼓励企业进行产业创新，提升产业化效率。例如中介组织、法律行业、广告业等在科技创新和产业创新过程中起到一定促进作用。另一方面，产业创新也包含服务产业创新这个方向。目前为技术创新、产业创新企业提供行业研究和咨询、知识产权保护、法律顾问、投融资咨询、人才培养等服务产业，业态落后、服务水平低、商业模式简单，均需要不断创新才能提升我国的服务业、创新服务业的竞争力，使之真正成为企业产业创新的好助手。产业创新服务中首要的是金融服务体系与服务方式。

### 3.3.1 金融对产业创新的重要性

新兴产业的建立和发展的速度依赖于资本的大量投入（赵小芸和芮明杰，2011）。一个完善的、有效率的、公平的资本市场，对产业创新的成功、对新兴产业的发展是十分重要的。如何在产业创新过程中通过金融服务的方式方法提高我国现有资本市场的效率，例如商业银行增加面向新技术新兴产业发展的贷款数量、防范风险的同时又降低贷款利率；增加风险投资基金的数量和规模等来帮助企业在产业创新初期获取足够的资金，将新技术、新产品快速转化为满足消费者需求的商品等等，都有待改进。我国的金融服务体系落后于发达国家，本身也需要大力创新，推出新的金融服务产品，例如基于互联网金融、移动支付技术方面的服务体系创新；基于"众筹"模式的新型融资方式；以及配合政府监管的民间融资公司等。总体来看，我国金融体系需要进一步改革开放，一方面，改进提升金融服务体系的总体水平与质量，促进现有企业技术创新、产业创新开展；另一方面，金融服务体系改革也可以服务产业创新为目标，在产业创新过程的不同阶段提供相匹配的金融服务（例如，在产业形成初期提供大量资金，确保产业稳定成长），之后减少向产品创新投资，转而增加工艺创新投资，同时应加强金融监管，降低金融风险，以保证新兴产业稳定成长。

### 3.3.2 互联网对产业创新的促进

互联网的首要功能是集聚知识与信息，可以把分散的知识与信息集中起来，促进信息与知识流动，降低知识与信息的不对称性，导致知识溢出的效应加大，进而帮助大家拓展思路，获得新知，提升创新思维。互联网的第二功能是平台化，通过平台化可以把分散的创新要素、创新人员、创意集中在互联网创新平台上，从而使协同创新变动更加容易，效率更高，甚至形成广泛的开放式创新网络。显然互联网的这两个功能对产业创新都非常重要。互联网的第三个功能是方便以成本低廉的方式获得信息数据和传递信息数据，这就为企业通过分析消费者留在互联网平台的各种数据信息，把握消费者的消费偏好以及变化奠定了可靠的基础，也为企业如何根据消费偏好与变化开发创新新产品创造了可靠的技术路径。从互联网的这些功能来看，对产业创新十分重要，影响很大（见图3—2）。

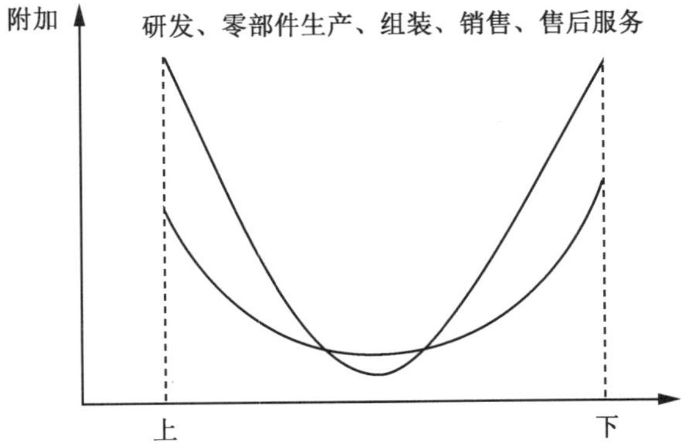


**图3—2　互联网对产业价值链的影响**

1. 互联网有助产品创新

由于消费需求转向个性化偏好，产品创新的顺序开始从厂商主导变为消费者主导，生产商开始向服务商转变，可以完全根据消费者个人的消费偏好开发与生产。互联网为此提供了重要帮助。因为通过互联网以及大数据技术可以帮助企业收集客户需求，使产品更新更快，产品创新更贴近需求。互联网平台增强了产品创新的分工和协作功能，例如企业之间通过互联网产生创新共享平台、合作创新平台等，而非传统的直线创新流程。互联网技术下，产品的设计理念是便携、人性化，因为互联网技术发展的本身要求降低信息的传递成本，并适合所有用户使用（例如云计算、移动互联网等）。互联网让技术创新和产品创新的衔接更便捷，互联网将催生技术交易与传播市场使技术创新主体和产品创新主体联系更为紧密。

2. 互联网有助于工艺创新

互联网的引入可能完全改变现有产业流程。首先，基于互联网平台的生产流程，相对于传统生产流程的可控制程度更高。生产厂商通过互联网信息技术管控每个产品的生产、物流等环节；厂商可以通过互联网有效协同产品生产的每个环节，例如供应、生产、库存、销售、周转等，极大地降低了信息、时间、空间等成本。

其次，互联网平台可以使各产业链、价值链之间的线下流通变为网上交易，降低了交易费用，提高了流通效率。例如，原有供应商和生产商之间谈判和签约受制于信息、时间、空间等因素，而现在，通过网上交易平台，供应商—生产商关系形成新的供应关系。而生产商、经销商的销售环节也通过B2B、B2C等网上交易方式实现。

再次，互联网使生产流程每个环节的价值分配产生了变化。具体而言互联网可能加剧环节之间的价值差异。图3－2的微笑曲线显示，研发、零部件生产、组装、销售、售后服务等环节的附加值呈U形分布。互联网技术加入后，从纵向上看，该曲线两端的重要性增强了，而中间环节反而更加弱化了，因为在研发环节，互联网提升了研发能力和协作创新能力。在售后服务环节，互联网增强了需求的发掘能力以及需求的多样性。从横向来看，互联网技术使微笑曲线两端的联系更紧密了，压缩了两者间的距离，产业链整体出现了聚拢的趋势，但横向的分工却更细致了，因为互联网简化了协作难度，某个研发环节可能被细分成更多的子项目。同时，产业的总价值随着研发、生产、销售两端的提升也获得了整体提升。然而这样的变化可能导致某些厂商无法适应竞争，获得足够的利润而面临倒闭风险，同时也可能使厂商更聚焦于自身擅长的领域。

最后，互联网促进网络生产流程替代一体化生产流程。互联网简化了协作生产，催生企业将生产活动外包，与外部企业形成网络状的协作生产体系，原有一体化的生产流程随着生产效率的降低和成本的升高，无法适应新的生产模式，从而逐渐向价值网络生产模式转换。

3. 互联网有助于组织管理创新

互联网可能对厂商的管理带来完全不同的改变。互联网技术的发展，管理流程得以简化，管理幅度得以增加，因此，厂商可能迎来扁平化的管理结构，分权程度也增加，组织规模可能减小，非核心业务被外包，厂商内部可能出现自主管理、自负盈亏的经营体（小微体），组织内部运营由行政指导向内部市场化运作转变。

互联网可能对产业的管理带来完全不同的改变。以往产业以一体化为主，管理模式为直线型；而在价值网络产业组织下，管理模式为网络状并行管理，管理难度增加，互联网技术使舵手企业能够同时对多个网络状协同生产厂商进行管理。

4. 互联网有助于市场创新

互联网平台已经彻底改变了产品的营销模式。互联网技术本质上缩短了厂商与消费者的信息传递距离，传统的线下分销渠道已经受到巨大冲击。例如消费者使用移动手机、计算机终端进行线上消费时，厂商可以直接通过网络销售平台、广告平台、社交平台等网络媒介展开营销。另一方面，互联网平台帮助收集消费者消费偏好等数据信息，使企业通过大数据分析，可以更好地提升营销的准确性，使消费者的满意度提高，忠诚性提高，使企业容易开展有效的市场创新。

## 3.4 产业创新的企业家角色

既然产业创新的主体是企业，尤其是创新型企业，那么这些企业的企业家在产业创新的整个过程中就扮演了十分重要的角色。图3—3展示了企业家在市场环境、产业领域、需求与技术变化的过程中，通过生产组织创新与商业模式创新，推动产业创新的成功。

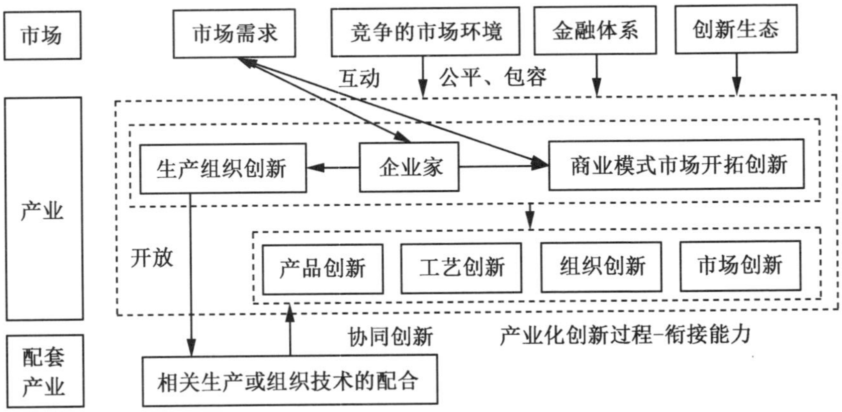


图3—3 产业创新中企业家角色

### 3.4.1 企业家的创新精神是企业产业创新的原动力

首先，具有企业家创新精神的企业家能够通过增强企业组织的整体创新意识，推动企业成长。企业家创新精神能够影响企业的社会网络、组织创新、经营管理，推动整个企业组织创新意识的增强，提升企业的技术创新能力，进而影响企业成长的各个方面。其次，具有企业家创新精神的企业家可以通过培育创新型企业文化，推动企业成长。一个具有创新精神的企业家能够培育和建立有利于创新的文化氛围，通过自己卓越的创新与管理才能，创造性地运用企业资源开拓产品市场和应用范围，组织和管理企业的创新活动。最后，具有企业家创新精神的企业家通过驱动企业持续创新，推动企业成长。企业家创新精神能够为企业的持续创新提供源源不断的动力，提升企业持续创新能力，进而推动企业的创新性成长。

企业家还可以通过在企业中持续不断地倡导创新型企业文化，对一家企业的产业创新起到潜移默化的作用，渗入到每个员工与企业日常经营的方方面面。创新型企业文化的主要表现形式有四点：一是企业鼓励员工积极创新；二是企业具有较高的整体创新意识；三是企业的科研人员有较为频繁的交流；四是企业对创新失败具有较大的宽容性。创新型企业文化驱动产业创新的机理是：它通过作用于高层管理者和企业员工，有力地推动企业不断地进行技术创新、产业创新，凝聚企业的创新资源，增强企业的创新活力，进而促进企业的成长。由于创新具有高度不确定性和高风险性，从事技术创新的科研人员往往因为害怕失败而顾虑重重，从而不能专心于技术创新的工作。然而，在创新型企业文化的影响下，企业鼓励产业创新，对创新失败具有更大的宽容性，从事技术创新的科研人员能够消除或减弱对创新失败的顾虑，从而能够更加积极主动地从事技术创新，并且竭力挖掘自身内在的创新潜能。创新型企业文化正是通过从上至下地影响管理者和员工的创新激情和创新意识来推动整个企业的技术创新、产业创新，从而推动整个企业的不断发展。

### 3.4.2　企业家的创新领导可以提高企业原创创新能力

在企业家的创新领导下企业不断地开展各种创新活动，进行产品开发，并产生具有强大影响力的产品，获得商业上的成功，从而实现企业的成长目标。企业的原创技术创新能力的强弱主要反映在企业研究开发产品的技术水平、对创新产品投入生产的能力、产品市场化的能力、产品满足顾客需要的程度。首先,强大的原创技术创新能力通过提高企业的核心竞争力,实现企业的高速成长。原创技术是企业竞争的核心,拥有原创技术有利于企业形成区分于竞争对手、难以被模仿的核心技术,从而凭借核心技术进行创新性发展。其次,强大的原创技术创新能力通过保障创新活动的顺利开展,驱动企业的创新发展。强大的原创技术创新能力是企业创新活动得以实施的决定性因素,能够将企业的创新思想与创新行为有效地结合起来,进而转化为创新成果,实现企业的快速成长。最后,强大的原创技术创新能力有利于企业开发出独具特色的创新性产品,推动企业快速发展,甚至创造出全新的产业。企业将原创技术应用于创新性产品的开发,并凭借产品的先进性与独特性迅速抢占消费市场,为企业带来超常化的收益,实现企业的产业创新成功。企业家是创新资源整合的核心。在企业的发展过程中,在产业创新过程中,对企业内外部创新资源的高效整合是企业家的最主要工作。企业家知道企业内部创新资源的积累是其进行创新投入、技术创新、产业创新活动的基础,而内部资源的有效利用是提高企业创新能力、增强企业创新活力的源泉。然而,随着创新需求资源日益庞大,单纯依靠企业内部资源已难以满足创新需要,外部资源的有效利用成为影响企业创新成败的关键因素。创新型企业在成长过程中往往会遇到企业自身资源的"瓶颈"问题,仅仅依靠企业内部资源的积累难以在短期内提高企业的自主创新能力,所以企业家必须依赖于获取和有效利用外部资源才能突破技术创新"瓶颈",提高技术创新能力,从而推动企业快速成长。

### 3.4.3 企业家也是企业创新资源整合能力的核心

一是强大的创新资源整合能力能够提高企业的创新绩效,从而推动企业成长。创新资源是企业开展创新活动的基础,企业整合的内外部资源能够转化为企业独特的优势与能力,有利于企业形成强大的技术创新体系,用以支撑创新行为的形成和创新活动的开展,进而提高企业的创新绩效,推动企业的创新发展。二是强大的创新资源整合能力有助于凸显企业的核心竞争力,从而实现企业在激烈的竞争中成长。企业创新资源的整合能力是其核心能力构建的基石,能够为企业带来区别于竞争对手的优势,使得创新资源的运用获得"1+1>2"的效果,从而促使企业在竞争中生存与发展。

### 3.4.4 企业家对创新环境的把握

产业环境与企业的生产经营及创新息息相关，对于企业的成长具有关键性的影响作用。由于当前的技术生命周期的缩短以及技术革命的此起彼伏，对于创新型企业而言，其领导人对政府政策、市场需求、市场竞争和供应商等的把握十分重要。

1. 政府政策

对创新型企业而言，一个有利的外部环境是推动企业持续成长必不可少的条件。政府通过为企业提供有利的政策支持，可以有效地激发企业的创新活力，调动企业创新的积极性，从而驱动企业的创新发展。概括来说，政府对创新型企业成长提供的政策支持主要有税收政策、金融政策、人才政策、专利保护政策、服务政策等。如何把握和利用这些政策推动企业的技术创新与产业创新，是企业家的主要工作，十分重要。

2. 市场需求

市场是企业赖以生存的基础，企业的成长离不开外部市场环境。市场需求是企业创新的出发点，也是企业创新的最终目标。对于创新型企业而言，市场需求是驱动企业产业创新成功、推动企业成长的最重要的因素之一。首先，现有的、稳定的市场需求能够为创新型企业的产业创新活动指明方向，引导着企业根据市场的真实需求，不断完善自身技术水平，为顾客提供令人满意的新产品；同时依据市场的产品反馈信息，不断改进产品的性能，从而占据市场的领先地位，获得产业化成功。其次，潜在的市场需求能够为创新型企业未来的创新活动明确创新目标，而此时的企业往往面临的竞争压力较小，企业可以依靠自身强大的创新能力和雄厚的创新资源在最短的时间内实现技术突破，创造出满足潜在市场需求的创新性产品，迅速抢占消费市场，为企业带来超常化的收益。

3. 市场竞争

市场竞争是推动创新型企业成长的另一个重要因素。创新型企业身处全球化的竞争环境中，如果不能持续进行技术创新，不断提高技术创新水平，必然会在激烈的竞争中寸步难行，甚至遭到淘汰。企业家必须在激烈的市场竞争中给自己的创新型企业以创新压力，迫使其积极创新。创新又推动企业在竞争中生存和发展，努力通过技术创新生产出高科技的产品，实现产品的差异化，从而更快地抢占市场，推动企业的快速成长。另外，由于市场竞争激烈，技术的生命周期大幅度缩减，为了能够在短时间内实现技术突破，企业需要通过与高等院校、科研院所等开展技术合作，加大产学研合作的投入，利用合作创新比竞争对手更快、更好地开展技术创新活动，突破技术“瓶颈”，从而实现创新产品的差异化，最终使得企业的创新性产品在激烈的市场竞争中脱颖而出，实现产业创新获得成功。

4. 供应商合作

创新企业与供应链上游供应商之间的合作关系对于企业的创新成功有着举足轻重的作用。企业家为了产业创新的成功与供应商建立战略性合作关系是十分重要的。供应商作为创新型企业外部环境中重要的合作因素，首先，创新型企业与供应商之间的合作能够保证企业的原材料供应以及成本和风险的降低，这在很大程度上有利于企业的稳步发展；其次，与供应商的创新合作有助于企业更快、更早地向市场推出创新性产品，从而快速地占据市场；最后，与供应商的合作有利于企业利用自有的核心技术专注于技术创新与产业创新活动的开展，从而在提高企业资本利用率的同时能够推动企业的成长。

# 第四章

# 苹果公司与华为公司的产业创新

苹果公司是世界上最大的发达国家美国的一家“世界级”产业创新型企业，而华为公司是世界上最大的发展中国家中国的一家“世界级”产业创新型企业。通过分析苹果公司和华为公司的发展历程，以及它们在企业不同发展阶段的产业创新选择，有助于了解这两家公司的产业创新之路以及创新发展的挑战，从而有助于产业创新的理论研究与实践探索，有助于其他企业开展产业创新并获得更大的成功。

## 4.1 产业创新成就苹果公司

### 4.1.1 苹果公司简介

苹果公司是美国一家具有全球影响力的高科技公司，由史蒂夫·乔布斯、斯蒂夫·沃兹尼亚克和罗·韦恩于1976年4月1日共同发起创立，原称苹果电脑公司，总部位于美国加利福尼亚州的库比蒂诺。2007年1月9日，苹果电脑公司正式更名为苹果公司，标志着苹果公司正在由一家电脑制造商向多样化电子科技类产品制造商转变。

苹果公司是个人电脑领域最早的倡导者和举世闻名的生产商，是全球公认的信息工业的先驱和科技、产业创新企业，其主要经营方向是电脑硬件、电脑软件、手机、互联网服务和掌上娱乐终端。苹果公司在创立之初主要专注于个人电脑的开发和销售，经过近40年的发展，苹果公司在多个科技类产品和服务领域取得了巨大突破，其硬件产品主要是Mac电脑系列、iPod媒体播放器、iPhone智能手机、iPad平板电脑和Apple Watch智能手表；在线服务包括iCloud、iTunes Store和App Store；消费软件包括OS X和iOS操作系统、iTunes多媒体浏览器、Safari网络浏览器，还有iLife和iWork创意和生产力套件。这些产品不仅具有原创性、技术上领先，并以其精湛的工艺水平深受消费者喜爱，从而在市场上获得了巨大的商业成功，并且直接推动了智能手机产业的诞生与快速发展。

苹果公司1980年12月12日公开招股上市，2012年创下6 235亿美元的市值纪录，截至2014年6月，苹果公司已经连续三年成为全球市值最大的公司。苹果公司在2016年世界500强排行榜中排名第9名。2013年9月30日，在宏盟集团的“全球最佳品牌”报告中，苹果公司超过可口可乐成为世界最有价值品牌。2014年，苹果品牌超越谷歌（Google），成为世界最具价值品牌。

2016年7月20日，《财富》世界500强排行榜，苹果公司名列第9名。2016年9月8日凌晨1点，2016年苹果秋季新品发布会在美国旧金山比尔·格雷厄姆市政礼堂举行。10月，苹果公司成为2016年全球100大最有价值品牌第1名。2017年2月，福布斯排行榜发布2017年度全球500强品牌榜单，苹果公司排名第2位。2017年6月7日，《财富》美国500强排行榜发布，苹果公司排名第3位。2017年7月20日，2017年世界500强排名第9位。2017年天猫双十一“亿元俱乐部”榜单显示，苹果位列第1名。2018年4月初，苹果公司以约8 790亿美元的市值再次位列世界上最有价值的公司。2018年8月2日，苹果股价207.05美元，市值正式突破1万亿美元，成为美国首家市值万亿元的上市公司。

### 4.1.2 苹果公司的三个发展阶段及其创新战略选择

第一阶段：1976～1985年——以市场需求为导向的产业创新。

1976年4月1日，史蒂夫·乔布斯、斯蒂夫·沃兹尼亚克和罗·韦恩三人共同创立苹果电脑公司，其后苹果公司在10年内陆续发售Apple Ⅰ、Apple Ⅱ、Apple Ⅲ和Apple Macintosh，并取得了巨大的成功。在这一发展阶段，苹果公司通过 Apple Ⅰ的成功发售进入计算机领域，通过发售人类历史上第一台个人电脑 Apple Ⅱ引发私人电脑革命，Apple Ⅲ成功发售之际公司股票公开上市，通过 Apple Macintosh 奠定了计算机工业发展史上的一个里程碑。这一发展阶段苹果公司主要是以市场需求为导向进行产业创新，通过不断创新生产市场需求的产品，从而为今后的发展奠定坚实的基础。

第二阶段：1985～1997 年——以产品为导向的产业创新。

1985 年 9 月 17 日，史蒂夫·乔布斯辞去苹果公司董事长的职位，苹果公司逐渐开始衰落。苹果公司在这一阶段推出了众多的产品，比如 PowerBook、PowerMac 系列、Macintosh Classic、Macintosh Ⅱ si、Macintosh LC、Macintosh Portable 等。然而，这些产品的推出并没有取得销量上的成功，很多产品并没有得到消费者的认可，苹果公司的销售额一度跌入谷底。在这一发展阶段，苹果公司主要是以产品为导向进行创新，虽然也生产了很多创新性产品，但是其战略和产品定位不清晰，忽视了市场的真正需求，一味地追求高利润，推出过多没有市场竞争力的产品。苹果公司这一阶段推出的产品虽然种类繁多，但是其性能和品质并不能满足消费者的需求，以至于面对诸如 IBM、戴尔等强大的竞争对手时节节败退，苹果公司的市场占有率也从 20%快速缩减为 8%，一度濒临破产，其存续和发展面临前所未有的挑战。

第三阶段：1997～2015 年——以消费者为导向的产业创新。

1997 年，史蒂夫·乔布斯在苹果公司危急时刻重返公司担任 CEO，苹果公司开始走上复苏之路。在乔布斯回归苹果公司以后，苹果公司通过持续创新，陆续推出一系列具有竞争力的明星产品，如 1998 年推出的 iMac、2001 年推出的便携式音乐播放器 iPod、2007 年推出的智能手机 iPhone、2010 年推出的平板电脑 iPad，这一系列产品凭借其高性能、独特性迅速抢占市场，促使苹果公司快速发展。在这一发展阶段，苹果公司主要是以消费者为导向进行合作创新。苹果公司通过一系列变革举措，以一种开放的态度与微软公司等竞争对手合作，凭借自身的核心技术，在多元合作中不断进行创新，推出引领潮流的明星产品，迅速成长为具有全球影响力的“世界级”创新型企业。

第四阶段:2015 年至今——以智能化为导向的产业创新。

2015 年 4 月,苹果除了继续对一向具备优势的软件(iOS＋App Store)和硬件(iPhone、iPad、iMac)进行更新迭代之外,另外又颠覆了手表行业,推出了一款采用全新输入技术的产品 Apple Watch,这款可穿戴设备不仅具备一般的电子功能,还可以通过监测使用者的各项人体数据帮助使用者进行健康管理,代表了苹果对智能设备全新的产品理解,也引领了可穿戴设备和生命领域相结合的创新发展。2018 年苹果发布 Apple Watch Series 4,成功通过美国 FDA 新型医疗设备的审批,不仅首次实现了通过手表生成 ECG 心电图的能力,还包括检测用户摔倒的能力,以及自动进行 SOS 呼叫的能力。除此之外,苹果还发布了 HomeKit 智能家居平台,通过这一平台可以统一管理智能家居。这些变革式的创新的核心在于颠覆传统的生活产品,使智能化更能为人们实际所用,让苹果产品进一步渗入人们生活之中,而这些创新于苹果公司而言也大大拓宽了其产品边界,使其在激烈的竞争中不断保持世界领先地位。

### 4.1.3 苹果公司创新成长的驱动因素

苹果公司的成长之路并不平坦,既有辉煌的时刻,也有黯淡的时光。尽管苹果公司经历过濒临破产,但是最终成功地从破产的边缘完成最为华丽的转身,通过技术创新、产品创新、市场创新等一系列努力,一系列新产品尤其是智能手机取得了商业化的巨大成功,发展成为具有全球影响力的标杆性产业创新型企业。苹果公司产业创新成长的因素归纳起来主要有:持续不断的创新能力、独特的创新型企业文化、强大的创新资源整合能力、以消费者为导向的创新理念、独具特色的创新营销。这些苹果公司所独有的、不易被竞争对手模仿的关键性因素在苹果公司的成长过程中发挥着至关重要的作用,是推动苹果公司在激烈的竞争中得以快速发展的重要因素。

1. 持续不断的创新能力

创新在苹果公司的发展过程中随处可见,是苹果公司最优良的基因。在当前的知识经济背景下,技术更新的速度越来越快,产品的生命周期越来越短,企业间的竞争越来越激烈,持续不断的创新能力是苹果公司可持续成长的根本保证,是苹果公司快速成长的重要因素。苹果公司拥有多支有特色的技术研发项目团队，其所提供的产品和服务几乎都是这些项目团队的创新成果。苹果公司通过持续不断的创新，攻克了一道又一道的难题，近年来陆续推出便携式音乐播放器 iPod、智能手机 iPhone、平板电脑 iPad、智能手表 Apple Watch 等具有划时代意义的产品，推动着苹果公司稳步向前发展。苹果公司的研发团队一轮又一轮的技术创新成果如今已成为其最为宝贵的资源，难以被竞争对手模仿的核心技术是苹果公司取之不尽的财富源泉，是企业击败竞争对手的关键所在。

2. 独特的创新型企业文化

苹果公司在创始人乔布斯的企业家精神和美国特有的创新文化氛围共同作用下，形成了苹果公司独特的创新型企业文化。苹果公司独特的创新型文化主要表现在以下三个方面：重视创新型人才的发展、鼓励组织范围内的创新、重视用户体验。首先，在重视创新型人才的发展方面，苹果公司吸引着全球的优秀创新人才的加入，为创新型人才的发展提供平台，这无疑增强了企业的创新实力，为企业的创新发展注入了新的动力，推动着企业的创新性成长。其次，在鼓励组织范围内的创新方面，苹果公司对创新失败具有更大的宽容性，鼓励整个组织的成员大胆创新，在苹果公司的研发团队中，无论职位高低，所有成员都被置于一个共同的、开放的物理空间，通过高效的交流、思想的碰撞激发创意。最后，在重视用户体验方面，苹果公司在产品设计上精益求精，追求产品外观和功能上的完美，为顾客提供满意的产品使用体验，从而为企业聚集了众多忠实的消费者，进而获得了巨大的商业成功。

3. 强大的创新资源整合能力

苹果公司强大的创新资源整合能力是其快速成长的一个重要因素。在这个产品高度个性化的时代下，苹果公司凭借其全球化的创新网络，对企业内外部创新资源进行高度整合，高效地利用各个网络成员的优势资源，成功地推出革命性的产品，为消费者提供便捷的、极具个性化的服务，使得消费者能够获得完美的产品使用体验。苹果公司强大的创新资源整合能力体现在以下两个方面：首先，苹果公司在产品开发上实行“深度合作”，生产出极具用户体验的产品，从而推动企业的发展。苹果公司深度整合设计、硬件、软件、内容，让各自的功能发挥得更好，为用户提供满意的使用体验。其次，苹果公司与其他公司进行合作，有效利用合作伙伴的创新资源，推动苹果公司的发展。苹果公司与 Amazon、PayPal、Visa 等公司进行合作，将信任这些企业的用户信息收录进数据库，利用 iTunes 为用户提供诸如音乐、视频、应用程序、杂志等的订阅服务，同时方便用户以安全和便利的方式进行在线购买。苹果公司强大的创新资源整合能力为其持续创新提供了源源不断的动力，是驱动苹果公司高速成长的重要因素。

4. 以消费者为导向的创新理念

在成立初期，苹果公司开发产品主要是技术导向，在发展过程中过于强调技术，而忽略了消费者的真实需求，这也使得苹果公司的产品在很长一段时间内并不能得到消费者的认可，企业的发展面临前所未有的危机。但经过一段时间的发展以后，苹果公司逐渐由技术导向转变为消费导向，将消费者纳入企业的创新体系当中，消费者成了企业的创新源泉，整个创新活动都是以消费者的需求为核心，真正生产消费者所需要的产品。苹果公司在技术上的创新，用户可能无法了解，但是其所生产的产品的质量、精细化程度，用户是可以在使用过程中真实地感受到的。因此，对每一个新产品的设计理念，苹果公司都会对其进行严格的测试，需要在消费市场测试新产品是否能够真正满足消费者的消费倾向和偏好，而只有得到消费者认可后，新产品的项目研发才会得以实施。苹果公司正是在以消费者为导向的创新理念之下，依靠企业强大的创新资源以及持续不断的创新动力，创造出深受消费者喜爱的创新性产品，为企业带来超常化的收益，从而推动苹果公司高速发展。

5. 独具特色的创新营销

苹果公司独具特色的市场创新被称为创新营销，其创新主要体现在广告、保密文化和专卖店分销设计上。首先，苹果公司在营销上十分重视广告的效用，所制作的广告就像它的产品一样令人惊叹和瞩目，不少广告已成为业内经典，如在美国橄榄球超级碗上推出的经典的 60 秒广告“1984”和“Think Different”。苹果公司通过独具特色的广告在向消费者展示其创新性的产品之外，还向消费者传递公司的文化和理念。其次，苹果公司多年来形成的一种“保密文化”，新产品不到最后正式发布，外界从苹果公司处得不到任何产品信息，这种文化可在市场营销活动中发挥正面影响。最后，与其他消费电子厂商不同的是，苹果公司自己开设的专卖店，集合了购买、维修和服务体验。不仅可以零售所有的苹果产品，还把它作为用户体验的场所，通过这种体验模式与消费者亲密接触，让广大消费者真切地感受到苹果创意的文化和生活方式。

## 4.2　华为公司的产业创新实践

### 4.2.1　华为公司简介

华为技术有限公司(以下简称"华为")于 1987 年成立于中国深圳，是一家由员工普遍持股的高科技民营企业，也是全球领先的 ICT(信息与通信)基础设施和智能终端提供商，华为的产品主要涉及通信网络、IT、智能终端和云服务等领域，为世界各地通信运营商及专业网络拥有者提供硬件设备、软件、服务和解决方案，与生态伙伴开放合作，持续为客户创造价值，释放个人潜能，丰富家庭生活，激发组织创新。

在三十多年的时间里，华为全体员工付出艰苦卓绝的努力，以开放的姿态参与到全球化的经济竞争与合作中，逐步发展成一家业务遍及全球一百七十多个国家和地区的全球化公司。在通信运营领域，2013 年华为实现营收 395 亿美元，首次在营收上超过国际通信行业龙头爱立信(353 亿美元)，2014 年，在华为 465 亿美元的整体营业收入中，通信运营商板块以 310 亿美元超过国际通信巨头爱立信的 276 亿美元；在终端设备领域，华为已经在国内连续多年占据手机销量首位，在全球手机销量中，于 2018 年第二季度首次超越苹果，成为全球第二大智慧型手机厂商，位列三星之后。与此同时，华为的自主创新能力也不断实现突破，2018 年 8 月 31 日，华为带着第一颗自主研发的"中国芯"——麒麟 980 在德国 IFA2018 国际电子消费展览会上亮相，成为全球第一颗 7 纳米的手机芯片，性能上更优于目前安卓系统普遍使用的高通骁龙 845(10 纳米)芯片。

华为在发展过程中，会结合自身的发展情况选择合适的发展战略与创新策略，以适应企业的发展要求。华为从成立之初发展至今主要经历了三个历史性的阶段，华为在这三个发展阶段中分别采取了不同的技术创新、产业创新战略，而正是在不同的发展时期选择了适合企业发展的战略，华为逐步由技术模仿创新、技术合作创新走上技术自主创新之路，最后以优秀的产品与服务不断开拓全球市场，获得巨大商业成功。

### 4.2.2 华为公司的三个发展阶段及其创新战略选择

第一阶段：1987～1995年——模仿型创新战略。

华为在创立初期，由于资金和科研人员的缺乏，华为并不具备在技术方面进行自主创新的能力，而只能采取技术与产品创新的模仿、跟随战略，此时华为的市场主要集中在农村。自20世纪90年代，华为在代理通信产品销售的同时，就已经开始涉足数字交换机的研发和生产领域，学习和模仿领先企业的交换机技术。在这一发展阶段，华为主要通过模仿市场上其他企业已有的产品和技术，并在此基础上加以改进和创新，从而逐步提升企业的技术创新能力。

虽然模仿型技术创新战略对初创企业的发展是行之有效的，能够大大降低因技术自主创新带来的高额研发费用，但是随着企业的逐步壮大，具有规模效应时，再继续走模仿型技术与产品创新道路必然会严重阻碍企业的创新发展。对行业其他企业的先进技术和产品的模仿和跟随，只能使得企业本身永远走在其他企业的后面，并不能使得企业走在整个行业的前列。因此，模仿型创新战略仅仅是华为在创立之初为克服自身劣势而采取的过渡性战略，随着企业的发展，其未来必然是要逐步踏上自主创新的道路。

第二阶段：1995～2003年——模仿型创新战略＋合作型创新战略。

随着企业的成长，华为在相关技术领域已经具有一定的积累，这一发展阶段主要是综合采取模仿型创新战略和合作型创新战略，华为的市场开始由农村向城市转移。虽然在这一阶段华为在整个行业取得了不错的成绩，销售额也超过了国内最大的竞争对手中兴，但是华为也面临着来自朗讯、爱立信等世界著名通信公司的挑战。这些挑战迫使华为必须加快技术与产品创新的步伐，实现技术上的突破才能具备竞争优势，而仅仅依靠技术与产品的模仿和跟随远远不能适应市场的需求，华为开始逐步由模仿型创新战略向合作型创新战略转变。

在这一发展阶段，华为通过技术、产品合作的形式，高效地利用企业内外部优势资源，引进和吸收国外先进的、高端的技术，为日后技术上的自主创新奠定了坚实的基础。一方面，华为与高校和科研院所进行合作，为企业的技术发展提供了坚实的保障。另一方面，华为通过与国外相关技术领先的大企业进行合作，形成企业间的战略联盟，共同进行研究开发技术与产品，从而提高企业的技术创新与产业创新能力。如华为与摩托罗拉、英特尔、朗讯等欧美国家的科技领先企业合作建立了联合实验室，共同致力于高端技术的研发工作。通过合作型技术创新战略，华为大幅度地提升了企业的科技研发效率，逐步缩小了与世界级通信企业之间的差距。

第三阶段：2003～2011年——自主型创新战略＋合作型创新战略。

随着华为的快速发展，华为逐步积累了强大的科技与产品研发能力和雄厚的科技研发资金。在这一发展阶段，随着华为逐步发展成为行业的领先企业，华为的创新压力也随之增大，能够供其模仿的企业也越来越少，而只有自主技术创新才能够领先于竞争对手，赢得主动地位。自2003年开始，华为逐步走上自主创新之路，此时华为综合采取自主型创新战略和合作型创新战略来实现企业的技术、产品与市场的突破。

华为在无线通信、3G技术、数据通信等领域进行自主创新，专注于这些领域的技术突破，在某些方面的技术甚至领先于欧美发达国家的企业。首先，在无线通信领域，华为自1995年开始启动GSM移动通信的研究，其间一直坚持在GSM领域进行技术创新，直至2003年华为与铁通公司签订大秦铁路的GSM-R工程合作框架，此时华为是以通信行业领跑者的形象完成与铁通公司的合作，标志着华为已经逐步迈入自主创新之路。其次，在3G技术领域，华为投入了大量的人力、物力、财力用于研发工作，并在行业内积极推进3G标准化，与爱立信、西门子等世界级通信企业共同走在3G时代的前列。最后，在数据通信领域，华为积极实施技术与产品创新的自主战略，推出路由器、以太网交换机等核心产品，奠定了数据通信领域的领先地位。

第四阶段：2011年至今——全面型创新战略。

2011年前后，经过快速的发展，华为在国际上已经和通信巨头企业平起平坐，在行业中处于领先地位。相较于2011年以前主要集中于通信领域的自主创新，华为开始利用自己的竞争优势，在相关领域进行业务的拓宽。

2011年，华为进行战略转型，不再仅仅关注电信设备领域，而是将公司重组为三大事业部：运营商网络、企业解决方案和消费者终端。除了原有的运营商优势，华为另外选择进军企业网和消费端领域，推出华为云、华为手机等系列产品，这一阶段，华为在多条战线上开始自主创新，并且更多地进行行业领先技术与产品的创新。

华为的多领域自主创新能力使其在相关业务上形成协同效应，有助于其在全球范围内长期保持领先优势。在通信领域，华为积极推动5G的发展，作为主要项目发起人推动欧盟5G项目，积极构建5G全球生态圈，同时在全球9个国家建立5G创新研究中心，并与全球二十多所大学开展紧密的联合研究，通过领头自主创新，为构建行业标准和产业链积极贡献力量。在企业网领域，华为寻求全球合作共同研究开发华为云平台，截至2016年，华为已联合五百多家合作伙伴为全球一百三十多个国家和地区的客户提供云计算解决方案，共部署了超过200万台虚拟机和420个云数据中心。在手机终端领域，投入大量人力、资金用于研发，2018年8月31日，首次自主研制成功麒麟980(7纳米)手机芯片，并结合其先进的4.5G LTE技术，使芯片基带的能力快速提升，进一步推动华为智能手机领域的快速发展。这些多领域的创新帮助华为构建了从通信到手机终端进而到企业全方位解决方案的全面发展体系，使其保持了长期的行业领先地位。

### 4.2.3 华为公司创新成长的驱动因素

华为的发展之路充满着坎坷，既抓住了快速发展的时机，也经历了发展的“冬天”。华为成立初期所处的通信市场并不乐观，国外的朗讯、爱立信等著名通信公司占据了中国大部分市场，而国家的资源又是向国有企业倾斜，华为能够获取的资源极为有限。华为正是在这种恶劣的市场环境中，凭借其持续的创新投入，坚持走自主创新之路，并在各个不同的发展阶段找到了适合企业自身快速发展的创新战略，逐步从一家小型通信产品销售代理商发展成为在通信领域首屈一指的“世界级”创新型企业，完成了从“追赶者”到“领跑者”的完美转变。驱动华为快速成长的因素固然很多，但是归纳起来主要有：走“农村包围城市”的创新发展之路、拥有庞大的全球性研发网络、高度重视创新研发投入、以市场需求为导向的技术创新、强大的创新资源整合能力，不断实现新产品的产业化成功。

1. 走“农村包围城市”的创新发展之路

华为在刚刚踏入通信领域时，朗讯、爱立信、西门子等国际著名通信品牌早已占据中国大部分通信市场，无论是在资金方面还是在竞争实力方面，华为都不具备与强大对手在大、中城市竞争的优势。然而，在这一恶劣的市场形势下，华为发现县城和农村更为广阔的市场是国外通信厂商无暇顾及的领域，这也是华为发展通信业的契机，为华为早期在通信领域的发展指明了正确的方向。以农村为突破口有两个非常明显的好处：首先，小县城和农村发展通信设备行业门槛低，承受风险小，这对于发展前期的企业来说无疑是有利的。其次，农村对于产品的技术和质量要求不高，也不是很关注品牌，而是更加注重实用。因此，在这一背景条件下，华为走上“农村包围城市”的道路，凭借自身的优势占领了被电信巨擘所忽视的农村市场，从而逐步壮大了自身的实力。

2. 拥有庞大的全球性研发网络

华为拥有庞大的全球性研发网络，截至 2018 年，华为在德国、瑞典、俄罗斯、印度、中国等地设立了 16 家研发中心，还与领先运营商共同成立了 36 个联合创新中心，在全球范围内大力开展创新活动，这为华为的技术研发提供了强有力的保障，有利于华为持续进行技术创新研发工作，从而推动华为的创新发展。这些研发机构的主要任务是吸引当地的顶尖人才，研究当前最新的、最高端的科技发展趋势，并将研究成果应用于华为的产品开发与生产制造中去。华为国内外的研究机构可以利用全球性的研发网络进行联合设计，有效地利用了全球性的创新研发资源，并大幅度地提高了产品的开发效率，而这些都为华为的快速发展提供了强大支持。华为凭借其庞大的全球性研发网络，高效地利用全球的创新资源，为企业的持续技术创新、产业创新提供了源源不断的动力，推动着企业不断成长。

3. 高度重视创新研发投入

华为在发展过程中高度重视技术创新，并在研发上投入了大量的人才、资金等创新资源，为企业的发展提供了强大的技术支持，驱动着华为的创新性发展。华为在创新研发上的投入驱动着企业的业务增长，并且凭借着持续创新，华为连续 8 年荣获国家科技奖。华为每年拿出超过 10%的销售收入用于研发，2017 年华为拥有的研发人员约为 8 万名，占员工总数的 45%，研发费用支出为人民币 897 亿元，约占总收入的 14.9%，近 10 年累计投入的研发费用超过人民币 3 940 亿元，仅次于亚马逊和谷歌母公司 Alphabet。截至 2017 年底，在专利保护上，华为申请国内专利 64 091 件，外国专利申请 48 758 件，累计专利授权 74 307 件，其中 90%以上为发明专利。由图 4—1 可以看出，从 2005 年至 2017 年间，华为的研发投入逐年上升，累计超过 4 000 亿元人民币，华为“指数式”增长的研发投入使得企业的技术创新能力得到了显著提升，推动着华为从行业的追随者、竞争者成功地蜕变为行业的领导者。

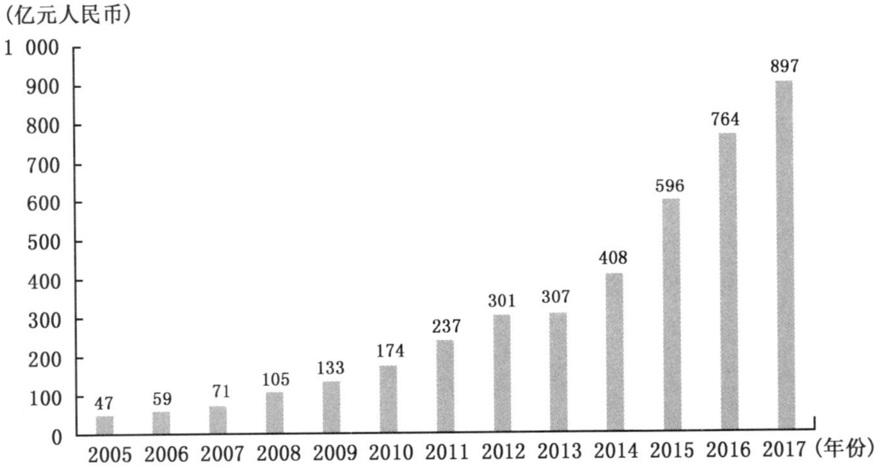


资料来源：课题组对华为官网及年报资料整理而得。

**图 4—1　华为 2005～2017 年研发投入情况(亿元人民币)**

4. 以市场需求为导向的技术创新

适应市场需求是企业赖以生存的基础，也是企业持续成长的动力。华为在发展过程中，其技术的创新和研发活动都是紧密围绕着市场需求而进行的，唯有如此，在技术创新基础上的产业创新的方向才是正确的，产品进入市场才可能获得成功。在客户需求方面，华为强调客户不分大小、职务不分高低，必须给予同等程度的重视。从产品推广、项目竞标到最后签署合同，华为都是层层贴近客户并与其建立良好的关系。华为一直将技术创新、产品创新与市场开拓(创新)相结合作为企业发展壮大的动力源泉，在实际的发展过程中坚持以市场需求为导向进行技术创新。华为坚持以市场需求决定产品研发导向，到市场上收集客户反馈，据此考虑客户需求的重要性排序以及哪些需要会对未来的市场和产品竞争力产生重大影响等问题。华为能够在竞争激烈的市场中快速反应，关键在于华为能够将客户的需求用于指导企业的技术创新，并转化为创新成果，不断开拓市场，从而推动华为在激烈的市场竞争中生存与发展。

5. 强大的创新资源整合能力

华为在发展过程中形成了强大的创新资源整合能力，这是驱动华为快速成长的主要因素。华为的创新资源整合主要体现在其与企业、高等院校等研究机构建立合作关系，充分利用企业外部资源，为企业的发展带来强大的创新支持。华为合作的基本原则是：企业专注于通信网络核心技术的研发，而其他非核心领域可以逐步通过合作方式获得。在产学研合作方面，华为与北京大学、清华大学、北京航空航天大学等高校建立合作关系，使得华为在发展过程中既能得到联合实验室的技术支持，又能获得高校的人才支持，从而为华为的成长注入了强大的活力。在企业合作方面，华为先后与3COM公司、西门子等国际企业合作成立了华为3COM公司、鼎桥通信技术有限公司，提升了华为在通信行业的竞争力，有利于其开拓国际市场。华为在合作时坚持依靠企业自身专有技术吸引外界新技术的方式，既发挥了企业独特的技术潜力，又通过技术资源互补增强了企业的创新实力。高效整合企业内外部创新资源的能力为华为的持续创新提供了源源不断的动力，它是华为的核心能力，是驱动其快速成长的关键性因素。

# 第五章

# 产业创新的价值链治理

迈克尔·波特把企业内外价值增加的活动分为基本活动(进料、生产、发货、销售、售后服务等)和支持性活动(基础设施、人力资源管理、研究开发采购)(M. E. Porter,1985)。作为企业活动的产业创新是个过程,也是一个从新产品创新、工业创新、组织创新到市场创新的一个链,也是一个创新价值链。这个链当然也会影响产业的价值链。产业创新必然导致原产业或新产业价值链组织形式的变化或创新。

## 5.1 产业创新引致价值链组织变化

### 5.1.1 产业创新对价值链的影响

产业创新的产业组织存在直线型和同步型两种不同方式(张耀辉,2002)。前者的创新由产业中领导企业进行设计、发起和组织,后者由多个厂商同步创新并形成新产业。直线型产业创新模式的价值链组织形式主要包括新产品整体设计环节、价值链整体设计环节、价值链机制设计环节、价值链谈判环节、价值链调整环节五个方面。同步型创新实为并行式创新,同步型创新需要一个创新的舵手进行标准、规则等的制定与领导,也需要协同创新的协同平台。

(1)主导企业设计新产品、新技术标准对新价值链有要求。新产品诞生源于新技术，同时也基于现有生产组织形式。新产品、新产业的形成将不得不改变现有产业价值链的组织形式，同时现有产业价值链配合企业也会影响新产品的设计，因而，新产业价值链形成也是一个动态调整过程。例如手机行业从传统手机向智能手机升级，智能手机价值链相比传统手机价值链增加并缩减了某些价值环节。新产品是价值链的起点，也决定了新价值链的规模和雏形。新产品对现有价值链的影响有新的技术要求、新的价值环节、新的价值分配方式等。

(2)主导企业需要设计新价值链。基于新产品设计构想、价值链特征，主导企业将重新设计价值链环节，进行调整、压缩、分拆、增加等操作。并对每个价值链环节的范围、技术要求、规模等进行设定，从而搭建价值链的基本框架。价值链组织形式也是重点设计对象，例如哪些环节采用直线状价值链、哪些环节则采用网络状价值链。

(3)新价值链形成过程中，主导企业根据新产品技术匹配程度调整价值链，例如企业转移、新企业进入等。新企业可能进入价值链，现有企业将向相关价值链延伸和转移，从而更新了价值链企业组合。

(4)一个新的价值链需要新的治理机制。价值链有效联动需要治理。价值链治理机制的重点在于对价值链上合作企业的价值创造、分配、传递、进入、退出、竞争、协调、动力等方面进行组织与配置，形成整体的有效性。当价值链发生变化，价值链的参与企业就可能发生变化，原来的规则可能就需要调整，新的价值链的有效运行需要新的治理机制。

(5)新价值链形成中主导企业与其他企业之间建立新的价值链联结关系。主导企业与现有价值链企业进行谈判从而完成新价值链的整合，该过程在新产品设计阶段即已开始。新产品、新技术对原有各价值链环节的企业提出了新要求，如果价值链上现有企业的创新能力能够胜任新产品技术与工艺要求，则可能在新产品乃至新产业中获取更多价值，如果现有企业创新能力不能胜任新要求，则可能面临技术改进要求或退出价值链可能。价值链上参与企业一般都拥有价格和技术分享的谈判权，其中拥有核心技术的企业将在价值链上获得更多价值。

### 5.1.2 产业创新的生产组织变化

产业创新可能需要不同的价值链组织方式。新产品价值链包含研发、零部件生产、组装、销售、售后服务等环节，新产品的生产过程总是基于现有产业链、价值链，并在其基础上进行改进形成新的价值链。新的价值链形成过程中可能产生现有价值链环节的调整、压缩、分拆、增加等环节，导致新价值链组织形式的形成。新价值链组织形成方式包括直线型和同步型两种，直线型是由推出新产品的领导企业作为价值链的组织者，制定技术标准，将技术向其他企业扩散，从而分配价值链的环节。典型案例是汽车行业。同步型由多个企业同时创新并同时形成一个新的产业，各环节企业独立进行创新，各自拥有技术专利，其价值分配由多个企业共同决定。典型例子是个人电脑创新和操作系统创新。

## 5.2 产业创新的价值链重构

产业创新导致了价值链的变化，产业创新成功需要建设或重构新型价值链。

### 5.2.1 重构价值链的三个维度

1. 价值升级

产业创新的价值升级包括新理念、新模式、新产品、新价值、新成本等方面。新理念是指产业创新本质上是对原有产业的再认识，利用新的理念指导产业进行转型升级。新的理念包含：第一，新产品、新技术发现后可能使企业意识到替代原有技术的动力；采用全新视角审视现有产品。第二，新模式即新组织和运作模式，是指产业链上下游厂商协作方式、产业结构、厂商的组织管理方式等，这种改变可能来源于社会经济的变化；也可能由技术革命导致，例如信息技术；也可能是适应新产品的生产需要。基于以上调整，使产业创新获取更低运行成本和更高价值。

2. 要素禀赋升级

产业创新对要素禀赋提出更高要求，在传统产业发展的生产要素如土地、劳动力、资本、厂房中，资本最为关键。产业创新对企业员工的专业能力提出了更高的要求，此外为了保证产业创新成功，企业在进行产业创新时对土地、资本、厂房也提出了更高要求，例如更高效的土地使用、更高的资本投入以及设施更现代化的厂房。这些就是要素禀赋的升级。

3. 话语权与治理权

产业创新对经济影响深远而广泛。第一，产业创新可能影响产业结构。新兴高端制造业不仅改变了第二产业的整体技术水平与制造品质，影响投入产出效率，而且还影响第三产业的发展趋势，催生高科技服务业，提升现有服务业价值。第二，产业创新可以改变企业对产业链、价值链的话语权和治理权。拥有技术优势的厂商可以获得产业链、价值链的话语权和治理权，因此后发厂商拥有更多动机研发新技术。而大多数情况下产业的发展方向由在位厂商的研发标准和进度决定，通过与上下游厂商的协同创新，重新分配了话语权和治理权。

### 5.2.2　重构价值链的内容

1. 基于新产品整体设计

产业创新中的新产品创新通常在主导厂商主导下合作完成，主要是由价值链上主要创新企业负责研发完成。创新主体根据上游产出的技术创新成果进行设计，通过推出新产品，催生了新价值链，研发产业价值链程度决定新产品质量和产业创新效率。主导厂商一般拥有完整而领先的研发能力、整合能力、市场策划能力等，一般花费较长研发周期，一次完成产品整体设计。此外，主导创新厂商还设计技术标准，技术标准的公开程度决定了价值链的整体竞争力。新产品的产生决定了价值链的轮廓，而技术标准则决定了价值链的基本形态。

2. 价值链整体设计与升级

基于新产品的设计构想、价值链特征，主导厂商将重新设计价值链环节，进行调整、压缩、分拆、增加等措施。并对每个价值链环节的范围、技术要求、规模等进行设定，从而搭建价值链的基本框架。

3. 价值链自主和协同创新机制设计

价值链不同环节之间存在互相影响、共同发展的效应，即价值链上游企业创新，可能将创新传导到下游，迫使下游企业相应改进，而下游企业进行创新，可能将新的理念技术传递给上游企业，促使其进行创新。

### 5.2.3 价值链重构的策略

价值链各环节企业之间存在知识载体互动，产生新的知识与价值，价值包括功能价值和体验价值。价值链动态调整机制的重点在于对现有厂商的价值链创新和升级、调整、动力、协作等机制进行设计。有了价值链治理机制，主导厂商可以促进各厂商自由运作和发挥作用。

1. 在价值链创新和升级方面

新旧价值链更替与提升面临较多挑战。一方面，平台产品领导新价值链的价值创造，其他价值链环节构建自主价值创新机制。价值创新包括功能价值自主升级，体验价值自主创新，前者需要公开技术标准，后者则需要给予厂商适度技术创新自由度，同时鼓励多厂商进行创新竞争。另一方面，各环节参与企业创新机制各有不同，它们的主要价值创造活动有吸收消化科技成果、自主创新、融合创新、技术分享等。

2. 在价值链治理机制方面

价值链治理机制决定了重构的新价值链的治理范围、治理方式、价值配置等。新价值链的价值环节界定的标准是技术和价格，主导企业与上下游参与企业通过治理机制进行协调从而形成新的价值边界，落后的企业可能缩减，先进的企业可能获得扩大价值链的参与。新价值链的价值分配包括功能价值和体验价值两方面，传统参与企业的体验价值增强而功能价值减弱，现代新兴企业的体验功能减弱而功能价值增强。新价值链由于技术升级需要补充拥有新技术的新厂商进入价值链，但可能面临在位厂商的抵制，而现有落后技术厂商退出则是阻碍新价值链形成的主要障碍。技术壁垒是阻碍价值链厂商进入和退出的主要因素。新价值链形成过程中参与厂商在价值链内外部流动，现有厂商将向相关价值链进行纵向或横向延伸和转移，从而形成符合新价值链的厂商组合。

3. 在价值链动力方面

价值链上参与厂商激励与动力机制是价值链形成的主要因素，合适的动力设计有利于价值链快速形成。现有研究认为此动力来自政策推动、企业家创新、科技创新、需求等（盛亚，1996）。但新产业可能带来创新红利才是价值链上参与企业新动力的主要来源，因此如何配置好新价值链的价值环节与该环节上的价值是参与企业积极性保持的基础。

4. 在价值链协作方面

协同创新（synergy innovation）原本是指产业系统中与创新相关的要素的有机配合，通过复杂的非线性相互作用，产生单要素无法实现的整体协同效应的过程（顾菁和薛伟贤，2012）。产业创新过程中的协同创新主体包括企业、政府、大学科研机构、中介服务机构、供应商、用户，但主要是主导企业和那些价值链上的参与者。价值链厂商之间的协同与合作模式决定了产业创新的成功，也决定了未来新产业价值链的效率以及组织模式。

## 5.3　模块化发展中的产业创新主体变化

20 世纪 80 年代以来，随着电子、通信、计算机等信息技术的不断创新和发展，模块化（modularity）的理念和方法逐渐引入企业的生产和管理，进而成为推动产业调整和升级的革命性力量。模块是指可组成系统的、具有某种确定独立功能的半自律性的子系统，可以通过标准的界面和其他同样的子系统按照一定的规则相互联系而构成的更加复杂的系统。

### 5.3.1　网络状产业链

模块化是与分工经济相联系的经济现象，是分工进一步深化的结果（胡晓鹏，2004）。分工深化伴随着产业链形态从线性到网络状的深刻变革，这种产业链形态被称为“网络状产业链”（芮明杰和刘明宇，2006）。对于模块化的网络状产业链而言，模块之间的联系已经不是简单的线性关系，是纵向和横向的关联进而交织在网络之中。这时的产业链已经可以看作是一个知识链、一个创造递增报酬，从而使企业不断发展演化的网络价值链。

模块集成商和模块供应商构成网络状产业链企业主体，与传统产业链上单一创新主体不同，网络状产业链上的创新主体是多元的。每一个模块都是一个独立的创新主体，独立开展研发创新活动。这样从单个创新环节看，在每个创新环节上都有若干模块同时开展创新活动；从整个创新系统看，若干创新环节可以同时进行，彼此之间不存在创新产品投入产出的前后向联系。这样，多创新主体的并行研发使创新的复杂性得到分解，创新速度和创新效率得到大幅度提高。

网络状产业链上的创新主要围绕产业标准创新和产品功能模块创新这两大基本内容开展。标准作为“看得见的信息”指导成员企业的创新活动，分为“界面标准”和“技术标准”两种基本类型。如果现实的产业中同时存在几类不同的标准，就存在标准竞争。在存在消费者偏好的情况下，标准赢得竞争的关键在于争取更多的消费者的偏好；此外，一种标准在所有市场份额均对所有消费者都具有较高净价值的极端情况下，可以说这种标准显然具有优越性。这时，唯一的均衡就是市面上只有这种优秀的标准存在。

模块创新是指构成产品系统的功能模块的创新，其核心在于通过技术性的创新提高产品功能模块的性能和价值，并通过模块化的选择与集成，使产品系统整体具有更优的组合价值。模块创新通过独立创新和协同创新两种方式进行。独立创新是某个模块独立进行研发，而不受其他模块或系统的制约。由于模块化设计规则的作用，使模块之间可以开展背靠背竞争、平行作业以及自行演化。从创新的角度看，模块之间的合作是一个协同的过程，不同的模块通过技术层面、组织层面，乃至战略层面的合作与交流，更好地推动技术进步，创造更符合客户需要的产品，提升顾客价值。相对于独立创新而言，协同创新更强调成员之间的合作、交流与互动。

### 5.3.2 网络主导式独立创新

网络状产业链上进行模块化分工的企业，在舵手的主导下，既有联系又有独立创新的模式，称之为网络主导式独立创新。舵手在系统中扮演着主导者的角色，是模块化分工条件下知识创新的主导者和整合者。在设计规则的指导下，各模块开展并行研发，每个模块内部的创新技术是隐藏的，分别开展背靠背的独立研发，最优秀的模块才能够获得系统的选择权，这个过程就是“独立创新”。此外，模块之间还需要通过协作，实现共同进步和系统的整体性优良，这个过程就是“协同创新”。模块的独立创新和协同创新过程共同反作用于设计规则，推动了设计规则的发展和演变。

此时产业创新是否能够顺利实现，关键在于产业链、价值链中是否存在一个良性机制对于分布在不同成员中的模块化创新进行有效集成，使个体的模块化创新资源通过集成和整合，最终成为网络状产业链的产业创新。在网络状产业链中，产业创新的顺利实现需要知识创新平台的支撑，知识创新平台是产业链、价值链成员发生信息交流和创新合作的平台，是支撑模块企业进行创新资源共享的系统化、集成化体系，是支撑模块企业创新活动的基础条件的集合。知识创新集成平台由四类知识体系构成，分别为结构知识、技术知识、组织知识和环境知识。知识创新集成平台中，知识活动的四个主要环节为知识创造、知识转移、知识共享、知识整合，刻画了知识在网络状产业链中流动的全过程，反映了成员之间知识的交换、吸收和集成创新。

模块之间的协调过程和机制是创新平台成功运行的关键，也是此类产业创新顺利实现的保障。因而，模块企业之间的协调机制是保障产业创新平台运转的核心要素，构成了网络状产业链知识创新的支撑体系。模块化分工条件下，网络状产业链上产业创新支撑体系由三大要素构成，分别是知识产权交易的契约机制（contract）、以信誉和信任为核心的网络社会资本（social capital）、以知识创新合作为目标的激励机制（incentive）。这三大机制（简称 CSI）共同作用，构成产业创新的支撑体系。

### 5.3.3　模块化条件下产业创新主体行为趋势

1. 基于模块化的产业创新是当今产业链活动的重要环节

在模块化条件下，新的分工已经从线性的生产工序、生产工艺的分工发展演变为立体的或平面的网络功能分工，由于模块化分工的产生使原来产业链中企业之间的关联方式发生了巨大的变化，产业链中的各环节对价值创造的贡献被重新界定，价值和利润也在产业链上变化转移，而且转移的范围越来越大，转移的方式越来越多样化，转移的频率也越来越快。

在知识经济时代，企业竞争优势的来源和基础正在发生改变，知识取代物质资源越来越成为企业竞争优势的源泉，企业的竞争优势来源于知识与创新的企业竞争优势。网络状产业链实现了网络主导式的独立知识创新，大大加快了知识的更新速度，网络状产业链因此也面临着更为激烈的知识竞争。认识到知识创新对于产业链、价值链发展所起到的关键作用，对于理解模块化时代企业创新行为具有重要意义。

2. 创造有利于产业知识创新的产业生态环境

产业创新的顺利实现有赖于良好的产业生态环境和一定的机制保障。特别是对于网络状产业链中的知识创新而言，既存在背靠背的独立创新，又存在彼此分工合作的协同创新，不同的创新主体之间存在着复杂的网络状关联。特别是，模块化时代已经实现了在全球范围内配置资源，这对于产业生态环境提出了更高的要求。

3. 发展学习型组织提升知识创新能力

模块化分工虽然加快了产业创新的速度，但同时也加剧了产业竞争，使企业面临的经营风险和不确定因素大大增加。网络状产业链中各主体的知识特性、创新能力的不同，决定了其竞争水平的差异。因而，企业都需要构建学习型组织，一方面从内部增强学习能力，构建有利于知识转移、共享与创造的氛围；另一方面要广泛建立知识联盟，积极融入全球产业链，吸收网络中的互补资源，从而实现核心竞争力的提高。

# 第六章

# 产业创新生态系统与生态圈构造

创新生态系统概念源于生态系统概念，即一个空间内的各类生物群落与环境之间不断地有机互动交换信息、物质、能量等，从而共同演化和创新，形成统一的整体。硅谷的成功让研究创新的学者们重新审视产业创新群落与环境之间的有机关系，于是就有了从生态学视角来考察产业创新的过程中是否也有一个生态系统参与产业创新主体创新或影响创新，把这样的生态系统称为产业创新生态系统似乎也是合理的。

## 6.1 产业创新系统的基本构成

产业创新生态系统由创新生态群落、创新生态链、创新生态环境等有机子系统与基本要素构成，可概括为“六群一环一链”。六个群落分布于创新生态链上，例如科技创新群落、技术创新群落、产业创新群落、服务创新群落、公共服务创新群落、消费者群落，彼此形成一环网络。群落则由不同种群组成，种群是同类物种的集合。可以将创新服务支持群落分为服务创新和公共服务两类。

### 6.1.1 各群落之间的关系

群落之间存在共生、共演关系。科技创新、技术创新与产业创新群落具有协同和共生效应。消费者群落既是产业创新产品的购买者，也可能通过不同方式参与创新。创新服务支持群落嵌入产业创新核心的产学研群落运行，服务创新对产业创新效率具有显著提升影响。创新消费者、科技创新群落、产业创新群落之间存在互动关系，即我们常提及的产学研体系，包括技术流动、需求反馈等。创新成果在产学研群落之间通过行业联合研究、公共私人部门合作伙伴、技术扩散（技术采用率和通过设备扩散）以及人员流动等方式流动。

群落与环境的关系。群落与环境之间互相融合，具有千丝万缕的联系。合适的环境对群落的创新绩效具有显著影响。

### 6.1.2 产业创新生态系统形态多样

第一类，在某个区域内形成的一个封闭的循环系统，例如大学创新产业园区、高新技术开发区等。这种形态是由系统内各要素形成的有机统一体，根据距离不同而具有不同的区域协同效应。例如硅谷等。第二类，某个具体的完整产业，例如汽车产业。第三类，某个具有特定目标的创新系统，例如美国的先进制造业网络。第四类，广义的产业创新生态系统，例如国家的产业创新体系。

以高技术产业为例。为了使产业创新有效运作，高技术产业创新生态系统较为封闭，科技和产业创新群落较为固定，而创新服务群落又较为庞大，创新生态环境更为丰富，产业创新生态系统中的不同群落之间联系更为紧密。高技术产业的产业创新要素较为特殊，高技术产业规模小于一般产业，然而高技术产业生态环境更为复杂，高技术产业创新需要大量经费投入、高端劳动力以及高附加值知识等要素。

### 6.1.3 创新生态群落

1. 科技创新群落

以研究型大学为主，在中国还有国家支持的基础研究单位，例如中国科学院等。它们具备开展基础型研究、人才培养等职能。

2. 技术创新群落

大部分为国家成立的科研院所，主要从事应用型研究。

3. 产业创新群落

产业创新群落泛指参与产业创新和新产品创新的主要厂商所组成的集合，包括主导创新企业、配套和辅助企业等。例如，汽车行业的整车制造厂商和零配件厂商。产业创新过程是产业创新群落中不同厂商协同创新的过程。

4. 服务创新群落

它是指各类与创新有关的服务商。创新支持群落包含产业化有关的所有服务业、中介组织，例如金融、流通、信息、法律、人才服务等专业服务机构。具体包括政府、技术中介、行业协会、其他公共服务组织等。

(1)政府。三螺旋理论将大学、企业、政府视为三个创新主体。政府产业创新群落包含各级政府、监管部门等构成的整体。政府对产业创新起到宏观调节作用，也为产业创新发展提供相关政策，例如监管、行政引导、税收优惠、激励、反垄断等。

(2)技术中介。将大学的科技成果介绍给企业，将企业、市场需求通过技术转移中心、技术交易市场等反馈给大学，加快技术传播。

(3)行业协会。行业协会对创新具有重要协调、指导和辅助作用。协调种群之间的合作与竞争。

(4)其他公共服务组织。提供产业创新所需的基本公共服务，例如能源、供水、环保、教育、医疗、保安、物业、公共交通等。

### 6.1.4　创新生态环境

创新生态环境由创新参与主体共同形成，鼓励创新创业的氛围，容忍失败等。产业创新生态环境包括创新相关的软、硬两种环境。市场环境、知识产权、法律、竞争、要素配置效率、金融环境、创新文化等是创新的软环境，而产业创新基本要素、各类设施(如基础设施、配套设施)等是硬环境。

### 6.1.5　创新生态链生态圈

创新生态链与生态圈是指与产业创新主体相关联的、共同合作、共生共荣并按照一定次序关联的其他企业、个人、研究机构等组成的体系。产业创新生态链可以看成从科学基本原理到新有形产品的增值创造的完整链条。

根据政府和市场的参与度不同，创新生态链两端可分为政府主导和市场主导。产业创新生态圈则不光是所有关联的创新合作者，还包括创新的环境构成因素以及社会其他相关组织与人员，但一定是围绕某个核心创新企业展开形成的合作协同网络(见图6—1)。

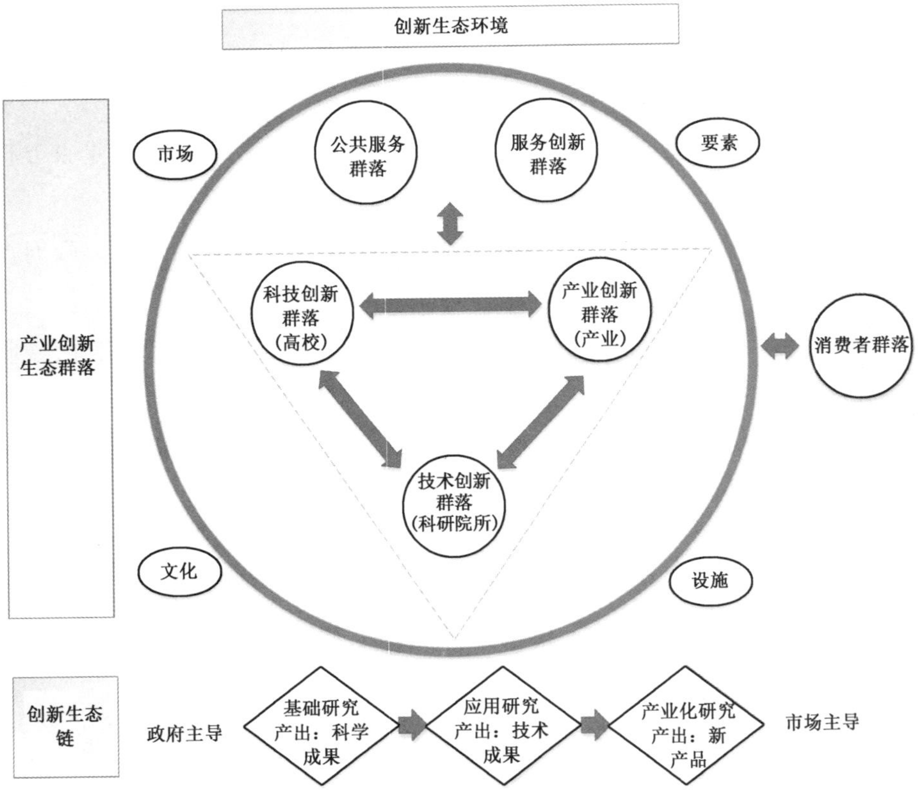


图6—1　产业创新生态图谱

## 6.2　产业创新的创新生态圈重构设计

产业创新，本质上是将原创性的科技成果进行连续性的创新，最终形成新产品，并在市场上获得认可和成功。这一过程具体来看包括产品创新、工艺创新、组织创新和市场创新四个主要环节。四个环节一环扣一环，缺一不可，而且后一环节的创新都是基于前一创新的再创新。这四个环节中，组织创新最为重要,因为它涉及产业创新的创新生态圈状况以及效率,进而最终影响创新成功的概率和效率。

### 6.2.1 创新生态圈对产业创新的重要意义

如果说产品创新、工艺创新和市场创新是创新企业自己努力就可以完成的,组织创新的成功则不然。因为组织创新不仅与创新企业密切相关,还与创新者所处价值链位置上其他合作企业、创新企业的合作网络的相应协同创新密切相关。这就是所谓的创新生态圈重构的问题。

例如,特斯拉公司推出纯电动汽车产品,如果要在市场上成功,除了产品创新、工艺创新和市场创新,它必然还要改变传统汽车生产企业的整个价值链和合作网络。这是因为,纯电动汽车与现有汽车产品的结构不同,需要全新的可配套的合作网络即全新的创新生态圈。如果一时没有这样的创新生态圈,即便特斯拉的产品很好、市场前景很好,其大规模生产依然是不可能的。反之,如果创新生态圈比较好,进行产业创新的企业容易找到合作创新的其他企业,那么这些企业就可能进行协同性创新,从而进入此价值链或合作网络中。更进一步地说,新的价值链或合作网络,其合作方式可能也需要特斯拉公司进行重构,提高创新合作效率,这些就是特斯拉产业创新过程中的组织创新的本质。

产业创新需要对创新主体现有的价值链或合作网络进行重新组合、进行治理机制创新。这个过程可能存在如下重要问题:有无良好的创新生态圈?新的创新生态圈可以表达为直线状还是网络状?价值链或合作网络由谁来主导,如何构成?如何组织和协作?新价值链或合作网络形成过程中的治理机制如何建立,各方如何分配价值?等等。针对这些问题的解答,就是产业创新中组织创新的内容。

在创新生态圈的合作创新方式上有两种模式:序贯型和同步型。两种类型对应的创新生态圈治理机制也不同。

(1)序贯型合作创新模式。它是指产业创新的合作,是按照创新分工的先后顺序进行的。先由推出新产品的领导企业(即舵手企业)作为产业创新的组织者,制定技术标准,将技术向其他厂商扩散,然后开发新产品、再进行零部件创新设计,形成新工艺,进行设备创新,进行生产线组织,营销设计安排等等。这些工作可以由多个企业协同完成，但需要有先后的顺序，典型案例是汽车行业的新车产业创新。

(2)同步型合作创新模式。它是指创新生态圈的多个厂商可以围绕某个新产品标准同时独立开展创新，然后进行集成，最后形成一个新的产业的合作创新模式。这个模式中各环节各网络节点的厂商独立进行创新，各自拥有技术专利，其价值分配由多个厂商共同决定。典型例子就是 PC 个人电脑产业创新和操作系统产业创新。

两种合作创新模式的不同，导致产业创新的效率的不同。当产业创新主体需要合作伙伴时，现有的创新生态圈是否满足合作创新的需要，能否支持选择不同的合作创新模式，自然就会影响产业创新最后的创新成功概率与创新成功效率。

### 6.2.2 序贯型合作创新生态圈的机制设计

产业创新中的序贯型合作创新模式，包括新产品研发、新工艺开发、产品试制、零部件生产、组装加工、分销、售后服务等环节的先后配合性创新。我们把这样的合作创新者，看作是产业创新主体的直线型创新生态圈。

对这样的直线型创新生态圈，根据新产品创新要求进行重构和治理机制调整，就是产业创新中组织创新的内容，其中最关键的内容，可以具体为新产品整体设计、直线型创新生态圈整体重构、创新生态圈机制设计等创新工作。

1. 新产品整体设计

直线型创新生态圈中的新产品设计由主导厂商独立完成，即由价值链上游研发产业的主要企业负责。创新主体根据上游产出的技术创新成果进行设计，通过推出新产品催生新价值链，重构新产品新价值链的成功程度决定了新产品质量和产业创新效率。主导厂商一般拥有完整而领先的研发能力、整合能力、市场策划能力等，一般花费较长研发周期，一次性完成产品整体设计。此外，主导厂商还将设计技术标准，技术标准的公开程度决定了价值链与创新生态圈的整体竞争力。新产品的产生决定了价值链的轮廓，而技术标准则决定了价值链和创新生态圈的基本形态。

2. 直线型创新生态圈整体重构

基于新产品设计构想、价值链特征，主导厂商将重新设计价值链环节和创新分工顺序，并进行调整、压缩、分拆、增加等一系列措施。对每个价值链环节的范围、技术要求、规模等进行设定，从而搭建价值链的基本框架，并根据新价值链要求，构造线性的创新生态圈。这是十分重要的工作，也是产业创新的重要环节。

3. 创新生态圈机制设计

直线型创新生态圈动态调整机制的重点，在于对现有厂商进行基于新价值链的合作创新和升级、调整、动力、协作等机制进行设计。有了价值链合作创新的新要求，主导厂商可以促进各厂商进行序贯创新、自由运作和发挥作用。机制设计决定了直线合作创新生态圈的范围、新价值链的形成、原有价值范围发生变化等一系列问题。创新生态圈的价值环节界定标准是技术和价格，上下游产业通过多种机制进行协调从而形成新的价值边界，落后的合作者可能缩减，先进的合作者可能获得扩大，厂商将围绕价格和技术分享进行创新协调。可见，价值分配机制十分重要，这涉及创新合作者的创新动力和创新收益，进而影响产业创新的效率。

### 6.2.3　同步型合作创新生态圈的机制设计

同步型合作创新模式，即创新生态圈的多个厂商可以围绕某个新产品标准同时独立开展创新，然后进行集成，最后形成一个新的产业创新合作模式。这个模式中创新活动可以独立开展但又是互相联系的，并没有明确的创新先后顺序可以同步展开，所以创新效率比较高，创新的速度比较快。从构造来看是围绕产业创新的核心创新企业（即舵手企业）形成的网络状创新生态圈。

1. 网络状创新生态圈的构成

网络状创新生态圈是指主导创新的企业的合作创新网络，是创新生态圈，这一网络中的价值节点就是合作企业的价值创造，它们在合作网络中各自分头协同创新，最后由一家企业集成形成最终产品并进入市场。同步合作创新模式产生于当今可以模块化构造的创新产品的研发与生产，如电脑等一系列产品。这一类产品主要的技术标准、接口标准已经确定，所有参与此产品创新的分工合作者均有极大的创新空间，他们可以自由创新，只要最后创新的模块能够与其他模块衔接形成最终新产品即可。这样的同步协同创新是一个价值网络，在这个网络中依然有个核心企业，由该企业把握着产业创新的基本方向，而其他企业可以同时开展自己功能部件的创新，并没有创新上的一定的先后次序，也正是如此形成了新的合作机制。

该机制包括厂商的进入、退出、扩张、转移等的规制，其中技术壁垒是阻碍网络状创新生态圈厂商进入和退出的主要因素。网络状创新生态圈由于技术升级需要补充拥有新技术的新厂商进入，但可能面临在位厂商的抵制，而现有的已经在网络中的落后技术厂商是阻碍新网络状创新组织形成的主要障碍。新网络状创新生态圈形成过程中厂商在网络内部流动，现有厂商将向相关创新合作关系进行纵向或横向延伸和转移，从而更新网络状创新生态圈中的厂商组合。

2. 网络状创新生态圈的开放性

同步合作创新在直线型创新生态圈组织模式中是难以做到的，理论上说此类模式下的创新效率相对低下。而网络状创新生态圈组织则不同，它可以在明确的规则下，由参与各方同步开展各自的创新，最终能够进行集成就可以了，创新效率因此也就大大提高了，其结果加快了产品的更新换代，加快了产业本身的转型升级。

同步合作创新成功的关键是开放性，在网络状创新生态圈组织模式下，价值链中的舵手企业只有采取较为开放的合作策略，协同参与厂商的创新活动，才能提高创新成功概率以实现价值创造。

以个人计算机总线结构为例，英特尔公司开发出 PCI 总线技术，采取了更为开放的结构，加上它的技术性能优越、兼容性强、知识产权免费，就成了被配套生产厂商、互补品厂商所接受的平台领导者。反之也可以试想，如果离开了配套厂商的同步合作创新，英特尔公司总线技术的产业化速度和成功可能将面临严峻的挑战。因此在全球价值链分工的今天，我国应保持产业体系的开放性、网络状创新生态圈的开放性，推动同步合作创新，提高创新速度和创新效率。

3. 合作创新整合机制设计

网络状创新生态圈厂商之间的协同与合作模式，决定了新产业价值链的效率以及组织模式，其治理机制的核心是整合机制。

网络状创新生态圈整合与其他传统价值链整合有着显著的不同，传统价值链的整合多数表现为实物资产的整合，网络状创新生态圈的整合主要表现为知识的整合。知识整合在网络状创新生态圈整合过程中居于核心地位，是整合的实质。网络状创新生态圈知识整合的静态任务是一个舵手企业或多家企业合作提供一个公开的设计规则，使所有模块依据规则开展设计并能够在一个系统中发挥作用；其动态任务则包括模块可以独立进行创新、协同分散的创新知识、实现规则的动态升级。

模块化生产集成的特点主要是，设计规则是公开的明晰的知识，各模块的知识则是各模块生产制造企业自己的甚至是隐藏的知识。这种生产集成方式可以使网络状创新生态圈的企业在处于顾客需求多样化的环境中，能够通过不同功能模块的组合，以较低的成本提供大量个性化的产品，满足顾客个性化的消费偏好。模块化生产集成也是有成本的，需要在模块分解创造的价值和集成协调成本之间进行权衡。随着消费者需求的变化、知识与技术的不断进步，网络状创新生态圈的知识整合是动态的，最主要的表现为推动系统模块分工协同的规则（标准）进化。网络状创新生态圈中，舵手企业与模块企业之间的权力大小及价值获取大小与它们的知识创新能力有关，也与它们在生态圈中的位置有关，其实在一定程度上是这些企业的市场势力和知识博弈的结果。

# 第七章

# 产业创新生态圈中舵手型企业的创新协同

产业创新生态圈中的舵手型企业是非常重要的，因为它是产业创新的领导者和组织者，也是创新生态圈的维护者，对产业创新的成功至关重要。

## 7.1 创新能力与产业创新生态圈

长期以来，丰田公司持续创新的能力是其维持竞争优势、不断发展壮大的重要因素。在产品方面，丰田不断推陈出新，具有混合动力车“普锐斯”等诸多突破性创新；在工艺流程方面，丰田也持续改善，其倡导的精益生产模式成为丰田模式的重要标识。在丰田的创新引领下，整个日本汽车产业的生产和创新能力得到快速提升，在世界范围内独占鳌头。根据2016年福布斯全球公司2 000强的统计，日本汽车制造与零部件生产企业的总销售规模和利润水平高居世界第一，遥遥领先于德国、美国等传统汽车制造强国。

其实，丰田与日本汽车产业的共同成功并非个案。在其他产业中，一个成功的产业创新生态系统也都往往是由一个核心企业所带动的（Powelle-tal，2009；扬西蒂等，2006）。核心企业通过自身的创新，引领了上游企业和下游企业的创新方向，促进了产业生态系统中创新活动的顺利开展，最终形成了一个紧密联系、协同创新的创新生态圈（见图7—1）。在这类产业创新生态圈中，核心企业的作用就像大海中指引航行的舵手，因此，又被学者形象地称为舵手型企业（芮明杰，2009）。

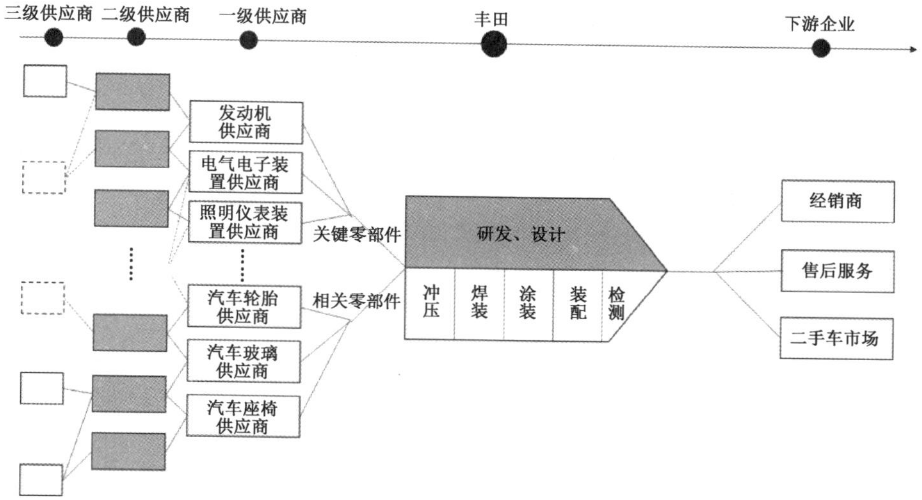


资料来源：根据文献整理。

**图 7—1　丰田产业创新生态系统示意**

然而，过往研究对舵手型企业的关注还比较有限。研究者总结了舵手型企业共同的特征，认为舵手型企业是具有很强研发能力和知识吸收能力(Agrawal 和 Cockburn，2003；Niosi，2010)，同时具有优秀架构设计和平台搭建能力(扬西蒂等，2006；芮明杰，2009)的核心性企业。它们可以凭借规则设计和模块选择来主动促进其他企业的创新。但是，规则设计和模块选择如何促进企业创新，舵手型企业创新促进背后的微观机制又是什么，过往研究却极少关注，已有研究也没有明确回答。因此，为了揭示创新生态系统中舵手型企业促进创新的微观机制，我们以丰田公司为案例研究对象，从丰田产业创新生态圈构成和运营管理模式出发，分析影响丰田创新生态圈成功的关键因素，并找出影响因素背后的内在机制，以期对前面的理论分析做出有益补充。

## 7.2　丰田创新生态圈的构成与运营管理

丰田产业创新生态圈建立在丰田生产体系(TPS)之上，是产业生产体系的升级和进化。丰田产业生产体系由丰田和上下游企业共同组成，主要应对企业在生产过程中的生产计划、物资采购、质量管理等常规生产问题。丰田创新生态圈则利用已有的生产体系平台，通过信息交流、知识分享等机会推动上下游企业生产与服务创新，是对生产体系的高级化、创新化利用。在此基础上，丰田进一步搭建了多样化的创新促进平台，通过积极有效的运营管理，调动了产业生态系统中企业的创新积极性，形成了产业创新生态圈，提升了生态系统的创新绩效。总结丰田的经验，其创新生态圈的管理方式主要表现为三种形式，分别是丰田产业体系联盟、问题应对计划和自主学习小组，如图 7—2 所示。

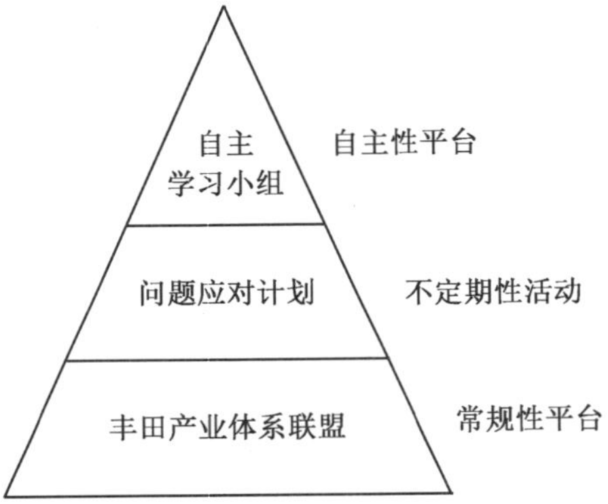


图 7—2 丰田创新生态圈运营管理模式

### 7.2.1 丰田产业体系联盟

丰田产业体系联盟（简称丰田联盟）最初是一个由丰田主导的服务于生产活动的常规性交流平台。在这个平台上，所有的丰田一级供应商和分销商通过信息系统相互联系，平台的主要作用是分享信息，包括丰田的生产计划、采购信息、采购政策、市场趋势等基本信息。同时，丰田联盟也会组织一系列主题论坛，分享关于产品质量、安全生产等普遍性知识。后来随着丰田联盟的逐渐成熟稳定，丰田开始利用这一常规性平台，为企业和生态系统的创新服务。

首先在供应商的选择上，丰田联盟的遴选十分严格。丰田公司不仅注重供应商的生产设备和质量水准，而且特别重视它们的研发能力。例如，丰田公司 1991 年在英国德比郡建立工厂时，原本有二千多个潜在供应商可以选择，在经过丰田公司对供应商能力的综合评分后，只剩下400个，一些公司因为丰田的严格要求而知难而退。最终，经过严格的挑选，丰田确立了150个企业作为其供应商。丰田对供应商的严格要求是希望供应商能够很好地适应丰田创新生态系统，和丰田一样具有持续创新的能力。此外，之所以经过层层筛选剩下了少数最终供应商，这是因为丰田希望与它们建立长期稳定的合作关系，维持稳定的产业创新生态系统。

为了有效管理生态系统，丰田对供应商和经销商采取了梯度式管理模式，对一级供应商和经销商直接管理，对其他供应商和经销商则通过上一级实现间接管理。其中，丰田对一级供应商的创新管理最为主动。丰田根据供应商产品的不同，分别采取了六种不同形式的管理方式（艾弗等，2010），管理强度依次由强到弱。有些产品创新完全由丰田主导，丰田向供应商提供详细的图纸和生产指令；而对于另一些产品，丰田则给予供应商较大甚至完全的创新自主空间，当然前提是供应商必须遵守丰田的基本规范（见表7—1）。

**表7—1　丰田对一级供应商的管理方式**

| 管理方式 | 创新管理程度 |
| --- | --- |
| 丰田提供图纸和详细的生产指令 | 丰田完全占据主导 |
| 丰田提供图纸，供应商提供设计和生产流程 | 供应商有一定自主空间 |
| 丰田提供粗略的图纸，供应商完成图纸和整个生产流程 | 供应商有较大自主空间 |
| 丰田提供规格，供应商负责图纸，但丰田了解整个生产流程的细节 | 供应商有很大自主空间 |
| 丰田提供规格，供应商负责图纸，且丰田对生产流程了解有限 | 供应商有很大自主空间 |
| 丰田对产品生产不加以干涉，直接采购 | 供应商有完全自主空间 |

资料来源：根据艾弗等（2010）整理。

同时为了保持供应商创新的动力，丰田一般会应用承诺订单和目标价格的激励方式。在供应商创新之初，丰田就会向供应商承诺采购数量，并告知供应商未来采购的目标价格。订单承诺和目标价格消除了供应商创新收益的风险。特别是目标价格机制，它向供应商保证，即使丰田完全了解了供应商的生产流程和成本构成，也不会因此降低采购价格来转移创新收益，这样既充分保证了供应商的创新动机，同时又有利于丰田了解供应商的技术水平。

对于二级以下供应商的管理，丰田通过其上级供应商来完成。利用这样的梯度管理模式，丰田控制了一个庞大的创新生态体系。这个生态体系的底层由 4 万多家小企业组成，它们都具有较强的创新能力。例如，日本学者西口发现，三级供应商拥有 200 个具体流程专利，对整个生态系统的创新贡献很大。

丰田对经销商的管理相对简单，主要通过信息系统完成。得益于丰田与经销商之间便捷的信息共享，丰田可以实时掌握市场需求动态，根据需求变化开展创新活动。而经销商也会得到丰田的技术支持，丰田会向经销商提供技术培训，并帮助经销商提供相关售后服务。

### 7.2.2 问题应对计划

问题应对计划是由丰田主持的一项不定期咨询活动。在该活动中，丰田针对供应商生产中遇到的特定问题，专门派出专家顾问，指导供应商改进生产工艺、创新产品制造。

杰夫瑞 · H. 戴尔（Jeffrey H. Dyer，2004）以丰田与金属冲压供应商——大陆金属特种品公司（Continental Metal Specialty，简称 CMS 公司）合作的例子说明了丰田的问题应对计划。为了提升 CMS 公司的生产工艺，来自丰田的专家顾问和 CMS 公司一起对公司的现有生产流程做了检查，在 30 道生产步骤中，仅有 4 道步骤被认为是价值增值的。因此在发现问题之后，CMS 对生产流程做了重新安排，大大减少了非增值步骤。例如，CMS 通过将成形和焊接安排在工厂相邻的地点，就消除了 12 道非增值步骤。通过流程创新，CMS 共消除了 19 道非增值步骤，将单位生产时间由原来的 2 个小时压缩到了 12 分钟，同时库存水平也减少至原来的 1/10，大大增加了公司的生产效率。

丰田在与供应商一起进行完工艺创新之后，一般会要求将升级之后的生产线向其他供应商开放。这使其他供应商可以到现场参观学习，更加快速地了解相关创新经验。以此，丰田促进了创新活动在供应商之间的传播。

### 7.2.3 自主学习小组

自主学习小组是在丰田倡导下由供应商相互组成的共同学习小组（见

图7—3)。在该形式下,丰田的作用相对弱化,不再直接参与供应商的学习和创新,而是由供应商之间相互协作、共同创新。但是,丰田的影响依然存在,它为自主学习小组搭建了交流学习的平台、制定了交流学习的规则。在日本,自主学习小组在丰田的指导下,每三个月确定一个主题,然后根据这个主题,组内成员进行创新、实验和应用。任何成功的经验都会迅速反馈给丰田,以帮助他们及时了解供应商的技术状态。在美国,丰田也有类似的供应商自主学习小组,取得了很好的成效。一家美国车体供应商的经理在接受戴尔调研时提到,因为他们接受了来自自主学习小组其他成员的建议,降低了喷枪的压力,调整了喷枪的轨迹,因此节约了30%的油漆成本。

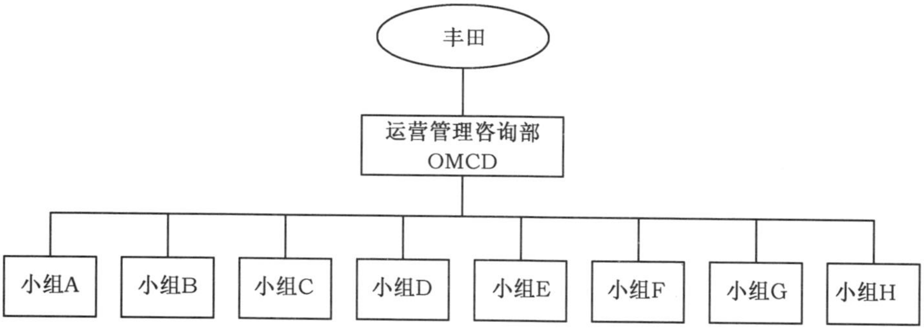


资料来源:根据Dyer(2002)整理。

**图7—3　丰田自主学习小组**

作为舵手型企业,丰田利用自身产业地位和影响力,建立了层级紧密、制度清晰的产业创新生态系统。通过丰田联盟、问题应对计划和自主学习小组等管理方式,丰田不仅加强了企业间联系,同时也提高了产业生态系统中各级供应商、经销商的创新绩效。甚至竞争对手也从中受益,创新绩效也得到了一定的提升。这在一定程度上说明,丰田公司作为舵手型企业存在,对于整个产业创新生态圈的创新绩效提升是有利的。

## 7.3　舵手型企业提升创新生态圈创新绩效的促进机制

丰田产业创新生态系统的成功并非偶然,这主要得益于丰田在创新生态系统运营和管理中的正确尝试,这也正是很多舵手型企业领导下创新生态圈的共同特征。从丰田的运营和管理方式中，我们不难发现，丰田主要从改善环境和提升能力两方面入手，利用舵手型企业的地位和能力优势，不断改善产业创新生态圈的环境、提升圈中其他非舵手型企业的能力，进而提升创新生态圈的创新绩效。归纳丰田的成功经验，我们认为，舵手型企业提升生态系统创新绩效的促进机制主要表现为三种：一是通过增强生态圈耦合程度来改善环境的耦合式促进机制，二是通过提高创新生态圈稳定性来改善系统环境的维稳式促进机制，三是通过增加创新合作来提升企业能力的协作式促进机制。

### 7.3.1 舵手型企业的耦合式创新促进机制

在丰田的创新生态圈中，其耦合程度明显超越了普通市场经济理论认为的简单松散耦合结构，丰田与供应商、经销商之间，供应商群体之间的关系更加密切。首先，丰田利用自身的市场地位和影响力，与供应商、经销商共同组成了较为紧密的丰田联盟。通过该联盟，丰田不仅实现了与上下游企业间采购政策和采购信息的交流，同时也实现了生产计划、市场趋势等信息的沟通，上下游企业之间的联系比普通商业伙伴间的关系更加密切。特别是丰田六种形式的供应商管理方式，使得丰田与供应商的联系不仅局限于采购的规格、价格等基本信息，甚至涵盖了图纸设计、生产流程乃至生产指令等多维度的沟通与交流，从而丰田与供应商的联系更加丰富而密切。丰田之所以能够成功地建立紧密的丰田联盟，较大得益于丰田在创新生态系统中的舵手地位。舵手型企业是创新生态圈中的核心企业，相对于其他非舵手型企业，它具有比较明显的市场势力，对创新生态圈具有一定的控制力。圈中非舵手型企业很大程度上依赖于舵手型企业而生存，因此与舵手型企业间有较为紧密的联系，耦合程度较高。因此，可以得出命题 1a：舵手型企业的存在有利于提升创新生态圈中舵手型企业与其他企业之间的耦合程度。

与此同时，丰田创新生态圈的另一个耦合特征是供应商群体内部的联系更加紧密。戴尔发现，随着丰田倡导的供应商自主学习小组的出现，丰田创新生态圈的网络结构由丰田联盟式的双边联系变成了丰田与供应商、供应商与供应商之间的多边联系。在丰田的推动下，供应商之间不仅通过丰田间接联系，而且通过相互参观、相互学习而直接联系。供应商小组甚至为了同一创新目标而共同合作。丰田创新生态圈这种网络结构的变化正是哈佛大学教授马克·格兰诺维特(Mark Granovetter，1973)弱联系理论在现实中的反映。弱联系理论认为，两个分别与第三者具有强联系的个体之间很可能也存在联系。在创新生态圈中，舵手型企业与非舵手型企业之间的强耦合联系为非舵手型企业间相互联系提供了基本前提。舵手型企业与非舵手型企业之间的耦合程度越强，非舵手型企业间联系存在的可能性越大，弱联系越强。随着时间的推移，这种弱联系非常有可能变为强联系，非舵手型企业间的耦合程度得到提升。由此，我们得出命题1b：舵手型企业的存在有利于提升生态系统中非舵手型企业间的耦合程度(见图7—4)。

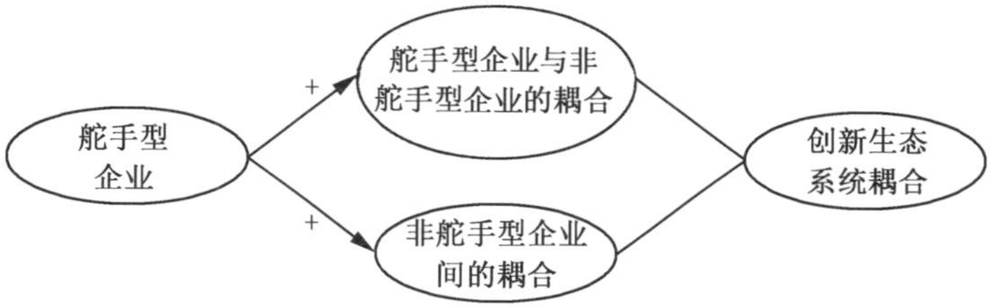


**图7—4　舵手型企业与创新生态圈耦合程度**

丰田通过提升自身与其他非舵手型企业以及非舵手型企业之间的耦合程度，极大提升了丰田产业创新生态圈的耦合程度。从组织学习角度来看，耦合程度的提升有利于新信息、新知识在创新生态圈内的传递和交流，这增加了企业间相互学习的机会。所以，丰田产业创新生态圈得到了更好的创新绩效。

具体来说，首先，丰田与非舵手型企业之间耦合程度的提升促进了非舵手型企业的创新绩效。在丰田创新生态圈中，非舵手型企业的创新表现为两类。一类是“引致创新”，如同引致需求，供应商的这类创新是由丰田的创新而派生出来的，丰田在开发一种新车型时往往采用这样一种方式。丰田与非舵手型企业的耦合程度的提升对引致创新极为有利。随着丰田与供应商之间的联系愈加紧密，供应商从丰田获取新知识、新信息更加便利，可以更加迅速地应对丰田的创新需求。同时，丰田与供应商耦合程度的提升意味着丰田对供应商的控制力更强，能够更加有效地控制创新溢出风险，因此它也更愿意向供应商分享新知识。所以我们看到，在丰田对供应商的创新管理中，前五种管理方式均体现了丰田对创新的引导，尤其是第一种管理形式，丰田完全占据了主导，指导供应商完成引致创新。

另一类是自主创新，此时供应商有完全自主的创新空间，丰田的第六种管理方式便旨在促进供应商的自主创新。受益于丰田创新生态系统耦合程度的提升，企业间信息、知识交流更加便利，供应商的自主创新绩效得到了明显提升。例如，艾弗等(2010)发现，丰田常常使用目标价格和"含糊其辞"指令相结合的方式来管理供应商，既为创新提供了方向，同时又为其自主创新留下了充足的空间，供应商在明确了降低成本的目标后，充分发挥了自身自主创新的能动性，取得了丰硕的成效，正如西口所说，丰田的供应商也掌握了丰富的具有自主产权的流程专利。所以，得出命题 2a：舵手型企业与非舵手型企业之间的耦合程度越强，非舵手型企业的引致创新绩效越高；舵手型企业与非舵手型企业之间的耦合程度越强，非舵手型企业的自主创新绩效越高。

其次，丰田产业创新生态系统中非舵手型企业的创新源泉不仅来源于丰田，同时也来源于它们相互之间的组织学习。例如丰田车体供应商通过参与自主学习小组，借鉴其他企业的做法，改善了流程工艺，实现了工艺创新。这说明，丰田创新生态圈中非舵手型企业间耦合程度的增加使得非舵手型企业的知识来源更加多元化，企业间新知识、新技术的交流和学习也更加便利，因此，企业的自主创新可以取得更好的绩效。由此，我们认为，命题 2b：非舵手型企业之间的耦合程度越强，非舵手型企业的自主创新绩效越高。

诚然，创新生态圈耦合程度的改善为企业提供了便利的学习交流机会，为企业创新绩效提供了良好的客观外部条件。但是，企业最终产业创新的成功同样受到主观学习能力的影响，这种吸收利用外部知识的学习能力被称为企业的知识吸收能力。当企业知识吸收能力强时，耦合程度的提升所带来的外部知识对促进企业创新活动才更加有效。因此，知识吸收能力对耦合程度的作用发挥具有重要的调节作用。然而，扎赫拉(Zahra S. A)和乔治(George G. )于 2002 年同时指出，知识吸收能力并不是单一的一种能力，而包括了潜在吸收能力和现实吸收能力两大类。两类能力的影响机制并不相同。潜在吸收能力由知识获取能力和知识消化能力组成，影响了企业识别、获得、分析、理解外部知识的过程；而现实吸收能力则由知识转化能力和知识应用能力组成，主要影响了外部知识在企业内部的后续应用。因此，只有潜在吸收能力才会调节耦合机制的作用发挥。由此，我们得出命题 3：非舵手型企业的知识获取能力正向调节耦合程度与创新绩效之间的关系；非舵手型企业的知识消化能力正向调节耦合程度与创新绩效之间的关系（见图 7—5）。

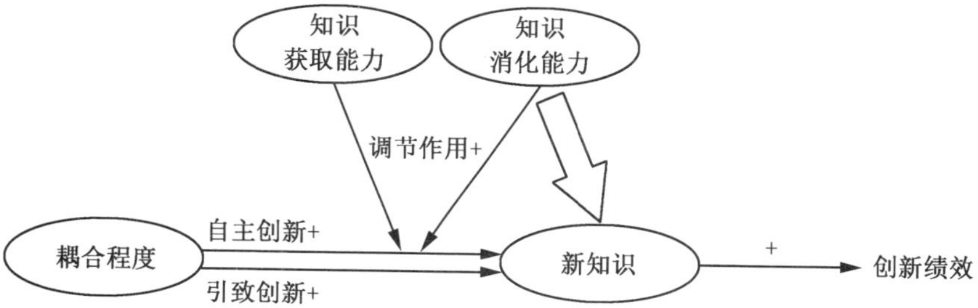


**图 7—5　创新生态圈耦合程度与非舵手型企业创新绩效**

## 7.3.2　舵手型企业的维稳式创新促进机制

丰田创新生态圈的另一个重要特征是系统更加稳定，建立和培养长期伙伴关系是丰田供应商关系管理和客户关系管理的重要目标之一（艾弗等，2010）。丰田创新生态圈的稳定性主要体现为两个方面，一是生态圈结构的稳定性，系统内企业数目和联系结构相对稳定，丰田产业体系联盟等三种方法的组织方式为系统结构的稳定性奠定了组织基础；二是企业间联系的稳定性，丰田与供应商、经销商之间交流、采购的频率和数量相对稳定，承诺订单和目标价格的激励方式为企业联系的稳定性提供了保障。相关研究发现，以舵手型企业为中心的网络结构确实比无中心的网络结构更加稳定（扬西蒂等，2006；Watts，2002；Tu，2000）。这是因为当有中心网络受到外部环境变化冲击时，任何非中心节点的消失都不会对网络产生太大的危害。然而，对于无中心网络，某个节点的变化和消失都会给网络带来严重后果，甚至整个网络彻底失败。由此，我们得出命题 4：舵手型企业的存在有利于提升创新生态圈的稳定性。

丰田创新生态圈的稳定性对于非舵手型企业创新绩效的影响是非常重要的。创新本来就是一项风险性很高的活动，既受到内部风险的影响，创新有可能失败，同时也受到外部风险的影响，创新有可能不被市场认可，或市场需求波动。丰田通过承诺订单的方式减少了市场需求波动对供应商创新的影响，同时又通过目标价格的方式保障了供应商的预期收益，这对于减少创新的外部风险具有积极作用。得益于风险的减少，丰田创新生态圈中非舵手型企业的创新动机更加强烈，企业的创新绩效相应得到提升。由此，得出命题5：创新生态圈的稳定性越高，非舵手型企业的创新绩效越高（见图7—6）。

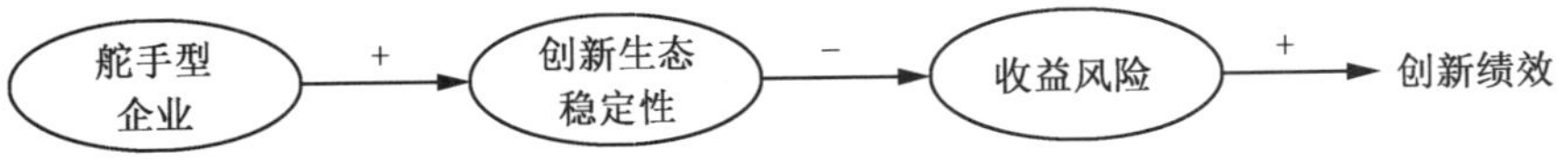


图7—6　舵手型企业的维稳式创新促进机制

### 7.3.3　舵手型企业的协作式创新促进机制

在丰田产业创新生态圈中，广泛的创新合作普遍存在。问题应对计划是丰田与上下游企业协作创新的重要方式，丰田通过派驻专家顾问进驻合作企业，指导企业的工艺和产品改进，双方共同进行工艺创新和产品创新。协作创新的顺利进行主要得益于丰田较强的市场势力和研发能力。丰田较强的市场势力和研发能力使得其有足够的能力控制和影响创新生态系统，主导创新合作；同时其企业规模和较强的知识吸收能力帮助其较好地内部化创新收益，降低知识溢出效应所带来的竞争风险。丰田的一个美国供应商的反馈证明了这一点，它与丰田协作创新的成果并不完全适用于其他客户的产品，例如向福特、通用等其他客户提供的产品更加大而笨重，为丰田产品而专门改造的生产流程并不适用它们（Dyer）。此外，网络限制和内部流程刚性（Dyer）也被认为限制了协作创新成果的溢出效应。因此，丰田有更大的积极性去组织和主导协作创新。相关研究也指出，规模大又能力强的舵手型企业确实更倾向于进行协作创新（Adametal，2000，2001；Belderbosetal，2004等）。所以，得出命题6：舵手型企业的存在有利于促进创新生态圈中的协作创新。

丰田与其他企业的协作创新对非舵手型企业的创新绩效具有积极作用。在丰田创新生态圈中，丰田委派的专家顾问直接与合作企业的研发人员合作，针对具体问题，提出解决方案。在这一过程中，丰田与合作企业共同对新知识进行重新组合，纳入实际运营，形成新技术、新产品，这实际上提升了合作企业的现实吸收能力，即知识转化能力和知识应用能力（Zahra 和 George，2002）。特别对于其中的隐性知识，"面对面"式的合作是提升知识转化和应用能力的有效手段（Nonaka，2000）。此外，丰田与合作伙伴之间的创新合作便利了双方研发人员的流动，特别是丰田专家顾问向合作伙伴的流动，相关研究发现，许多原丰田的专家顾问最终成了合作企业的研发负责人，这进一步提升了合作企业的知识转化能力和知识应用能力。因此，有命题 7a：创新生态圈中的协作创新有利于提升非舵手型企业的知识转化能力；创新生态圈中的协作创新有利于提升非舵手型企业的知识应用能力。

在丰田创新生态圈内，非舵手型企业知识转化能力和应用能力的提升对提高企业创新绩效具有积极影响。戴尔发现在丰田问题应对计划的帮助下，丰田供应商的工艺和流程创新效果显著，库存水平下降了 74%，生产率提升了 123%。所以，进一步得出命题 7b：创新生态圈中的协作创新有利于提升非舵手型企业的创新绩效（见图 7—7）。

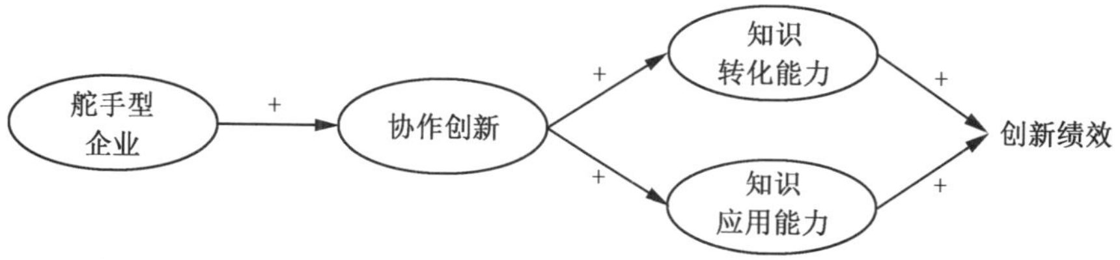


图 7—7　舵手型企业的协作式创新促进机制

### 7.3.4　三种创新促进机制的有机融合与作用的叠加放大

事实上，在丰田创新生态圈中，耦合式促进机制、维稳式促进机制和协作式促进机制并不是独立发挥作用的，而是三种机制相互配合、彼此促进、有机统一。从前文的分析中，不难发现，耦合式促进机制主要针对新知识的创新阶段，通过提升创新生态圈的耦合程度，降低了新知识的获取难度，从而降低了创新成本;协作式促进机制主要针对新产品、新工艺的创新阶段,通过促进舵手型企业与非舵手型企业以及非舵手型企业之间的创新合作,降低了新知识转换为新产品的难度,进一步降低了创新成本;而维稳式促进机制则主要针对创新成果的收益阶段,通过提高生态系统的稳定性,降低了收益的风险,从而间接提高了创新的预期收益。三种产业创新促进机制最终通过降低创新成本、提高预期收益,提升了创新活动的净收益。创新净收益的提升进而又促进了企业的创新动机,企业有更大的积极性从事创新活动,从而形成了创新促进作用的放大和叠加,三种促进机制的效果因此更加高效(如图 7—8 所示)。

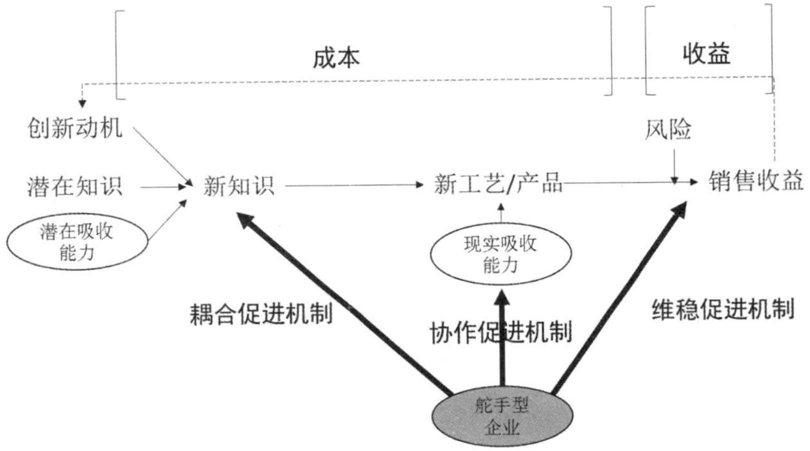


**图 7—8 企业产业创新的一般机制**

## 7.4 丰田产业创新生态圈建设与维护的启示

通过对丰田典型案例的分析,探讨了产业创新生态圈中舵手型企业的重要性以及其创新促进机制。舵手型企业存在的重要意义在于通过促进非舵手型企业的创新提升了整个创新生态圈的创新绩效。对于创新生态圈中的非舵手型企业,舵手型企业通过耦合式机制、维稳式机制和协作式机制,分别促进了产业创新生态圈的耦合程度、稳定性和协作创新程度,改善了生态圈环境和合作关系,从而增加了非舵手型企业创新的源泉,提升了企业的知识吸收能力,并降低了创新风险,非舵手型企业的创新成本随之减少,创新收益随之增加，非舵手型企业的创新绩效得到提升，创新生态系统因此受益。因此，我们得出结论，舵手型企业领导下的产业创新系统具有更高的创新绩效。

舵手型企业产业创新促进的三种机制是协同促进的。耦合式促进机制为企业创新提供了丰富的新知识，协作式促进机制则极大地降低了新知识转化应用的难度，新知识向新产品、新工艺的转化更加顺利，维稳式促进机制降低了新成果面临的市场风险，提高了创新的预期收益。创新收益的提升进而又提升了企业的创新动机，创新积极性更高。因此，舵手型企业的三种创新促进机制实际上形成了从新知识，到新产品、新工艺，再到新收益，最后反作用于创新动机的循环过程，从而实现了创新促进作用的二次叠加和放大，产业创新生态系统的创新活动得以更加有效。

上述研究证明了产业创新主体（舵手型企业）在产业创新成功方面其中组织创新的重要与复杂，证明了舵手型企业在序贯型合作创新生态圈中的重要作用，实际上我们同样可以来证明同步型合作创新生态圈中舵手型企业所扮演角色的重要作用。舵手型企业不一定是规模巨大的大企业，但一定是强大且具有创新意识和创新能力的企业，尤其是在创新组织协同能力方面有自己的特长。

# 第八章

# 世界各国产业创新模式、趋势与政策变化

发达国家的企业是如何开展产业创新的，政府又在此创新过程中扮演什么样的角色？有什么样的经验与做法？未来又会怎么样？这些都是中国企业在产业创新方面努力所需要了解的。

## 8.1 美、德、日高技术产业创新的主要领域和实际进展

各个国家重点关注、投入和发展的高技术领域与新兴产业，往往是颠覆性的，具有较大盈利前景和社会影响。纵观以往产业创新战略和实施情况表明，这些领域与产业往往能成为日后国家的战略产业、支柱产业，改变人们生活的方方面面，这些关注领域与产业随着时间发展可能进行修正和变化。此外还需要根据科学预判方法得出更为具体准确的技术与产业发展的方向，因为产业创新的成功还取决于生产、产业、资源、市场、政策、环保等一系列因素，这些预测更为务实地描绘了未来实际产业情况。

### 8.1.1 美国产业创新最新关注领域

美国国家创新战略报告(2015)指出，未来美国技术与产业创新主要关注九大领域：先进制造、精密医疗、大脑计划、先进汽车、智慧城市、清洁能源和节能技术、教育技术、太空探索和计算机新领域等。国家先进制造战略计

划报告(2012)指出:美国先进制造业的趋势有:高端制造流程、高端材料、产品技术平台、数据和涉及基础设施等。2016年美国又发起了一系列高技术产业创新计划:“癌症治疗计划”“登月计划”“国家微生物组计划”“脑计划”“精准医疗计划”“国家人工智能研发战略计划”等。由这些计划可见,美国的首要关注重点是先进制造业及相关衍生行业,包括新材料、数字化制造和设计、新技术的产业创新等。此外生物医疗、信息技术、交通运输、城市和公共服务、教育、空间探索等被确定为关注重点。麦肯锡预测2025年之前,当前主流以及未来发展的主要高新技术有:移动互联网、知识工作自动化、物联网、云技术、机器人技术、自动驾驶、下一代基因技术、能源储备、3D打印、高端材料、高端油气开采和储存、可再生能源等(麦肯锡,2013),且有相当大的各不相同的产业发展的市场前景。美国政府关注技术领域和技术特点的同时也看其产业化前景即商业化成功的规模与可能,这一点十分重要,本质上这就是在预判未来产业创新的重要领域。

### 8.1.2　德国产业创新最新关注领域

德国人虽然一直以严谨的工作精神著称,但一直对技术创新以及技术创新带来的产业创新与变化十分关注,以应对新的挑战和推动本国经济增长的需求。德国的《国家高技术战略2020》①报告中列出了主要关注的产业创新领域为:气候与能源(温室气体、新能源)、保健与营养、交通(电动汽车)、安全和通信等。关键技术则包括:生物技术、纳米技术、微电子和纳米电子学、光学技术、微系统技术、材料技术、生产技术、服务研究、航空技术以及信息通信技术领域等。从以上德国关注的产业创新领域和技术创新领域来看,首要关注与生态环境、商业环境相关的产业领域,以及关注满足大规模基础需要和实用性的产业领域。关键技术方面则考虑了技术创新的成功率和产业化后的经济效益以及对生产、健康和环保的影响。德国还特别强调未来应该是技术创新、产业创新与服务创新的结合。德国《国家高技术战

① 德国政府在21世纪之初便开始进行应对重大技术变革的战略部署,在2006年发布了《国家高技术战略2020》,这是德国首次在国家层面发布的中长期创新战略,对德国后续产业政策具有十分重要的指导意义。该战略的总体思路是推行创新驱动发展战略,重点培育和发展若干重大技术,继续推行熊彼特式非价格竞争战略。

略2020》中最为著名的十大未来项目之一的“工业4.0”战略[①]，强调以新型智能制技术与新一代互联网技术为基础升级传统制造业，涵盖了制造业、服务业和工业设计等多方面内容，旨在开发全新的商业模式，挖掘工业生产和物流模式的巨大潜力，保持德国在制造业方面全球的领先地位。

### 8.1.3 日本产业创新最新关注领域

日本发布的《科学技术创新综合战略2014》指出，技术创新主要领域有：实现清洁、经济的能源系统；实现领先国际社会的健康长寿社会；完善领先世界的下一代基础设施；发挥地方资源优势的地方复兴；东日本大地震灾区的早日复兴等领域。同时关注了信息通信（如信息安全、大数据分析、机器人、控制系统技术等）、纳米（用于开发元件、传感器及具备新功能的先进材料）和环保三大跨领域技术。《科学技术创新综合战略2015》指出产业创新主要关注的领域为：新能源、高端医疗、地球物理、物联网、大数据、自动驾驶、高端制造等新兴产业。[②] 2013～2015年日本对颠覆性技术创新方向进行了更为准确的预判，指出10个最重要的技术方向将集中于社会基础设施、信息通信技术、健康、资源与环境等领域，例如核反应堆退役和废料处理、超级计算机、医疗护理系统等[③]。日本关注产业创新领域和技术创新领域的特点是社会公共服务优先，之后是兼顾自身专长和急待弥补的产业与技术短板领域，包括引领未来的产业与技术。

### 8.1.4 其他国家也相继出台各自关注的创新发展计划

英国政府2010年《技术与创新未来：英国2030年的增长机会》发布关注的四大领域：材料和纳米技术、能源和低碳技术、生物和制药技术、数字和网络技术等。2014年在《我们的增长计划：科学和创新》报告预测了：大数据和高能效计算、合成生物学、再生医学、农业科技、能源及储能、先进材料及纳米技术、机器人及自治系统、卫星及航天技术应用八项技术。英国关注

---

① “工业4.0”战略被认为是继以蒸汽机广泛应用为标志的第一次工业革命、以电气化为标志的第二次工业革命和以自动化为标志的第三次工业革命之后，以智能制造为主导的第四次工业革命。

② 资料来源：《科学技术创新综合战略2015——为了创造未来的创新之桥》。

③ 资料来源：http://www.nais.com.cn/html/guandian/2016/0315/522.html。

产业创新领域和技术创新领域的特点是关注趋势较为明确的高新技术领域，及在此基础上产业化成功率可能性较高的技术创新领域。

综合以上分析，发达国家普遍关注的重点产业创新领域有：智能制造、机器人、大数据、自动驾驶、医疗和生物、新能源、物联网等，这些方向有较为成熟的发展基础，可能在未来成为引领世界产业发展的新兴产业（见表8—1）。

**表8—1　世界各国产业创新领域与技术的比较**

| 关注点＼国家 | 美　国 | 德　国 | 日　本 | 其　他 |
|---|---|---|---|---|
| 关注领域 | 先进制造、精密医疗、大脑计划、先进汽车、智慧城市、清洁能源和节能技术、教育技术、太空探索和计算机等新领域 | 气候与能源（温室气体、新能源）、保健与营养、交通（电动汽车）、安全和通信 | 新能源、高端医疗、地球物理、物联网、大数据、自动驾驶、高端制造等产业 | 材料和纳米技术、能源和低碳技术、生物和制药技术、数字和网络技术 |
| 关键技术 | 移动互联网、知识工作自动化、物联网、云技术、机器人技术、自动驾驶、下一代基因技术、能源储备、3D打印、高端材料、高端油气开采和储存、可再生能源等 | 生物技术、纳米技术、微电子和纳米电子学、光学技术、微系统技术、材料技术、生产技术、服务研究、航空技术以及信息通信技术领域等 | 社会基础设施、信息通信技术、健康、资源与环境等领域，例如核反应堆退役和废料处理、超级计算机、医疗护理系统等 | 大数据和高能效计算、合成生物学、再生医学、农业科技、能源及储能、先进材料及纳米技术、机器人及自治系统、卫星及航天技术应用等 |
| 特点 | 美国关注领域和技术的特点是聚焦高精尖科技和重大突破性的领域，关键技术以需求规模和市场价值为主要衡量指标 | 德国关注领域和技术的特点是，首要关注环境相关领域，此外更加注重关注满足大规模基础需要和实用性的领域。关键技术考虑了技术创新的成功率和经济效益，对生产、健康和环保的影响，以及技术创新与服务创新的结合 | 日本关注领域和技术的特点是高技术服务于社会公共服务兼顾自身专长和急待弥补的短板 | 英国关注领域和技术的特点是关注趋势较为明确的高技术领域，及在此基础上产业化成功率可能性较高的技术 |

## 8.2 美、德、日从技术创新至产业创新的进展

21 世纪近 10 年以来，发达国家在技术创新的投入、创新基础建设、政策制定和实施、产出成果方面均取得了进展，人们正在期待产业创新成功，给世界、给消费者带来巨大的福利与效用。

美国政府先后颁布大量科技创新计划和战略，并投入大量资金。数据显示 2015 年美国国家科学基金会财政预算总额为 73 亿美元，包括基础研究与发现、创新人才与团队发展等；国家卫生研究院为 302 亿美元，重点领域为脑科学、精确医学、大数据和创新人才培养等。美国商务部国家标准与技术研究院、能源部、航空航天局、农业部预算分别为 9 亿、123 亿、175 亿、24 亿美元①。以美国先进制造计划为例，该方案计划投资 10 亿美元，新建 15 家制造业创新研究所。2012 年 8 月，首个研究所正式成立。到 2015 年底共建成 7 个不同行业的新型制造创新机构。

德国《国家高技术战略 2020》的“工业 4.0”也取得了一定进展②。例如分散式生产、机器人生产、企业间生产流程网络化等已经到了可以应用于企业实际的生产体系的阶段。可以说智能制造在德国制造企业已开始采用，效果初现。例如德国的汽车企业已经可以通过增强现实工具参与汽车产品开发、利用 3D 打印技术精准生产复杂的金属零部件；一些工厂开始采用全机器人生产打造智能联网流水线，并提供规模化、定制化生产服务。

以 3D 打印技术与生产服务方面为例，日本政府早在 2013～2014 年就相继出台了 3D 打印技术开发的相关项目和政策，同时制定政策鼓励 3D 打印技术在制造业的推广。③

总体而言，发达国家都极为重视基础性的科技创新，同时也十分注重科技创新成果产业化，即产业化创新。由于产业创新的主体是企业，创新成果成功产业化可以给这些企业带来巨大利益与先发优势。这些企业的产业创

① 资料来源：美国白宫科技政策办公室网站发布的美国联邦 2010～2015 财年研发预算. http://www.ostp.gov/。

② 资料来源：http://gongkong.ofweek.com/2016-07/ART-310000-8100-30009893_3.html。

③ 刘湘丽：“日本促进制造业发展的动因、措施及启示”，《中国经贸导刊》2015 年第 4 期，第 10—12 页。

新的动力很充沛。对政府而言,企业产业创新取得的市场成功往往给所在国带来丰厚的回报,同时技术创新与产业创新成功地体现了国家优势,成为一国产业竞争力的关键。重要技术创新:一方面,其本身可能开创新的产业,带来就业和市场增长,例如生物医疗、自动驾驶、新材料、计算机等;另一方面,将新技术和现有产品、技术和生产工艺结合,有望改进产品性能、加强产业生产能力,例如,新能源运用催生电动汽车的发展;物联网、大数据、机器人等普及,将制造业提升到新阶段,使一些先进的生产方式例如自动化、生产率、大规模、个性化定制等得以实现。此外,新技术的产业化成功可以减少原有技术带来的负外部效应、带来正的外部效应,例如新能源减少化石能源的污染和开采成本、环保材料使用减少环节污染等,而信息技术提升了个人和单位的闲暇时间、幸福感和工作效率。

技术创新、产业创新也有相当大的风险,例如投入过高、研发失败、选择方向偏差等都可能使创新出问题,甚至拖累经济增长和社会福利。所以发达国家在选择技术创新至产业创新的领域时需综合考虑自身擅长领域、产业发展前景、创新速度、创新效率等重要因素,从而制定有利于新兴产业发展和经济可持续发展的创新制度与政策。

## 8.3 发达国家产业创新模式、趋势与政策变化

### 8.3.1 美国的产业创新模式、趋势与政策变化

与其说美国强调创新,不如说美国把创新作为国家发展基石之一,赋予创新更广阔的意义。创新的目标也紧紧围绕市场价值或应用前景,以推动经济发展。美国的创新是广义上的创新,是集市场化、产业化、过程化的一个完整创新链条,包括技术、设备、产品设计、生产工艺、市场、管理、组织等多个方面。其中技术转化和技术开发紧密联系,成为技术创新和产业创新的连接纽带。这个创新链上的创新主体也是多元的,不仅有科研机构、国家实验室,更多的是企业等。

1. 美国的产业创新模式

美国的产业创新模式特点是以原创产品创新为主导,具体由政府扶持

和引导，大企业、中小企业的企业家为主要动力，风险投资等金融扶持体系帮助实现产业化成功。正因此，美国企业产品创新对销售收入影响明显，但产品创新成功率较低，风险较高。美国产品开发和管理协会研究表明，2000年，37%的企业销售额来自新产品。美国生产力和质量中心调查显示，进入21世纪后新产品市场成功概率提高了不少，2001～2003年27.5%的销售收入来自新产品开发项目贡献。产品创新的成功比例应该说是比较高的，美国生产力和质量中心数据显示达到企业财务目标的新产品开发项目占56%，按时上市的占51%。① 而在20世纪，1991年市场上16 000种新产品，90%没有实现商业目标（Balachandra和Friar，1997）。美国产业创新模式推动了新兴产业诞生与发展，例如智能手机、个人计算机、互联网、社交网站等大多是由美国企业首先发明并产业化的，而未来可能继续推出原创型产品、量子计算机、人工智能、智能3D打印等新产品进而导致这些新产业的诞生与发展。

美国创新模式高度重视科技成果的转化以及向其他产业扩散。美国在创新各个主体和流程之间的中间环节，设立了一系列高效的技术转化机构、平台、技术联盟、风险投资组织等。例如技术转移机构、产学联合研究机构、大学工程中心；科技园、孵化器、创业牵引、技术许可；技术转让网络；斯坦福、哈佛校内投资基金等。从而促进技术从高校科研院所向企业、企业与企业之间传播的速度和规模。例如，美国有著名的国家技术转让中心（NTTC）和联邦实验室技术转移联合体（FLC）。NTTC的主要任务是以其庞大而先进的计算机网络形成的转让技术平台，将联邦政府资助的七百多个国家实验室、大学和私人研究机构的有工业应用前景的科技成果迅速地推向社会和工业界，使之尽快转化为生产力。FLC的宗旨是加速联邦政府资助的研究成果向产业经济渗透。另外，美国创新专利政策重视“发明者优先”，并且保护严格，潜在收益丰厚，也十分有利于科技型中小企业的产生与发展壮大。

2. 美国“先进制造业创新网络”计划

该计划是美国近年来关注的产业创新计划。2008年以来奥巴马政府

---

① 蒲欣、朱恒源、李广海：“中国与欧美发达国家企业产品创新的比较研究”，《科研管理》，2007年第6期，第66—75页。

以《制造业促进法案》为中心，陆续制定出台了《重振美国制造业政策框架》《先进制造伙伴计划》《先进制造业国家战略计划》等政策，提出了国家制造业创新网络生态系统的概念，描述了相关利益集团和它们之间的联系，其主体包括学术机构、行业企业和各级政府。从图 8－1 可见，美国产业创新生态圈网络构成有其独特一面。

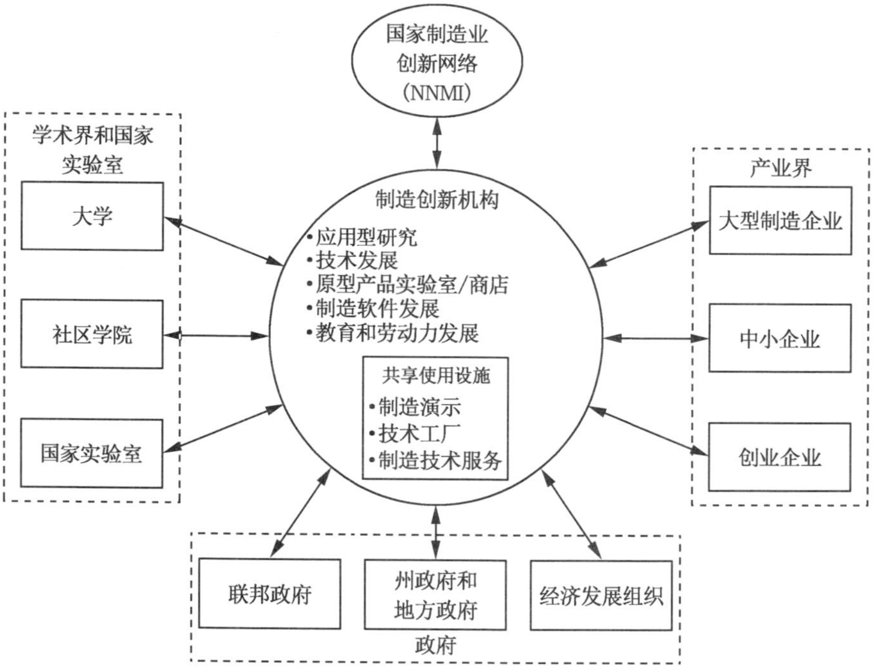


图 8－1　美国产业创新生态网络图谱

制造创新机构是集中产学研各方优势和资源针对单个突破型行业所专门建立的制造和创新机构，旨在推动突破型创新的研发和应用。制造创新研究机构类似于我国的行业科研院所，对于学术界和国家实验室等机构而言，其专长是提供工业设计、工艺开发、专业技术创新研究等；对产业界来说，其专长是比较务实的新型应用产业技术与工艺提供。其定位是帮助同行制造企业提高技术与制造能力，同时缩短制造企业自身研发和应用周期的差距，促进向产业化成功。制造企业的制造准备水平和技术准备水平越高，对制造组织、设备、投入的要求越高，更需要政府和学术界支持；反之则反是。

3. 美国“先进制造业创新网络”计划的优点

其优点主要表现为集中了学术界、产业界和政府部门多方的优势，结合最优资源进行原创创新，提高成功率。不同于传统的产学研体系，首先，该网络高度专业化，每个研究所关注于一个潜在领域；其次，该网络结合了高校和企业研发优势，专注于快速研发和快速转化；再次，该网络的预算投资来自联邦政府，具有政府主导和支持的优势。缺点是该计划对市场化的生产支持体系考虑不足，尤其是一些市场中介机构的影响，例如风险投资、法律、信息、知识产权等服务商。计划中创新协同主体包括：

(1)学术界和国家实验室。负责产出前沿思想、最新概念，提供给制造创新研究机构，进行进一步的应用型研究。美国许多高校都成立有咨询公司、联络办事处、大学专利公司、综合服务机构等。斯坦福大学技术转化中心至今已经有累计超过 6 000 项发明的公布，其中有超过 2 200 个发明得到市场的良好反应，技术转化中心执行了超过 2 600 项发明转化，当中有接近 1 500 项转化的发明得到市场的良好认可。

(2)政府。包括联邦政府、州和当地政府、经济发展组织等，它们的职能是支持和激励创新主体，包括市场协助等。政府通过立法、颁布政策等方式进行创新协同的引导和扶持。

(3)产业界。产业界是由同类大型企业、中小企业和初创公司等构成。许多创新型企业的首要工作是负责挖掘创新的市场机会、估计商业价值、协同创新与制造。这些企业的一部分创新合作的创新来源包括高校、科研院所和其他企业等。布鲁金斯学会报告指出，美国企业最重要的创新信息的来源可能不是科研机构，而是客户和供应商，这一点与传统观念中的创新过程有所不同。报告指出，受访企业研究样本中，来源于企业外部的新产品创新占 50%左右，其中客户占 27%，技术专家(传统创新来源)占 17%，供应链中的其他企业占 14%，高校占 5%。传统创新来源包括国家实验室、高校和军事项目等，虽然这些来源的创新方式和企业模式已较为固定，但其价值仍然很大，有利于原创式的创新，与之相反来自供应商和客户的创新往往是渐进式的，仅改进现有的产品和工序，很少能催生出新的产业，与供应商和客户之间围绕现有生产线建立密切关系的企业尤为如此。样本中，采用合作研究的形式多于采用签订授权及特许协议等市场化的成果转化方式，其中与其他企业、实验室和高校合作研究来实现成果转化的占 60%，依赖市场机制的占 16%，依赖市场与非市场混合机制的占 37%，合并与并购的方式的占 10%。

(4)中介机构。包括各类中介服务商，例如融资机构、信息提供商、法律服务商等，用于支持产业创新。

4. 美国产业创新实施模式

美国已经先后形成如下产业创新实施成功模式：

(1)硅谷模式。硅谷的核心是大企业、中小企业、创业公司为基础组合起来的科技园区，建立起有序的竞争与合作产学研创新合作体系。大企业将创新业务充分外包给小型企业，而小的创新型企业之间互相协作，形成大企业产业化的供应商网络和外包网络。与硅谷相关的大学、科研机构负责科技创新，其技术转化中心则将创新向产业界推广；其他如技术测试中心、生活实验室、孵化器等机构帮助企业的创新成果进行产业化。此外，产业界也可以参与政府有关的国防项目，促进创新资源流动。硅谷的资本服务体系非常发达，一系列风投基金围绕着创新成果的产业化成功可能为企业产业创新提供金融和产业化支持，帮助企业完成从实验室到市场的关键一步。

(2)创新城区。近年来，“创新城区”模式作为硅谷模式的升级版被提出来。创新城区被定义为集聚高端研发机构、企业集群以及创业企业、企业孵化器和相关促进机构的城市空间。该模式的特点：①在地理空间上高度集聚，发挥交通、网络等优势；②与城市中心高度结合，融合基础设施、居住、办公、零售等多项功能。③充分发挥“开放创新”机制，在企业、科研机构、大学之间充分分享创意。总体而言，该模式旨在解决创新主体空间距离大、综合服务不足等弱点，因此具有创新效率高、贴近需求、市场运用迅速、生活设施便捷等特点。城市是高端人才的集聚地，创新场所向城市空间的延伸是必然趋势。然而城市空间狭小、成本较高、交通拥堵、环保要求更高，可能限制某些行业的研发和制造。美国的一些城市，例如波士顿、布鲁克林、芝加哥、旧金山、底特律、亚特兰大、休斯敦、费城、匹兹堡等，中心城区或次中小城区(例如费城大学城、亚特兰大中小区等)周边的创新城区发展迅速。此外，一些旧工业区等荒废区域被设计和改造成创新场所，例如波士顿南岸区域、西雅图南湖联合区域。也有一些原本处于郊区、城市远郊的创新区域通过增加和建设零售、酒店、住宅等城市功能，而逐渐成为城市化的科技园区，例如北卡罗来纳创新三角区。相比于硅谷的创新，创新城区创新行业主要集中于创意产业、服务业等所需空间较小、外部影响较小的行业。

5. 美国产业创新政策变化、特点和趋势

(1)美国的产业创新政策变化。自 20 世纪 80 年代以来，美国制定和颁布了二十多部科学技术创新法律，最新的有 2014 年美国创新法案（Innovation Act）；2011 年美国创新战略：确保经济增长与繁荣、美国发明法案；2010 年小企业就业法案；2009 年美国创新战略：推动可持续增长和高品质就业等。实际上美国政府一直在创新方面给予立法支持，典型的有 1976 年的《国家科学技术政策、组织和重点领域法案》、1980 年的《史蒂文森—怀德勒技术创新法案》和《拜耶—杜尔专利商标法案》、1982 年的《小企业创新法案》、1984 年的《国家合作研究法案》、1986 年的《联邦技术转移法案》、1988 年的《综合贸易与竞争力法案》、1989 年的《国家竞争力技术转移法案》、1992 年的《小企业研发强化法案》、1993 年的《国家合作研究与生产法案》、1996 年的《国家技术转让与促进法案》、2000 年的《技术转让商业化法案》等，不断激励技术创新，促进技术转移，产业化发展。里根时期的立法扶持中小企业创新，克林顿时期的科技政策文件大力宣传科技创新对国家繁荣和经济增长的意义，小布什时期强调反恐与保护国家安全的以军带民、以民促军科技创新战略取向，奥巴马执政时期金融危机冲击影响下以科技创新为动力推动美国经济与制造业复苏，等等。美国政府虽然不断换届，但不同党派主导的各届政府均十分重视以技术创新和产业创新为主导的产业政策，保障并激励美国产业界的创新热情，从创造一个动态效率发挥的外围创新环境入手，营造充满活力和动态的产业发展基础，从而增进经济效率，创造新的经济增长点。

(2)美国的产业创新政策特点。美国产业政策与法案分工和侧重点不同，其中大多数法案支持技术的商业化，例如《国家技术转让与促进法案》《联邦技术转让商业化法案》《技术转让商业法案》《拜耶—杜尔专利商标法案》等；其次，有专门侧重中小企业的，例如《小企业创新法案》《小企业研发强化法案》《小企业就业法案》等；此外，还有创新促进、创新方向和宏观创新政策等相关的创新法案，例如《国家科学技术政策、组织和重点领域法案》

《综合贸易与竞争力法案》《国家合作研究法案》《国家合作研究与生产法案》《投资收益税降低法案》《经济复苏税法案》等。从实施效果来看。美国产业创新政策取得的效果是显著的，对克服技术障碍研发出突破性的技术和进行科学发现有较大的效用，多年的努力培养了一批优秀企业（例如苹果、英特尔、微软、戴尔、特斯拉等），开发了新的产品形成了新的产业，一方面使美国产业体系始终成为全球领先的现代产业体系，另一方面创造了大量高端就业岗位，促进了经济，提升了人们的生活水平和生活方式。

总体而言，美国的创新法案主要支持科技成果的产业化与商业化，是从国家宏观架构、法律、具体措施等高度推出具体可行的方案推动创新发展。近年来，美国创新法案开始侧重于重点领域、重大需求的突破，同时重新开始重视制造业的新发展。

## 8.3.2　德国的产业创新模式、趋势与政策变化

近年来，德国有更多的科技研究成果转化成新产品和服务，采用新产品和新方法的企业上升到 59%。一份针对德国企业的研究报告指出，未来德国企业关注产品创新达到 44%左右，22%左右为技术创新，其他 34%为产业化相关创新，而其他发达国家的产品创新仅为 29%，技术创新为 20%，其他 51%为产业化相关创新。

1. 德国产业创新模式

德国的产业创新模式可以描述为“提升产品品质的渐进性创新”模式（Soskice，1997）。这一模式是社会和市场经济相结合的以市场竞争为核心的渐进创新体系。这种运作模式下，一定程度的国家干预保证产业的运行和协调，通过制订计划和经济政策调节经济和社会平衡，通过行业组织推动企业创新合作和协商，政府为企业提供创新服务维持行业有序发展。德国一直施行完善的就业政策和限制企业过度竞争政策。这样的政策一方面保证员工福利，但增加了企业成本，促使企业重视不断提升产品质量，提高员工素质和技能培养，进而提升产品创新和工艺创新能力。另一方面，产业创新需要企业之间建立紧密的知识分享和协作机制，联合开发和创新，设立产业促进和合作政策保证信息共享安全，防止不正当竞争。试想一下，如果一家采用渐进式创新企业的创新成果被竞争者无偿使用而用于竞争，则必将

影响企业的创新积极性。

德国的工业化发展历程表明，同时注重技术创新和产业创新是它们的经验。但在两者并重的基础上，德国更侧重于产业创新中的生产组织方式和商业模式创新，充分发掘创新租金。德国模式的优势是通过国家层面支持和协调产业创新，提高成功率，虽然缺乏竞争但带来了更好的员工福利、产品质量等，执行的效率也很高，促进其在某些特定行业具备优势，例如制造业等。该模式的劣势是对突破型创新的到来和适应存在一定困难，同时突破型创新投入少于渐进式创新，来自原创性产品的市场收益和外部效应较少，新产业很少诞生在德国，但德国可以把新兴产业推进发展，不断进行技术迭代。由于德国体制较为固化，在政策审批和应变方面存在一定滞后性，也不利于创新新产业。

2. 德国产业创新生态图谱

从图 8—2 中可以帮助我们理解德国的产业创新生态网络构成。主要有下述主体：

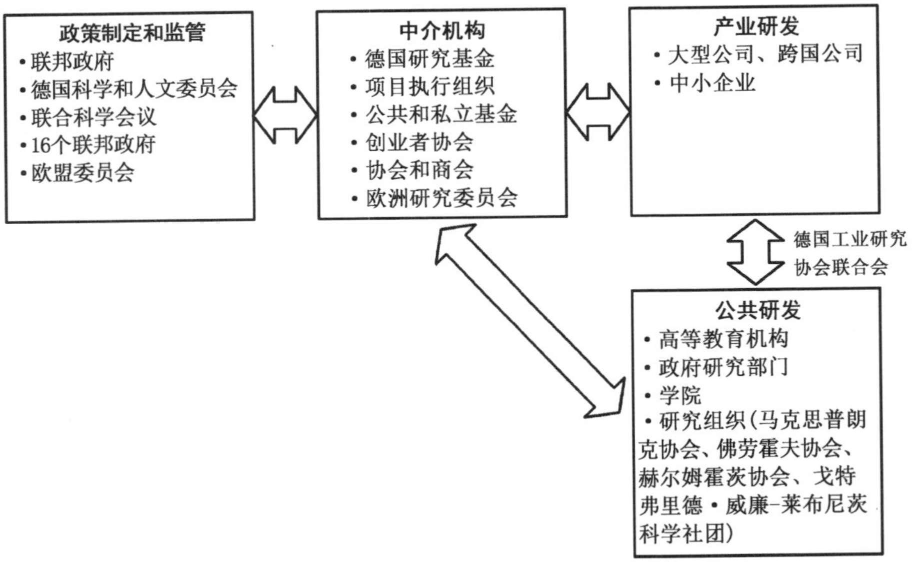


**图 8—2　德国产业创新生态网络图谱**

产业研发主体是各类企业。德国政府重点资助和促进中小企业之间、企业和学术界之间的研发项目，为其提供信息与指导，例如通过德国工业研究协会联合会促进产业和公共研发之间的联动，促进大学和企业之间的交流，加强知识转化的耦合。例如，德国政府通过“工业 4.0”战略支持企业、大学、研究机构联合开展研究，目前资助的项目包括有自律生产系统、基于人工智能系统与智能传感器的生产管理等。

公共研发主体的核心是德国的应用型研究机构。这些机构是推动企业研发的重要力量，以佛朗霍夫协会为例，是政府支持下的独立法人非营利性组织，专门从事应用研究开发，连接产业与学界，向企业提供研究开发服务，推动技术成果的产业化。

产业创新政策制定和监管由政府完成。德国政府《高技术战略 2020》计划包括三方面：第一，政府出钱资助战略性新兴技术突破。第二，产业政策的重点是全流程优化创新环境，引导社会资源流向创新活动。第三，加速创新成果的产业化。该计划系列措施中即包含了重点资助企业与科学界之间的可持续联合研发项目，并研制新的“校园模式”资助方式，促进高等院校和大学之外的研究机构与经济界进行中长期研发合作。德国的“国家电动汽车发展计划”动员政界、学术界及与其相关的产业界、工会和社会团体力量组建联邦级协调平台，进行合作创新。德国政府还制定了《德国工业 4.0 标准路线图》，明确了战略实施全流程的标准要求，提出了具体创新行动建议，通过构建统一的智能制造标准体系为市场主体打造互利共赢的商业发展平台。

中介机构的核心成员是德国三大工业协会。这三大协会发起组建了“第四次工业革命平台”办事处，作为整个工业 4.0 战略实施的计划统筹和资源调配部门，还进一步成立了由政府部门、研究机构、制造企业和信息通信企业组成的“工业 4.0”工作组，推动制造业智能化发展。

3. 德国产业创新政策变化、特点和趋势

德国的产业创新政策是分散在许多法律中的。德国政府与企业希望通过新技术的创新和推广收获技术革命的成果，不断使德国的产业在全球保持强大的竞争力，走在世界前列。德国虽然没有一部专门的促进科技创新的法律，但在许多法律中都涉及促进科学进步、研发创新的相关条文，鼓励技术创新产品创新提高产业与企业竞争力。例如 1957 年的《雇员发明法》，对职务发明以及企业和员工在技术创新、知识产权等方面的责任及义务进行界定,雇员的发明与创新依法享有相应权益;而 20 世纪 70 年代德国各州出台的《中小企业促进法》《中小企业增加就业法》等法律是专门促进和鼓励中小企业研发,提高技术创新能力的法案。2007 年的《科研时间合同法》对保障科研人员的合法权益,对优秀科研人才引进等均有很好的表述。德国政府于 2012 年颁布的《科学自由法》,其目的就是提高大学以外研究机构财政预算框架的灵活性、促进科研机构与市场的快速嫁接为核心,推动科技成果的产业化成功。这些法律法案为德国的技术创新、产业创新的发展起到了很好的作用。

从 20 世纪 70 年代起,德国发布众多研究与科技政策,为私营部门的研发活动创造条件和基础设施,加速科研成果的产业化,促进产业创新。德国产业创新政策主要有三个层面构成,一是国家层面面向全体经济领域的产业指导框架,最具代表性的是"高技术战略"系列政策;二是面向特定产业或行业领域的创新政策,例如"信息与通信技术战略:2015 数字化德国""国家电动汽车发展计划"等;三是扶持产业主体,特别是中小型企业开展研发创新活动、深化创新合作的支持政策,包括德国"中小企业创新核心计划""ERP 创新计划"等,以加速科研成果产业化,促进产业创新。

德国产业创新政策变化趋势从产业创新的角度看,产业创新政策主要侧重于在制度层面不断加强产业化能力,保证公平竞争和信息分享的安全,同时在工艺创新的环节寻求整体性的升级,例如数字德国所提及的信息化战略,利用大数据、物联网等新兴技术,将信息化水平与生产的每个环节相融合,提高生产水平。就像"工业 4.0"描绘的,实现大规模个性化定制生产。

### 8.3.3 日本的产业创新模式、趋势与政策变化

1. 日本产业创新模式

由于日本曾经所处的经济发展阶段和政策体系,使日本政府采用了"追赶式"渐进创新模式。日本产业创新模式主要以企业主导为主,企业的研发投入和队伍规模占了全社会技术创新与产业创新的主导地位。日本创新模式是"追赶式"的,所谓追赶就是在别人的技术、别人创造的新兴产业的基础上反超,日本的大部分产业发展都是这样的过程,曾经的日本钢铁、造船产

业、日本的汽车产业、家用电器产业，今天的半导体产业、机器人产业等都是如此。这一模式可以说是对现有新兴技术的模仿改造和再创新，形成技术迭代，成为产业领先。日本非常重视知识和技术在产业界、学术界的快速扩散。近年来，日本主要关注开放式创新模式的建立与发展。其开放式创新体系中主要主体有：大企业、中小企业和风险企业、高校和公立研究机构等，这三者在政府和风险投资体系支持下形成开放共享的官产学研体系。

日本产业创新模式的突出优点是在产学研结合方面设立熟悉企业研发的产学官合作协调员，参与创新机制运作，效率比较高，具有后发优势。这样的模式中创新和风险投资体系受到来自政府和大型金融机构的干预，而容易导致市场发展不完善，中小企业创新动力不足。

2. 日本产业创新生态图谱

日本的产业创新模式是比较开放的(见图 8—3)。日本的大企业与中小企业之间在产业创新方面是高度互相合作的关系，高校和公立研究机构与企业结成产学合作体制，其中大企业成为产业创新的舵手，中小企业是参与创新的供应商，金融市场中的风险投资家则为中小企业和创业企业提供金融支持。作为产业创新的舵手，大企业通过开放式创新进行新产品开发，开放的同时又组织参与的中小企业进行创新协同，如著名的丰田汽车公司就是如此。作为产业创新的舵手，它发展与维持了一个良好的创新生态圈，具有较高的产业创新效率(见图 8—3)。

日本在开放式创新开展方式方面，可以分为企业主导型和政府主导型两类。从现有案例来看，企业主导型不仅将开放式创新应用于产品创新阶段，还包含了其他环节，例如开发阶段吸收用户意见、成立爱好者团队就暗含了产品的市场创新理念。组织创新例如组织结构、公司文化、人才培养等。政府主导的开放式创新以打造区域创新中心为主的模式。

3. 日本产业创新政策变化、特点和趋势

20 世纪 90 年代以后，日本政府出台了一系列法律和政策，旨在促进日本大学和国立研究机构的技术成果向企业转移，加强大学及研究机构的创新活力，为中小企业提供技术支撑。1995 年，日本颁布了《科学技术基本法》，它是支撑日本科学技术体系的基本法律。该法规定了日本发展科学技术的基本国策和大政方针，要求增强产学研合作，推进基础研究、应用研究

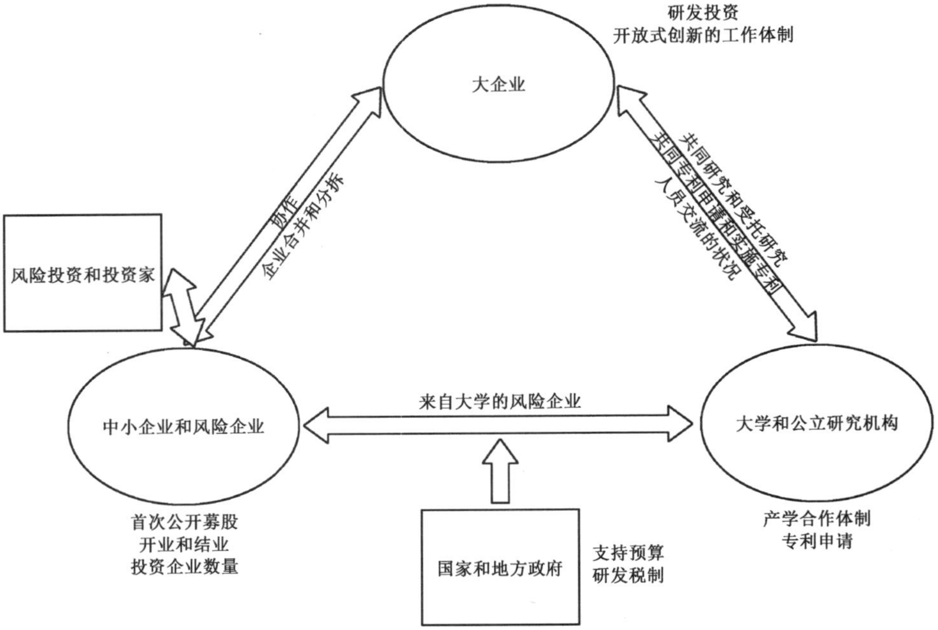


**图 8—3　日本产业创新生态网络**

和开发研究的协调发展。在研究成果转化方面，2000 年后，日本政府颁布的《大学技术转移法》《产业竞争力强化法》从法律上做出规定。2004 年日本颁布《知识产权基本法》。2008 年 6 月出台《研发力强化法》，2008 年、2012 年两次修订《国家研究开发评估大纲指针》。政府层面则有《创新研发推进计划》[①]。其中，对中小企业较为典型的是 1988 年出台的《中小企业创新研究制度》，简称为 SBIR（*Small Business Innovation Research*），从创新的可行性研究阶段、研究开发阶段、事业化阶段等创新过程进行支持。

日本产业创新政策特点有三：一是由于大企业资源实力强大容易获得国外的先进技术和设备，而中小企业则缺乏资本资助和人才，面临较为困难的生存环境，为此日本政府出台了针对中小企业创新发展的一系列税收等优惠政策。二是日本先后出台了一系列促进民众创业的举措，例如政府开

① 梁洪力、王海燕："日本创新体系的演进特征与启示"，《中国国情国力》，2014 年第 7 期，第 68—70 页。

办创业学校、创业者税收和金融优惠等[①]。三是日本政府制定的产业创新政策是根据在不同的发展阶段做出的,从而满足不同阶段创新的需要,对日本在近20年来技术创新与产业创新的重大成功起到了十分重要的作用。

未来,日本产业创新政策趋势可以从日本的《开放式创新白皮书》中看出。该书总结了开放式创新的三大发展趋势:第一,从研究开发到创造新业态的开放式创新。第二,开放式创新方法的成熟。第三,从“开放式创新1.0”到“开放式创新2.0”(薛亮,2016)。特别要加强风险投资在产业创新中的作用。日本将形成创新文化与创新氛围,举办科技创新文化节。此外将知识产权标准和体制与国际接轨,鼓励国际合作。加强产业创新的社会效益与经济效益相协调,尤其是在环境保护、绿色能源、医疗保健,还有国家安全、产业竞争力等方面的协同。

### 8.3.4　美、德、日产业创新模式与政策的比较

从表8—2的归纳与分析中,我们发现从产业创新导向看,主要发达国家存在定位差异。美国主要以突破型创新为主导、德国以渐进式创新为主导,而日本由于特殊的国际地位和发展阶段,选择“追赶式”的渐进创新。三个国家的产业创新模式各具特点,与产业创新导向对应和协同。美国的硅谷模式、创新城区以围绕原创产品为目标展开,虽然成功率低,但经济效益显著,产业创新政策也围绕中小企业等展开,创新主体既可以是大企业,也可以是具有企业家精神的小企业。德国的产业创新模式是自上而下的,主体是政府扶持下的企业进行产品和工艺创新。产业创新政策侧重产业化过程,例如提高数字化水平、提高生产工艺的技术水平等。日本利用跨越式追赶创新方式,官产学合作,加强高校基础研究与市场的联系,加快技术成果市场化速率。虽然创新侧重点在大企业主导的研发和规模化生产上,但产业的创新政策也较为关注中小企业。产业创新趋势方面,日本推进开放式创新沿着创新链逐步扩展,从产品的开放式创新到工艺、组织和市场的开放式创新,值得我们借鉴与学习。另外各国产业创新导向方面各有利弊,选择原创型创新需承担失败风险,但成功后经济收益和社会收益都较高,社会影

---

① 资料来源:http://www.istis.sh.cn/list/list.aspx?id=10149。

响重大;渐进式创新帮助最大程度获得商业化价值,保证市场稳定、员工就业和福利等,提升了产品质量,然而产业原创性创新不足使产业在面临突破性创新产品时,难以接受、适应和转换。

表 8—2　　美、德、日等国家产业创新模式、政策与趋势的比较

| 比较维度＼国家 | 美　国 | 德　国 | 日　本 |
| --- | --- | --- | --- |
| 产业创新导向 | 原创型创新 | 渐进式创新 | “追赶式”渐进创新 |
| 产业创新模式 | 先进制造计划、硅谷模式、创新城区 | 高技术战略 2020、工业 4.0 | 开放式创新 |
| 产业创新政策 | 中小企业、军民融合、科技创新、风险投资 | 中小企业、数字化 | 中小企业 |
| 主导主体 | 大公司、中小企业 | 政府、大企业、跨国公司 | 大公司 |
| 优缺点 | 专利政策“发明者优先”,收益丰厚。风险较高、成本高(投资成功率低) | 产品质量、突破式创新少、产业固化 | 侧重专利改进 |
| 趋势 | 创新城区、突破性产品 | 创新政策体系、数字化、工艺创新 | 开放式创新 1.0、2.0、创新创业 |

美、德、日的产业创新都较为侧重企业作为主要创新力量,政府仅仅起到重要的引导和支持作用。政府直接或间接地设定各项鼓励科技发展与产业创新的政策,推进科技成果产业化。这些政策或法律,包含了各类科技发展规划、研发资助、知识产权保护等政策①。其中,政府研发资助是技术推动政策最普遍的表现形式,包括研发资金直接支持、税收减免、贷款担保和优惠、政府采购、示范项目资助等。对于美、德、日三国而言,政府研发资助仍然是技术推动政策的重要方式,在发达国家研发投入平均占到 GDP 总量的 2%左右②。

① 资料来源:http://www.istis.sh.cn/list/list.aspx?id=9691。

② 2012 年英国的科技投入总量占 GDP 的 1.7%,美国为 2.8%,经济合作与发展组织成员国为 2.4%,欧盟国家为 2%,中国为 1.8%。资料来源:http://1000plan.org/qrjh/article/61724。

# 第九章

# 我国产业创新生态网络构成与政策导向

近年来，中国经济与产业发展进入了创新驱动发展的阶段，国家与民间都对科技创新加大投入，科技创新成果也在不断增加（见本书附录：中国产业发展的创新成效分析），科技创新开始向原创性创新方向发展。产业创新方面如华为、小米、中核电、中车、商用公司等都取得了比较好的商业化成功，对我国这类新兴产业的发展起到了极大的推动作用。但总体来看，我国产业创新更多的是学习借鉴欧、美、日等发达国家的模式，尚处在进一步发展完善的阶段，产业创新生态环境与创新生态圈还处在幼稚时期，需要继续发展。

## 9.1 我国产业创新生态网络构成探索

### 9.1.1 产业创新需求紧迫

在中国现有产业体系中，传统产业即传统农业、传统工业和传统服务业占比很大，例如工业中四大类传统工业占工业增加值比重的70%以上；建筑行业也以传统房屋建筑为主，占比在80%以上；服务业中传统服务业占比也超过半数。传统行业技术含量和附加价值低，且目前增长率连年下降，有些行业甚至出现负增长，如传统基础性产业如钢铁、水泥、煤炭等国内外市场需求逐步衰退，近几年来面临着产能严重过剩的问题。我国的现行产业体系中的传统产业一部分已逐渐步入成熟期，一部分进入了衰退期阶段，产品与技术落后、市场需求衰退、附加值低盈利差，国际竞争力弱化。随着我国劳动力成本的不断上升、资源价格不断上升，传统产业已经到了发展的关键点：要么转型升级，要么迁移外出。如此，必然影响当下的中国经济。

中国目前的新兴产业成长速度很快，例如机器人制造、移动通信、电子商务、数据信息服务产业、新流通产业等的增长都在两位数以上，远远超过传统产业的增长速度。这些新兴产业以新技术、新模式、新业态展示在世人面前，激发了新需求，使之生产规模迅速扩张、市场效益良好；而政策效应、金融市场又为这些新兴产业进一步的研发投入、创新发展注入新的动力。然而仔细研究我国目前新兴产业的发展状况，可以发现：发展模式基本从加工组装等价值链低端出发，严重缺乏核心技术、技术创新与产业创新能力不足、人才滞后等一系列问题与挑战（芮明杰和王小沙，2017）。而且新兴产业所创造的 GDP 占全国 GDP 的比重比较小，不足以支撑中国整个经济的发展。

另一方面，中国现在绝大部分新兴产业并不是人类历史上由我们自己新创造的产业，而是国际上发达国家已经发展多年、拥有核心技术的优势产业。因此一旦我们的新兴产业发展起来，则必然要在国际市场上与发达国家的这些优势产业开展激烈竞争，争夺市场。为了防患于未然，今天的发达国家一定会采取技术封锁、人才封锁、市场争夺等手段阻击中国新兴产业的发展，以他们的优势对我们的弱势，可以预知的结果就是：中国新兴产业要形成国际竞争力难度是很大的。

### 9.1.2 产业创新处在起步阶段

我国正处于从劳动密集型、资金技术密集型产业为主的产业体系向技术密集型产业、高技术新兴产业为主的产业体系与结构转变，这一过程中，产业开展技术创新与产业创新是非常重要的，创新的投入与组织、创新的速度和效率决定了我国产业结构转型的成功。

总体来看，我国目前的创新是链条式创新，包括基础研究、应用研究和产业创新过程的全过程。基础研究的产出是科学成果，科学成果不能直接使用，需要通过应用研究转化为技术成果，产业创新再将技术成果转变为产品创新，最后由企业将产品转变为市场上的商业化成功。从科技成果到新产品的过程，政府提供了孵化器、科技成果转化平台以及相关政策等，可是新产品到市场上的商业化成功的过程中，产业创新的合作者、生态圈则相当缺乏，导致新产品产业化率不高。数据显示，我国 2015 年全社会研发支出达到 1.43 万亿元，而企业支出占到 77%，成为我国研发费用的主体，企业研发占比已接近发达国家，其次是科研机构和高等学校。然而，尽管如此，企业研发投入的产出效率并不是很高，且研发的对象基本上是原有技术或产品的改善，在原创性创新方面尤其原创产品并获得市场上的商业化成功更是屈指可数。这表明，我国产业创新还处在起步阶段，各方面重视不够。

科技部原部长万钢曾经指出，我国创新投入主要支持三个部分：加强面上的探索性研究、聚焦重大需求项目（量子通信、生命科学、干细胞、环境保护等基础性研究和科技创新）、创新全链条一体化设计（统筹考虑基础研究和产业化过程中的关键技术问题）[①]。可见，我国重视科学技术的研究与投入虽然也注重产学研合作体系的建设与发展，但对以企业为主体的产业创新关注较少，对产业创新过程中的工艺技术创新、供应链技术创新等关注不够，支持不够。产学研体系固然是科技成果转化的良好模式，但科技创新成果的价值实现还依赖于快速的产业化，新产品进行规模化生产并取得商业化成功，政府与社会应该为产业创新的发展提供政策、优化环境。

### 9.1.3　产业创新需要领军者

基础研究与居民消费变化联系不大，例如大学从事基础研究是以科学发现为己任，虽然也有应用性研究，但大多以发表高质量论文为成果导向。一般的科研院所从事应用性研究，但对市场需求、生产环节了解不多，导致其创新成果转化率低，虽然应用研究有一定技术预见性，可能超前于市场需求，也需要一定的独立性，但仍无法脱离市场需求基础。产业创新的主体是企业，是创新型企业。我国缺少的是大量的创新型企业，尤其是世界级的创新型企业担当产业创新、发展新兴产业的重任。

① 资料来源：http://h.wokeji.com/jbsj/yb/201602/t20160225_2259301.shtml。

(1)企业通过不断加大创新资源投入力度,提高创新成果产出,加快创新成果转化步伐,不断提高企业创新能力,就可以逐步成长为创新型企业(李建钢等,2014)。创新型企业成长的根源在于企业的不断创新与创新成功的能力,即企业能够通过新技术的研究与开发,不断推出新产品、运用新工艺,拓展新的商业模式,从而促使企业销售收入、利润和市场占有率实现持续的增长以及核心竞争力的增强(宋英华等,2011)。

(2)世界级创新型企业的存在对于发展产业创新、新兴产业成长与发展起到了巨大的不可替代的作用,是一国产业创新的领军者。世界级创新型企业与一般创新型企业存在本质的区别,既有外在层面的区别,如规模、效益、影响力等,又有内在层面的区别,如创新资源的持续投入、高端创新人才的引进、创新成果的辐射效应、创新资源的整合能力、研发网络的全球化等。世界级创新型企业无论是在外在层面还是内在层面都做得更好、更强,更是新兴产业成长、产业体系演化的内生动力主体(芮明杰和王小沙,2017)。具体如下:

①拥有强大的技术与产业创新资源。相比于一般创新型企业,世界级创新型企业规模更大、组织结构更复杂,也具有更为雄厚的技术与产业创新资源,而这保证了企业创新活动中创新资源的持续投入。企业投入的创新资源包括企业在实施创新过程中投入的资金、人力、技术、设备及信息等。创新型企业在进行创新活动过程中,由于创新对资源的需求较大、要求较高,因而创新资源的投入是必不可少的。企业的技术与产业创新活动如果不能持续进行,则会在全球化的趋势下面临巨大的挑战。一般创新型企业由于资金、人力资本等创新资源的积累不足,虽然也能投入创新资源用于核心技术的研发,但是一旦未能取得预期的研发效果,其资源积累可能不能再用于投入和支持相关的研发工作。而相比于一般的创新型企业,世界级创新型企业的创新氛围更为浓厚,对技术与产业创新失败更为宽容,也拥有更为雄厚的创新资源用于支撑企业持续不断的创新。世界级创新型企业如微软公司、谷歌、苹果等都十分注重技术研发与产业创新,将大量创新资源持续投入企业的创新活动中。例如谷歌在搜索引擎、信息网络以及人工智能技术方面的不断投入;微软在 Basic、DOS 以及后来的 Office 系列软件产品的研发投入,以及今天的数据交换与分析等的研发与创

新投入都是十分巨大的。世界级创新型企业已经成为全球创新资源投入与开发的标杆。

②拥有大量高端产业创新人才，创新动力强大。当下，企业核心竞争力越来越表现为对人力资本的培育、拥有和运用的能力上。在拥有高端产业创新人才方面，世界级创新型企业因其规模大、影响力强而能够吸引来自全球的各类人才，这些高端的创新人才能够在这样的企业充分发挥自己的才能，并将才能应用于创新活动的开展当中。在留住高端的创新人才方面，世界级创新型企业能够为高端的科技与产业创新人才提供丰厚的薪酬和创新发展平台，为他们开展创新活动提供机会和支持。而一般创新型企业因为其规模较小、社会影响力较弱，往往很难引进高端的创新人才，即使成功引进了高端的创新人才，也很难留住他们，因为随着公司的发展，这些高端的创新人才需要更高的创新发展平台来实现自己的人生价值。世界级创新型企业诸如微软、苹果、谷歌、甲骨文等公司都非常注重高端技术与产业创新人才的引进，并且在这方面凭借企业自身的竞争优势吸引了来自全球的各类创新型人才，为企业的成长注入了源源不断的创新活力，强力地推动着企业的成长。

③创新成果有更大辐射效应，推动新兴产业诞生成长。在激烈的全球市场竞争中，企业要想做大、做强，提供受消费者欢迎的产品是企业持续、平稳、健康发展的根本保障。世界级创新型企业往往是整个行业内的标杆性企业，是广大消费者重点关注的企业，其一举一动都牵动着消费者的神经。对世界级创新型企业而言，开展创新活动所产生的创新成果通常能够引起广泛关注，并能产生巨大的辐射效应，有时甚至能够催生全新的消费市场，并对消费者的消费偏好产生巨大影响，形成全新的产业。例如以苹果公司为代表的移动消费类数字产品具有巨大的辐射效应，催生了全新的消费市场和智能手机产业，推动着移动互联网产业的快速发展。

④全球技术、产业创新资源的整合能力强。全球技术、产业创新资源整合能力是创新型企业进行产业创新活动的根本性要求，直接决定着持续创新的速度、成果和效率。对一般创新型企业而言，由于创新资源来源的局限以及企业自身实力的薄弱，企业对创新资源的整合能力较弱，尤其是缺乏整合全球创新资源的能力和途径。相比于一般创新型企业，世界级创新型企

业对创新资源的整合能力更强，其能够在全球范围内搜寻自身发展需要的资源，并能够凭借高能级的创新网络有效地利用其他企业的各种优势资源，系统地整合企业内外部各种创新资源，而整合全球性的创新资源有助于企业的自主品牌走向自强的道路，并能够获得“1+1>2”的协同效应。世界级创新型企业凭借其具备的创新资源整合能力，高效地利用全球的技术与产业创新资源，推动企业快速发展。

⑤拥有全球化的技术研发平台与产业合作网络。世界级创新型企业的发展依赖于其庞大的技术研发平台，相比于一般创新型企业，世界级创新型企业拥有全球性研发平台与产业合作网络，能够利用全球创新资源为企业的技术研发提供源源不断的创新动力。技术研发平台与产业合作网络的全球化程度影响着一家企业的创新投入程度、创新效率与创新速度，对于企业实现核心技术突破、获取创新成果的商业化成功、取得行业领先地位发挥着至关重要的作用。对于一般创新型企业而言，其研发机构多局限于本国，而未能在全球范围内建立研发中心，这也是其技术研发能力较弱的原因之一。例如三星的科技研发中心遍布韩国本土和全球多个国家，吸引了大量的顶尖科技人才从事科技研发工作，为三星的手机、电脑、处理器以及相机等电子产品提供了强大的技术支持，而三星的产业合作网络也是全球分布全球合作，这为三星创新成果的迅速商业化成功奠定了基础。

(3)我国的科技创新与产业创新目前较为封闭，开放性不够，大学、科研院所、企业之间等缺乏有效合作，往往是各自独立进行创新研究，每项研究周期长、设备要求高、投入大、过程复杂，除非有政府支持，一般的科研机构、企业都难以承担。由于目标不同，制度与利益机制不到位，科研院所和企业合作动力不足，这也是政府倡导多年的产学研合作成效不大的关键所在。企业税负重，产品附加价值低，不能承担大规模研发的投入，金融市场上风险投资体系的价值取向的偏差，对初创企业、种子企业缺乏足够的风险投资；另外我们的创新政策是自上而下制定的，创新的其他相关利益者参与较少，导致政策针对性不强，等等。这些因素综合起来，使得创新的生态环境问题不少，缺乏创新的舵手，产业创新的成效不大。

# 9.2　我国产业创新生态网络的构建

## 9.2.1　产业创新是新兴产业发展的核心

阿伯纳西和厄特拜克(1978)著名的“A-U 模型”指出新兴产业的形成与发展是一个动态过程,是包括了产品创新、工艺创新等交替迭代持续创新的过程。这个过程就是产业创新的过程。产业创新的成功离不开前期的基础研究和应用研究,也离不开市场竞争机制的存在,产业创新的主体是企业。

1. 产业创新的成功就是新兴产业的成长与发展

产业创新成功的标志是新产品尤其是原创性新产品或服务的商业化成功。任何新产品的商业化成功一定是与市场创新分不开的。苹果公司通过“饥饿营销”的市场创新手段快速打开新产品或服务的市场需求空间,培养巨大数量且忠实的“果粉”,获得巨大的市场利益,成就世界第一大市值公司。正因为如此,其他企业包括新设的或其他产业中的企业就会有巨大兴趣进入此领域,并想办法以低成本或差异化的方式与领先企业进行竞争,而要做到产品低成本或差异化,其背后也需要技术、工艺、产品等方面的再创新,这样新兴产业的产品与技术就开始了不断的迭代,这样的迭代直接推动了该新兴产业的发展与演化。目前智能移动手机产业中三星公司的激烈竞争、华为公司的后起追赶、小米公司的低成本智能手机生产,都直接给苹果公司以巨大的创新压力,苹果公司的进一步创新反过来又迫使产业内其他企业必须进一步创新,于是智能移动手机产业就不断向前发展,影响力日益广泛。

2. 产业创新需要开放或重构创新生态圈

产业创新的成功虽然主体是创新主导企业的成功,但这一成功还与创新者所处产业链价值链上下游产业、合作网络中的合作伙伴的相应配合密切相关,这就是所谓的创新生态圈问题。主导产业创新的企业需要有良好的创新生态圈才能提高创新成功的概率,因为如果有良好的创新生态圈,主导产业创新的企业容易找到合作创新开发的其他企业,就可以进行协同性创新，提高成功的可能。反之，如果主导产业创新的企业缺乏良好的创新生态圈，那就是说很难找到创新的协助者，什么都要自己从头做起，创新速度必然缓慢，成功的概率也会比较低。此时，解决此问题的路径就是开发或重构企业的创新生态圈，发展形成企业的创新合作新网络。

3. 产业创新具有创新的波及效果

新兴产业源于原创性产品或服务的创新与商业化成功，新产品创新是产业创新的源头也是最重要的创新，无论如何都值得重视与投入，但新产品商业成功则还有赖于产业创新的其他三个环节：工艺创新、组织创新和市场创新的协同创新，更重要的是产品创新的成功还有赖于配套产业体系的合作创新，因为新产品尤其是原创性新产品的构造和生产要求未必现行的配套合作方直接可以配合，所以新产品商业化成功需要通过原来的或改革的协作网络，通过原来或形成新的产业链和价值链迫使相关合作厂商进行相关的再创新。其结果是新产品商业化成功，也导致了相关的传统产业的相应创新变化，这就是产业创新对相关产业的创新波及效果。

### 9.2.2 理想的产业创新生态圈构造与运行

1. 创新生态网络基本构造

图 9—1 是比较理想的我国产业创新的生态网络构成图，其中：基础研究的主要主体是高校、科研机构。产出科学发现、创新知识以及具有潜在商业化价值的科技成果。科技成果通过产学研体系在产业和科研院所之间交流，从而被用于应用研究。大学中包含技术转移中心、国家级核心实验室等。在大学高科技园区中还有一定数量的初创企业。

应用研究是一个产学研合作体系。主体包括科研院所、高校和企业等，负责将科技成果转化为技术成果。科研院所中主要包含国家级核心实验室。该体系具有一系列职能机构（产业园区、技术交易平台、孵化器[①]等）、政策体系促进各主体之间协同创新。产业园区可以由大学主导，也可以由政府主导。产学关系是产学研创新网络体系的核心，合作方式包括专利授权、合约研究、合作研究、人员流动、教育和训练等。产学关系保证了市场驱

① 孵化器是承担科技成果转化的机构。

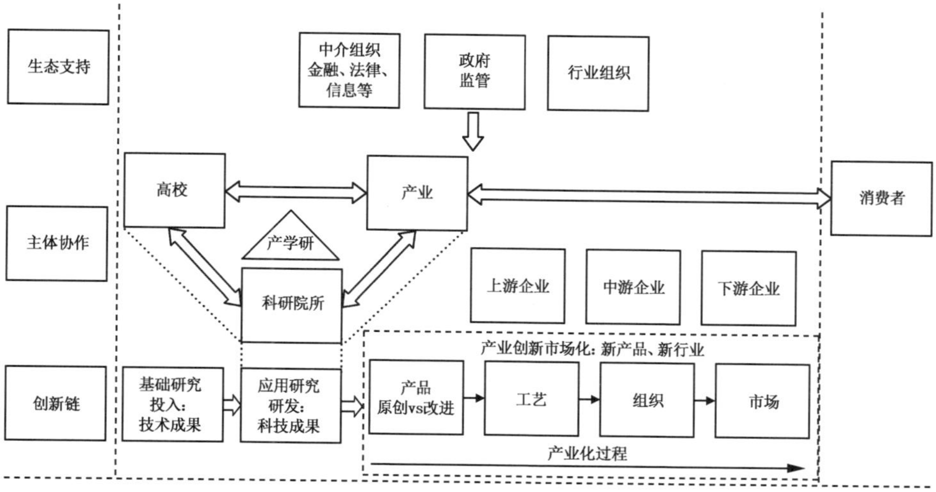


**图 9—1　理想的产业创新生态网络**

动创新和灵感驱动创新之间的平衡和沟通，从而激发创新灵感，促进知识流动。

产业创新的主体是企业，由产业链价值链上中下游的大中小型企业组成，部分企业也拥有研发实验室，有一部分企业位于高科技产业园区和技术孵化器之中。企业负责产业创新的四大环节分别是产品创新、工艺创新、组织创新和市场创新，负责根据最新的科技成果结合消费者需求对产品进行原创或渐进式的创新，从事规模化生产把产品销售给消费者。

产业创新的成功离不开良好的创新生态网络体系支持，创新生态网络体系包含创新活动所处环境中的各种支持组织和机构。例如中介组织（金融、法律、信息等）、政府相关部门、行业组织等。

2. 目标创新生态圈：价值链高端与效率优先

（1）贸易摩擦的背后是产业体系与产业的竞争

21 世纪的最初 10 年，在全球经济一体化条件下，全球产业链与价值链已经形成了某种基本的均衡性。谁占据高端、谁处在低端，各国大多找到了自己的位置。以制造业为例，德国、美国、日本处于高端，主要是研发与分销，包括制造业中的核心技术与关键设备零部件，附加值高收益大；中国处于中低端，主要从事中低端制造加工，附加值低收益也低，所以彼此分工合作，基本上相安无事（见图 9—2）。但近年来，我国的制造业在完成了一定程度的积累之后，加大了科技与研发投入，技术在不断进步，制造业慢慢向价值链的高端环节发展，这对原有的全球产业链价值链均衡是一个冲击。更重要的是，我国的新兴产业恰恰是发达国家的优势产业，我们的新兴产业如果大发展，在发达国家眼中，就是威胁，就是“侵犯”。

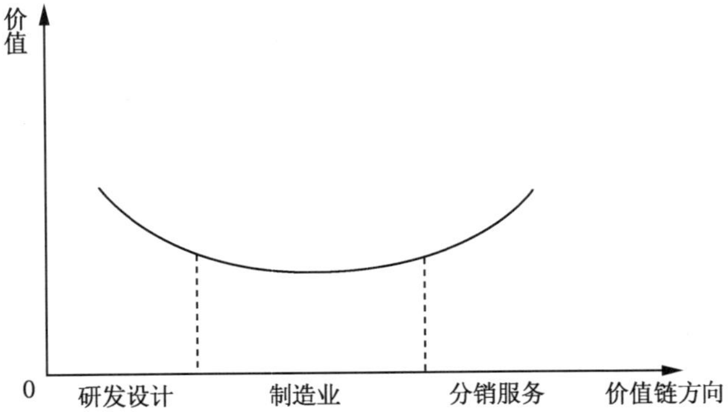


资料来源：作者绘制。

图 9—2　价值链分工的微笑曲线

所以目前中美贸易摩擦，表面上看是两国贸易不平衡的问题，本质上是两国在现代产业体系、新兴产业、先进制造业未来发展与竞争上的“角力”。这就是全球贸易战的背后，实际上就是各国产业体系、产业与产业核心技术的竞争。产业核心技术的竞争就是创新的竞争。我国近年来在创新驱动发展战略指引下，先进制造业和新兴产业发展速度很快，成效显著，产业结构有了较大的调整。但与此同时，先进制造业和新兴产业目前在国民经济中的比重还比较小，而且有些产业的核心技术与发达国家有相当大的差距，许多新兴产业的核心技术、高端产品价值链的核心环节都掌握在发达国家的企业手中。

(2)产业创新要从价值链高端入手

创新有多种，创新从内容上看，有基础研究的创新、应用研究的创新、产业的创新。基础研究的创新西方称为科学发现，应用研究的创新称为技术发明；产业创新才是经济学家熊彼特教授讲的“创新”——生产要素的重组，核心是企业家精神。创新的方式又有渐进式和破坏式。我们现在的破坏式创新比较少，产业创新比较弱，基础研究投入也不够，在应用技术方面的投入虽然多，论文与专利增长很快，但很少形成商业化的成功，这是我们的切肤之痛。

面对全球产业发展的新变化，面对新一轮技术革命，我国现代产业体系构建的战略应该是：有跨越与赶超的勇气与动力，以新兴产业集群发展为载体，通过科学技术创新、产业创新，直接把握世界新兴产业的价值链高端，发展附加价值高、收益大的环节，形成自己的核心竞争力，从而成为产业价值链的控制者，形成能够引领其他相关产业转型升级的高质量发展模式。为此我们需要充分认识科技创新、产业创新在我国制造业再辉煌过程中的关键作用，尤其重视产业创新实质是四个环节即产品创新、工艺创新、组织创新和市场创新的协同，认识产业创新的主体是创新型大中型企业。如何在体制机制上进一步深化改革，如何让市场成为创新资源配置的主体力量，发挥创新型企业在创新中的核心作用，通过科技创新、产业创新推动我国现代产业体系的形成与发展，打破目前产业发展的僵局和困境，变被动为主动，化压力为动力，重建国际竞争优势的关键所在。

### 9.2.3　产业创新舵手企业的培育

1. 世界级创新型企业就是舵手

世界级创新型企业定义为：以重视技术研发和拥有核心技术为主要驱动力，拥有全球研发体系和国际化研究团队，具备强大的自主创新和持续创新的能力，整个组织的创新文化氛围浓厚，能够高效地整合企业内部和外部资源，适应市场变化的能力强，创新成果具有强大的辐射效应的企业。世界级创新型企业作为创新型企业的一个重要组成部分，其对经济发展的影响力更为显著，是衡量一个国家和地区整体竞争力强弱的有效标准。以上分析可见，世界级创新型企业在新兴产业成长、产业体系转换过程中的角色十分重要，就是技术创新、产业创新以及创新生态圈中的舵手。中国这类企业相对缺乏，原因十分复杂，有制度机制的问题，有企业本身成熟度的问题，有营商环境的问题，当然也有宏观层面的资源错配的问题。解决的根本之道在于继续深化改革，深化开放，建立开放的公平竞争市场。

世界级创新型企业也是从一般的企业、一般的创新型企业逐步发展成为具有全球影响力的世界级的企业。其成长主要还是在企业内部和外部双重环境的作用下成功完成这一华丽而伟大的转变。

一方面，世界级创新型企业的成长离不开外部环境，外部环境既制约着企业的发展又驱动着企业的发展。外部环境的主体包括和企业成长息息相关的政府部门、金融机构、科技机构、供应商、客户和竞争者等，外部主体的一些积极行为（政府机构的支持力度、金融机构的支持力度、科技机构的支持力度等）能够促使企业形成本行业的竞争优势，提高企业的创新活力，推动其持续成长。

另一方面，世界级创新型企业的成长也受到企业自身内部环境的影响。企业的内在基因如创新资源、创新能力、创新精神等与企业的成长密切相关。企业的内部因素作为驱动企业成长的重要动力因素，直接影响着企业创新行为的形成和创新活动的开展，进而影响着企业的成长。我国企业创新为直线型，单向流动居多，缺乏网络状互动、跨环节互动等，单向流动虽然分工明确、流程清晰、便于管理，然而通过知识和信息的反向流动，也能促使上游企业和机构的创新，尽管这种创新由于嵌入供应链中往往是渐进式的。

2. 我国产业创新环境与政策的配合

从本书所确定的产业创新概念看，我国至今仍缺乏系统完整的现代意义上的产业创新政策。但从现实来看，我国是有科技创新与产业创新政策的，这些政策涉及国家、产业、地区和企业等多个层面。

(1)国家层面。我国政府近几年先后出台了《国家创新驱动发展战略纲要》《“十三五”国家科技创新规划》《“十三五”国家战略性新兴产业发展规划》等，将科技创新作为经济发展、产业结构调整的主要方向，花大力气重点扶持科技创新及其对新兴产业发展的推进。同时国家注重对知识产权的保护和支持，出台了《国务院关于新形势下加快知识产权强国建设的若干意见》，并为科技成果转化进行立法出台了《中华人民共和国促进科技成果转化法》。

(2)产业层面。我国政府先后出台了《中国制造2025》《“互联网＋”行动计划》等相关计划与政策，明确我国重点支柱产业的发展方向，相关优惠措施等。这些政策注重体制建设，推动全面升级现有产业结构、加快新兴产业投资与发展，加快技术创新为主导。而对于基础性研究方面的资助，设立有国家自然科学基金项目和“973项目”（“国家安全重大基础研究计划”）；

对于高技术研发则设立有“863 项目”(国家高技术研究发展计划)和国家关键技术研发项目;技术创新和商业化则有“国家新产品计划”“火炬计划”“星火计划”等。

(3)区域层面。创新政策的一个方面是中央政府与地方政府在我国不同重要区域成立国家高新区、科技创新园区、科技创新中心和平台等地区性的产业园区,通过“火炬计划”给予产业发展与创新支持。这方面,地方政府在园区的新兴产业发展与创新中扮演重要角色,地方政府还出台当地的相应产业发展与创新政策,例如“上海计划”将城市打造为全球科创中心,出台《上海中长期科学和技术发展规划纲要》等。

(4)企业层面。近年来国家出台了“大众创业、万众创新”的相关政策,鼓励中小企业创新创业,鼓励大学生创业。为此各地政府普遍设立了创业基金、中小企业发展专项基金、产业投资基金等,为中小企业创新创业提供金融支持和专业辅导,进行税收激励和风险投资等。

总体来看,我国现行技术创新产业创新政策这几年颁布了不少,获得了一定的成效,但基本上源于我国对产业结构升级和调整的客观需要和供给侧改革的要求。我国产业创新政策侧重于制造业,同时关注中小企业。我国产业创新政策也比较注重构建具有我国特色的国家创新体系,不再只重视基础和应用创新,将产业创新纳入综合创新体系之中,同时进行创新的制度完善与创新,在创新方面的税收、金融、知识产权等方面均有一系列的改革。在具体产业创新领域方面,我国根据自身能力和特点,重点培育重大需求行业与技术,例如互联网、智能装备、高端制造、人工智能、“工业 4.0”、快速计算机、半导体等。在区域新兴产业发展方面,发挥我国已有地区高新产业园区的特点,同时兼顾创新城区的试点和发展,推动新兴产业的发展。在企业创新方面,鼓励中小企业创新创业,同时在国有企业、大型民营企业、外资企业等多种规模及所有制类型企业方面加强创新能力的培育和引导。

## 9.3 提高我国产业创新效率的基本策略

虽然产业创新的主体是企业,但产业创新的成功又与前期的基础研究、应用研究的成功分不开,与是否有良好的产业创新生态网络密切相关。我国在创新方面的投入目前不能算少,创新支持政策也有很多,但产业创新效率比较低,我们很少看见原创产品在市场上大获成功形成新型产业的案例,因此对我国而言,如何提高创新投入的产出效率十分重要。理论与实践经验告诉我们,提高产业创新效率需要从以下几个方面入手。

### 9.3.1 产业创新体系与制度重构

1. 重视产业创新体系建设

推动产业创新加快发展新兴产业使之成为我国产业体系中的主导产业和支柱产业是我国产业结构转型、供给侧结构改革成功的关键,也是我国摆脱中等收入陷阱的关键,因此无论从哪个层面考虑,尽快完善并加强我国国家、产业、企业等多个层面的产业创新政策体系,制定和实施法律、产权、税收、补贴、金融、融资等相关实施措施,改善政策评价和政策管理,增加政策协调,创新政策、技术标准与国际接轨,显得十分重要。新型产业创新政策体系的目标应该是完善制度环境,促进正当竞争,鼓励合作,鼓励创新,容忍失败。为此需要特别加强知识产权保护体系,保证专利的发明、申请、交易;建立起多种产业创新创业融资渠道,包括财政支持、税收激励、金融市场渠道、天使投资等,同时形成开放有效的资本市场,帮助和引导产业创新创业上市,持续改进公司治理水平,迅速在市场上发展成功。

2. 建立新型产业创新生态网络

产业创新效率的提高在很大程度上与创新主体是否有十分良好的创新生态网络密切相关,我国过去一直强调的产学研合作实际上也是强调合作创新形成良好合作关系对创新效率的作用。在今天的互联网时代,开放式创新、创新生态网络已经成为提高产业创新的重要支柱,我们需要从上至下进行制度改革,建立新型激励创新机制,推动建立开放式创新平台,推动企业尤其是大企业利用其在价值链或产业链上的主导地位,建立良好的产业创新生态网络。政府在宏观层面,推动建立相关机构专门负责创新成果转化;出台成果转化的专门优惠和支持政策。鼓励风险投资发挥积极作用,帮助技术从实验室走向市场。转化方式上可采用市场与合作结合的多种模式。创新来源上,保持多来源并存,鼓励采用开放式创新、渐进式创新和突破式创新相结合的模式。

3. 重视产业创新四个环节协同关联

近几年我国对科技创新投入和产学研合作机制建立十分重视，对中小企业创新推动不遗余力。相反对各产业的领军大企业产业创新重视不够，似乎创新仅仅是中小企业的事情，这是不对的。产业创新的最重要的生力军是那些产业的领军者的大企业，它们技术力量强大、资本雄厚、人才济济，再加上它们在产业价值链、产业链与合作网络方面的主导作用，导致产业创新成功的概率高于一般中小企业。因为产业创新不仅仅产生于实验室，还需要走出实验室，转变为满足市场需求的产品或服务，进行规模化、个性化生产并市场化成功的一类创新，它需要企业具备贯序创新能力和创新组织能力，具体就是要在产品、工艺、组织和市场四个环节进行连续不断地创新，并且还要使四个环节协同关联，环环相扣。

4. 政府应该重视知识产权保护

我国的知识产权保护今天需要更准确的界定和更严格的执法，例如在国外很多商业模式都是可以申请专利的，而国内的定义是很狭隘的。我们写的文章是应该受知识产权保护的，这和专利是一个性质，但是现在作者们的著作在网上随便下载现象很严重，如此谁还肯创作呢？在国家知识产权保护制度以外，地方能不能推动地方性的一些法规建立？例如北京、上海如果成为全国最好的知识产权保护的地区，这对北京与上海制造业创新、科技创新、甚至对文化艺术创新与繁荣是大有好处的，也能够集聚大量的高端创新人才。如果做好了，广大的企业、学校、个人才有创新的动力。否则创新一无收益、二高成本、三高风险、四高税收，那还创新什么？这必须要加快改变。

与此同时努力营造鼓励产业创新的创业文化氛围，营造有助于产业创新的文化氛围也十分重要。政府应该不仅鼓励不同人群创新创业，包括大学生、公务员、企业管理人员等，而且要容忍创新创业失败；发展形成完善创新中介服务机构和组织，引导发展创新创业辅导机构、法律服务机构、信息服务机构、生产性服务业等，形成共同开展产业创新的大局面。

### 9.3.2　确认创新型企业才是产业创新的主体

产业创新效率提高需要政府认识到企业才是产业创新的主体，尤其是创新型企业与世界级创新型企业，政府仅仅是产业创新生态网络中的一员，其职责是为所有企业开展产业创新提供良好的环境，而不是自己进行产业创新。确认企业是产业创新的主体，就特别应该注重企业家在产业创新中的作用。企业家具有识别商业机会、把握市场需求的能力，同时具备生产组织、社会网络关系等知识以及通过承受一定风险而换取创业成功的企业家精神。美国产业创新成功的案例大多发生在企业家主导型企业上，因此，需要鼓励和保护企业家创业精神、保护产权。

(1)成就世界级创新型企业对中国企业来说是可能的，因为我们企业发展恰逢伟大的机遇期。第一个机遇就是中国的消费者收入水平提高后开始追求更好的生活，消费需求正在发生巨大的转型升级，这就给了企业产品升级、技术创新、服务提高从而从价值链低端上升为价值链高端的可能，成为价值链控制者的发展机遇。第二个机遇是全球新一轮技术革命大规模爆发，新产业新业态新模式新动能显现，新经济形态将全面取代传统工业经济生产形态。这是一个可遇不可求的伟大的机遇期。两个机遇碰撞在一起，产生巨大的市场潜力，因此处在这一时代的企业是幸运的，同时也是需要努力付出的，因为新型经济形态需要新型企业，开创新的市场，谋求新的发展。

(2)新经济的实质，就是一种新的生产方式的诞生并逐步成为主导力量，这一新的生产方式就是“以互联网为支撑的智能化大规模定制生产方式”。这一方式既是消费需求由被动式转变为主动地个性化消费需求的过程，也是新一代互联网、智能化、大数据等技术变革融合导致，典型的就是以德国的“工业 4.0”、美国的“CPS”为代表的智能制造服务系统，这一系统的核心生产就是大规模定制的展开与实现。这是一个后工业社会的全新变革，是新产业革命，是人类经济发展史中前所未有的科技型、创新型经济。在这样的机遇期中，目前还在信奉与实施传统大规模大批量标准化生产方式的企业，比如我们的企业、我们的上市公司即便不想成为世界一流的企业，即便从生存出发也必须考虑转型发展，创新驱动。

新经济与社会的未来对我们的企业转型影响是非常大的，未来我国的经济增长将告别数量上的第一，不会再单一地追求 GDP10%快速增长，而是要在经济与产业发展的质量上下功夫。我国整个产业体系到目前为止，传统产业在慢慢衰落，新兴产业在逐步发展，这就是产业发展的结构性矛盾。未来若干年我们还会有这样的产业结构问题，未来还是需要不断调结构稳增长。在这样一个需求不断变化、技术不断变化、社会不断变化的环境中，对创新型企业持续发展成为世界级创新型企业有很大挑战。所以企业家应该要有更前瞻的眼光，发展自己的预见思维，把握未来的可能机遇，防范可能的风险，实施变革创新，从而使我们企业从优秀走向卓越，成为世界级创新型企业。

(3)世界级创新型企业就是不断抓住机遇、不断转型发展追求卓越而成的。从来没有一家企业一诞生就是世界级企业，著名的苹果公司发展虽然很快，但也是几经挫折几经转型创新发展而来。著名的中国华为公司有今天的行业中的世界地位也是不断创新不断转型而成的。所以当环境发生根本性变化时，企业就必须进行根本性的转型变革，迎接新发展。企业转型实际上就是企业自身的创新，其涉及面是非常广的，包括企业战略转型、企业的管理变革等一系列问题。

### 9.3.3　提高产业创新效率的对策

1. 建立与维持开放性的有效公平竞争性市场

科技成果转让市场是要开展全球资源配置条件下的科技创新与产业创新的关键，产业创新成功既然是市场导向与市场需求成长的结果，那么在科技创新成果市场的建设发展过程中，如何使市场成为配置资源的主导力量，就需要有效公平竞争的市场，因为此时市场机制才比较有效。科技成果创新固然以科学技术导向为主，但只有存在良好的科技成果市场，科技成果未来的市场价值才能得到比较好的鉴定，企业购买科技成果不是简单就看科技专家的鉴定结论，而是需要判断该成果未来的市场价值。

科技成果得不到市场的鉴别，所谓产学研合作就是空话，因为大家都看不到前景。更何况建立这样的开放性市场，能够让全球的科技成果到我国来交易、来鉴别，这也是成就全球影响力科技创新国家的重要条件。开放才能使全球创新资源流入我国，知识产权保护才能使全球创新资源留在中国，公平竞争才能促进企业有动力有意愿开展创新。

2. 完善金融体系与产业创新生态环境

金融体系建设与创新生态环境优化，是建设全球影响力科技创新国家的另外一个重要条件。例如，上海建设国际金融中心这么多年，在金融机构数量、交易数量、资本流量等方面有了许多的进步，但在服务体系、金融产品的创新，尤其在产融结合方面、在产业创新的服务方面尚需要检讨。是否具有良好的创新生态环境，判断的标准是我们在科技成果创新、产业创新推进的现行政策及其效果是好的、是有利的，我们创新的服务体系令企业满意，创新的合作网络开放且便利于合作发展。我国各地已经建立起许多研发中心、创新平台，政府投入也很大，其效果究竟如何恐怕要探讨其背后的设计逻辑，以及可能存在的问题，可能的影响要素。建设过程中忽视市场需求的因素，忽视企业产业创新的要求，那么这些平台、中心对产业创新的支持就非常有限，或仅仅对科研创新有帮助。

3. 加大教育制度深化改革，培养产业创新人才资源

产业创新需要有效平衡普通教育与职业教育，最大限度地培养优秀的创新人才资源。目前普通教育与职业教育，不是以未来新型产业体系发展为导向，专业设置比较短视，只注重当前不考虑未来，导致创新人才、工程师与技术工人资源稀缺。2011 年美国在产学研协同振兴制造业，有效使用人才资源合作创新方面推出一项重大举措，即“高端制造合作伙伴”（Advanced Manufacturing Partnership，AMP）计划。该计划由道氏化学公司和麻省理工学院共同领导实施，而非政府部门直接负责实施，主要致力于四方面的工作：建设国家安全关键产业的国内制造能力，缩短先进材料从开发到推广应用的时间，投资新一代机器人，开发创新型的节能制造工艺。而麻省理工学院过去就一直培养计算机软件与制造业等方面的双硕士学位，培养先进制造业复合型人才，成效显著。可见，美国教育体系对未来新型产业的应对非常的及时，培养复合型人才就是培养创新人才的一个好办法。应该反思我们的教育体系，加大教育改革力度，从未来新型产业体系发展所需要的人才总量、人才结构、智力资本要求出发，从复合型人才培养、产业学校合作入手，培养面向未来的新一代产业发展人才，这不仅仅是教育本身的任务，当然也是我国全社会应该努力的，只有如此才能改善我国现行产业发展比较优势的基础。

4. 迅速完善产业创新服务体系

我国一直提倡自主创新，科技成果包括专利获得均有了大规模增长，但

我们缺乏真正在市场上成功的新产品新技术，这说明我们在产业创新方面没有经验与能力。产业创新是一个过程性连续性的创新，对创新主体的企业有更高的要求，对创新的公共服务也有比较高的要求。一方面，因为许多企业在创新投入方面非常少，往往满足短期利益，同时限于人才创新能力不足，创新的效果也不佳。另一方面，虽然这些年我国发展了一些政府支持的公共创新服务平台，比如生物医药行业中的检测检验机构、孵化器、公用的实验装备等都是其中的要件，开始建立创新服务的体系，但是这些公共创新服务目前存在效率不高、不方便、服务不到位的情况，其中尤其在信息文献共享方面问题很大，各个单位都有数据库但互不连通，检索很不方便，加上互联网速度慢，使得我们搜寻信息与文献的成本非常高，浪费了许多宝贵的时间，阻碍了知识积累与知识创新的效率。未来，政府需要帮助建立良好的产业公共创新服务体系，让创新主体使用更方便，成本更低，从而提高高新技术创新、产业创新的速度与效率。

# 第十章

# 产业创新：跨越式发展模式的核心

改革开放至今，我国已经成为世界最大的制造业大国但不是制造业强国。当前我国制造业总体来看问题还是很多，主要有：(1)产品技术含量相对低导致附加价值低，精品不多，品牌美誉度不高；(2)国际市场上竞争力的背后主要是通过廉价劳动力支持，而目前廉价劳动力不再；(3)技术创新投入不够，创新成果产业化成功比较少。这些问题决定了我国的制造业发展虽然已经取得巨大成功，但面对未来居民美好生活的需要和全球新技术革命的状况，必须进行转型发展，进行产业创新，建立起面对未来、面对全球的具有世界竞争力的新型先进制造业体系。

美、德、日等制造业强国都具有世界竞争力的先进制造业。世界级先进制造业的技术含量高，能够生产制造高端产品，如航空发动机、智能装备、高级医疗设备等；世界竞争力一流的先进制造业处在价值链高端，生产工艺精致先进，可以组织生产出高品质的绿色环保安全的各类消费精品，如服装、住宅、食品、日用品等；世界级先进制造业不仅拥有核心关键技术，还可以生产高质量的制造原材料等精品中间产品；世界级先进制造业生产效率和组织管理水平均高，附加价值创造也高等。

我国目前制造业的状况要发展成为全球制造业强国，应该说还有许多困难，如何采取跨越式发展，使我国真正从制造业大国转变为制造业强国，是中国经济与产业发展需要深入研究的重大问题。那么，跨越式发展模式是什么样的模式？

## 10.1 世界先进制造业群的发展规律与模式

世界级先进制造业体系或群的形成和发展究竟遵循什么样的规律?它的动力机制与培育机制在哪里?成长路径和发展模式又是如何?这些是我国发展世界先进制造业群迫切需要解决的理论问题。

### 10.1.1 前人研究成果

(1)国外学者的研究发现世界先进制造业群发展有两个关键要素:一个是技术创新,另一个是政策扶持。新西兰学者托比·哈菲尔德(Toby Harfield,1999)认为政府在新兴产业发展中起辅助作用,新兴产业的发展更多要依靠市场竞争的力量。与此相反,拉赫(Lach,2002)利用以色列新兴产业的数据研究发现政府资助刺激了小企业研发投入有利于新兴产业中小企业快速发展。尼可·波尔(Nicole Pohl,2005)探讨了日本产业振兴合作组织(Industrial Revitalization Corporation of Japan)与市场的关系,认为该组织在海洋新兴产业的扩大和再生产方面不能达到预期目的,强调市场调控的重要作用。美国麻省理工学院经济学教授艾利森(Ellison)和格莱赛(Glaeser)于2010年也指出有利于产业发展的金融、财政、税收政策的引导是保障和促进新兴产业健康发展的重要手段。洛夫达尔(Lovdal N.)和诺伊曼(Neumann F.)于2001年对一些与海洋新兴产业相关的企业进行了调查,结果显示,企业认为能制约海洋新兴产业快速发展以及商业化的因素主要可以分为两大类:一是资金;二是政治上的支持。这两大类的影响因素又可以分为许多方面,其中包括替代品的价格低、生产许可证难以得到、评估系统缺失等。

(2)国内学者对世界先进制造业群发展规律及发展模式的探讨更多是从产业内在要素、机理的分析,探寻产业特殊的发展规律与路径。龚惠群、黄超和王永顺(2011)指出世界先进制造业群发展规律主要表现为四个方面:一是世界先进制造业群的成长要基于原始创新,将原创性科技突破的成果转化为标志性目标产品,是世界先进制造业群形成和成熟的重要标志;二是世界先进制造业群的发展要针对新的产品和技术,创立和运用新的商业模式,引导和培育消费需求;三是世界先进制造业群的发展要构建全新技术标准体系，塑造新兴产业业态；四是世界先进制造业群的发展要孕育新的产业创新集群。王新新(2011)提出了世界先进制造业群发展的三大动力机制：技术进步、产业结构高级化、改造传统产业。技术进步带来消费需求结构和产业结构分化，是世界先进制造业群发展的直接动力；产业结构高级化利用知识的“共享性”和“溢出效应”提升整体产业的现代化水平，是新兴产业发展的基础动力；改造传统产业推动产业升级，是新兴产业发展的现实动力。包海波(2012)也提出了世界先进制造业群培育的三大动力机制：技术研发机制、市场培育机制、制度激励机制；认为技术推动与市场推动是产业发展的两大动力机制，而完善的政策制度体系可以破解产业发展的约束性条件，因此技术、市场与制度的协调互动是世界先进制造业群三大培育机制。桂黄宝(2012)以我国新能源汽车产业为例对世界先进制造业群的成长动力机制进行剖析，提出了世界先进制造业群成长的四大动力机制——创新驱动、政策推动、需求拉动、市场竞争的“四轮驱动模型”，并指出创新驱动应该始终处于最重要的位置，与其他动力因素相互配合，共同推进世界先进制造业群发展。

### 10.1.2 三种模式比较

国内外学者对世界先进制造业群发展模式的研究可以归纳为以下三种模式主张。

1. 集群发展模式

它是指主张通过发展世界先进制造业群集群的方式来形成产业集聚。喻登科(2011)等人提出了以集群协同创新的模式来发展世界先进制造业群，形成世界先进制造业群集群，这些世界先进制造业群集群可以采取单核、多核或星形发展模式，并建议不同区域要根据不同产业环境、不同经济发展需求做出不同的选择。涂文明(2012)也提出了世界先进制造业群的区域集聚发展模式，指出要从国家战略层、区域集聚层和技术—产业层三个层面进行区域集聚，并给出了突破性技术创新驱动型、产业创新战略联盟型和高新技术开发区升级型三种实践模式。

2. 产业融合发展模式

它是指主张世界先进制造业群要与传统产业联动、融合发展。熊勇清和李世才(2010)针对我国产业发展目前所面临的传统产业改造升级和世界先进制造业群培育与发展的双重任务，提出了两类产业耦合发展的解决思路，对两类产业间的耦合关系和耦合内容进行了理论分析，并就世界先进制造业群与传统产业耦合发展的主要阶段及作用机制进行了具体研究。乔玉婷和曾立(2011)从经济发展和国防建设，从军队和地方的角度探索世界先进制造业群的发展道路和模式，指出世界先进制造业群的发展要面向民用和军用两类需求，依托民用资源和国防资源，服务民用和军用两个市场，走军民融合式发展模式。林学军(2012)指出世界先进制造业群的发展可以有嫁接、裂变、融合三种方式。嫁接式是指新兴产业的发展主要是依靠高新技术，企业进入全新的、独立发展的领域，如 20 世纪 90 年代中期嫁接于互联网的“. com”这类网络公司。裂变式即通过高新技术应用于当地的传统产业，在设计、制造或原材料等方面，产生某个方面的新分工，从传统产业裂变出新的产业。融合式指的是高新技术全面与传统产业结合，在设计、制造、原材料、销售等各个方面，全面提升本地区具有优势的传统产业。

3. 创新驱动发展模式

它是指主张从技术创新、产品创新来推动产业创新发展。王利政(2011)从技术生命周期和技术水平的国际比较优势的视角，分析了在起步、成长、成熟等不同阶段发展战略性新兴产业所适宜的模式，同时指出从产业核心技术水平在世界的位置看，世界先进制造业群发展模式可以有技术领先的发展模式和技术追随的发展模式进行选择。刘志彪(2012)指出世界先进制造业群应避免成为新的低端“加工制造业”，并从全球价值链(global value chain，GVC)视角构建了一个基于“链”的分析框架，从产业链、价值链、创新链、服务链和生态链这五个方面，寻求推动世界先进制造业群高端化发展的政策取向和措施。申俊喜(2012)主张当前发展培育世界先进制造业群应当坚持“研发优先，技术驱动”，而非“投资驱动”，以强大的研发能力去支撑核心技术实质性的突破和自主知识产权的获取，才是世界先进制造业群健康成长和发展的关键，并指出要创新产学研合作的组织模式，要根据世界先进制造业群不同发展阶段的特点，明确产学研合作的目标定位与发展重点，而且应该科学地制定世界先进制造业群的技术路线图，增强企业技术创新的积极性和能力。

# 10.2 世界先进制造业群发展的“跨越”模式

## 10.2.1 “三高”模式

我国世界先进制造业群发展的跨越式模式，就是通过自主创新直接把握世界先进制造业群的价值链高端，发展附加价值高、收益大的环节，形成自己的核心竞争力，从而成为该产业价值链的控制者，同时能够引领其他相关产业转型升级的创新模式，这个模式我们也称之为“三高”模式。

1.“产业高新”

它首先是指世界先进制造业群发展以当代高新技术为基础，代表着未来产业革命的发展方向。具体应该有三个方面的特性：①所发展的世界先进制造业群在核心技术、关键工艺环节上是高新的，属知识密集、技术密集；②所发展的这样的产业具有技术与知识自主创新的能力，而且是国际领先的创造力；③所发展的这样的产业具有强大的战略引领性，能够引领其他相关产业技术进步，产业调整升级，产品创新（见图 10—1）。

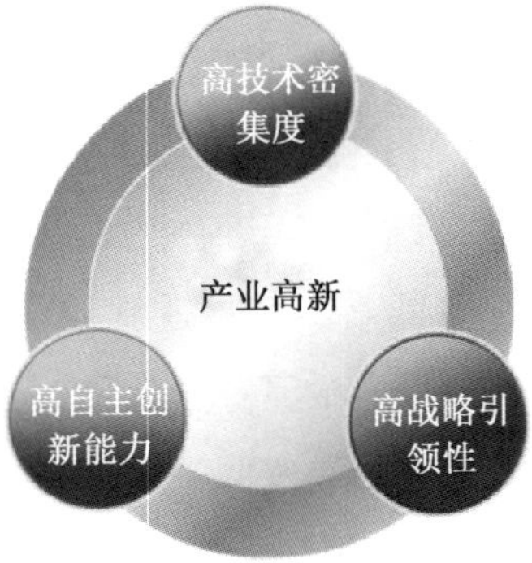


图 10—1　产业高新

2.“产业高端”

它是指世界先进制造业群具有高级要素禀赋支持下的内生比较优势，因此处于有利的产业价值链竞争位置。产业高端的内涵可以从三个方面理解：(1)高级要素禀赋，是指要素禀赋从传统的资源禀赋到知识禀赋，而知识禀赋在企业多体现为在核心技术和关键工艺环节有高的技术密集度。如目前ICT产业中的云计算、物联网等；(2)高的价值链位势，如制造业价值链形如"微笑曲线"，高的价值链位势就是在"微笑曲线"两端，而动态维持高价值链位势需要具有高的自主创新能力；(3)高的价值链控制力，从在价值链上所处的环节位置判断，实质就是对价值链关键环节——核心技术专利研发或营销渠道、知名品牌等的控制力，高价值链控制力对于产业也具有高战略引领性(见图10—2)。

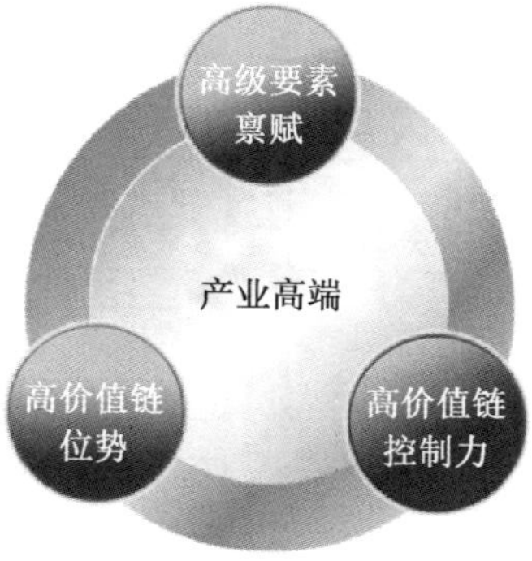


**图10—2　产业高端**

3."产业高效"

它是指世界先进制造业群资源配置效率高，具有良好的经济效益和社会效益。产业高效的内涵也有三方面的内容：(1)高的产出效率，如单位面积土地产出效率、人均产出效率等；(2)高的附加价值，如利润率高、工业增加值率高、税收贡献大等；(3)高的正向外部性，是指产业与环境和谐友好，生产过程产生污染少、符合低碳经济要求，还有就是对就业的促进和产业链上其他企业的带动作用等(见图10—3)。

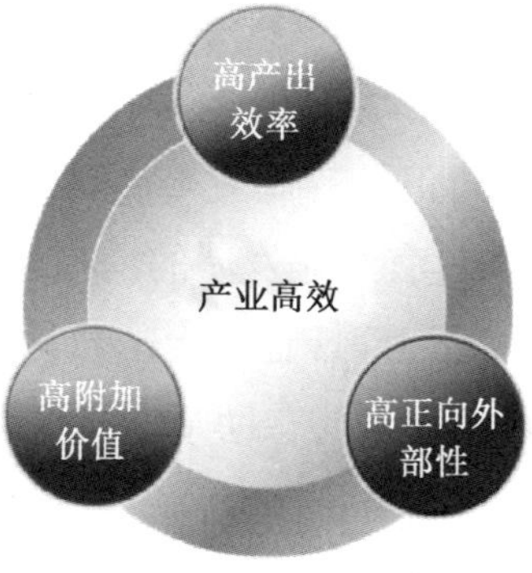


**图10—3　产业高效**

### 10.2.2 跨越式发展模式的内在逻辑和特征

世界先进制造业群高新高端高效的“三高”发展模式，可以从其内涵层面梳理3条横向对应关系，就是从世界先进制造业群占领高端到实现高效的内在联系和逻辑关系(见图10—4)。对这3条横向对应关系的把握可以帮助理解世界先进制造业群发展的目标和实现目标的路径。

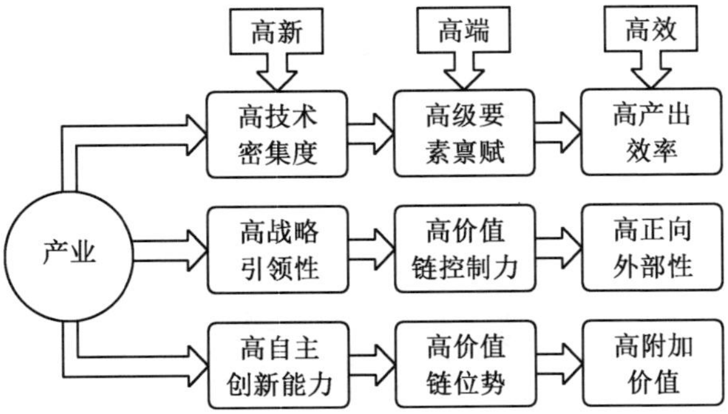


图10—4 世界先进制造业群“三高”逻辑

1. 高技术密集度—高级要素禀赋—高产出效率

高技术密集度是高新的重要特征，高端则相应地必须以高级要素禀赋为基础(表现为资本密集、知识密集和专业化人力资本)；高效则体现为资源的充分利用，产出效率比较高。高级要素禀赋是产业高端的核心特征。企业掌握核心技术和关键的工艺环节、品牌营销，相应地必须以高级要素禀赋(知识禀赋等)为基础才能实现，高级要素禀赋具有实现高产出效率的前提基础和条件，而且也必须实现高产出效率才能实现产业高效，这也是市场经济下企业经营的主要目标。

2. 高战略引领性—高价值链控制力—高正向外部性

高战略引领性，意味着具有产业发展的前瞻性，能够带动产业的升级和转型；具有较高的价值链控制力，具有一定的价值链治理权；能够发挥知识溢出效果、产业关联带动作用，以及有助于形成低碳、循环经济、环境友好的产业生态系统。高价值链控制力是产业高端的表现特征。高价值链控制力带来的高战略引领性意味着具有产业发展的前瞻性，能够带动产业集聚发展和产业升级,对价值链的控制意味着对产业的关联带动作用,以及形成和谐的产业生态系统和产业发展环境,也就是产业发展的正向外部性影响,这些也是产业高效的内在要求。

3. 高自主创新能力—高价值链位势—高附加价值

高自主创新能力意味着掌握一定的核心技术,具有自主知识产权,并且必须处于较好的价值链竞争位势,才能获得高附加价值。高价值链位势是产业高端的重要判断标准。意味着在关键价值链环节的把握,可以发展出关键技术工艺和供应链品牌环节的优势,这就使产业和企业处于较好的价值链竞争位势,获得高附加价值也就顺理成章,而且也必须转化为高附加价值才能实现产业高效。

跨越式发展新模式本质上就是产业创新驱动先进制造业发展的模式,这一模式的核心是建立在全球价值链控制力、自主创新发展能力及空间集聚发展能力这三个方面均领先的中国的革命性产业,实现从现行产业体系向现代产业体系的全面升级,抓住第三次工业革命的伟大趋势,实现我国经济社会的可持续发展,实现中华民族的伟大复兴。

### 10.2.3　通过跨越式发展,建立全球产业竞争力

通过跨越式发展,希望中国的世界先进制造业群形成在全球价值链控制力、自主创新发展能力及空间集聚发展能力这三个方面均领先的新型制造产业体系(见图10—5)。

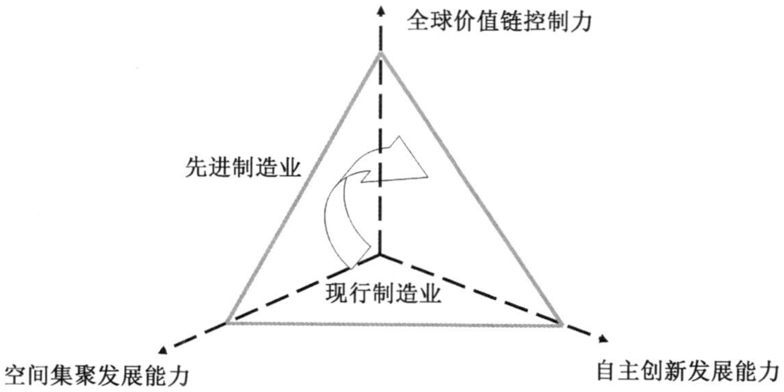


**图10—5　世界先进制造业群竞争力**

世界先进制造业群作为我国未来的重点发展对象，被寄予了推动科技创新、产业转型，实现经济新一轮增长的厚望。我国将世界先进制造业群置于国家战略的高度，是为了在新一轮的全球产业革命和科技革命中抢占制高点，体现了 5 个方面的意图：

(1)通过世界先进制造业群的发展，整体提高我国的自主创新能力，即把经济发展的模式从长期依靠要素低成本转换到依靠创新驱动的轨道上来。

(2)考虑在中国资源环境约束的前提下，通过发展世界先进制造业群增强全球市场竞争力和可持续发展能力。

(3)进入产业技术新时代后，解决我国面临全球性产业结构调整和科技革命的问题以及供给侧结构改革问题。

(4)把世界先进制造业群和传统制造业的改造升级结合起来。传统制造业转型升级的方向之一便是世界先进制造业群，世界先进制造业群发展提供的产品技术和服务为传统产业的转型升级提供了重要的支撑。

(5)相对传统产业来说，民营资本在世界先进制造业群中的生存空间更大。从我们对世界先进制造业群调查分析的结果来看，民营企业占了沪深股市世界先进制造业群上市公司的比例近一半，尤其是在新一代信息技术产业与节能环保制造业发展方面比较突出。然而，世界先进制造业群的“战略性”地位，决定了国有企业也必须在这一领域有所作为，因为国有企业拥有强大的资本实力和人力资源。

## 10.3 产业创新推动世界先进制造业群发展

解决我国先进制造业与新兴产业长期发展提高竞争力的关键是技术创新与产业创新。其中产业创新特别重要，是实现产业领先的根本途径，而企业则是产业创新的主体，只有通过产业创新，才能摆脱产业与企业发展的停滞和危机，才能打破僵局和困境，变被动为主动，化压力为动力，重建竞争优势。中国先进制造业再出发，应该在技术创新尤其在产业创新方面下功夫，在先进制造业的关键技术与产业链整合方面谋求全球领先，这也是中国建设世界有影响力的科创国家、建设现代产业体系谋求经济高质量发展的内生性要求。

### 10.3.1 战略性地位确定

虽然我国世界先进制造业群民营上市公司发展迅速,但目前仍面临着一些制约企业发展的因素:(1)资金短缺,在产业化的各个环节,缺乏资金支持;(2)新兴产品和服务成本偏高;(3)基础设施不完善;(4)创新能力有待进一步提高;(5)高素质的人才资源匮乏。诸多“瓶颈”问题使世界先进制造业群民营企业的生存和发展空间受到了较大的限制。因此,不仅需要市场的力量,还需要政府为世界先进制造业群民营企业创造宽松的政策环境,并提供研发资助、激励性补贴等支持,同时也要高度关注世界范围内世界先进制造业群的发展态势和走向,从中找出值得借鉴的地方。因此,提出如下建议:(1)立足国情,做出发展世界先进制造业群的深度选择;(2)构建良好的政策支持体系,促进世界先进制造业群的发展;(3)政府应在竞争前提供研发资助,做足前期准备,为世界先进制造业群的发展营造良好的成长环境;(4)掌握关键核心技术,赢得世界先进制造业群持续发展的主动权;(5)完善法律监管体系,加强金融监管,规范地方政府融资平台,尽量剔除非市场因素,保障世界先进制造业群的健康发展;(6)政府可以提供一些示范项目,吸引消费者,以促进产业化初期世界先进制造业群的产品市场的打开。

### 10.3.2 开展全球产业创新合作

通过产业创新建立我国的世界先进制造业群,已经不是过去意义上的完全由“中国企业生产制造”的含义,而是在全球、全国制造业价值链新型分工的基础上通力合作生产的结果。世界级的中国制造,其产品与服务应该而且已经是“你中有我,我中有你”。因为今天各国产业与企业的竞争实际上是产业链、价值链的竞争,作为一个制造业价值链的领军者固然十分重要,但如果没有价值链上高质量有能力的合作者,价值链整体的竞争力就要弱化。因此我国如何进一步开放,如何进一步与全球、全国、长江经济带地区的制造业实现价值链新分工合作,是中国先进制造业发展和中国制造重建竞争力的重要前提之一。

长江经济带地区经济发达,制造业体系相对完整、整体实力较强。长江经济带地区应该在我国制造业转型成为制造业强国的历史过程中，担当重要的历史责任，更何况今天的先进制造业发展对空间载体、产业关联、价值链协同配套、共同创新有着更大的关联度和更高的要求。因此“上海制造”的重塑与周边地区、与长江经济带地区制造业联动、协同发展，最终形成一个个先进制造业集群密切相关。

需要指出的是，价值链合作在空间上的一种状况就是产业集群。上海的先进制造业集群就是一个空间的概念，它虽然在上海，但又是长江经济带先进制造业合作的载体。需要考虑先进制造业空间治理的政策与制度建设，提高单位空间创造的制造业附加价值，也就是提高空间的经济使用效率。需要提醒的是，在此过程中，务必要清醒地认识到，空间聚集的先进制造业是有自己生命周期的，因为所谓“先进”本身就带有时间特性，今天的先进制造业，明天就可能是落后产能，所以，在规划先进制造业产业集群时，需要为今后的技术创新迭代留足空白。

可以肯定地说，政府的政策或制度会影响企业的战略决策和经营行为。我国应该在制造业中有计划、有步骤地从政策上引导和培育优势企业尤其是世界级的价值链领军者，成为中国先进制造的中坚力量。特别在创新与研发的支持、人才的引进与使用，企业家的激励、企业新品开放、品牌建设等方面给予重点支持。推动企业成为所在制造业产业链与价值链上的领导者，开展精品战略，提高附加价值创造。产品创新和工艺创新又会通过原来的或改革的协作网络、产业链价值链压迫相关合作厂商进行相关的再创新，成就创新的波及效果，这就是我们指出的上海需要主导产品创新与工艺创新的科技型大企业主导重大创新，通过它来带动中小科技型企业再创新、合作创新。

从微观上看，世界级先进制造业群的基础是我国的制造业本身，核心技术、品牌也是先进制造业价值链上的关键环节之一，当然它同时也是中国制造业产品与服务品牌的总和，所以，我国可以考虑建立国家级的中国产品与服务的品牌发展平台。其主要功能就是推进建设中国先进制造企业的产品与服务品牌，建设名牌，重塑中国制造的品牌影响力，重塑价值链，凝聚全国乃至全球消费者，引导精品生产与消费，引导美好生活需求。

# 下篇

# 产业创新实践探索

## ——上海制造业智能化发展的战略与对策

上海素有“近代中国工业中心”之称，“上海制造”曾经是闻名全国的著名品牌，上海制造业生产的工业产品曾经是供不应求的商品，上海制造业曾经十分辉煌。经过40年的改革开放和全球经济一体化的洗礼，上海制造业及其结构发生了重大的变化。40年来，上海在经济发展阶段转换和国家战略目标导向下，先后从以轻纺工业为主的制造业结构转变为以资本技术密集型重化工业为主的制造业结构；之后又不断融入国际产业分工发展外向型产业。而在战略性新兴产业发展中，率先创新突破，转型升级，确立了上海制造业的一定发展优势。2008年国际金融危机以来，随着上海劳动力、土地等资源要素成本的快速上升，上海制造业面临整体增速下滑、制造业占GDP比重降低、工业用地规模急缺、商务成本大幅度上升、制造业投资吸引力持续下降等方面的巨大挑战。上海在建设“五个中心”的过程中，制造业还要不要发展？如何发展？已经成为上海经济与产业发展的重要问题。

因为中国制造业发展的现实“瓶颈”的存在以及上海这个国际大都市与纽约、伦敦的不同特性，上海制造业是需要发展的，而且应该是向更高层级发展，应该承担中国从制造业大国转变为制造业强国的过程中上海应有的重大责任。上海制造业今天与未来的发展，可以称之为上海制造业的再辉煌。然而，上海制造业再辉煌之路是什么？突破点在哪里？这既是理论问题也是实践问题，且更多的是实践问题，需要认真研究和探索。

# 第十一章

# 上海制造业发展的现状、问题与原因

上海作为地处改革开放前沿、市场经济先行、区域创新活力强的经济中心城市，具有培育新业态和探索新模式的先天条件，推动“上海创造”“上海制造”是未来发展的必然趋势。上海的发展离不开制造业的基础性支撑，但制造业也必须调整重组、优化升级、抢占高端。当前，上海制造业已处于爬坡过坎、转型升级的关键时期。

## 11.1 上海制造业发展的路径

### 11.1.1 上海制造的概念

“上海制造”应该是上海制造业优秀声誉的综合，是上海制造业整体水平的一个标志、一个响当当的品牌。作为一个品牌，“上海制造”其实是上海制造业整体实力的反映，表现了当时上海制造业尤其是上海的轻纺工业生产技术与工艺水平的全国领先，以及在工业设计上的领先、产品质量上的领先。

理论上说产品品牌首先是消费者脑海中的一种记忆，其次是一种排位（直觉性）。我们说这个产品是名牌是说这个产品给我们十分深刻的记忆，并在购买选择以及向他人推荐时首先就会考虑这个产品，这就是心目中的同类产品排名。而这种消费者心目中的记忆与排位本质上在于产品本身的款式、功能、品质、技术、使用的可靠性等一系列质量特征方面。

由于轻纺工业与消费者生活密切相关，消费者因为需要日常购买使用所以对轻工业产品的品质感知度高，相反重化工业是生产生产资料为主的制造业，它们的产品主要提供给其他制造行业，不与消费者发生直接的关联，因此消费者对重化工业的产品感知度就低，虽然重化工业产品品质可能很好，但只是在专业领域有影响力。对一般消费者而言，因为无直接相关性，所以可能不清楚。

上海制造作为一个品牌，首先它的工业产品与服务应该可以为全国乃至全球消费者或使用者所很好感知；其次它的工业品与服务应该是独到的具有上海文化烙印的高质量高品质高技术含量的受消费者追捧的工业产品，再次它反映了上海制造业的整体技术与工艺、研发与创新、制造与服务的强大实力与市场竞争力，今天而言自然应该是领先的先进制造业体系。

### 11.1.2　上海制造业曾经的辉煌

上海曾经是我国的制造业中心，上海制造业生产的工业品曾经在全国消费者心目中享有盛誉，被称为“上海制造”，尤其是上海的工业消费品款式新、质量好、好使用，且“洋气”(即带有上海海派文化的烙印)，比较时尚，如上海的永久、凤凰牌自行车，上海牌手表，红灯牌收音机，如上海的服装、布料，上海的扇牌肥皂，上海的美加净牙膏等等均是当时消费者追捧的很难购买的名牌产品。进入20世纪80年代，上海制造业顺应全球消费变化与技术进步，在全国率先生产出金星、飞跃牌等家用电视机，申花、水仙牌洗衣机，双鹿、上菱牌电冰箱，还有家用空调等一系列新工业消费品，受到消费者的热烈追捧，当时是一票难求(当时要凭购物票才能买到)。

进入20世纪90年代，上海制造业开始了一个重大的转型，从轻纺工业为主的制造业结构转型向重化工业为主的制造业转型，当时的重化工业是伴随合资、合作、生产资料生产为主的阶段。此时上海制造业有影响力的品牌大多是外资企业的品牌。当时上海的钢铁、造船、石油化工、汽车制造、电子制造等发展迅速，宝钢、上汽、上海贝尔等在行业中名气也很大，这些行业逐步成为上海制造业中产值贡献最大的行业。在这个过程中由于当时国有企业生产的那些轻纺消费品受到了国内其他省市工业消费品生产的强大竞争，许多轻纺工业企业困难重重，那些曾经辉煌的轻纺工业品牌逐步退出市场，最典型的就是当时 40 万纺织工人下岗分流。虽然上海的重化工业在全国依然很有地位，技术与产品依然领先，但已经多为中外合资企业的品牌，而因为是生产资料产品，所以在全国消费者心目中没有直接的影响，“上海制造”这个品牌已经到了十分微弱的状况。

进入 21 世纪后，上海电子信息产品制造业、汽车制造业、石油化工及精细化工制造业、精品钢材制造业、成套设备制造业、生物医药制造业六大行业成为上海的支柱行业。近年来，这些行业在上海工业制造业中占了主导地位。在六大支柱产业的带动下，高技术产业与战略新兴产业大力发展，制造业进一步向高端化、高附加值发展。发展形成了精细化学品制造、医药制造业、航空航天器制造业、电子及通信设备制造业、电子计算机及办公设备制造业、医疗设备及仪器仪表制造业六大高技术产业。也正是在这个过程中，与消费者日常消费相关的新一代消费品，例如计算机、移动手机、白色家电黑色家电、房地产产品、现代服装、高级食品等并没有很好地发展起来，上海市场上充斥着外地品牌产品与外国品牌产品，以至于大家过去心目中的上海制造似乎不再。

2008 年国际金融危机以来，随着劳动力、土地等资源要素成本快速上升，上海经历了从高新技术产业化，到发展战略性新兴产业，再到加快培育新产业、新技术、新业态和新模式的发展历程，上海制造业朝着中高端升级迈出坚实步伐。以临港为代表的大型、新型化的先进制造业不断发展，对上海的工业乃至长三角地区的先进制造业起到越来越明显的引领和支撑作用。C919 大型客机、ARJ-21 新支线客机、“海洋石油 981”深水半潜式钻井平台、重型燃气轮机、华力微电子 12 英寸生产线等重大项目取得突破，以集成电路设计、新一代宽带无线移动通信网和新型显示等领域为重点的制造业中高端升级加快推进，上海制造业已成为上海科创中心和四个中心建设的重要支撑。在上海所依托的长三角地区，既有阿里巴巴等互联网巨头，同时也有上汽集团、上海电气等制造业领军企业，确立了工业互联网发展中最重要的制造业与互联网融合发展优势。上海建设具有全球影响力的科技创新中心形成的前沿技术创新能力，与上海及长三角腹地产业发展优势基础上形成的数据体量优势和市场规模优势相结合，可以为上海在国际产业制高点竞争中率先突破，占据主动地位，创造重要的支撑条件和发展优势。上海可以依托互联网巨头和制造业领军企业，打造具有国际影响力的企业级工业互联网平台，依托长三角的产业基础优势、数据体量优势和市场规模优势，培育跨行业、跨领域的工业互联网平台，支撑国家层面的工业互联网参考结构和标准体系建立，代表国家参与国际制高点竞争。同时，通过工业互联网平台，又可以为上海、长三角和全国范围企业提供大数据服务、云制造服务等，依托工业互联网的数据信息共享和系统集成，支撑带动上海和更大范围企业的数字化、网络化、智能化中高端升级。

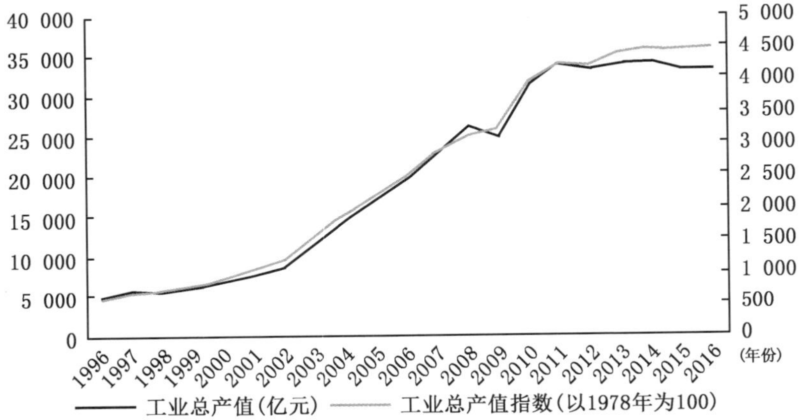


图 11—1　近 20 年上海工业总产值及指数

### 11.1.3　上海制造业发展的路径变迁

改革开放后，上海制造业发展的路径基本如下：

第一，“由轻入重”，即由轻工业为主转化为重工业为主的发展路径，使得上海的经济总量有了巨大的增长，工业化水平也有了巨大的提升，上海制造业的整体实力也有了巨大的提高。大城市发展重工业确实可以创造高的经济产值，但由于节能环保技术不过硬，唯一不足的是会带来环境污染等负面效应，给城市未来发展造成障碍，同时在这个过程中，上海的轻纺工业没有得到很好的转型升级，许多当年象征上海制造的著名品牌慢慢地消亡了。

第二，“由低向高”，即从低技术向高技术方面发展。总体来看上海制造业发展延续着技术进步技术创新转型升级的正确方向发展，高技术产业不断引进发展，投资不断增长。以至于到了现在，上海高技术制造业产业的产值规模已经很大，但近年来高技术制造业利润率却在逐步下降。仔细分析，这些表面上的高技术产业，实际主要集中在加工组装环节，附加价值比较低。随着上海土地成本上升、商务成本上升、劳动力上升，行业利润率就下降了，竞争力也在下降。

第三，"国企改革"，即推动国有企业改革增强市场竞争力。上海制造业的"主力军"仍然为国有企业或国有控股的合资企业，虽然改革取得了不少的成果，效益也有了许多的增长。但整体来看，国有企业的创新能力、积极进取的精神、生产效率还是有问题，发展速度市场意识还是比不上更为灵活的民营企业。上海制造业中有实力的民营企业并没有发展起来，上海制造的声誉没有在企业改革中很好地延续下来。

# 11.2　上海制造业再辉煌的SWOT分析

## 11.2.1　上海制造业发展的优势分析

1. 经济金融实力强和科教资源足

上海自身的经济金融实力和科教资源足以为制造业转型升级提供强有力的支持。上海自1986年提出建设"太平洋西岸最大的经济贸易中心"以来，"经济中心"建设始终成为上海城市发展战略的主要目标之一。在历次"经济中心"功能定位中，对其"经济中心"的内涵并没有具体阐述，同时对"经济中心"与其他"中心"之间的关系也未做出解释。但我们可以从上述的"经济中心"功能定位演变过程以及最初提出建设"经济中心"的时代背景来推测，"经济中心"的功能，可以狭义地解释为工业或制造业，即生产的功能，而并非包括服务功能在内的产业综合功能。从20世纪80年代国务院对《关于上海经济发展战略的汇报提纲》和《上海城市总体规划方案》的两个批复文件中，"工业基地"即"经济中心"的理解显然是成立的。在此后的"三个中心"和"四个中心"的功能定位中，"工业基地"的概念消失，取而代之的是"经济中心"的概念，但从"经济中心"与其他两个中心或三个中心的并列关系来理解，不难发现"经济中心"的经济概念不是一般意义上的经济概念，具有特殊的含义，这种含义可解释为"制造中心"。根据以上对"经济中心"的理解，结合上海“十三五”规划中的“与我国经济实力和国际地位相适应、具有全球资源配置能力的国际经济、金融、贸易、航运中心”和上海建设具有全球影响力的科技创新中心的中期目标，即“初步成为全球创新网络的重要枢纽和最具活力的国际经济中心城市之一”的城市功能定位要求，以及国际大都市发展演变的趋势来分析判断，我们认为国际经济中心城市应具备三大核心功能，即高端制造、创新和包括金融、贸易等在内的服务功能。因此，未来上海“国际经济中心”的功能，不是以往上海作为全国“工商城市”的制造基地，也不是20世纪90年代全球产业东移过程中形成的“全球生产基地”，它是以技术创新和技术应用为主导的高端制造业，或称为高新技术产业的开拓者、先行者，具备全球科技创新和科技成果产业化的引领功能，是融“创新”与“制造”功能为一体的全球“智造”基地或中心。

在金融方面，上海在历史上曾经是中国乃至远东地区最大的国际金融中心，具有丰厚的金融历史文化沉淀，各类金融资源高度集聚，金融创新的服务方式多种多样。随着上海国际金融中心的建设，目前上海已成为我国中外资金融机构的最大聚集地，以资本、货币、外汇、商品期货、金融期货、黄金、产权、再保险市场等构成的多元化多层次的国际金融市场体系，主要包括银行间同业拆借市场、银行间债券市场、银行间外汇市场、上海证券交易所、上海期货交易所和上海黄金交易所等。

上海是教育科技的高地，在科教资源要素方面，上海有复旦大学、上海交通大学、同济大学等一大批著名高校，有一大批产业技术研发机构体系、国家级创新平台、国家工程技术研究中心等研究机构。这些学校与研究机构在科技项目联合攻关、组建产业创新联盟、建立产业研究院、孵化科技型企业等方面开展深入合作，为上海制造业转型升级提供了很好的技术研发基础。同时，依托优势企业和研究院所等创新主体，上海近年来又新建了一批国际科技创新交流平台，其中包括国家级研发中心和国家级检测中心，网络平台等在技术交易中正发挥着越来越重要的作用。目前上海累计共有国家重点实验室41家、国家工程技术研究中心21家、国家级企业技术中心58家。

为了使科技成果更好地转化为产业化成果，近年来上海市大力推进产学研合作，协调在沪的复旦大学、同济大学、上海交通大学等高校和国家级科研机构与市级以上企业研发中心建立起形式多样的合作机构，形成了联合研发、共建科研中心、创建科研创新联盟等多种合作形式，并积极探索新的具有不同产业适应性的产学研创新合作机制。这些研究的资源与力量可以为上海制造业顺利转型升级提供有力支撑，而开放性的国际技术市场又为上海的企业引进全球最新的技术成果，享受高端的技术支持提供了良好的条件，这些都是上海制造业再辉煌的可依托的优势。

2. 上海资源集聚效应强，经济辐射度范围广

从地理区位来看，上海属于港口与水道交叉之地，是我国南北海岸线中部与“黄金水道”长江所形成的“T”字形交叉点上，是国际物流与国内物流的节点，居对内对外两个扇面辐射的枢纽地位，地理区位优越，交通运输便利。对内，上海市自身区域内河网密布、襟江濒海，通过河湖运网可以与富饶的长江三角洲各地一水相通。入长江、出海口又可以和整个长江流域及东部沿海在内的大半个中国进行贸易往来。对外，上海处在远东航行的焦点位置和大西洋航线欧洲与美洲之间正中间的位置，通过远洋运输更可以与世界各国开展经济交流。这是其他城市所不具有的地理区位优势，对上海经济与产业的发展非常有利。

从历史上看，上海与长江三角洲自古以来就是浑然一体、唇齿相依的自然经济区域。自清末上海开埠以来，上海以天然的港口优势和商贸市场环境，开始集聚长三角地区大量的人力、资本和技术等生产性要素资源，促进了上海经济的快速发展。20 世纪 90 年代上海浦东的开发开放，使上海成为外商及国内资本蜂拥而至的热土，并在其自身快速增长的同时引领着长江三角洲周边地区经济的飞速发展，近年来在上海“四个中心”建设和自贸区制度创新试验区的作用下，上海的发展已经集聚了很高的经济能量、科技力量以及人才资源。

上海一直是中国经济的重镇，经济发展水平、产业发展水平以及技术能级均是中国最高的，上海自身的经济能量产生了巨大的经济辐射能力。如图 11—2 所示，上海地处长江流域的出海口，是长江经济带的龙头。长江经济带是我国承东启西极其重要的经济纽带，从经济地理区域来看，长江是中国第一大河和世界内河货运量排名第一的黄金水道，自东向西连接着沿海和内陆，覆盖了超过 1/5 的国土、约 6 亿人口。作为长江经济带的龙头，上海经济的发展一直是国家战略规划中极为重要的一环。长江经济带中，上海地处长

江出海口，既是引领流域整体转型发展的桥头堡，也是长江经济带与海外市场的重要枢纽。长江经济带从上海回溯，节点城市有 39 个，横跨三个城市群，从东面开始是长江三角洲城市群，中部是长江中游城市群，也就是“长中角”，包括武汉、长沙等城市，还有皖江城市带，更西面则是成渝城市群。以上海为龙头，南京、武汉、重庆等城市为骨干，形成一个规模巨大的长江经济带，汇聚了装备制造、电子信息、石化化工、钢铁冶金及战略性新兴产业等领域的一大批工业企业，占据了全国工业产值的半壁江山，是当之无愧的“制造工厂”。长江流域中的四川、湖北、重庆、湖南等省份组成了上海的间接经济腹地，是中国经济最发达的地区之一。这些地区物产富饶，进出口货物大多经上海中转，随着铁路、水运等交通的无缝对接，中上游地区能够主动承接长三角、珠三角地区的产业转移，同时通过技术的引进，促进内陆产业从低附加值向高附加值升级，因此上海的制造业转型升级在很大程度上将推动长江经济带的发展，而长江经济带作为上海的经济腹地将为其提供巨大的市场支撑。

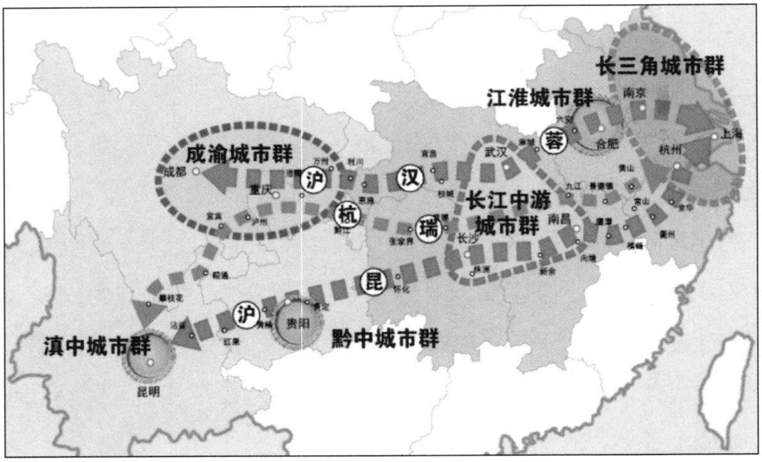


**图 11－2　长江经济带城市协同发展**

3. 改革开放、创新发展的先行者

上海制度文化基因来自上海开埠后的商业文明，早期上海市场经济发展已经确立了用平等的契约关系来维系各方利益需要，依靠各种法律、规则来规范商业活动。上海经济发展中的契约意识一直遗留至今，有力地推动了上海市场经济的发展与繁荣。2013 年上海率先成立了全国第一个自由贸易区，在自贸区中推行贸易的便利政策，一方面有利于产业集聚；另一方面，进一步推动贸易便利、金融创新，反哺上海乃至全国的制造业发展。

现阶段上海在科创中心建设过程中，立足世界科技创新前沿，融入全球科技创新网络，围绕综合性国家科学中心建设和依托重大科技基础设施，整合国内外创新资源，采取信任机制、抵押机制、权力机制和激励机制等机制创新，积极发展与维护创新合作网络的稳定性和有效性，发挥创新资源在创新合作网络中不断滚动的乘数效应，探索新型科创、产业创新的新体制新模式，推动创新成果产出效率不断提高。

## 11.2.2　上海制造业发展的不足

1. 制造业整体增速下滑，工业占 GDP 比重显著降低

从 20 世纪 50 年代到 80 年代，上海制造当之无愧在全国制造业中处于领先地位。然而，从 21 世纪初开始，尤其是 2008 年全球金融危机以来，由于国内外需求趋弱、去产能以及消费结构升级换代等因素影响，与全国类似，上海 GDP 增长速度不断下降（见图 11—3），其中上海制造业增长速度低于 GDP 增长速度，制造业占 GDP 的比重持续下滑（见表 11—1），2017 年上海的制造业创造的 GDP 有了一个明显反弹。但总体来看，上海制造业面临着传统制造领域的产能过剩和新兴制造行业的增长点尚未形成支撑的困境，这使得制造业增长下行压力不断加大，产业转型升级的步伐放缓。

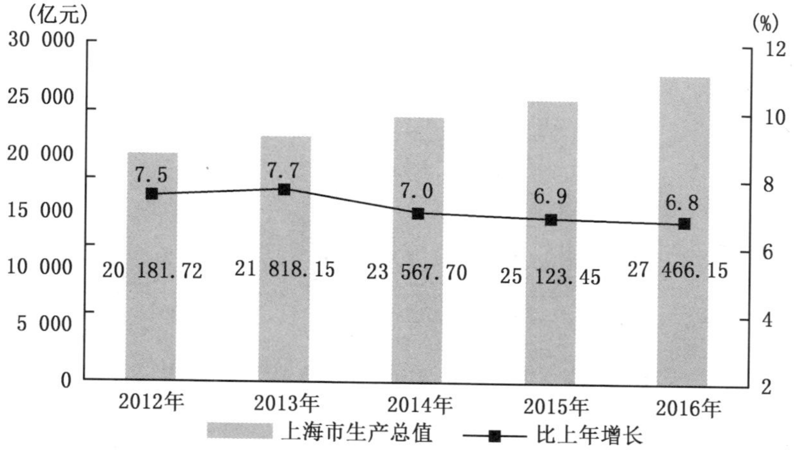


图 11—3　2012～2016 年上海市生产总值及其增长速度

表 11—1　　上海三次产业对 GDP 的贡献　　单位:亿元

| 年份 | 上海市生产总值 | 按产业分 | | | 按行业分 | |
|---|---|---|---|---|---|---|
| | | 第一产业 | 第二产业 | 第三产业 | 工　业 | 建筑业 |
| 2011 | 19 533.84 | 124.94 | 8 128.44 | 11 280.46 | 7 403.07 | 725.37 |
| 2012 | 20 553.52 | 127.8 | 8 063.93 | 12 361.79 | 7 301.05 | 762.88 |
| 2013 | 22 257.66 | 124.89 | 8 147.16 | 13 985.61 | 7 368.2 | 802.13 |
| 2014 | 24 060.87 | 124.26 | 8 434.97 | 15 501.64 | 7 619.88 | 843.02 |
| 2015 | 25 643.47 | 109.82 | 8 259.03 | 17 274.62 | 7 431.36 | 855.22 |
| 2016 | 28 178.65 | 109.47 | 8 406.28 | 19 662.9 | 7 555.34 | 879.81 |
| 2017 | 30 133.86 | 98.99 | 9 251.4 | 20 783.47 | 8 303.54 | 918.86 |

随着制造业增长的下行，工业增加值占 GDP 的比重也在不断下降。2015 年上海工业增加值占 GDP 的比重向下突破 30%，降到 28.5%；2016 年前三季度的这一比重比 2015 年再收缩 2.5 个百分点，下探到 26.0%。2017 年制造业比重上升了(见图 11—4、图 11—5)。实际上这些年在上海经济(GDP)贡献中第三产业呈现中高速增长的态势中，服务经济已经成为上海经济发展的主导力量。

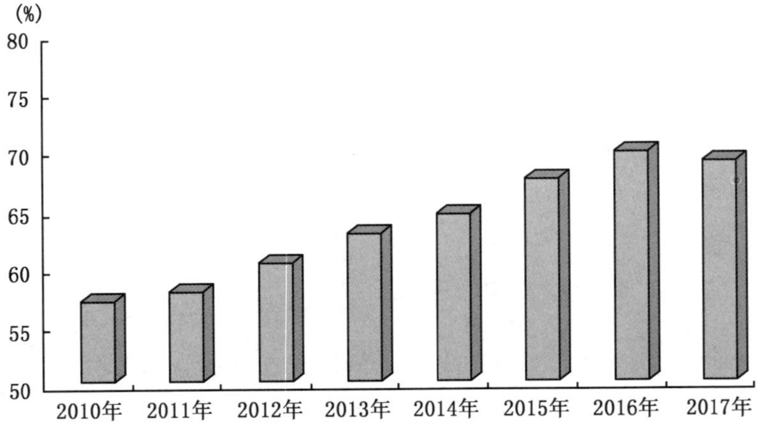


图 11—4　第三产业增加值占全市生产总值的比重

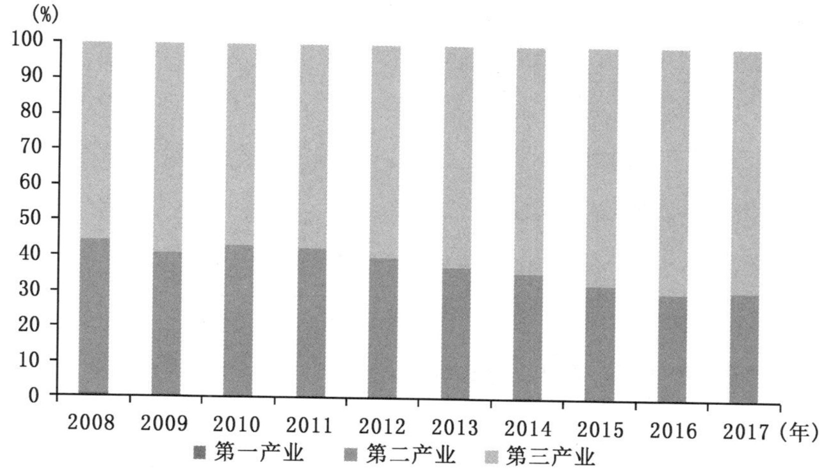


**图 11－5　上海市三次产业结构变化(2008～2017 年)**

2. 六大支柱产业止降返升,制造业亟待转型升级

2016 年全年,上海全市规模以上工业总产值 31 082.72 亿元,比上年增长 0.8%,扭转了上年下降的态势。其中,六个重点行业工业总产值 21 001.28 亿元,比上年增长 1.9%,占全市规模以上工业总产值比重从 2014～2015 年连续两年的 66.9%,上升至 2016 年的 67.5%(见图 11－6),其中汽车制造业总产值上升 12.6%、生物医药制造业产值上升 5.9%。战略性新兴产业制造业增长较快,2016 年全年,上海战略性新兴产业总产值 8 307.99 亿元,比上年增长 1.5%,占规模以上工业总产值的比重为 26.7%,同比提高 0.7 个百分点。

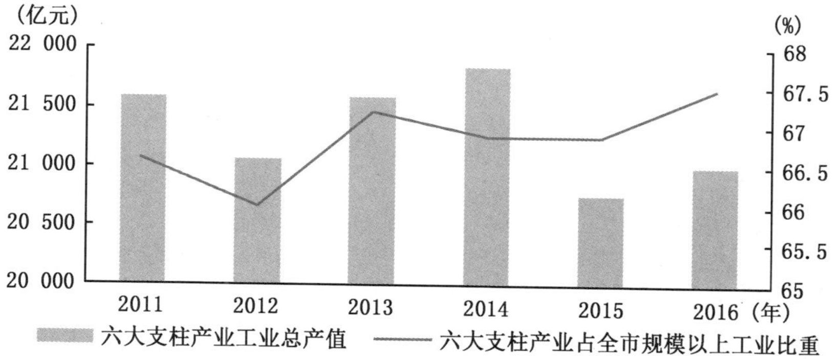


**图 11－6　上海六大支柱产业发展情况**

3. 战略性新兴产业支柱不强

上海的战略性新兴产业近年有了比较大的发展，其在全市生产总值(GDP)比重以及战略性新兴产业制造业产值占全市工业总产值比重从2012年以来是在提高的，这说明上海制造业的结构还是有较大的变化，只是还未能成为经济发展的支柱(见表11－2)。

**表11－2　　上海战略性新兴产业的GDP贡献**　　单位:亿元

| 年度 | 2012 | 2013 | 2014 | 2015 | 2016 | 2017 |
|---|---|---|---|---|---|---|
| 战略性新兴产业产值 | 2 801.40 | 2 997.5 | 3 453.23 | 3 746.02 | 4 182.26 | 4 935.067 |
| 其中:制造业 | 1 453.02 | 1 511.14 | 1 613.23 | 1 673.49 | 1 807.75 | 1 910.792 |
| 服务业 | 1 347.56 | 1 486.36 | 1 840 | 2 072.53 | 2 374.51 | 3 024.275 |
| 战略性新兴产业产值占生产总值比重 | 13.63% | 13.47% | 14.35% | 14.61% | 14.84% | 16.38% |
| 战略性新兴产业制造业产值占工业增加值比重 | 19.90% | 20.51% | 21.17% | 22.52% | 23.93% | 23.01% |

注:1. 此数据已与《上海市国民经济统计公报》数字核对，增加值数据一致，统计口径一致，但计算的百分比略低于《上海市国民经济统计公报》数据，统计公报多报1～2个百分点。

2. 2017年战略性新兴产业数据只公布了制造业的增长数据，其他均没有具体公布。表中数据是根据上海市新闻发布会公布的增长比例和战略性新兴产业制造业数据倒推出来。

4. 制造业结构升级变化不大

将上海制造业分为原材料型轻工业、原材料型重工业、组装型轻工业和组装型重工业四大类①，可以发现制造业内部这四类工业产值的变化。从图11－7中可看到1995～2010年间上海制造业内部结构变化是比较大的，特别是组装型重工业机械装备、电气机械、信息产品、仪器仪表等先进制造

① 四大类制造业分类标准:(1)原材料型轻工业包括:木材加工和木、竹、藤、棕、草制品业，造纸和纸制品业，橡胶和塑料制品业和非金属矿物制品业;(2)原材料型重工业包括:石油加工炼焦和核燃料加工业，化学原料和化学制品制造业，医药制造业，化学纤维制造业，黑色金属冶炼和压延加工业，有色金属冶炼和压延加工业和金属制品业;(3)组装型轻工业包括:农副食品加工业，食品制造业，酒、饮料和精制茶制造业，烟草制品业，纺织业，纺织服装、服饰业，皮革、毛皮、羽毛及其制品和制鞋业，家具制造业，印刷和记录媒介复制业，文教、工美、体育和娱乐用品制造业，其他制造业，废弃资源综合利用业和金属制品、机械和设备修理业;(4)组装型重工业包括:通用设备制造业，专用设备制造业，汽车制造业，铁路、船舶、航空航天和其他运输设备制造业，电气机械和器材制造业，计算机、通信和其他电子设备制造业和仪器仪表制造业。

业在快速发展，推动了上海制造业结构的变化发展，但在 2010 年以后，这一变化趋势明显减弱。

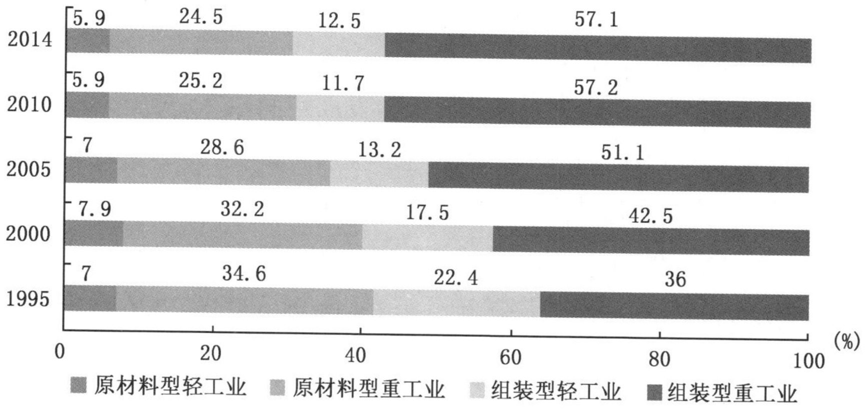


**图 11－7　上海市制造业产值结构比例变化**

## 11.2.3　上海制造业发展的未来机遇分析

1. 上海具备国家政策优势与制度创新先行的机遇

国家一直给了上海发展巨大的支持，首先是浦东的开发开放，其次是国际经济中心、金融中心、贸易中心、航运中心四个中心的建设，再次是自由贸易区试点以及科创中心建设等。国家对于上海发展的战略定位和对改革开放先行先试的政策带来了大量的重大产业项目和国家资金的倾斜，因此这些一定是上海发展经济也是发展先进制造业的极佳机遇。例如上海是工信部首批认定的 8 个“两化”融合试验区之一，2016 年上海“两化”融合指数高居全国首位，工业云、智能制造等在汽车、装备、航空等已经成为“标配”。电子商务交易额达到 1.64 万亿元，互联网金融企业占据全国半壁江山。另外，在旅游、餐饮、娱乐等领域集聚了一批具有全国影响力的信息服务企业，信息技术产业总规模达到 1.2 万亿元，信息服务业增加值占全市 GDP 比重达到 7%。又如国家把一些重大产业创新突破项目交给上海如大飞机项目、半导体芯片制造组织研发与产业化，这些对上海的航空航天、芯片制造、高端造船、机器人等制造业领域有了长足的发展，已具备不小的优势。这些领域一方面是国家在《中国制造 2025》规划中所强调的高端制造业，一方面已经成为上海制造业再辉煌的坚实基础。而上海相关生产性服务业的聚集，为制造业转型升级提供了重要的支持，也推动了上海产业正在向服务经济为主的产业结构迈进，大大提升了上海城市的经济能量和服务能级，也为持续打响“上海服务”品牌夯实了根基。

2. 长三角区域一体化为制造业提供了发展空间

长三角三省一市组建的区域合作进一步强化产业协同，实现更大范围的资源整合共享，基于制造业结构的差异性和互补性，有利于形成区域性的专业化优势产业发展格局，为上海制造业转型升级提供广阔的发展空间。长江三角洲地区，作为全国发展基础最好、体制环境最优、整体竞争力最强的地区之一，是我国经济最具活力、开放程度最高、创新能力最强的区域之一，是“一带一路”和长江经济带的重要交汇点，已成为亚太地区重要的国际门户、全球重要的现代服务业和先进制造业中心。当前，长三角地区的合作进入了以上海为龙头的一体化创新突破全面深化的新阶段。2014 年，习近平总书记在上海考察时强调：“要继续完善长三角地区合作协调机制，加强专题合作，拓展合作内容，加强区域规划衔接和前瞻性研究，努力促进长三角地区率先发展、一体化发展。”[①]对上海而言，全市的资源尤其是土地资源有限，要想在有限的土地上获得更高的附加值，势必要将原先的产业淘汰，进入产业的转型升级。2017 年上海进一步实施创新驱动发展，强力推动制造业创新中心、产业创新工程、工业强基建设，发布人工智能发展意见，促进与实体经济深度融合等；同时，聚焦产业链关键环节，制定实施高端装备首台套、新材料首批次、软件首版次意见等创新性政策，推动技改审批改革，加快调整转型结合等措施，取得了不错的成效。上海 2017 年全年战略性新兴制造业总产值比上年增长 5.7%，增速同比提高 4.2 个百分点。

上海“十三五”发展规划纲要明确提出，到 2020 年上海制造业增加值占 GDP 的比重保持在 25%左右。然而从发展现状看，普遍的要素供给约束、供给抑制、供给结构老化和关键技术创新不足是困扰上海制造业发展的主要问题。其主要表现在三个方面：

一是劳动力资源总量持续下降，人力资本质量有待提高。上海户籍人

① 江跃中：“打造世界最大都市圈关键在哪”，《新民晚报》2015 年 3 月 14 日。

口的自然增长率长年在 0%上下浮动，2013 年开始，上海劳动力资源总量已持续递减，平均每年减少 16.14 万人。如图 11—8，上海市 15—59 岁的劳动人口数占全市人口的比重呈逐年下降趋势。如果没有外来人口的补充，上海的人口实际是在缓慢减少，或者至少是不增长。2018 年初，上海市常住人口 2 415.33 万人，比 2016 年年末减少了 10.41 万人，比 2017 年年末减少 1.37 万人，减少的部分主要是外来人口。值得关注的是，2017 年末，上海市户籍常住人口达到了 1 445.65 万人，比 2016 年末增加了 6.15 万人，户籍人口增加的部分主要是外来人口入户造成的，本地户籍人口的自然增长率为 —0.6‰，仍处于下降趋势。同时，外来常住人口为 972.68 万人，比 2016 年末降低了 7.52 万人，这一数据部分印证了“逃离北上广”现象的存在。

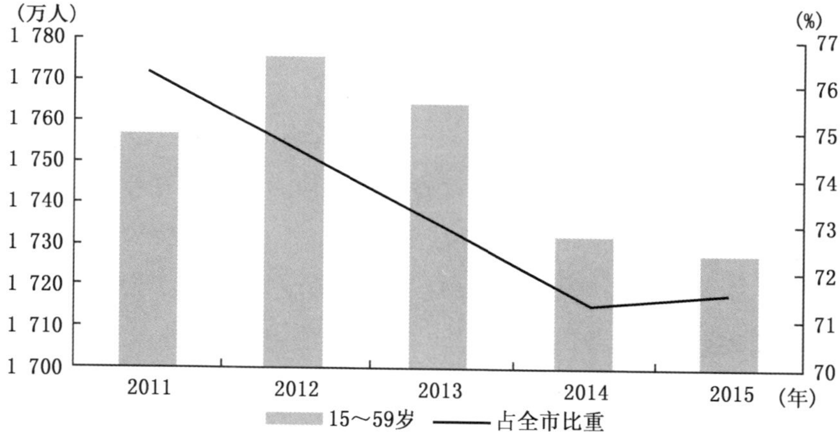


**图 11—8　上海市劳动力人口数及占比趋势**

与此同时，老龄化与少子化趋势明显，2017 年，上海 15～59 岁劳动年龄人口负担 60 岁及以上老年人口的抚养系数达到 58.8%，比上年增加 4.7 个百分点。加上少儿抚养比，2017 年上海总抚养比已经达到 77.1%，即大约每 1.29 个 15～59 岁的劳动力要负担 1 个 60 岁以上或者 0～14 岁人口。主要劳动年龄人口占常住人口的比重也由当年的 74.6%降至 2017 年末的 57.86%。① 截至 2017 年 12 月 31 日，上海全市户籍人口中 60 岁及以上老年人口为 483.60 万人，占总人口的 33.2%，较 2016 年增加了 25.81 万人，

① 此处劳动年龄人口的统计口径为 15～60 岁。如按 15～65 岁的标准，该比重约 70%。

增速 5.6%；户籍常住人口中 65 岁及以上老年人口达到 315.06 万人，户籍人口老龄化率为 21.8%，即平均不到 5 个户籍人口中就有 1 个 65 岁及以上；65 岁及以上外来老年人口总量达到 30.72 万人，比上年增加 7.97 万人，增长 35.0%。初步预计，到 2020 年上海常住人口老龄化率超过 21.5%，其中户籍人口老龄化率达到 36%。上海经济增长的人口红利预计到 2020 年终结，未来必将更多依靠人力资本红利和科技进步推动经济发展。

同时，上海市的劳动力质量距离建设具有全球影响力的科技创新中心和"四个中心"仍有差距。2015 年，上海主要劳动力受过高等教育的比例为 32%，比北京低近 10 个百分点；人均受教育年限 11.7 年，与纽约、伦敦等国际大都市差异较大。到 2020 年，两地的这种差距将缩小到 8 个百分点，在《中长期教育改革和发展规划纲要(2010—2020 年)》中，北京计划到 2020 年主要劳动力人口受过高等教育的比例超过 48%，而上海计划 2020 年达到 40%。

在外来劳动力方面，上海近 1 000 万的外来常住人口中，大专及以上文化程度人口占比 14.1%，高中文化程度人口占比 16.3%，初中文化程度人口占比 52.7%，小学及以下文化程度人口占比 16.9%，总体文化程度构成依旧偏低。另据测算，400 万余名来沪人员的就业状况并不明晰，约占符合劳动年龄段来沪人员总数的 42.28%，属于"灰色就业"的潜在人群(即疑似无业游民或社会闲散人员)。

与此同时，国内各大城市对人才的争夺也日趋激烈，一、二、三线城市都纷纷出台了引进高端人才的优惠政策，导致京沪两地间及上海与长三角城市间呈现十分显著的人才双向流动趋势。根据《上海中高端人才及沪漂大数据报告(2018)》，上海中高端人才净流入率位居全国城市第 11 名，杭州、长沙、成都则位列前三名。人才流入上海占比最高的前五座来源城市和上海中高端人才的前五个流向地均为北京、苏州、杭州、南京、深圳，上海流出人才的主要去向是北京，占比为 12.46%。上海的中高端人才净流入率未进入全国前十名的原因，可能与上海生活成本过高、房价过高，以及严格的户籍管制政策有关。对此，上海需要进一步推出优惠政策，吸引具有全球影响力的高端人才，提升上海中高端人才的净流入率。

二是建设用地规模接近极限，减量化将成土地利用新常态。上海"十三五”规划纲要明确提出要守住“四条底线”，即人口、土地、环境和安全，新增的建设用地计划进一步向公益民生类项目倾斜，将大部分土地优先安排轨道交通和社会养老等公共服务项目。根据《上海市城市总体规划(2017—2035年)》规定，到2020年上海城市建设用地规模将控制在3 185平方公里，2035年控制在3 200平方公里。而2015年末，上海建设用地规模已达3 145平方公里，即“十三五”期间，上海建设用地增量只有40平方公里；未来十几年内上海新增城市建设用地，加上低效建设用地减量化50平方公里，合计仅新增111平方公里，相比“十二五”时期明显减少。

3 145平方公里的既有建设用地，占上海全市陆域面积比重已达45%，逼近现有资源环境承载能力极限，也远高于很多国际大都市20%～30%的开发水平。其中工业用地占建设用地总量的比重超过25%，明显高于国际大都市(一般均在20%以下)。土地作为一种稀缺资源，已成为制约上海经济发展的“瓶颈”之一，“优化城市土地利用结构，盘活存量用地，提高工业用地利用绩效”，将是未来上海缓解土地供应“瓶颈”约束的主要途径。

土地资源的供求失衡矛盾，加剧了土地价格的上升。上海自2007年开始实施工业用地招拍挂制度以来，工业用地价虽然在全球金融危机爆发后出现了波动，但上升的趋势未变。2000年的时候才77万元/亩，且2000～2010年基本趋于稳定，在2010年之后才开始爆发式增长，并保持了持续上升的态势，2000～2010年上海工业用地价格还只是长江三角洲地区平均价格的1.5～1.6倍，2012年增至1.9倍，2018年增至2.5倍，特别是进入2015年以来，每季度工业用地平均价格的同比上升幅度均保持在10%以上。2018年第二季度全国106个城市中，上海的工业用地价格排名第三，为169万元/亩，完税后工业用地价格约为240万元/亩(见图11—9、图11—10)。

土地价格高企，一方面削弱了上海产业的竞争优势，另一方面也说明各路资本看好上海的投资价值，表明上海的土地仍具有极强的吸引力，长三角地区产业分区域集聚发展的趋势仍将延续。

三是吸引外资止跌回升与外资撤离并存，上海工业投资提质增效作用凸显。上海工业曾是吸引各方投资的热土，但近年来吸引国际国内资本受到严重冲击，2018年上海一改往年投资下滑的趋势，吸引外资和国内投资

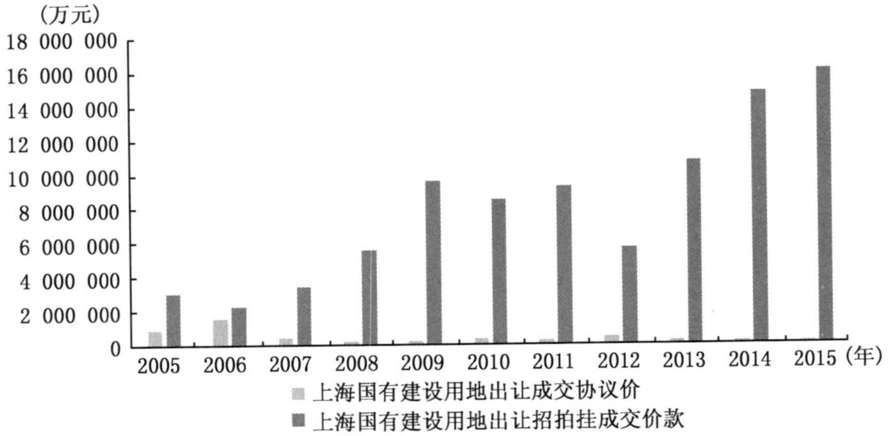


**图 11－9 上海土地成交价格变化**

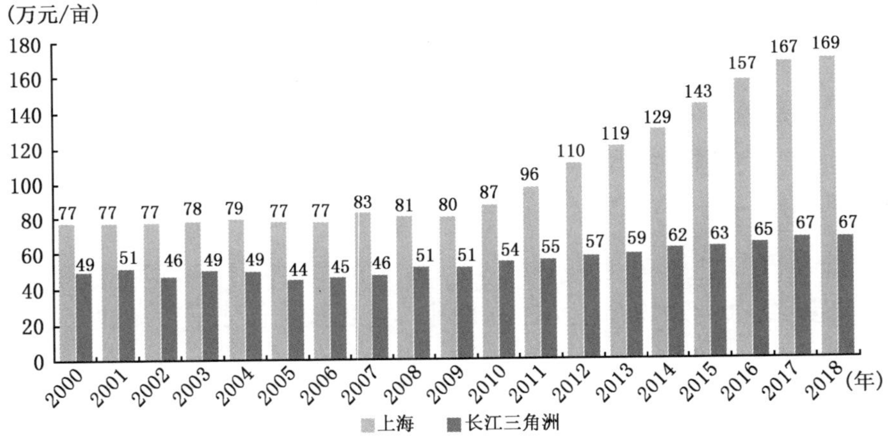


注:资料引自 http://www.sohu.com/a/251075909_313697。

**图 11－10 2000～2018 年上海工业用地价格的变化、与长三角地区的对比**

由上年的“双降”转为“双回升”。其主要表现为:

(1)工业利用外资出现回暖现象。在经历较长时间的低迷后,上海制造业吸引外资出现回暖迹象,2018 年上半年,上海实现合同外资与实到外资“双增长”。其中,制造业实到外资规模比上年大幅增长,成为上海吸引外资由降转升的重要支撑。这一现象与“上海扩大开放 100 条”和上海近年来着力打造具有全球影响力的科技创新中心密切相关,吸引的制造业外资中,尤以来自德国、荷兰、奥地利等欧洲传统制造强国的企业最为活跃，由此推动今年上半年欧洲对上海投资跃升，实到外资 15.1 亿美元，同比增长 42.2%。另一方面，在外资撤离中国的现象中，上海也受到一定程度的冲击，比如全球第三大、台湾第一大液晶显示面板制造商友达光电 2018 年 1 月关闭了松江工厂，主要原因是其重要客户三星及苹果悄悄转移订单所致。近年来，三星一直在加快撤离中国步伐，特别是在萨德事件发生后，三星撤离更是坚决，在中国内地员工从几万名，到现在几乎所剩无几了。

(2)上海市产业发展提质增效作用凸显。2018 年上半年上海工业投资不断超越性增长，实际完成投资 465.8 亿元，同比增长 22.9%，创近 10 年新高。成为支撑全社会投资增长的有效动力。工业投资快速回升的主要原因是 2017 年以来，国家发布多项政策鼓励制造业发展，上海则于 2018 年启动了改善营商环境、打响“上海制造”品牌的工作，上海各区和工业集团推动制造业投资热情高涨，制造业投资完成了 346.8 亿元，同比增长 22%。其中，电子信息、成套设备、精品钢材、汽车、石化、生物医药六大制造业重点产业同比增长 21.3%，属于新兴行业的基因工程药物和疫苗制造业、工业机器人制造业等细分行业投资形势显著优于很多传统行业。2018 年上半年，非国有经济工业投资完成 369.4 亿元，同比增长 32.9%，超过工业投资增幅 10 个百分点。其中私营经济投资保持了年初以来的高位增幅，同比增长 78.9%(上年同期下降 14.2%)，主要项目分布于汽车零部件、服装、机器人等多类行业，各类所有制主体对实体经济的投资信心不断提升。

(3)以经贸合作为突破口，上海企业加快“走出去”。随着国家“一带一路”倡议的深入推进，上海大力加强了对沿线国家的经贸投资，并将其作为“一带一路”建设的重要内容，上升为全面提升对外开放水平的主攻方向。截至 2017 年 10 月，上海企业三年内共参与海外投资项目 246 个，实际投资额达 54.9 亿美元，年均增长近 1.6 倍；承接重大工程 3 019 个，累计合同额达 217 亿美元，年均增长 9.4%；贸易额突破 5 000 亿元。据上海市商务委统计数据显示，2017 年，上海共办理企业境外投资备案和核准 608 项，备案和核准项目投资总额 602.76 亿美元，备案和核准中方对外投资额 129.07 亿美元。根据各省市商务系统公布的数据，2017 年上海非金融类对外直接投资额达 123.55 亿美元，占全国同期境外投资的比重超过 10%，稳居全国各省、市、自治区第一位。在对外投资整体趋缓的大环境下，上海的对外投资交易仍表现活跃。在对外承包工程方面，上海也表现优异，对外承包工程新签项目以大项目为主。2017 年 1～12 月，上海新签对外承包工程合同额 108.52 亿美元，同比下降 8.38％，在全国各省市中位列第五；实际完成营业额 99.33 亿美元，同比增长 49.2％，在全国各省市中位列第三。

(4)工业企业效益开始回升。近几年，由于国际国内形势总体仍较严峻，导致工业企业盈利能力持续下降，这种趋势在 2018 年上半年开始扭转。上半年，上海全市规模以上工业总产值 16 989.20 亿元，比上年同期增长 5.2％。35 个工业行业中，22 个行业的产值比上年同期实现增长，增长面为 62.9％，其中汽车制造业在全国汽车市场交易增速显著回落的情况下，产值比上年同期增长了 12.3％。工业战略性新兴产业的七个重点行业均实现增长，新能源汽车、新一代信息技术和生物分别增长 29.6％、14.2％和 15.0％。1～5 月，工业企业主营业务收入比上年同期增长 8.4％，利润总额增长 11.2％，主营业务收入利润率为 8.9％，高于全国平均水平 2.5 个百分点。

四是创新要素活力亟待激发，创新环境有待进一步改善。创新包括技术创新和管理创新。上海有实力雄厚的科研院校和高素质的人才队伍，但上海在创新方面并未占得先机。其主要原因如下：

(1)科研创新仍需加强，基础研究投入仍然较少。从研发强度(研发投入占 GDP 比重)来看，2016 年，北京以 5.94％高居榜首，深圳以 4.1％位居第二，上海以 3.8％位居第三，三地均超过全国 2.12％的平均水平。从 R&D 经费支出占 GDP 的比重看，2015 年上海即已为 3.7％，位居世界前列(美国 2.79％，日本 3.34％，德国 2.92％，以色列 4.2％，韩国 4.36％)；2017 年进一步增长到 3.78％(见图 11—11)。未来 5 年，该比例至少还将再提升 0.2 个百分点，到 2022 年，上海全社会研发经费支出将相当于 GDP 的 4％。尽管上海非常重视科技研发投入，但创新投入的结构仍不尽合理，基础研究所占比重偏低，2015 年上海基础研究和应用研究投入比例分别只有 8.2％和 13.7％，其余 78.1％投入都用于了试验发展，虽然基础研究的投入比例高于全国 5.3％的总水平，但仍远低于美国的 16.5％和韩国的 18.1％。

(2)上海企业研发经费内部支出增长创新高。2017 年，上海企业 R&D 投入强度为 1.22％，比上年提高 0.04 个百分点。处于研究阶段和已完成

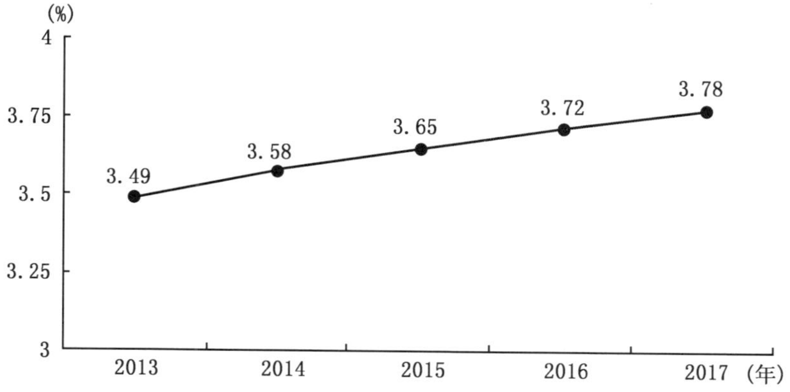


**图 11—11　2013 ～ 2017 年 R&D 经费支出相当于上海市生产总值的比例**

的研究开发项目共计 15 357 项，比上年增长 14.6%。企业研究开发项目经费内部支出 746.67 亿元，比上年增长 20.7%。上海市企业共提交专利申请 40 184 件，比上年增长 12.4%。其中，发明专利申请数为 19 621 件，比上年增长 8.6%。拥有的有效发明专利数 58 755 件，比上年增长 10.7%。

(3)创新制度供给依然不足，创新环境有待进一步改善。上海文化较多讲究的是规则、规范，创新创业尚未融入城市文化之髓。政府行政管理效能需要进一步提高，制度性交易成本与国际大都市比仍然偏高——根据世界银行 2016 年报告营商环境排名，新加坡连续 10 年位列第一，中国香港排在第 5 位，中国内地排在第 84 位。随着近年来政府深化改革，上海营商环境和科研环境得到持续改善，但对标国际先进水平，特别是与排名首位的新加坡相比，上海仍有一定差距。鼓励创新创业的支持政策需要进一步聚焦并加大力度，目前仍存在资源分散、不够高效的现象；一些政策在具体推进落实过程中仍存在操作性不强的尴尬；容忍失败的氛围尚未形成，对国有企业的考核机制也需进一步完善。

## 11.3　上海制造业发展的现实困境原因剖析

### 11.3.1　制造业发展战略和市场需求契合度降低

随着市场经济的日益深入发展，上海拥有的传统制造业产品品牌知名度和产品种类市场占用率急剧减少。重点发展的少数传统行业如钢铁、电力过度膨胀而产能迅速过剩，非重点发展的多数传统行业不断萎缩或消失，如纺织业。其原因主要就是这些产业未能以市场需求为导向，未能积极进行技术创新与产品创新，企业的体制机制改革不彻底等。除了上述原因外，近年来，由于外部需求存在不确定性及上海制造业发展中自身存在的结构性问题，制造业增长仍较为缓慢，上升势头不强。究其原因，主要是上海制造业的结构性问题：一是上海制造业的对外依存度很高，发展的外部制约性较大。二是外商主导的加工贸易在出口总额中所占比例较大。三是重点发展行业对全市制造业的正向拉动力明显减弱。四是重制造业企业抗风险能力较差。五是制造技术基础及创新能力薄弱。

### 11.3.2 制造业内部资源整合能力不强

制造业的发展是一个由简单到复杂、由少功能向多功能升级的过程，这种升级的过程中体现为产业链与价值链的不断延伸。这种升级对产业和企业而言需要能力的提升，即产业链、价值链和资源整合能力的提升。过去的自行车、缝纫机等产品，使用材料单一，加工工艺简单，整个制造过程可以在一个不大的工厂内完成。而如今的消费产品，即使是手机这样的产品，除了硬件生产的复杂程度大大提高，在应用软件、使用环境等方面，也需要更多产业和行业的支持。显然，过去这种以工厂为主要单元的生产组织形式已经不能适应现代民用产品生产的需要。

在许多领域，今天的上海制造业应该建立具有更高层次、更大规模产业链、价值链和整合资源的组织形式，这种组织形式应该是适应市场变化、新型产业分工要求、更加敏捷的组织形式。而上海制造业的主体依然是国有企业，规模虽然已经较大，但机制与效率并未得到较大改善，全球资源整合能力并未有效提高。企业整合能力的下降，引发了企业综合成本升高，竞争力弱化。上海制造业虽然不乏一些佼佼者，但在产品技术含量、产品品质档次、国际品牌梯度和企业战略定位等方面能够实现跨越式提升的却为数不多。另外，上海实体经济的运行成本压力继续增加，劳动力成本的增长势头加快，其他的商务成本也在提高，对制造企业形成空前压力。

### 11.3.3　制造业发展支撑体系匹配度有待提高

制造业发展包含制成品升级和制造能力升级两个方面，前者是产品升级，只要在生产环节通过技术进步与创新就可以实现；后者是能力升级，需要对制造业发展起到重要支撑的人才教育培训和产品技术研发两大体系全面升级。前者的升级可以比较快地提高短期效益，但这种效益会呈不断衰减态势；后者的升级需要消耗大量资源和时间，但所得收益呈持续增长态势。

创新是制造业与制造企业发展的不竭动力，是制造企业发展的灵魂。持续稳健发展的关键就在于不断地超越、不断地创新，而目前上海制造企业在持续创新方面普遍存在后继乏力问题，尤其是在研发阶段，由于投入大、周期长、风险高，很难吸引外部资金介入。政府虽然出台了诸如中小先进制造企业创新基金等一系列扶持政策，但在实际操作层面作用并不大。

技术人才培养是制造业的基础，但由于全国制造业发展的困难，目前上海乃至全国的高校中制造类专业都难以招收学生，学生不太愿意去学制造业方面的专业。学校也没有随着制造业发展、人才市场需求的变化而进行专业更新调整，制造类科研院所布局呈现发展弱化、边缘化的趋势。上海制造业转型升级需要一大批高素质的制造业专业人才，目前的供需矛盾问题比较突出，制造企业很难招聘到高素质的制造业与信息产业的复合型人才。这是一个大问题，需要综合考虑系统解决。

# 第十二章

# 上海制造业发展的创新成效分析

近年来，上海在具有世界影响力的科创中心建设、创新驱动发展、以“一降一补”为重点的供给侧结构性改革方面做了许多工作，投入很大，取得了成绩。创新成效，尤其是在上海制造业方面的创新成效如何？值得认真分析研究。因为上海制造业的再辉煌是与制造技术进步、产品创新、工艺创新、市场创新等密切相关的。

## 12.1 上海创新的总体状况

### 12.1.1 创新投入的现状

从全国范围来看，上海创新投入强度处于全国前列，仅次于北京。2017年上海市全年用于研究与试验发展(R&D)经费支出1 139.06亿元，相当于上海市生产总值的比例为3.78%，比上年增长8.55%(见图12－1和表12－1、表12－2)。

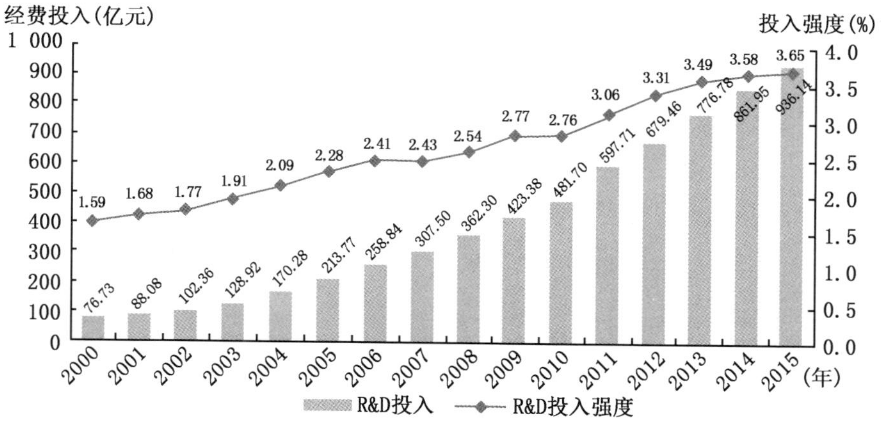


图 12—1　2000～2015 年上海 R&D 投入与强度

表 12—1　　2000～2017 年上海 R&D 投入与强度(原始数据)

| 年份 | 经费投入(亿元) | 投入强度(%) |
|---|---|---|
| 2000 | 76.73 | 1.59 |
| 2001 | 88.08 | 1.68 |
| 2002 | 102.36 | 1.77 |
| 2003 | 128.92 | 1.91 |
| 2004 | 170.28 | 2.09 |
| 2005 | 213.77 | 2.28 |
| 2006 | 258.84 | 2.41 |
| 2007 | 307.50 | 2.43 |
| 2008 | 362.30 | 2.54 |
| 2009 | 423.38 | 2.77 |
| 2010 | 481.70 | 2.76 |
| 2011 | 597.71 | 3.06 |
| 2012 | 679.46 | 3.31 |
| 2013 | 776.78 | 3.49 |
| 2014 | 861.95 | 3.58 |
| 2015 | 936.14 | 3.65 |
| 2016 | 1 049.32 | 3.72 |
| 2017 | 1 139.06 | 3.78 |

表 12—2　　2010 年和 2017 年上海与国内其他主要省市 R&D 经费支出

| | R&D经费支出 | | | R&D投入强度 | | |
|---|---|---|---|---|---|---|
| | 2010 年（亿元） | 2017 年（亿元） | 增长（%） | 2010 年（%） | 2017 年（%） | 增长（百分点） |
| 全国 | 7 063 | 17 500 | 147.77 | 1.76 | 2.12 | 0.36 |
| 北京 | 822 | 1 595 | 94.04 | 5.82 | 5.7 | −0.12 |
| 上海 | 482 | 1 139.02 | 136.31 | 2.81 | 3.78 | 0.97 |
| 天津 | 230 | 537 | 133.48 | 2.49 | 3 | 0.51 |
| 江苏 | 858 | 2 319.32 | 170.32 | 2.07 | 2.7 | 0.63 |
| 浙江 | 494 | 1 260 | 155.06 | 1.78 | 2.43 | 0.65 |
| 山东 | 672 | 1 563.7 | 132.69 | 1.72 | 2.15 | 0.43 |
| 广东 | 809 | 2 343.63 | 189.69 | 1.76 | 2.61 | 0.85 |

### 12.1.2　创新的成果产出

近年来，上海专利数保持较快增速，在全国属于领先水平。2017 年，上海全年共受理专利申请 131 746 件，全年专利授权量 70 464 件。其中，受理发明专利申请 54 633 件，授权发明专利 20 681 件。全年 PCT 国际专利受理量为 2 100 件，比 2016 年增长 34.6%。至 2017 年末，全市有效发明专利达 100 433 件，每万人口发明专利拥有量达 41.5 件，比 2016 年增长 17.9%（见表 12—3）。

表 12—3　　上海专利申请情况（2000～2017 年）

| 指标 | 2000 年 | 2010 年 | 2014 年 | 2015 年 | 2016 年 | 2017 年 |
|---|---|---|---|---|---|---|
| 专利申请量 | 11 337 | 71 196 | 81 664 | 100 006 | 119 937 | 131 746 |
| ＃发明 | 4 713 | 26 165 | 39 133 | 46 976 | 54 339 | 54 633 |
| 专利授权量 | 4 050 | 48 215 | 50 488 | 60 623 | 64 230 | 70 464 |
| ＃发明 | 304 | 6 867 | 11 614 | 17 601 | 20 086 | 20 681 |
| 有效发明专利 | — | 23 843 | 56 515 | 69 982 | 85 049 | 100 433 |
| PCT 国际专利受理 | — | 735 | 1 038 | 1 060 | 1 560 | 2 100 |

2016 年，上海科研人员共计在国际顶级学术期刊《科学》(*Science*)上发表论文 19 篇，占全国的 26.4%；在《自然》(*Nature*)上发表论文 15 篇，占全国的 50.0%；在《细胞》(*Cell*)上发表论文 5 篇，占全国的 35.7%(见表 12—4)。

**表 12—4**　　**上海重大科技成果情况**

| 年份 | 科技成果 | 按成果水平分 | | | | 按成果分 | | | | |
|---|---|---|---|---|---|---|---|---|---|---|
| | | ♯国际领先 | ♯国际先进 | ♯国内领先 | ♯国内先进 | 基础理论 | 应用技术 | 其中 | | 软科学 |
| | | | | | | | | 已推广应用 | 未应用 | |
| 2006 | 1 953 | 250 | 675 | 655 | 191 | 52 | 1 799 | 1 506 | 293 | 102 |
| 2007 | 2 396 | 180 | 761 | 938 | 254 | 139 | 2 162 | 1 724 | 438 | 95 |
| 2008 | 1 866 | 125 | 664 | 663 | 226 | 115 | 1 695 | 1 337 | 358 | 56 |
| 2009 | 2 166 | 260 | 651 | 831 | 247 | 94 | 2 009 | 1 747 | 262 | 63 |
| 2010 | 2 318 | 188 | 698 | 724 | 202 | 152 | 2 104 | 1 824 | 280 | 62 |
| 2011 | 2 388 | 211 | 598 | 568 | 158 | 182 | 2 137 | 1 943 | 194 | 69 |
| 2012 | 2 415 | 177 | 572 | 596 | 142 | 218 | 2 112 | 1914 | 198 | 85 |
| 2013 | 2 490 | 125 | 462 | 548 | 164 | 248 | 2 152 | 1 872 | 280 | 90 |
| 2014 | 2 384 | 108 | 423 | 531 | 149 | 263 | 2 023 | 1 798 | 225 | 98 |
| 2015 | 2 356 | 125 | 367 | 467 | 155 | 239 | 2 040 | 1 764 | 276 | 77 |
| 2016 | 2 245 | 122 | 364 | 438 | 189 | 2 702 | 1 909 | 1 654 | 255 | 64 |

资料来源：上海市科学技术委员会．上海科技统计年鉴 2017[EB/OL]. http://shsts.stcsm.gov.cn/home/njptcx_result.aspx? ModuleID＝3&id＝2949&param_yearId＝28，2018—09—06。

2017 年度，上海牵头及合作完成的 58 项重大科技成果荣获国家科学技术奖，获奖总数比 2016 年增加了 6 项，占全国获奖总数的 20.7%，是 1999 年国家科技奖励制度改革以来，第一次突破 20%，也是连续第 16 年获奖比例超过 10%。[①] 其中，荣获国家自然科学奖 6 项(牵头完成 3 项)，占全国 35 项国家自然科学奖的 17.1%；国家技术发明奖 11 项(牵头完成 5 项)，占全国 66 项国家技术发明奖的 16.7%；国家科学技术进步奖 39 项(牵头完

① 2017 年度国家科技奖励大会召开 上海获奖总数占比首破 20%[N]．东方网，http://news.163.com/18/0108/11/D7KGRLF3000187VE.html，2018—01—08。

成13项)，占全国170项国家科学技术进步奖的22.9%；中华人民共和国国际科学技术合作奖2人，占全国的28.6%。在高等级奖项中，2项国家自然科学一等奖，上海参与1项；3项国家科学技术进步特等奖，上海参与2项；21项国家科学技术进步一等奖，上海牵头完成1项，参与完成2项。

### 12.1.3 创新成果市场转化状况

创新成果转化是指为提高生产力水平而对科技成果所进行的后续试验、开发、应用、推广直至形成新技术、新工艺、新材料、新产品，发展新产业等活动。科技成果转化率间接反映了技术创新和产业创新的效率(见图12—2，表12—5)。

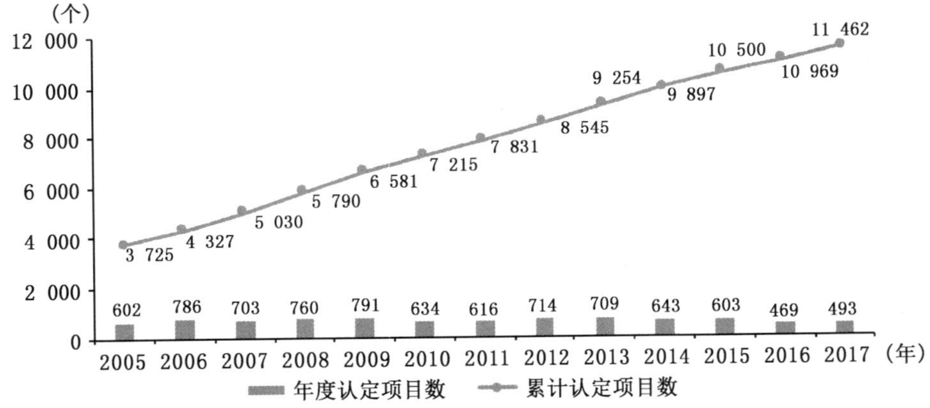


图12—2　2005～2017年度高新技术转化项目认定情况

表12—5　2005～2017年度上海市高新技术转化项目认定情况(原始数据)

| 年份 | 年度认定数 | 累计认定数 |
|---|---|---|
| 2005 | 602 | 3 725 |
| 2006 | 786 | 4 327 |
| 2007 | 703 | 5 030 |
| 2008 | 760 | 5 790 |
| 2009 | 791 | 6 581 |
| 2010 | 634 | 7 215 |
| 2011 | 616 | 7 831 |

续表

| 年份 | 年度认定数 | 累计认定数 |
|---|---|---|
| 2012 | 714 | 8 545 |
| 2013 | 709 | 9 254 |
| 2014 | 643 | 9 897 |
| 2015 | 603 | 10 500 |
| 2016 | 469 | 10 969 |
| 2017 | 493 | 11 462 |

2017 年全年共认定高新技术转化项目 493 项，其中，电子信息、生物医药、新材料等重点领域项目占 87.4%。至 2017 年底全市累计共认定高新技术成果转化项目 11 462 项。累计已有 172 家科技创新企业在上海股权托管交易中心“科技创新板”挂牌。

至 2016 年末，3 年跟踪期的 2 600 多项高新技术成果转化项目总计实现销售额 776.63 亿元，利润 135.20 亿元，纳税额 31.51 亿元。上海市财政落实成果转化财政专项扶持资金 6.82 亿元；通过成果转化政策为高转项目企业 104 名关键技术骨干办理了落户。① 高转项目的创新和产业化成效显著，有力地促进了科技企业，尤其是中小科技企业的快速成长，从而带动了行业和产业转型升级、创新发展。

2017 年上海市经认定登记的各类技术交易合同 21 559 件，比上年增长 1.7%；合同金额 867.53 亿元，同比增长 5.4%(见表 12—6)。

**表 12—6　　上海市各类技术合同成交金额**　　单位:亿元

| 年份 | 成交金额 | 其　中 | | | |
|---|---|---|---|---|---|
| | | 技术开发 | 技术转让 | 技术咨询 | 技术服务 |
| 2006 | 344.43 | 142.79 | 165.18 | 7.6 | 28.86 |
| 2007 | 432.64 | 181.5 | 212.49 | 5.5 | 33.15 |
| 2008 | 485.75 | 213.24 | 229.53 | 6.41 | 36.57 |

① 杨浦区政府．2017 上海高新技术成果转化项目百佳年会[EB/OL]．中国上海，http//：www.shanghai.gov.cnnw2nw2314nw2315nw15343u21aw1263684.html，2017—10—20。

续表

| 年份 | 成交金额 | 其　中 | | | |
|---|---|---|---|---|---|
| | | 技术开发 | 技术转让 | 技术咨询 | 技术服务 |
| 2009 | 489.86 | 266.3 | 174.34 | 5.39 | 43.83 |
| 2010 | 525.45 | 264.68 | 213.86 | 4.93 | 41.98 |
| 2011 | 550.32 | 328.25 | 164.49 | 5.4 | 52.18 |
| 2012 | 588.52 | 297.14 | 223.48 | 5.17 | 62.73 |
| 2013 | 620.87 | 267.33 | 230.15 | 7.4 | 115.99 |
| 2014 | 667.99 | 299.83 | 221.99 | 5.95 | 140.22 |
| 2015 | 707.99 | 321.49 | 296.99 | 5.32 | 84.2 |
| 2016 | 822.86 | 309.39 | 338.00 | 9.69 | 165.78 |
| 2017 | 867.53 | 513.91 | 271.59 | 5.36 | 76.68 |

资料来源:(1)《上海统计年鉴 2017》表 19.6;(2)2017 年 1～12 月上海技术合同认定登记统计快报。

### 12.1.4　产业创新的核心:新产品产出

2017 年,上海规模以上工业总产值 33 989.36 亿元,增长 6.8%,增速同比提高 6.0 个百分点。[①] 分行业看,2017 年上海市战略性新兴产业增加值 4 943.51 亿元,比上年增加 8.7%。其中,全年节能环保、新一代信息技术、生物医药、高端装备、新能源、新能源汽车、新材料等战略性新兴产业制造业总产值 10 465.92 亿元,比上年增长 5.7%,增速同比提高 4.2 个百分点,占全市规模以上工业总产值比重达到 30.8%。[②] 战略性新兴产业制造业增加值 2 262.64 亿元,增长 8.1%;服务业增加值 2 680.8 亿元,增长 9.2%。在战略性新兴产业制造业中,新能源汽车增长 42.6%,新一代信息技术增长 7.3%,生物医药增长 6.9%,节能环保增长 7.4%,高端装备增长 3.1%,新

① 国务院新闻办.上海举行 2017 年国民经济运行情况新闻发布会[EB/OL].国务院新闻办,2018—01—19.

② 国务院新闻办.上海举行 2017 年国民经济运行情况新闻发布会[EBOL].国务院新闻办,2018—01—19.

材料增长 3.2%，新能源增长 2.9%。①

高技术行业新产品产值占其工业总产值的 23.56%，其中，医药制造业、航空航天制造业、电子及通信设备制造业、信息化学品制造业新产品占比较多，新产品产值均达到本行业产值的 25%以上（见表 12—7）。

**表 12—7　　规模以上工业企业新产品产出情况（2015～2016 年）**

| 年份 | 2015 | | | 2016 | | |
|---|---|---|---|---|---|---|
| 项　目 | 新产品产值 | 新产品销售收入 | 新产品出口额 | 新产品产值 | 新产品销售收入 | 新产品出口额 |
| 总计 | 7 312.24 | 7 470.93 | 1 079.84 | 7 794.49 | 9 033.48 | 1 241.08 |
| #高技术产业 | 985.28 | 981.04 | 455.85 | 1 044.90 | 1 088.87 | 502.95 |
| 信息化学品制造业 | 10.66 | 10.46 | 7.15 | 7.04 | 7.24 | 5.51 |
| 医药制造业 | 205.89 | 187.74 | 8.79 | 207.21 | 214.43 | 11.91 |
| 航空航天器制造业 | 38.88 | 42.04 | — | 23.84 | 34.34 | — |
| 电子及通信设备制造业 | 629.47 | 633.53 | 400.91 | 635.84 | 655.41 | 406.52 |
| 计算机及办公设备制造业 | 40.57 | 39.10 | 29.34 | 85.25 | 82.88 | 68.50 |
| 医疗设备及仪器仪表制造业 | 59.82 | 68.16 | 9.68 | 85.72 | 94.57 | 10.51 |

资料来源：根据历年《上海统计年鉴》整理。

当前新技术、新产品、新业态大量出现，全球产业体系发生深刻变化，但新型制造业仍将是经济发展的重要组成部分和增长的发动机，上海转型发展离不开先进制造业、新技术、新产品的强力支撑。面对全球制造中心（如深圳智能制造等）快速形成，新兴制造（机器人制造、生物制造、微细制造等）快速成长，新兴制造模式（网络化制造、虚拟制造等）快速出现。重振“上海制造”需要顺应产业发展的大趋势，推动互联网、大数据、人工智能与制造业的深度融合，将局部的技术创新扩展成为产业生态系统的整体创新，通过产品创新、技术创新推动新兴产业集群及其产业生态系统的生根发芽，促进上海早日成为具有全球影响力的高端制造业中心和国际创新中心。

① 徐蒙，邵竞．上海全年 GDP 首次突破 3 万亿，图解 2017 年经济“成绩单”[N]．解放日报，2018—C1—19.

### 12.1.5 产业创新的新市场形成

2017年以来，上海供给侧改革稳步推进，经济增长更趋均衡、结构更加协调、经济更具韧性，经济增长的动力源泉不断涌现。在集成电路等行业的产品创新引领下，2017年，上海高技术制造业完成工业总产值7 174.70亿元，比上年增长8.7%，增幅高出全市工业平均水平1.9个百分点。其中，电子及通信设备制造业增长9.3%，航空、航天器及设备制造业，计算机及办公设备制造业，信息化学品制造业分别增长8.5%、7.8%和7.2%，增速均高出全市工业平均水平。①

高端制造"四小虎"表现尤其突出：一是工业机器人优势凸显。安川、库卡、FANUC、ABB全球四巨头均已落户上海，并明确了2018年起在上海的增产扩容方案。2016年，上海工业机器人产量就已占全国40%以上，2017年产量为4万台，增速达43.1%；预计到2020年上海的工业机器人产量至少可增至7万台。二是智能制造系统集成增势延续。上海在智能制造系统集成领域已占据全国领先位置，2017年实现36.8%的高增长。三是新能源汽车方兴未艾。2017年上海新能源汽车实现超过30%的高速增长。新能源汽车三大核心部件之一的电机产量，上海占据了全国半壁江山，并且随着技术研发持续投入有望带来更多的增量。大众MEB平台的启动和未来汽车首款产品的投产，将为上海新能源汽车保持高速增长提供有力支撑。四是高端医疗装备独领风骚。医疗仪器设备及仪器仪表制造业通过不断创新，一大批新型高端医疗器械打破国外设备垄断，积极抢占国内市场，生产形势良好，增长11.2%。国内技术水平最高、产值规模最大的行业龙头上海联影医疗科技有限公司近年来一直保持50%左右的超高速增长，2017年已实现30亿元产值，2018年有望增长至50亿元。同时，上海在医疗机器人（包括手术机器人和康复机器人）领域也处于领先全国的水平，有望为高端医疗装备的持续增长提供有力支撑。

① 2018年上海经济形势．环境、动力及关注点剖析[R]．上海市人民政府发展研究中心，2018—03—20．

# 12.2　上海产业创新支撑体系现状

## 12.2.1　制造业企业创新状况

上海高新技术企业和创新型企业数量相对较多，截至 2017 年底，上海共有国家级创新型企业 15 家，国家级创新型试点企业 19 家，市级创新型企业 500 家，科技小巨人企业和科技小巨人培育企业共 1 798 家，高新技术企业 3 247 家(2017 年认定数量)，技术先进型服务企业 274 家。全市 2015～2017 年有效期内高新技术企业总数达到 7 642 家，净增长 704 家。

工业企业依然是创新投入的主体，2016 年，工业企业 R&D 经费支出占全市研发费用比例达 46.7%；规模以上工业企业研发经费与主营业务收入之比从 2010 年的 0.85%增加到 2016 年的 1.42%，是全国平均水平(0.9%)的 1.57 倍。

2017 年，上海企业研发投入 746.67 亿元，比上年增长 20.7%；工业企业研发投入占主营业务收入比重达到 1.3%，拥有约 70 家国家级、500 家市级企业技术中心。[①] 2017 年，上海市企业参加研发活动的研究开发人员 17.16 万人，比上年增长 3.8%。企业从业人员中从事研发活动的研究开发人员比例由 2016 年的 4.3%提高到 2017 年的 4.5%；2017 年企业研究开发机构中硕士以上学历人员为 2.83 万人，比上年增长 14.7%，占研发机构人员的比例由 2016 年的 28.1%上升到 2017 年的 31.5%。[②]

从研发强度看，2017 年企业研究开发项目经费内部支出 746.67 亿元，比 2016 年增长 20.7%。企业处于研究阶段和已完成的研究开发项目共计 15 357 项，同比增长 14.6%。全市企业共提交专利申请 40 184 件，比 2016 年增长 12.4%。其中，发明专利申请数为 19 621 件，比 2016 年增长 8.6%。拥有的有效发明专利数 58 755 件，比 2016 年增长 10.7%。企业发明专利申请量和授权量分别占全市的 64%和 61%(见表 12—8)。

① 上海市经信委．开拓进取攻坚克难 上海推动制造业创新提升[N]．中国电子报，2017—10—30。

② 张晓鸣．上海企业研发经费内部支出增长创新高[N]．文汇报，2018—08—04。

表 12－8　上海 2008～2016 年规模以上工业企业研究与试验发展(R&D)活动情况

| 年份 | R&D 人员全时当量(人年) | R&D 经费(万元) | R&D 项目数(项) |
|---|---|---|---|
| 2008 | 43 815 | 2 005 734 | 6 998 |
| 2009 | 67 420 | 2 365 150 | 9 667 |
| 2010 | 69 077 | 2 740 500 | 9 240 |
| 2011 | 79 147 | 3 437 627 | 12 378 |
| 2012 | 82 355 | 3 715 075 | 12 833 |
| 2013 | 92 136 | 4 047 800 | 13 441 |
| 2014 | 93 868 | 4 492 192 | 13 821 |
| 2015 | 94 981 | 4 742 400 | 11 089 |
| 2016 | 98 671 | 4 900 800 | 11 909 |

注:2015、2016 年统计口径有调整。

在创新产出方面,亚太地区知识产权中心城市建设取得新进展。2017 年,全市专利申请受理 131 746 件,同比增长 17.2%;从 2008 年到 2017 年专利申请量和授权量年平均增长率分别为 11.02%和 13.52%。其中发明专利 54 633 件,占比 41.5%,同比增长 7.6%;专利授权量 70 464 件,同比增长 6.8%;发明专利授权量 20 681 件,占比 29.3%,同比下降 3.5%。至 2017 年末,全市有效发明专利存有量 100 433 件,同比增长 18%;发明专利连续 5 年维持率达到 75.9%;每万人口发明专利拥有量 41.5 件,比上年增长 17.9%,提前 3 年完成上海市“十三五规划”中的“2020 年上海每万人口发明专利拥有量达到 40 件”的目标,继续稳居全国亚军。

2016 年,上海规模以上工业企业累计拥有有效发明专利 37 513 件,比 2015 年增长 21.7%。大中型工业企业新产品产值 6 951.17 亿元,同比增长 5.4%;新产品销售收入 8 128.73 亿元,同比增长 20.57%。

2017 年,全市新增注册商标 19.1 万件,同比增长 21%;至 2017 年底,全市有效注册商标总量为 88.85 万件,同比增长 23.7%;每万户市场主体平均有效商标拥有量为 3 751 件,位居全国第二。2017 年上海作品版权登记数 234 658 件,同比增长 8%。2017 年上海申请(农业)植物新品种权 13 项,获得(林业)植物新品种权授权 3 项和(林业)植物新品种国际登录 4 个。

与此同时,上海市率先在全国开展版权产业对经济的贡献度研究,版权产业增加值从2008年的1 394.11亿元上升至2015年的2 973.87亿元，年平均增长率为11.50%，知识产权对经济的贡献度进一步增强。[①]

随着经济新增长点不断涌现，上海已经构建出以现代服务业为主、战略性新兴产业为引领、先进制造业为支撑的现代产业体系框架。2017年，以新技术、新产品和智能制造为特征的战略性新兴产业制造业占规模以上工业总产值的比重达到30.8%，其中，战略性新兴产业增加值达到4 943.51亿元，占上海市生产总值的比重为16.4%，比上年增长8.7%；其中战略性新兴制造业增加值2 262.64亿元，增长8.1%；服务业增加值2 680.87亿元，增长9.2%。以高附加值为特征的金融业、信息产业等增加值占生产总值的比重分别达到17.7%和10.9%；电子商务交易额继续保持两位数增长，"互联网+"的新蓝海已经形成，以沪江网、阅文集团等独角兽企业为代表的"互联网+"新业态蓬勃发展，催生出融互联网社交和跨境电商为一体的"小红书"，陆金所和众安保险领衔的上海金融科技集团军，已在全国乃至全球金融科技领域占据领先地位，上海科技创新服务业发展形势喜人。

### 12.2.2 高校和科研院所的创新状况

在上海城市创新生态系统中，高校和科研院所是一支重要的创新力量，承担着重要作用。2018年2月，复旦大学和上海微技术工业研究院分别牵头建造国家集成电路、智能传感器创新中心，这是我国第六、第七个国家级制造业创新中心，也是上海首次获批建设国家级制造业创新中心。

截至2017学年末，上海全市共有普通高等学校64所，其中4所985大学、10所一流学科建设高校、25所普通本科、25所专科院校。在教育部第四轮学科评估中，上海高校总体26个学科获评A+。累计A类学科91个，B类159个，C类98个，上榜学科总数348个。

2017学年，上海普通高等学校在校学生共51.49万人，毕(结)业13.42万人，比上学年增长1.2%。普通高等院校共有专任教师42 308人(2017年度)，其中正高级7 805人、副高级13 759人。

截至2016年底，上海共有科研机构132家，其中中央部门属科研机构

① 柳鹏，李倩，韩瑞，邹碧颖．发挥知识产权对区域经济的支撑作用[N]．知识产权报，2018—03—06.

75家，占比56.80%。共有从业人员46 538人，其中科技活动人员38 065人(中央部门属31 663人)。按学科领域分类，工程科学与技术领域的科研机构数占比最高，机构数占比43.90%，从业人数占比72.00%。而农业、自然科学、医学科学机构数占比均在10%左右(见表12—9)。

全市共有49家机构培养研究生，全年招收全日制研究生5.00万人，2017学年末，在校全日制研究生15.15万人，毕业全日制研究生4.10万人。上海市累计有1 011人入选国家"千人计划"，798人入选上海"千人计划"。[①]

**表12—9　科学研究与技术开发机构人员情况(2016年)**

| 分类 | | | 机构数(个) | 从业人员(人) | 科技活动人员(人) |
|---|---|---|---|---|---|
| 总计 | 总计 | | 132 | 46 538 | 38 065 |
| | 按隶属关系分 | 地方县以上属 | 74 | 8 228 | 6 402 |
| | | 中央部门属 | 58 | 38 310 | 31 663 |
| 自然科学研究与技术开发机构 | 分计 | | 104 | 45 249 | 36 848 |
| | 按隶属关系分 | 地方县以上属 | 47 | 6 957 | 5 200 |
| | | 中央部门属 | 57 | 38 292 | 31 648 |
| | 按学科领域分 | 自然科学 | 16 | 6 209 | 5 861 |
| | | 农业科学 | 14 | 1 617 | 1 443 |
| | | 医学科学 | 16 | 3 895 | 2 457 |
| | | 工程科学与技术 | 58 | 33 528 | 27 087 |
| 社会人文科学 | 分计 | | 28 | 1 289 | 1 217 |
| | 按隶属关系分 | 地方县以上属 | 27 | 1 271 | 1 202 |
| | | 中央部门属 | 1 | 18 | 15 |

资料来源：上海科技统计年鉴(2017)。

近年来，上海高校科技创新能力加速提升，高校已成为上海基础研究和应用基础研究的重要主体力量，也是科技创新创业人才的培养和聚集地。一方面，高校R&D创新投入快速增加，2016年，高校研发投入93.61亿元，比2015年增长了8.03%，其中，基础研究经费投入39.90亿元、应用研究

① 上海统计.上海概览之"人口就业"篇[EB/OL].澎湃新闻，2018—08—27，https://www.thepaper.cn/newsDetail_forward_2383992，2018—09—10。

43.61 亿元和试验发展 10.10 亿元，分别投入经费占比 42.6%、46.6%和 10.8%。高等院校科技活动人员 74 149 人，R&D 人员全时当量 23 892 人年(见表 12—10)。共开展课题 57 420 项，其中普通高校(理工农医)课题 34 967 项，普通商校(人文社科)课题 22 453 项。

高校科技创新产出稳步增长。2016 年，发表科技论文 79 481 篇，比上年增长 1.54%；出版科技著作 2 789 部，比上年减少 3%；申请专利数 10 848 件，比上年增加 14.1%，其中，发明专利数 9 199 件，占比 84.80%。截至 2016 年底，高校拥有的有效专利数为 20 334 件。

**表 12—10　　上海主要年份高等学校研究与试验发展(R&D)活动情况**

| 指　标 | 2010 | 2013 | 2014 | 2015 | 2016 |
|---|---|---|---|---|---|
| R&D 人员投入情况 | | | | | |
| R&D 人员(人) | 38 175 | 39 462 | 40 381 | 43 574 | 8 284 |
| R&D 人员全时当量(人年) | 21 565 | 21 530 | 22 198 | 23 282 | 23 892 |
| #基础研究 | 9 026 | 10 044 | 10 353 | 11 724 | 12 262 |
| 应用研究 | 10 387 | 9 928 | 9 659 | 10 197 | 10 200 |
| 试验发展 | 2 152 | 1 558 | 2 186 | 1 362 | 1 430 |
| R&D 经费投入情况 | | | | | |
| R&D 经费内部支出(亿元) | 45.8 | 71.5 | 71.6 | 86.65 | 93.61 |
| #基础研究 | 15.19 | 26.94 | 25.17 | 37.87 | 39.90 |
| 应用研究 | 24.71 | 35.92 | 35.35 | 41.65 | 43.61 |
| 试验发展 | 5.9 | 8.64 | 11.08 | 7.13 | 10.10 |
| R&D 课题情况 | | | | | |
| R&D 课题数(项) | 36 656 | 45 473 | 50 323 | 52 167 | 51 743 |
| R&D 课题人员全时当量(人年) | 21 541 | 21 467 | 22 186 | 23 268 | 23 877 |
| R&D 课题经费内部支出(亿元) | 32.96 | 51.25 | 56.03 | 63.61 | 64.53 |
| 科技产出及成果情况<br>发表科技论文(篇) | 70 290 | 72 225 | 74 108 | 78 275 | 79 481 |

资料来源：根据历年《上海统计年鉴》数据汇总。

科研院所也是创新生态的主要组成部分。近年来，上海科研机构的科技产出稳步增加，科研创新能力加速提升。2016 年，科研机构从事科技活动人员数 33 804 人，R&D 经费内部支出 279.40 亿元，比上年增加 5.5%。R&D 项目(课题)数 8 764 项，比 2015 年减少 2.03%，发表科技论文 9 569 篇。申请专利 4 349 件，其中发明专利 3 691 件(见表 12—11)。

**表 12—11　上海市主要年份科研机构研究与试验发展(R&D)活动情况**

| 指　标 | 2010 年 | 2013 年 | 2014 年 | 2015 年 | 2016 年 |
|---|---|---|---|---|---|
| 有 R&D 活动单位数(个) | 113 | 111 | 112 | 111 | 111 |
| R&D 人员投入情况 | | | | | |
| R&D 人员(人) | 26 550 | 30 844 | 32 972 | 33 943 | 33 804 |
| R&D 人员全时当量(人年) | 23 241 | 28 743 | 29 343 | 29 432 | 28 775 |
| ＃基础研究 | 3 781 | 1 853 | 6 471 | 6 453 | 7 008 |
| 应用研究 | 8 771 | 14 033 | 10 196 | 10 092 | 8 604 |
| 试验发展 | 10 689 | 12 857 | 12 676 | 12 887 | 13 163 |
| R&D 经费投入情况 | | | | | |
| R&D 经费内部支出(亿元) | 105.35 | 192.54 | 232.23 | 264.70 | 279.40 |
| ＃基础研究 | 13.87 | 16.33 | 33.78 | 36.78 | 34.84 |
| 应用研究 | 34.51 | 63.8 | 57.64 | 63.99 | 69.34 |
| 试验发展 | 56.97 | 112.41 | 140.81 | 163.93 | 175.22 |
| R&D 项目(课题)情况 | | | | | |
| R&D 项目(课题)数(项) | 5 933 | 7 165 | 8 401 | 8 946 | 8 764 |
| R&D 项目(课题)人员全时当量(人年) | 18 799 | 25 430 | 26 651 | 26 267 | 25 828 |
| R&D 项目(课题)经费内部支出(亿元) | 58.99 | 139.89 | 166.38 | 201.17 | 219.77 |
| 科技产出及成果情况 | | | | | |
| 发表科技论文数(篇) | 7 896 | 9 768 | 9 910 | 10 107 | 9 569 |
| 出版科技著作(种) | 197 | 211 | 220 | 218 | 276 |
| 专利申请受理数(件) | 1 864 | 3 304 | 3 841 | 4 095 | 4 349 |
| ＃发明专利 | 1 593 | 2 620 | 3 066 | 3 364 | 3 691 |
| 专利申请授权数(件) | 817 | 1 726 | 2 194 | 2 401 | 2 526 |
| ＃发明专利 | 502 | 1 114 | 1 451 | 1 715 | 1 918 |
| 有效发明专利数(件) | 2 732 | 4 377 | 5 667 | 7 143 | 9 297 |

资料来源：根据历年《上海统计年鉴》汇总。

### 12.2.3　研发创新平台/基地和中介机构状况

依托企业、高校和科研机构建设的各类研发创新平台和基地(如实验室、工程中心、企业技术中心等)往往是所在城市科技研发实力的关键载体。近年来,在上海科创中心建设推动下,张江综合性国家科学中心建设全面推进,全面创新改革试验加快落实落地,上海微技术工业研究院等6个共性技术研发与转化功能型平台启动建设,上海国家级和市级重点实验室、工程中心数量逐步增加,领域和行业分布趋于合理,已成为全市科技创新体系的重要载体和科技创新的重要源头。上海市国家技术转移中心已形成国内外技术转移渠道123个,张江建成了覆盖创新药物研制全链条的公共服务平台。

目前,上海共有国家级重点实验室41家,约占全国总数的11.74%;市级重点实验室117家,重点实验室已基本覆盖全市各重点学科领域。41家国家重点实验室主要分布在生命、信息、材料等领域,其中生命科学40%、信息22.5%、材料20%。在117家市级重点实验室中,生命科学领域占比46.2%,信息、工程领域分别占比17.1%和14.5%。全市共有国家级工程中心21家,占全国总数的6.3%,市级工程中心212家。212家市级工程中心主要分布在先进制造、信息通信、新材料等战略性新兴产业领域。其中,制造业22.2%,信息与通信产业16.5%,材料14.2%。

科技创新过程涉及资金、人才、信息等多种服务要素,在创新过程中,中介机构有不可忽视的作用。近年来,随着上海服务业的发展,各类创新服务中介机构蓬勃发展,成为创新扩散的重要助力。

专业技术服务。自2008年12月科技部、财政部、教育部等国家六部委联合发布了《关于推动产业技术创新战略联盟构建的指导意见》以来,在政府的推动下,越来越多的企业、高校、科研机构加入到技术创新战略联盟的建设中。截至2015年12月,上海市在战略性新兴产业重要领域累计布局支持联盟91家。同时,上海充分调动全社会力量参与研发服务平台建设,创新资助模式,进一步激活存量,强化溢出效应,布局和认定专业技术服务平台128家,同时大力推动平台运营服务模式的转型与升级,在集聚创新资源、创新服务手段、服务企业自主研发、支撑产业技术创新等方面取得重要进展。

孵化转化服务组织。孵化转化服务主要是指面向企业提供技术转移、成果转化和产业化等方面的服务。服务主体包括创业苗圃、各类孵化器、加速器、技术产权交易机构、技术开发交流机构、技术转移中心、技术市场管理机构、生产力促进中心等。30 年来，上海孵化器事业从无到有、由小到大、经弱至强，从基地外孵化到农舍创业，再到聚合区县大学资源蓬勃发展，已形成了联络员、辅导员、创业导师的完善服务体系，实现了从苗圃、众创空间、孵化器到加速器载体链的无缝对接。截至 2017 年 10 月，上海孵化器已形成 500 余家苗圃、众创空间、孵化器、加速器构成的庞大载体阵营，孵化服务人员达到 2 174 人，孵化企业达到 8 970 余家，创业导师 1 100 人，累计培育了 179 家上市企业，在孵企业创造了 98 250 个就业岗位。① 上海科技创业服务站新增至 174 家，遍布 16 个区县，已形成了区域创新创业体系的稳固根基。

知识产权服务机构。知识产权中介服务主要是为科技创新和发展提供各类最新的知识产权信息和服务，服务的机构和载体主要包括各类专利检索机构、行业资讯机构、科技情报机构等。截至 2017 年，仅徐汇区就汇集了各类代理机构、评估机构、专利公司和投融资机构等知识产权服务机构和企业 154 家，初步形成相对较完整的知识产权服务链。截至 2017 年底，上海共有专利代理机构 127 家，占全国的 6.96%，排名全国第四(北京 500 家、广东 277 家、江苏 140 家)。②

投融资服务机构。创新离不开资金支持，尤其对于中小企业来说，资金是企业进行创新的“瓶颈”。为企业技术创新和成长提供融资服务的机构主要包括风险投资机构、担保机构、科技银行、贷款机构、创业基金等。截至 2017 年底，上海金融市场交易总额达到 1 438 万亿元人民币，拥有各类持牌金融机构 1 491 家。金砖国家新开发银行、人民币跨境支付系统、全球中央对手方协会(CCP12)等一批重要的金融机构或组织落户上海。其中，货币金融服务单位 623 家；资本市场服务单位 403 家；保险业单位 389 家。至年末，全市各类金融单位中，在沪经营性外资金融单位达到 251 家。

---

① 中国高新传媒．中国孵化器 30 年：孵化器上海模式的完美蜕变和城市创新角色担当[EB/OL]. http://news.163.com/shuangchuang/17/1010/13/D0D150CC0001986B.html，2017－10－10。

② 国家知识产权局条法司．专利代理行业发展状况 2017[N]. 知识产权报，2018－04－27。

### 12.2.4　政府在产业创新中的角色

政府作为二次资源分配的主体以及制度环境的塑造者，对于引导企业和社会创新、改善创新环境具有重大作用，是影响产业创新生态系统形成和演化的重要因素。一方面，政府通过加大创新投入撬动社会资本进行创新，以提高社会创新水平。另一方面，政府可通过创新政策的制定营造创新的良好环境，引导企业进行创新。

政府的创新投入。2017 年，上海市地方财政全年用于研究与试验发展(R&D)经费支出相当于上海市生产总值的比例为 3.78%左右(见图 12—3)。

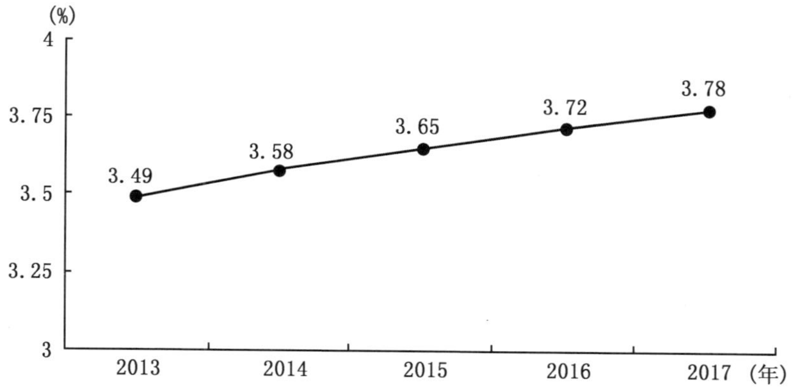


**图 12—3　2013～2017 年 R&D 经费支出相当于上海市生产总值的比例**

政府的创新政策。自 2009 年高新技术产业化政策颁布以来，上海在随后的几年内密集出台了一系列配套政策和实施细则，形成了比较完善的科技创新政策体系。尤其在 2015 年上海建设有全球影响力的科技创新中心以来，上海科技创新政策的制定和实施进入了一个新的阶段，先后在人才引进、科技金融、推动万众创新、大众创业以及营造创新文化氛围等方面实施了一系列具有重大突破性的政策措施。据不完全统计，截至 2015 年末，上海已出台创新相关政策 65 部，其中综合引导类 7 部、科技投融资类 13 部、产业和企业创新类 17 部、创新创业人才类 13 部、创新创业服务类 8 部、创新文化类 3 部、其他类 4 部(见图 12—4)。2015 年，企业享受研发费加计扣除与高新技术企业税收减免额等合计 269.7 亿元，同比增加 37.2%。

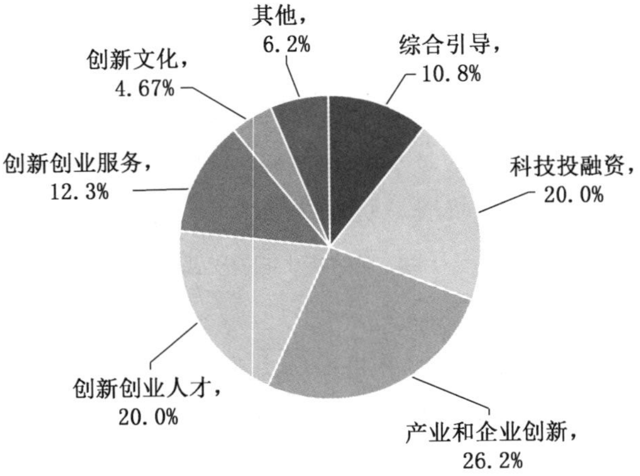


图 12—4　上海已出台创新政策

## 12.3　上海产业创新存在的主要问题

总体而言，上海产业创新在我国处于领先水平，但与其他发达国家相比，还存在较大差距。

### 12.3.1　创新链不完整，四大创新环节上有弱项

首先，上海研发企业较为集聚，其原因是这类企业同时靠近产学研和市场两端，既易于获取科技创新成果，又易于获取市场，因而较可能产生新产品。但是，上海经济发展的主体国有企业缺乏创新的动力和机制，创新的主体中小企业的数量和规模都不大，新产品仍然不多。其次，中小企业的技术标准制定和实施能力较弱，价值链规模普遍较小，即使建立起大规模的价值链也难以维持技术标准，并通过开放技术标准保留配套价值链企业。再其次，上海的产品创新激励机制、氛围不足，毕业生向第三产业流动，导致产学研创新和产业创新的动机都较弱。

新产品产生后，主导企业需要重新设计价值链，并使价值链形成和有效运转。首先，上海及周边价值链产业环节成本较高，远距离配套产业运输成本较高，新产品拥有企业往往无法同时运行多个价值链，并由于讨价还价能

力较弱，新价值链调整难度较大。其次，上海主要产业分布于价值链两端，中间又存在不足，因此价值链不完整。例如研发、销售、售后服务等较为发达，而零部件生产、组装等环节由于附加价值较低，相关企业数量相对不足，价值链调整范围较为狭窄。再其次，上海及附近核心产业结构集中，例如新材料、高新技术改造传统产业以及电子信息技术等，产业结构单一可能影响其他新产业形成。最后，上海价值链定位高端、技术要求较高，新产品适用范围较小。

我国这些年在科技进步与研发的投入不断增长，成果不断增长，但在产业创新的支持方面重视不够。而作为产业创新主体的企业在新产品新工艺创新的投入也十分有限。这一方面与企业长期处在低附加价值获得的状态，导致无力在研发与创新方面投入有关，另一方面也与创新人才、创新能力缺乏，追求短期快速回报的思想理念有关。更进一步的分析可以发现，我们的企业习惯于低成本低价格竞争，在产品品质提升产品差异化方面下功夫不多，因为这方面涉及工艺创新、组织创新与市场创新，需要更多的人财物投入，且在这方面也无经验与人才，回报周期又长。

### 12.3.2　缺乏产业创新的领军主体，或领军主体比较弱

我国经济与产业发展的主力虽然是民营企业，但在各行业中领军的企业还是国有企业。由于国有企业的体制机制改革缓慢，国有企业领导人的评价体系问题等等，导致国有企业在成为产业创新的领军主体时遭遇大家都知道的体制机制、决策缓慢、动力不足等一系列问题。而像华为这样的优秀产业创新型领军民营企业数量又太少，大部分民营企业虽有发展，但所处产业领域的相对低端，导致缺乏研发与产业创新的能力与资本实力。再加上，目前两类企业的税负都普遍比较大，企业产品服务附加价值比较低，收益状况不良，也没有财力没有信心投入研发创新和产业创新。

### 12.3.3　产学研合作机制待完善，产出效率不高

产学研合作中包含主体有政府、高校、企业、研究院所等。产学研合作中，高校和科研院所为上游、企业为下游，政府扮演整体支持作用。当前主要困难有：第一，上下游沟通与协作不畅，高校和科研院所对于企业的生产

需要等信息缺乏了解,导致高校和科研院所创新动力不足、效率不高。第二,横向沟通与协作不畅,高校与科研院所之间既有联系又有区别,然而两者之间缺乏有效的沟通与合作机制,两者创新功能缺少互补。第三,政府部门支持和管理不足。产学研体系中,政府角色主要有政策引导、推动与支持、维持公平竞争等,因而较为重要。但是,政府本身并不是创新主体,所以政府与创新主体的信息不对称可能导致政策失效。第四,产学研体系与产业创新体系之间缺乏有效对接。两者之间价值传递过程就是高科技成果转化过程,产学研产出的科技成果是后续产业创新的来源,两者对接桥梁是企业,当前企业参与产学研的动力相对不足,因此使两端的效率都不高。第五,中介服务机构落后。中介服务机构是产学研的支持环节,该环节也可能影响产学研的产出率。

### 12.3.4 政府管理能力很强,但有时替代市场机制的发挥

上海市的政府很努力、很繁忙,在社会、文化、经济等方方面面承担了大量的管理工作,取得了很好的成绩,创造了良好的生活环境。但另一方面,我们的政府事无巨细什么都管,管到科研机构科技创新的具体项目、管到企业产业创新的具体落实等等,这样的大包大揽,直接替代了市场机制的发挥,直接替代了科学家们的研究选择、企业家们的产业创新选择。产业创新完全是市场导向为主的再创新,企业只有看到创新租金可以获得,新产品未来市场潜力大时,才愿意在产业创新的四个关键创新环节努力。因此,如果市场机制缺乏,创新激励机制不到位、宏观政策状况尚未有利于竞争与创新,没有良好的产业创新的环境,无论政府如何进行产学研结合方式的调整和创新,实际效果也不可能太好。

# 第十三章

# 制造业智能化发展创新的趋势

面对新一轮科技变革和产业革命，面对“以加快新一代信息技术与制造业深度融合为主线，以推进智能制造为主攻方向”的战略方针，面对从制造大国向制造强国转变的战略任务，未来制造业创新发展的大方向是以智能制造、智能制造技术、智能制造软件、智慧工厂发展、智能定制生产服务为核心。

## 13.1 发展智能制造的重要性

智能制造意味着人工智能技术与智慧型计算芯片嵌入在制造设备后能够使工厂生产设备互联互通一体化运行，能够更快地感知、自我反应，计算判断，分析决策，自行组织，实现机器自组织机器进行生产服务。智能制造是可以为消费者提供大规模的定制产品与服务的制造，也是摆脱生产过程劳动力投入的过程，其有效生产效率极大化。目前德国工业 4.0，美国的 CPS(Cyber-Physical Systems)是智能制造发展的方向与代表。

### 13.1.1 工业 4.0 与 CPS 重构制造业

工业 4.0 包括智能制造、智能工厂和产品等新的生产制造与服务一体化系统，而 CPS 即信息物理系统可以说是智能生产服务系统的控制平台，能够将感知、计算、通信、控制等信息技术与设计、工艺、生产、装备等工业技术融合，能够将物理实体、生产环境和制造过程精准映射到虚拟空间并进行实时反馈，能够作用于生产制造全过程、全产业链、产品全生命周期，实现全新的制造业智能定制化生产与服务。

### 13.1.2 智能制造是制造业未来发展的方向

(1)智能制造代表了全球制造业发展的最高水平，代表了制造业发展的现在与未来，代表了人工智能、互联网技术、软件技术、装备制造、工业设计等先进技术的融合，更是制造业强国的核心产业。

(2)智能制造对一般劳动力的需求将下降，使智能制造方式、制造技术、知识产权、设计、软件、品牌对产业与企业竞争力的影响程度不断提高，这些要素也成为推动经济高质量发展的关键。

(3)智能制造使符合消费者个性化需要的大规模定制生产方式在技术上已经成为可能，部分已经成为现实。通过工厂的小型化、无人化、智能化，企业间分工将更趋专门化，确定多品种小批量生产体制，使产品向智能化方向发展，从而满足消费者美好生活的需要，迎来更多的发展机遇。

(4)智能制造的生产效率是有效的生产效率，即有订单的高的生产效率。智能制造节约了无效产出即没有需求的产出，进而节约了资源也节约了交易费用。智能制造在生产服务过程中还能自我改进，自我提高，能够不断优化生产与服务，最大限度满足消费者的需要。

### 13.1.3 智能制造发展的机遇与挑战

我国目前的制造业总体水平还在工业2.0、工业3.0左右徘徊，CPS系统有一些起步，但与制造业强国的美国、德国、日本等的现行制造业还有相当大的距离，与智能制造距离更大。我们需要奋起直追，需要创新投入与发展，需要核心技术与高端人才，更需要好的制度环境。

机遇一：人工智能、工业4.0、新一代互联网信息技术、数字技术等刚刚开始发展，我们与发达国家处在同一起跑线上。挑战是，我们的基础差，技术水平有待提高，核心技术缺乏，人才不足，而发达国家还会进行技术封锁。

机遇二：智能化概念已经为社会消费者所接受，消费者收入提高后其消费偏好发生重大改变，其中最大的改变就是追求个性化消费。这为智能制造提供了坚实的市场成功可能性，市场机遇已经存在。挑战是，个性化智能产品的创新与制造需要更多的投入，需要企业摆脱过去，转型升级。

## 13.2　基于信息物理系统的智能制造

### 13.2.1　信息物理系统概要

1. 信息物理系统的起源

当前我国工业生产正面临产能过剩、供需矛盾、成本上升等诸多问题，传统的研发设计、生产制造、应用服务、经营管理等方式已经不能满足广大用户新的消费需求、使用需求，迫使制造业转型升级，提高对资源配置利用的效率。制造业企业急需新的技术应用使得自身生产系统向柔性化、个性化、定制化方向发展。而 CPS 正是实现个性化定制、极少量生产、服务型制造和云制造等新的生产模式的关键技术，在大量实际应用需求的拉动下，信息物理系统顺势出现，为实现制造业转型升级提供了一种有效的实现途径。

信息物理系统这一术语，最早由美国国家航空航天局(NASA)于 1992 年提出，其后这个概念因为一次危机事件而被美国政府高度重视。2006 年美国国家科学基金会(NSF)科学家海伦·吉尔(Helen Gill)在国际上第一个关于信息物理系统的研讨会(NSF Workshop on Cyber-Physical Systems)上将这一概念进行详细描述。信息物理系统是控制系统、嵌入式系统的扩展与延伸，其涉及的相关底层理论技术源于对嵌入式技术的应用与提升。然而，随着信息化和工业化的深度融合发展，制造业的生产过程中急需对数据分析、感知、通信、控制等技术进行更为深度的融合。因此，在云计算、新型传感、通信、智能控制等新一代信息技术的迅速发展与推动下，信息物理系统顺势出现。

2. 信息物理系统的内涵和本质

CPS 是多领域、跨学科不同技术融合发展的结果。尽管 CPS 已经引起了国内外的广泛关注，但 CPS 发展时间相对较短，不同国家或机构的专家学者对 CPS 理解侧重点也各不相同。我们把信息物理系统定位为支撑制造业两化深度融合的一套综合技术体系，这套综合技术体系包含硬件、软件、网络、工业云等一系列信息通信和自动控制技术，这些技术的有机组合与应用，构建起一个能够将物实体和环境精准映射到信息空间并进行实时反馈的智能系统，作用于生产制造全过程、全产业链、产品全生命周期，重构制造业范式。信息物理系统的本质就是构建一套信息空间与物理空间之间基于数据自动流动的状态感知、实时分析、科学决策、精准执行的闭环赋能体系，解决生产制造、应用服务过程中的复杂性和不确定性问题，提高资源配置效率，实现资源优化(见图 13—1)。

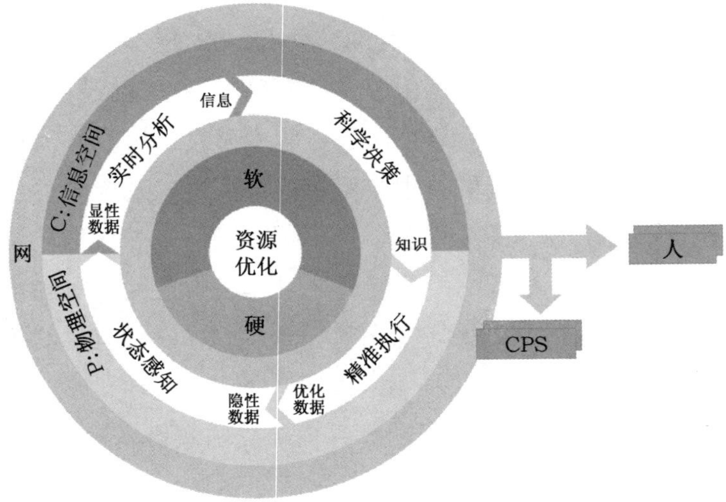


**图 13—1　信息物理系统的本质**

3. 信息物理系统的层次

CPS 具有层次性，一个智能部件、一台智能设备、一条智能产线、一个智能工厂都可能成为一个 CPS。同时 CPS 还具有系统性，一个工厂可能涵盖多条产线，一条产线也会由多台设备组成。因此，对 CPS 的研究要明确其层次，定义一个 CPS 最小单元结构。可以从 CPS 最小单元结构，从最简单的 CPS 入手，对其基础特征进行分析，逐渐扩展过渡到 CPS 的高级形态。在这一逐渐递增的过程中，CPS 应逐渐需要相关技术实现相关功能，同时表现出更高级的特征。

按照本节对 CPS 外延的理解，可以将 CPS 划分为单元级、系统级、SoS 级(System of Systems，系统之系统级)三个层次。单元级 CPS 可以通过组合与集成（如 CPS 总线）构成更高层次的 CPS，即系统级 CPS；系统级 CPS 可以通过工业云、工业大数据等平台构成 SoS 级的 CPS，实现企业级层面的数字化运营（见图 13－2）。

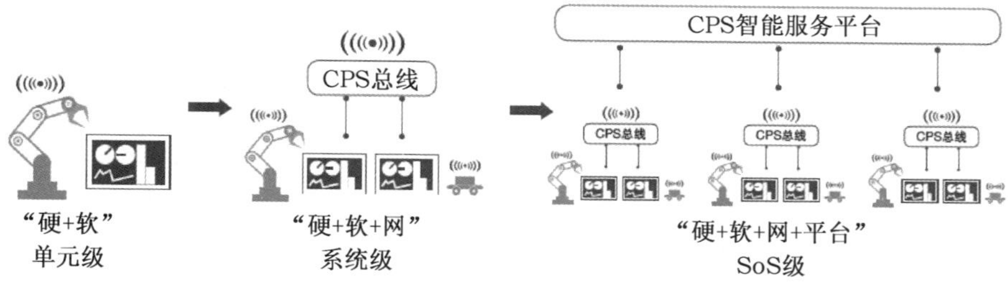


**图 13－2　CPS 的层次演进**

（1）单元级 CPS。一个部件如智能轴承，一台设备如关节机器等都可以构成一个 CPS 最小单元，单元级 CPS 具有不可分割性，其内部不能分割出更小 CPS 单元。单元级 CPS 能够通过物理硬件（如传动轴承、机械臂、电机等）、自身嵌入式软件系统及通信模块，构成含有“感知—分析—决策—执行”数据自动流动基本的闭环，实现在设备工作能力范围内的资源优化配置（如优化机械臂、AGV 小车的行驶路径等）。在这一层级上，感知和自动控制硬件、工业软件及基础通信模块主要支撑和定义产品的功能。

（2）系统级 CPS。在单元级 CPS 的基础上，通过网络的引入，可以实现系统级 CPS 的协同调配。在这一层级上，多个单元级 CPS 及非 CPS 单元设备的集成构成系统级 CPS，如一条含机械臂和 AGV 小车的智能装配线。多个单元级 CPS 汇聚到统一的网络（如 CPS 总线），对系统内部的多个单元级 CPS 进行统一指挥，实体管理（如根据机械臂运行效率，优化调度多个 AGV 的运行轨迹），进而提高各设备间协作效率，实现产线范围内的资源优化配置。在这一层级上，网络联通（CPS 总线）至关重要，确保多个单元级 CPS 能够交互协作。

（3）SoS 级 CPS。在系统级 CPS 的基础上，可以通过构建 CPS 智能服务平台，实现系统级 CPS 之间的协同优化。在这一层级上，多个系统级 CPS 构成了 SoS 级 CPS，如多条生产线或多个工厂之间的协作，以实现产品生命周期全流程及企业全系统的整合。CPS 智能服务平台能够将多个系统级 CPS 工作状态统一监测、实时分析、集中管控。利用数据融合、分布式计算、大数据分析技术对多个系统级 CPS 的生产计划、运行状态、寿命估计统一监管，实现企业级远程监测诊、供应链协同、预防性维护。实现更大范围内的资源优化配置，避免资源浪费(见图 13—3)。

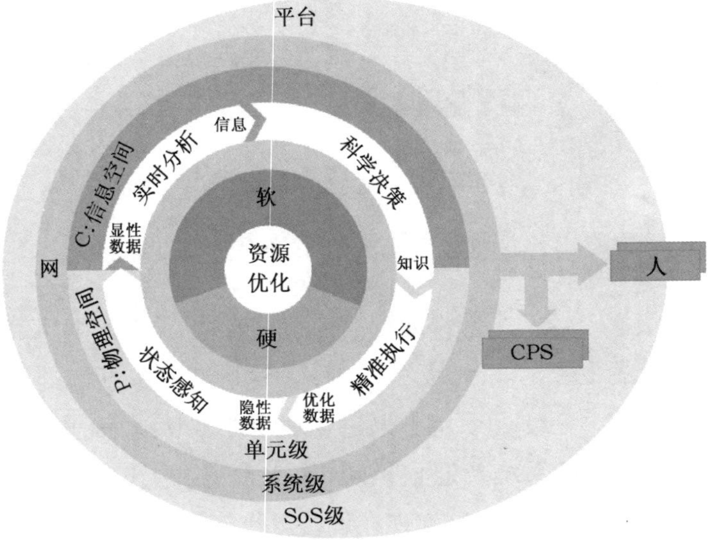


**图 13—3 对 CPS 的再认识**

CPS 作为支持智能制造的一套综合技术体系，构建了一个能够联通物理空间与信息空间，驱动数据在其中自动流动，实现对资源优化配置的生产制造与服务的智能系统。这套系统的灵魂是数据，在系统的有机运行过程中，通过数据自动流动对物理空间中的物理实体逐渐"赋能"，实现对特定目标资源优化的同时，表现出五大典型特征：数据驱动、软件定义、泛在连接、虚实映射、异构集成。

一是数据驱动。数据普遍地存在于制造生产的方方面面，其中大量的数据是隐性存在的，没有被充分地利用并挖掘出其潜在的价值。CPS 通过构建"状态感知、实时分析、科学决策、精准执行"数据的自动流动的闭环赋能体系，能够将数据源源不断地从生产制造的物理空间中的隐性形态转化为信息空间的显性形态，并不断迭代优化形成知识库。在这一过程中，状态感知的结果是数据；实时分析的对象是数据；科学决策的基础是数据；精准执行的输出还是数据。因此，生产大数据是 CPS 的灵魂所在，数据在制造过程中自动生成、自动传输、自动分析、自动执行以及不断迭代优化、不断累积、不断产生更为优化的数据，使下一轮制造更加优化，资源更加节约。

二是软件定义。软件与芯片、传感与控制设备等已经是制造业离不开的东西，其中工业软件成为了实现 CPS 功能的核心组成之一。从生产流程的角度看，CPS 全面应用到研发设计、生产制造、管理服务等方方面面，CPS 不但可以控制产品生产和装备运行，而且可以把产品和装备运行的状态实时展现出来，通过分析、优化，作用到产品、装备的运行，实现产品生产的迭代优化。

三是泛在连接。网络通信是 CPS 的基础保障，能够实现 CPS 内部单元之间以及与其他 CPS 之间的互联互通。应用到工业生产场景时，CPS 对网络连接的时延、可靠性等网络性能和组网灵活性、功耗都有特殊要求，还必须解决异构网络融合、业务支撑的高效性和智能性等挑战。随着无线宽带、射频识别、信息传感及网络业务等信息通信技术的发展，网络通信将会更加全面深入地融合信息空间与物理空间，表现出明显的泛在连接特征，实现在任何时间、任何地点、任何人、任何物都能顺畅地通信。

四是虚实映射。CPS 构筑了信息空间与物理空间数据交互的闭环通道，能够实现信息虚体与物理实体之间的交互联动。以物理实体的静态模型为基础，通过实时数据采集、数据集成和监控，动态跟踪物理实体的工作状态和工作进展（如采集测量结果、追溯信息等），将物理空间中的物理实体在信息空间进行全要素重建，形成具有感知、分析、决策、执行能力的数字孪生（也叫作数字化映射、数字镜像、数字双胞胎）。同时借助人们或机器在信息空间对数据综合分析处理的能力，形成对外部复杂环境变化的有效决策，并通过以虚控实的方式作用到物理实体的改变上。这一改变的过程就是优化的智能生产制造的过程。

五是异构集成。软件、硬件、网络、工业云等一系列技术的有机组合构建了一个信息空间与物理空间之间数据自动流动的闭环"赋能"体系。尤其在高层次的 CPS，如 SoS 级 CPS 中，往往会存在大量不同类型的硬件、软件、数据、网络。CPS 能够将这些异构硬件（如 CISC CPU、RISC CPU、FPGA 等）、异构软件（如 PLM 软件、MES 软件、PDM 软件、SCM 软件等）、异构数据(如模拟量、数字量、开关量、音频、视频、特定格式文件等)及异构网络(如现场总线、工业以太网等)集成起来,实现数据在信息空间与物理空间不同环节的自动流动,实现信息技术与工业技术的深度融合,因此,CPS必定是一个对多方异构环节集成的综合体。异构集成能够为各个环节的深度融合打通交互的通道,为实现融合提供重要保障。

### 13.2.2 信息物理系统在智能制造中的应用

目前,CPS现在与未来在工业领域中的应用主要是从智能设计、智能生产、智能服务、智能应用这四个方面展开,主要应用场景如图13—4所示。

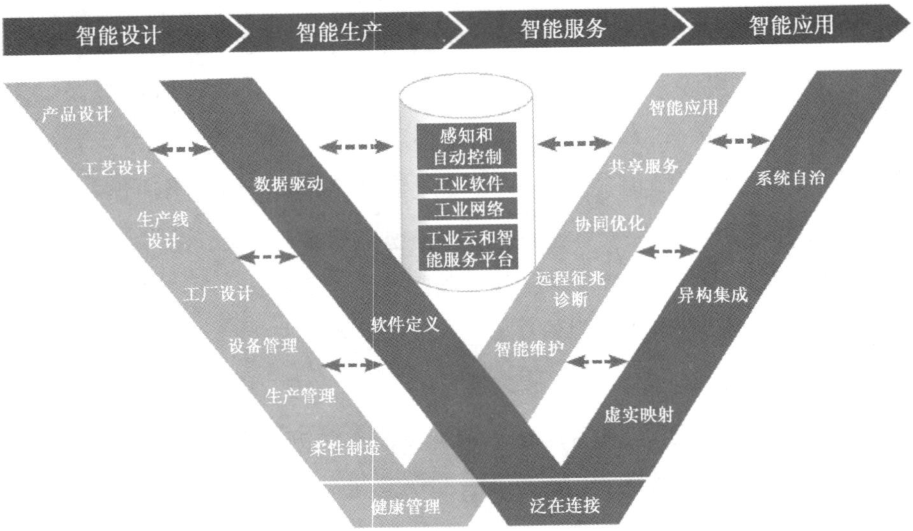


图13—4 CPS在制造业的应用

1. CPS在智能设计中的应用

目前,在产品及工艺设计、生产线或工厂设计过程中,借助于仿真分析手段可以使设计的精度得到提高,但由于缺少足够多的实际数据为设计人员提供高精度的仿真,使得目前的设计仿真还是不能有效模拟真实环境,从而导致设计精度不高。CPS信息物理系统可以使得设计时直接提取真实数据,通过信息平台直接对大数据进行分析指导设计与仿真,即在研发设计过程中的试验、制造、装配都可以在虚拟空间中进行仿真,并实现迭代、优化和改进，最后形成更优化的设计方案，提高设计精度，降低设计成本。通过基于 CPS 的“预演”，可以及早发现设计中的问题，减少实际生产、建造过程中设计方案的更改，从而缩短产品设计到生产转化的时间，并提高产品的可靠性与成功率（见图 13—5）。

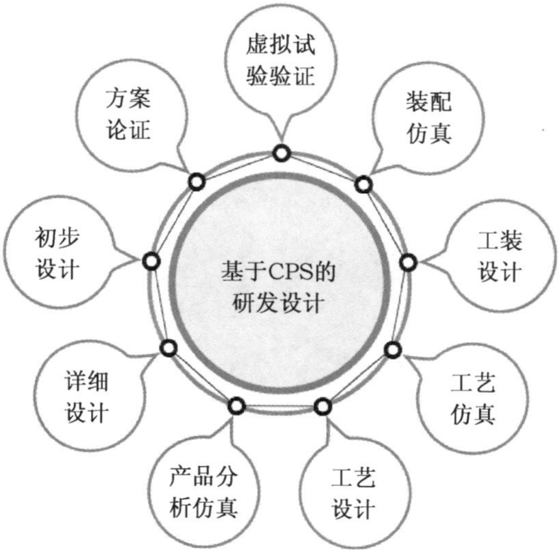


**图 13—5　CPS 在智能研发设计中的应用**

2. CPS 在智能生产中的应用

生产制造是制造业的核心，也是制造企业将用户需求变成实际产品、实现产品价值的重要过程。但是，传统生产制造模式中的不同生产设备独立各不相连，有些特殊设备还处于高危区域中，生产的连续性不高。制造业自动化水平提高后尽管设备在技术上连接了，但制造过程中的前后工序的信息还是不能相连，协同性还是有问题，不能处理不同要求的在制品。这样就不能生产定制产品，并阻碍生产制造效率和质量的提高。CPS 打破生产过程的信息孤岛现象，实现设备的互联互通，实现生产过程智能化，合理管理和调度各种生产资源进行大规模定制生产，达到资源和制造协同，实现智能制造。

生产制造是制造企业运营过程中非常重要的活动，CPS 将针对生产制造环节的应用需求对生产制造环节进行优化，以实现资源优化配置的目标。CPS 通过软硬件配合，可以完成物理实体与环境、物理实体之间（包括设备、人等)的感知、分析、决策和执行。设备将在统一的接口协议或者接口转化标准下连接,形成具有通信、精确控制、远程协调能力的网络。通过实时感知分析数据信息,并将分析结果固化为知识、规则保存到知识库、规则库中。知识库和规则库中的内容,一方面帮助企业建立精准、全面的生产图景,企业根据所呈现的信息可以在最短时间内掌握生产现场的变化,从而做出准确判断和快速应对,在出现问题时得到快速合理的解决;另一方面也可以在一定的规则约束下,将知识库和规则库中的内容分析转化为信息,通过设备网络进行自主控制,实现资源的合理优化配置与协同制造(见图 13—6)。

**图 13—6 CPS 在智能生产中的应用场景**

CPS 还可对整个制造过程进行数据采集并存储,对各种加工程序和参数配置进行监控,为相关的生产人员和管理人员提供可视化的管理指导,方便设备、人员的快速调整,提高了整个制造过程的柔性。同时,CPS 结合 CAX、MES、自动控制、云计算、数控机床、工业机器人、RFID 射频识别等先进技术或设备,实现整个智能工厂信息的整合和业务协同,为企业的柔性制造提供了技术支撑(见图 13—7)。

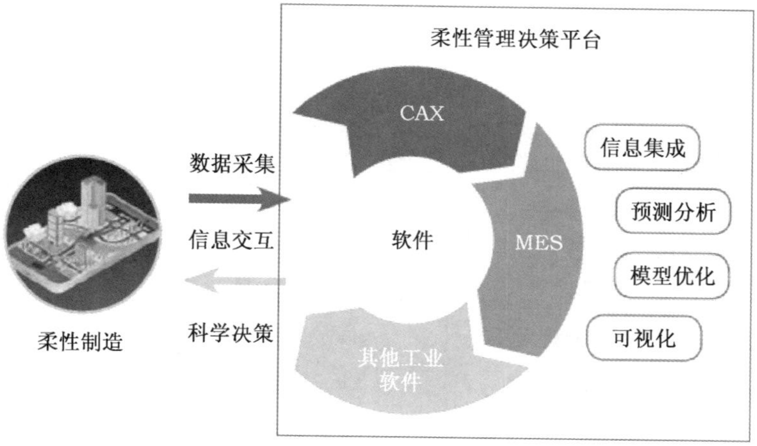


**图 13—7　CPS 在柔性制造中的应用场景**

3. CPS 在智能服务中的应用

对装备应用企业来讲，需要将传统的集中式控制向分布式控制转变。装备进入制造企业成了企业经营要素，企业的目标是通过较低成本投入能够高效生产出高品质的产品。将智能装备与关联的其他装备、相关软件等要素有机地融合，配合基于大数据的先进管理才可能实现，但是大量、多样的智能装备和产品融入，必然会产生各类海量的多样化、碎片化信息，并且会贯穿到各个环节，这必然会给传统制造模式在运营管理、维护等方面带来严峻挑战。对装备制造企业来说，装备的复杂性、故障原因的多样性，增加了自身和使用者故障解决的周期和成本，特别是大型复杂的协同运行环境中，各装备的维护活动不能独立进行，更是加大了系统管理、维护、故障处理的难度和复杂度，加重企业负担。智能化的普及带来传统企业管理复杂的问题，管理的各个环节都是碎片化管理，装备间、系统间、使用者等攸关方不能互联互通，协同优化。

传统的装备售后服务模式下，装备发生故障时需要等待服务人员到现场进行维修，将极大程度影响生产进度，特别是大型复杂制造系统的组件装备发生故障时，维修周期长，更是增加了维修成本。在 CPS 应用场景下，当装备发生故障时，远程专家可以调取装备的报警信息、日志文件等数据，在虚拟的设备健康诊断模型中进行预演推测，实现远程的故障诊断并及时、快速地解决故障，从而减少停机时间并降低维修成本(见图 13—8、图 13—9)。

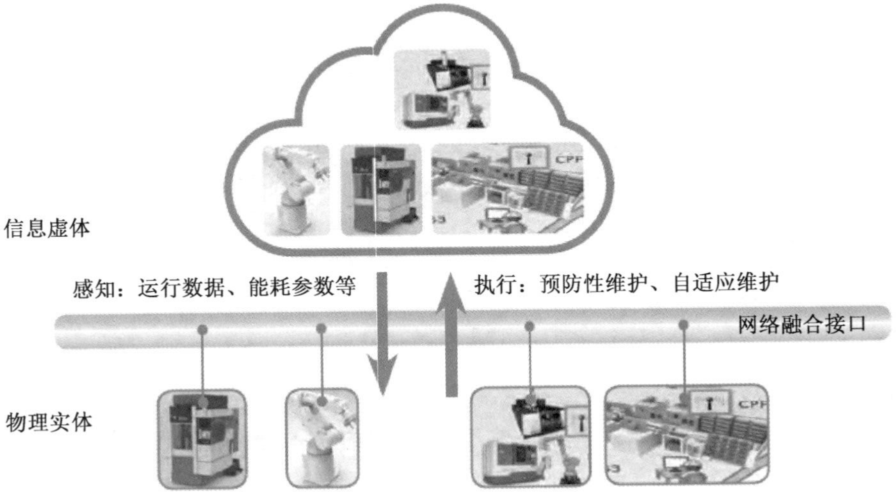


图 13—8　CPS 在预防性维护中的应用场景

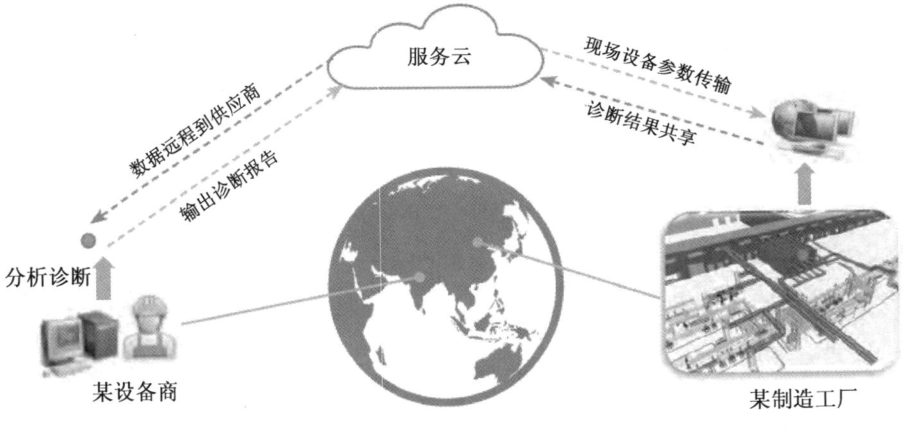


图 13—9　CPS 在远程诊断中的应用场景

CPS 还可通过搭建感知网络和智能云分析平台，构建装备的全生命周期核心信息模型，并按照能效、安全、效率、健康度等目标，通过对核心部件和过程特征等在虚拟空间进行预测推演，结合不同策略下的预期标尺线，从而筛选出最佳决策建议，为装备使用提供辅助决策，从而实现装备的最佳应用。以飞机运营为例，运营中对乘客人数、飞行时间、飞行过程环境数据、降落数据、机场数据等数据的采集，同步共享给相关方；飞机设计与制造部门通过飞机虚拟模拟模型推演出最优方案指导飞机操作人员、航空运营商提供最优路线方案给地勤运营等(见图 13－10)。

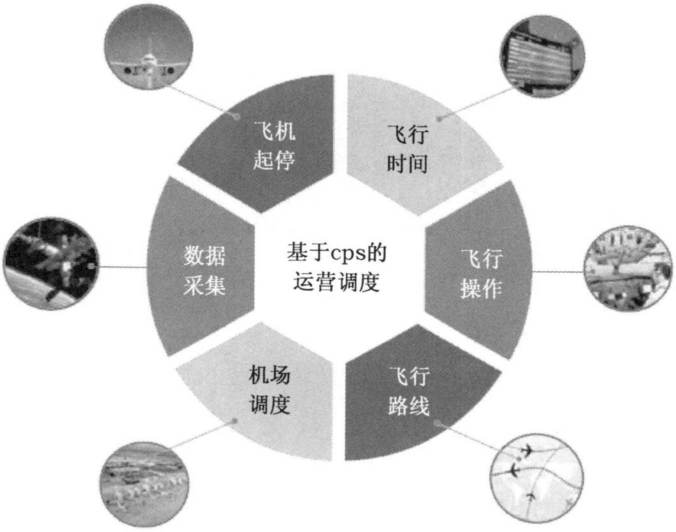


**图 13－10　CPS 在运营调度中的应用场景**

# 13.3　CPS 数据价值维度与智能化价值链重构

## 13.3.1　CPS 的数据价值维度

信息物理系统中，其数据价值应用包含 3 个维度:生命周期与价值流、企业纵向层和 IT 价值链。在生命周期与价值流层，按照工业大数据的应用领域，又可分成产品生产阶段开始前的产品研发与设计、产品交付前的生产与供应链管理、产品交付后的运维与服务管理 3 个领域。在企业纵向层，按照数据采集方式与应用层级又可分成信息物理系统层、企业管理信息系统层及平台互联系统层。在 IT 价值链层，又可分成业务架构、信息系统架构及 IT 技术架构 3 个层次，其中信息系统架构又可分为应用架构及信息架构(见图 13－11)。

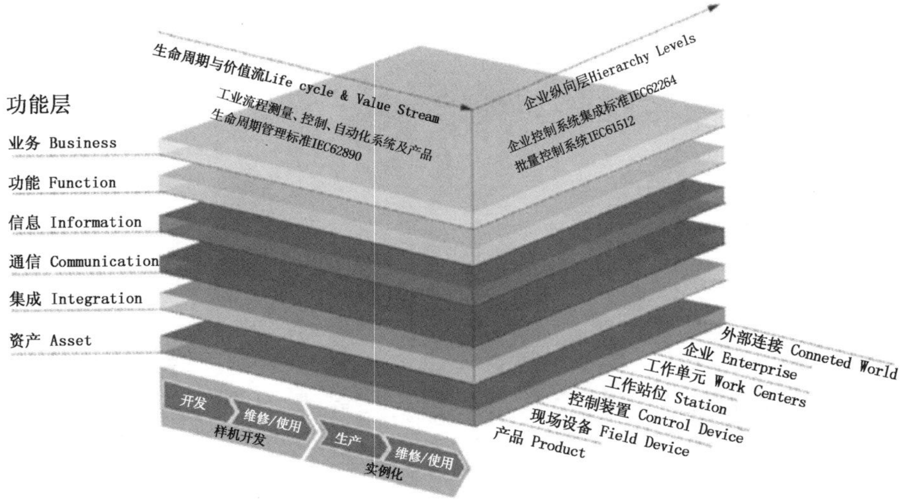


**图 13－11　CPS 的数据价值维度**

1. 产品全生命周期价值流

物理信息系统中的工业数据架构的价值流维度涵盖了整个产品生命周期的各阶段,即研发与设计、生产、物流、销售、运维与服务 5 个阶段。其中,生产、物流和销售可进一步归类于生产与供应链领域,则生命周期与价值流维度包含了 3 个领域:研发与设计、生产与供应链及运维与服务(见图 13－12)。

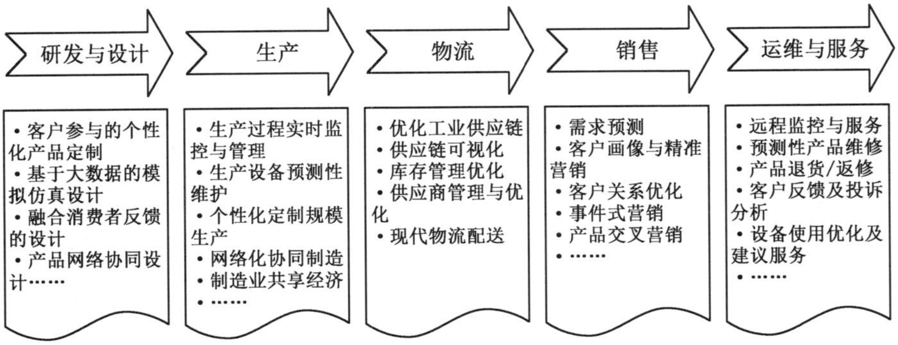


**图 13－12　产品的全生命周期价值流**

2. 企业纵向数据流

工业数据架构的企业纵向层从物理域的角度自下而上共分为三层,分别为 OT 层、IT 层和协同层。现场、车间两部分统称为 OT 层,该层可利用物联网，基于信息物理系统实现智能工厂；IT 层又称为企业层，企业可集成内部各种信息化应用，进行企业内部业务流程整合和改造，提升企业运行效率；协同层使用工业云等平台技术，实现企业外部协同制造及制造业服务化等创新业务模式。企业纵向维度可以分成信息物理系统、企业管理信息系统、互联平台系统 3 个子系统。

在图 13－13 中，其中①为工厂管理软件之间的信息交互；②为部署传感器等实现全面数据感知采集；③为部署边缘计算节点，实现边缘数据分析实时分析处理，构建控制反馈闭环，并与云端协同；④为工厂内部引入云和大数据技术，构建决策反馈闭环；⑤为工厂外部引入云和大数据；⑥为构建综合反馈闭环。

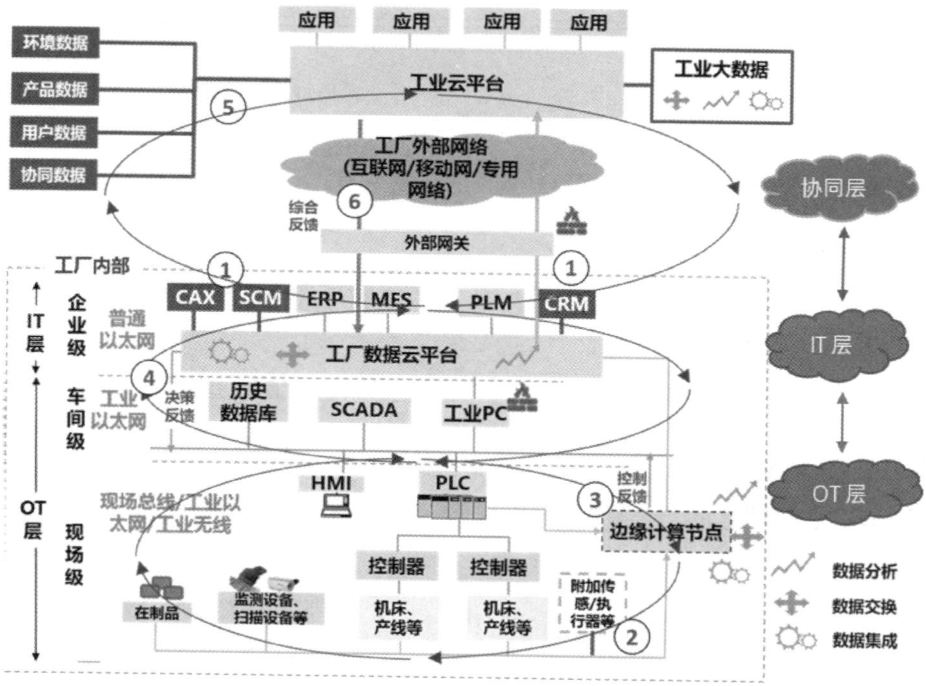


图 13－13　企业纵向数据流

3. IT 价值链

大数据的价值是通过数据的收集、预处理、分析、可视化和访问等活动来实现的，从而提高企业运营效率和支撑业务创新。大数据技术支撑的企业架构，参考美国开放组织（The Open Group）的开放组织架构框架（the open group architecture framework，TOGAF）划分方法，可分成业务架构、信息系统架构及信息技术架构三个层次（见图 13－14）。

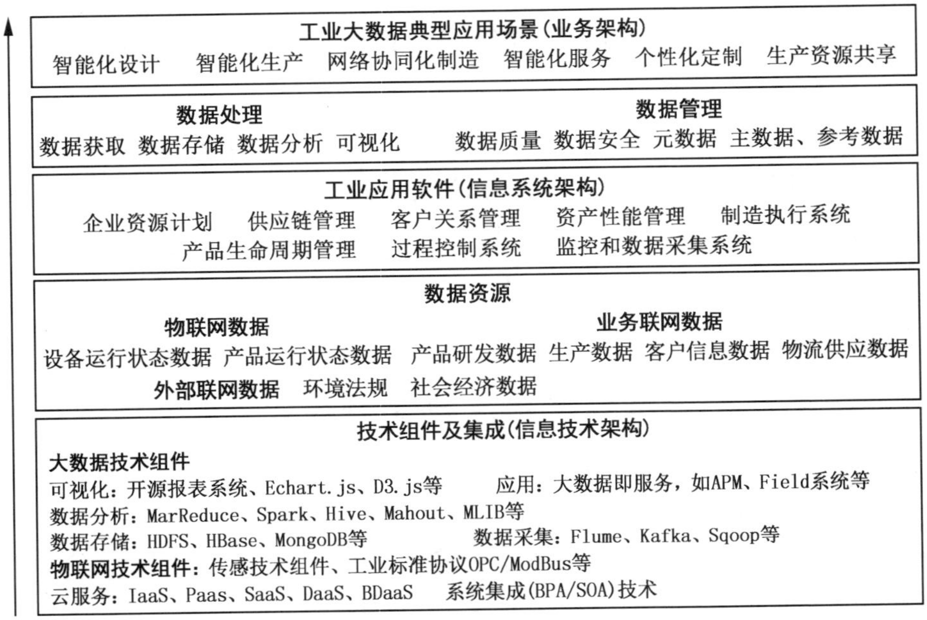


图 13－14　IT 价值链

### 13.3.2　基于 CPS 的工业互联网智能化价值链重构

CPS 是通过集成智能感知、计算、通信、控制等信息技术和自动控制技术，构建了物理空间与信息空间中人、机、物、环境、信息等要素互相映射、适时交互、高效协同的复杂系统，实现制造系统内资源智能配置和运行的按需响应、快速迭代、动态优化。CPS 如果是一个智能工厂的信息物理系统的话，工业互联网是嵌入其中的信息、实体产品等关联的网络平台，两者互相关联互相协同不能分开。首先，CPS 系统化推进思路为统筹工业互联网平台布局提供了方法论。工业互联网平台对互联互通、互操作和可移植等方面的需求决定了要在统一的参考架构下进行平台建设的技术路径和技术实现选择。其次，CPS 的层级化思路可为工业互联网平台的演进路径提供依据。CPS 将复杂系统划分为最小单元，并按照单元级、系统级、系统之系统级（SoS 级）的层次逐步实现在复杂工业场景下的应用。第三，CPS 核心技术为建设工业互联网平台和使用平台提供全面支撑。一是为供给方建设平台提供了技术支撑。CPS 通过感知和自动控制、工业网络等“一硬”和“一网”技术，可将制造末端的数据接入，在虚拟的信息空间构造一个新的制造体系，有效支撑了平台数据的汇聚和流动。二是为需求方提供了接入基础。企业用平台的前提是具备数字化的基础，能够与平台进行互联和互操作。例如，要对装备进行远程监测诊断，首先需要装备具有向上传输数据和向下接收指令的能力。

随着工业互联网在企业中的应用从营销、服务端向设计、制造端深度扩散，工业互联网不断突破信息、数据价值传递的平台媒介角色，逐渐转变为价值创造的重要工具，促进制造业价值链的优化和推动制造业体系智能化重构（见图 13—15）。

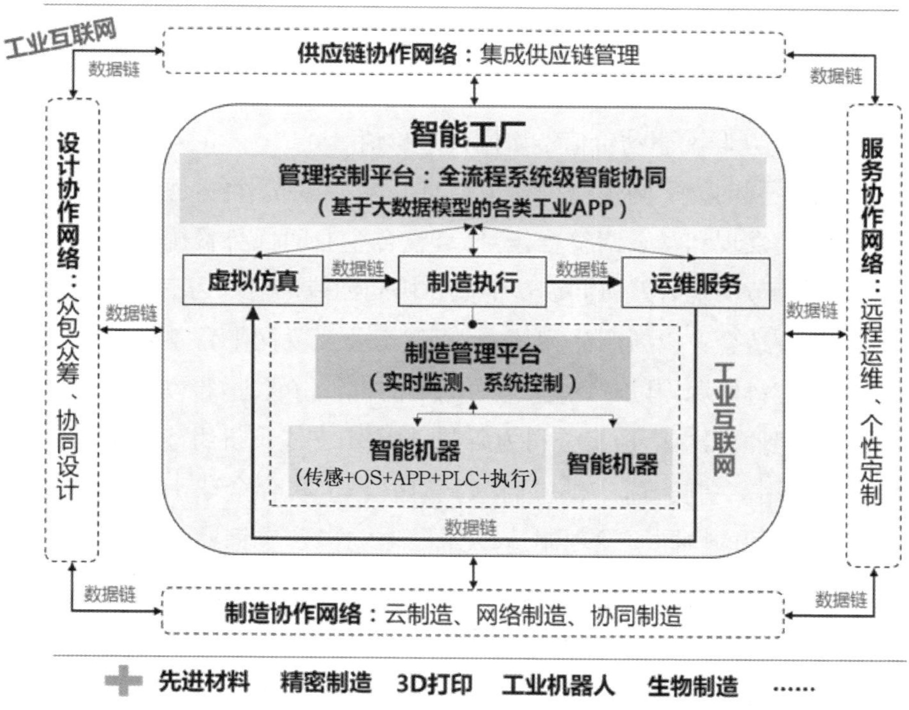


**图 13—15　工业互联网下的制造业智能化价值链重构**

1. 工业互联网促进价值链持续提升

一方面，工业互联网打通了全产业链、价值链环节，加速各环节数据纵向流动和交互，通过对数据的深层次分析，实现智能机器设备与产品的运转和远程操控，优化一体化生产服务流程、提升了生产服务效能。例如可以通过工业互联网尽可能捕捉影响生产决策的隐性数据，如产品或零部件的偶发失效、不同加工材料造成的设备运行的不同或大功率启动时发生的额外损耗等等，然后在下一轮制造加工或产品使用中进行预测、事前控制，优化制造品质或降低维修成本。

另一方面，工业互联网搭建起企业与用户、利益相关者无缝对接的平台，使得制造与服务端一体化，为企业基于用户需求设计与生产、无缝隙传递服务提供了支撑，推动智能制造服务快速发展。工业互联网条件下，生产设备网络化和生产系统智能化水平得到提升，使得消费者需求在设计、生产领域能够得到迅速及时响应。以生产者、产品和技术为中心的制造模式加速向社会化和用户深度参与转变，越来越多的制造企业探索“与用户交互、让用户吐槽、最终由用户定义”的工业互联网应用新模式，大大提升了价值创造空间。

2. 工业互联网驱动价值链协同创造价值

工业互联网为不同企业搭建了信息共享与集成平台，使其能够在全球范围内迅速发现和动态调整合作对象，整合企业间优势资源，在产业链、价值链不同环节实现有效协同创造价值。协同创造价值分为三个层面：

一是制造企业以新产品为核心，通过工业互联网平台整合价值链上下游优势供应链资源，开展产品全生命周期的价值链管理，推动制造价值链向两端不断延伸。比如，商飞公司为研制ARJ21支线飞机组建的项目广域协同平台，采用“主制造商＋供应商”的管理模式，联合全球十多个国家、104家供应商之间的协同研发和制造（见图13－16）。宝钢通过构建基于工业互联网的全流程管理体系，实现了信息流、物流、资金流的协同，产品交货时间、供应链管理水平等居全球领先地位。

二是制造企业以技术创新为引导，产业创新为核心，通过工业互联网开放平台吸纳政府、科研、创客、其他企业等技术与创新资源，建立从应用研究、技术开发到产业创新的创新全链条，实现创新主体、创新各环节合作互动，使产品创新并能够取得市场上重大的商业化成功。美国制造业创新网络（NNMI）是此类应用的典型代表，它是以创新平台为主体的先进制造技

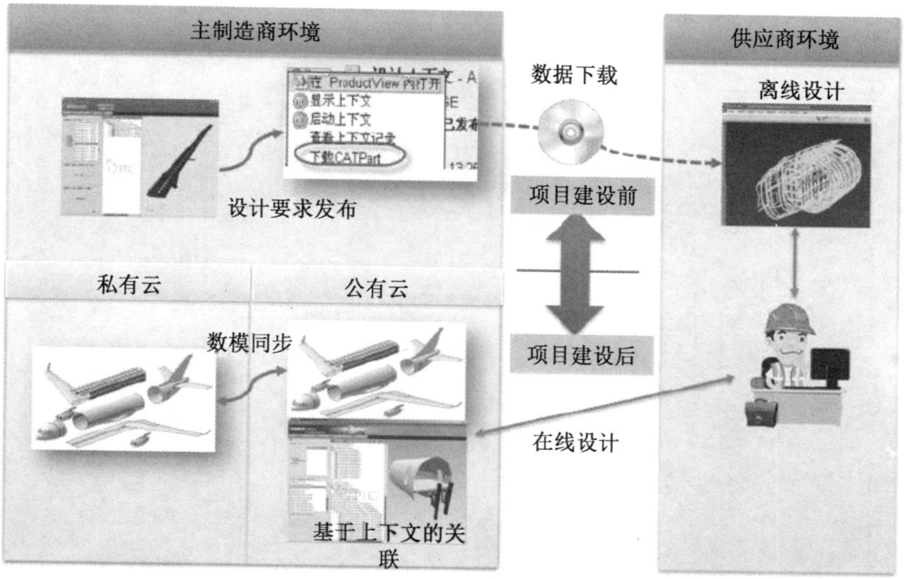


**图 13—16 商飞设计制造一体化云平台**

术创新研究中心，突破产业共性技术并快速投入市场应用，推动形成具有先进制造业能力的创新集群。

三是工业互联网云平台将把软硬件、企业、专家、知识、技术等各类制造资源虚拟化，在统一的智能管理和运营基础上开展面向所有关联制造企业的、覆盖产品全生命周期的云制造服务。工业互联网云制造平台响应用户请求，通过对企业用户需求的分解、调度、优化和组合，提供给企业用户最优匹配的整体解决方案(见图 13—17)。

3. 工业互联网从制造业向经济社会的全面渗透

如今，智能手机、移动网络、智能电视、智能机器人、智能可穿戴设备等智能终端通过动态存储、感知和通信实现制造产品可追溯、可识别、可定位，实现产品的智能化并广泛应用于经济社会各行业领域。这些智能终端都可以是工业互联网的网络终端，通过它们与全社会发生着密切的关联，推动消费升级与生活质量的全面提升。

当前，我国能源领域的工业互联网应用已经着手建立，尝试通过工业互联网优化能源在生产领域的动态配置，开辟制造业绿色发展新路径。例如大唐集团与上海电气等设备制造商合作建立了数据监测工业互联网平台，

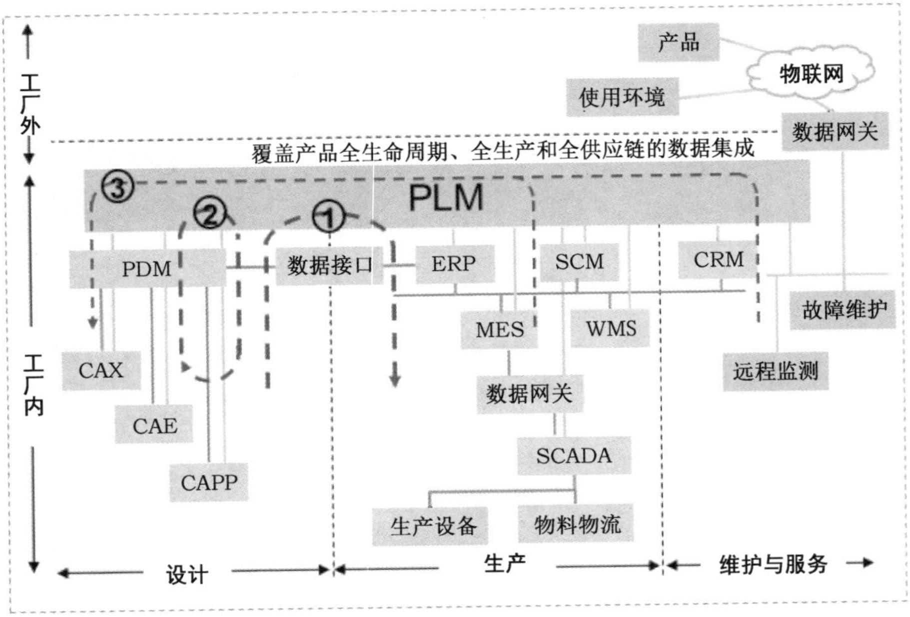


图13—17 产品全生命周期管理与优化云平台

高频度实时采集、汇总、存储和集中处理各发电厂机组生产数据，不仅为发电厂优化发电生产流程提供依据，也为上海电气改进电机设备制造、优化生产与服务提供了重要支撑。例如积成电子、中国移动、联想集团共同打造了智慧能源平台，利用智慧能源设备采集水、电、气、热等能源使用数据，深度分析能源使用量与使用频率之间的关系，从而按需配置能源，实现能效提升、节能减排。对企业而言，平台实现了能源消耗的可追溯、可监控、可管理，降低了能源开支，提高了能源使用效率；对合同能源管理服务提供商而言，该平台整合了实时数据存储、分析、可视化管理等服务资源，降低了开发、建设和运营成本，促进效益最大化；对政府及金融机构而言，此平台提供了能源生产和消费的动态信息，为实行有效监管和调控提供了真实透明的数据支撑。未来，该平台还将在节能技术改造、节能量监测、核算和评价，以及碳交易的开展等领域开拓更多的应用，创造更多经济和社会价值。

# 13.4 智能化时代制造业发展的价值网络

在信息化时代，传统意义上的价值创造和利润分配模式已不再适应制造业的发展，改变正在发生。利用互联网平台，企业、客户及相关利益主体纷纷参与到生产制造、营销服务等价值创造、传递及实现的各个环节。“互联网+工业”完美地诠释了“信息共享”与“物理共享”的结合。社会生活的日益多元化和消费者需求的更加个性化对企业的产品和服务提出了更高的要求，要求企业乃至整个产业都要以客户需求为核心，产品设计、产品研发、生产制造都必须以消费者满意为出发点和落脚点，客户需求和满意将贯穿于整个企业价值链，这一变化必将颠覆传统生产制造体系。

在智能时代的生产体系中，企业不仅需要关注自身价值行为和企业间竞争行为，还需要重点关注与价值网中客户、供应商、政府等价值主体的合作关系和价值增值过程。依托高速发展的信息技术、大数据、云计算和物联网等技术开发的网络云平台为企业管理价值网提供了技术支撑，原有企业价值模块和价值链元素均被纳入价值网中，共同应对日益增长和变化的消费者需求。结合自身条件构建价值网络，形成战略联盟，已成为新的市场环境下制造业企业提高核心竞争力的关键。

## 13.4.1 智能化时代制造业转型的价值网络结构

1. 客户价值网络

客户价值网络是以顾客价值为核心目标的价值创造体系，因此客户也作为网络中的价值创造主体被纳入系统中，客户作为价值流动的始端，其要求决定着制造企业产品的生产及价值的最终实现。企业需要集成客户资源，及时、高效地对客户需求做出反应，客户资源集成的结果就是形成客户价值网络。客户价值网是在移动通信网、物联网、计算机网络、CPS基础上构造的，以互联网思维为导向，通过给客户提供服务和信息支持，充分体现范围经济和规模经济，实现客户价值倍增的网络系统。纵向上，这个网络包括：通过O2O模式实现线上线下的导入，用户注册进入网络、多个网站平台协作、进入社区互动、预购产品、参与产品设计进程和生产进程、售后服务系统接入。横向上,不同客户之间能够交流和互动、分享体验、协作创造,同时能够支持社交工具扩展用户群。

客户价值网络在制造业价值网体系中应该被塑造为一个引擎,一个好的客户网络是制造业价值网运转的基础。它承担着吸引客户、发现客户、汇聚客户、点燃客户、抓住客户、尊重客户、激励客户、服务客户的种种功能。客户规模在这个网络运行过程中不断扩大,并逐渐形成层次性的客户体系。这个网络相对于客户关系管理存在着明显的差异,前者是前向网络,后者是后向管理。与传统的针对已有客户进行管理和价值分析相比,客户价值网络是企业在生产前对客户进行管理,从而意味着客户是决定生产的第一要素。经营好客户价值网,是制造产生价值的第一步。

App store、O2O、团购、预售、众筹等新的互联网模式成为推动客户价值网络形成并成功运行的重要动力。这个网络同时需要与成熟的电子商务网站建立直接的联络,确保从客户的智能终端到企业的其他网络保持顺畅的通道。为了让顾客能及时通畅地进入这个客户价值网络,企业需要竭尽全力为用户提供方便之门。构建客户价值网络需要充分吸收互联网思维的精华,把互联网思维中爆点、走心、快、尖叫、简约等思维方式运用到极致。通过这些方法,极大化地集聚客户,实现从不确定性的客户需求到确定性的制造任务的转化。客户价值网要与制造业价值网中其他子网络建立联系。客户价值网络要与企业生产价值网络建立直接的通道,能够让客户参与到产品创造和生产活动中。生产价值网能够给客户网络提供充分的数据接口和数据支持,让客户通过这个网络对产品生产进行可视化的观察,从而提出意见。客户价值网络要求能够与研发价值网络进行互动,激励客户的创新动力,鼓励客户参与全民创新的热潮中。客户价值网络也需要与服务价值网络建立紧密的联系,促进端到端的整合,从而实现正向的循环。老客户在使用产品后分享自己的亲身体验能够开拓更多的客户资源,新客户也能从老客户的体验分享中获取更多关于产品的信息,为参与创新活动提供更有用的价值。

2. 研发价值网

研发资源有很多形式,包括资金、人才、技术等。研发资源集成的结果就是形成一个能够持续不断、自我维护更新的研发价值网络。制造业转型升级初期，产业创新的价值创造活动的关键是新产品的研发和工艺流程创新，研发和创新的主体不仅包括大学和研究机构，而且也涉及企业内部研究机构。在缺乏自主创新技术的“瓶颈”约束下，中国制造业很难实现整体升级，如不能强化研发创新，不能占据价值链中的高端环节，在全球产业竞争中就极有可能面临被边缘化的危险。在制造业转型升级的初期，表面上来看，研发和设计什么样的产品是由技术决定的，而事实上市场或客户需求却起到了最终的筛选作用。因而，转型升级的关键，是在研发网络阶段通过试错找到真正能够满足顾客需求的技术、产品或服务开发路线图。只有找到潜在而真实的市场需求，产业创新才能成功，前期的研发高投入才能得到分摊，形成公平竞争，并最终实现产业的转型升级优势。

研发资源的接入方式多种多样，包括智能终端 APP、互联网网站、专家资源的身份认证和授权直连、机构的协作网络等。另外，现在社会上已经形成许多有特色的众包服务网站和众包 APP 应用等，企业需要善于利用这些现有的资源，并与它们建立网络连接，确保从研发资源到企业端内部网络的畅通。总之，智慧化的开放式研发价值网是企业技术创新与产业创新的重要支撑，研发价值网的价值在于贡献持续不断的智力资源、资金资源和技术资源支持，并把它们强有力地整合在一起。

3. 供应价值网

作为能够针对多样化个性化客户需求、即时满足的供应价值网络，它是以新一代信息技术为依托，以构建在供应商和生产商之间的紧密连接 CPS 网络为基础，能够对客户需求自动响应、自动预测分析、自动优化、自治控制风险的高度智慧化网络。它通过各种传感技术、监测技术、网络技术实现了整个供应网络的可视化，让成本更加透明可控。尤其在时间控制上，供应价值网要求“just now”，即立刻马上的效果。在工业 4.0 体系中提出的横向集成，部分解决了合格问题，但我们知道产品的复杂性，分布式网络化生产还需要一个可靠、稳定、高效的智慧型供应价值网络来满足客户需求和生产网络的需要。

智慧型供应价值网是一个智能技术与管理融合的网络，通过设计恰当的规则，并结合大数据分析来自动选择或淘汰供应商，建立一个动态供应商网络机制。这个动态的网络能够根据需要及时更新，并自主配置与供应商价值网之间的连接。通过与供应商 CPS 网络的连接，对供应商的生产网络进行可视化的监测，并确保质量和准时交付。所有的管理原则都融合在技术中，通过技术来实现对供应商网络的管理和优化。供应价值网还体现在对采购需求的精确预测上，通过与制造业价值网络体系中的其他网络连接，并在客户需求数据、生产数据、产品数据、服务数据等大数据资源基础上进行挖掘和分析，对采购需求做出精确的预测，从而自动指导供应商供货。客户价值网络把客户需求的不确定性变成确定性，供应价值网络把生产过程中的不确定性采购需要变成确定性采购需要，从而指导企业更精确地采购和自动补充供应。

4. 生产价值网

智能生产价值网可以理解为在信息技术支撑下，一种动态配置的、自治、精确控制及分布式协作、以客户为中心的网络化生产系统。它的任务是实现个性化定制产品的生产制造。生产价值网的核心是由横向集成、纵向集成、价值链集成整合而成的网络系统。它的核心基础是 CPS，因为 CPS 是一个信息与控制融合的网络，通过它可以实现生产价值网的动态、精确控制、自治、多方远程协助、以客户为中心等特性。在这种情况下，大规模的个性化产品生产与服务成为可能。

生产价值网描述了一种以智慧产品为核心的生产方式，即以互联网为支撑的智能化大规模个性化生产方式。在工业 4.0 的条件下，智慧工厂能够自发联络各种生产资源，自主组织生产、自主切换生产模式和更换生产资料，生产众多个性化的智慧产品。生产价值网对智能制造有着很高的要求，因为在生产过程中，客户的需求也在随时随地发生着变化，生产价值网需要对这些变化的需求及时做出反馈，并随时做出相应的调整方案。在这样的网络环境下，生产个性化的单个产品也能够在不额外增加成本的情况下完成。

5. 物流价值网

智能物流就是集成利用新一代信息技术，使物流系统能够具有感知、数据处理、自学习、分析决策及相应自主优化的能力。物流价值网除需要云计算、大数据、物联网、移动互联网、CPS 等技术支撑外，还需要一些专用的技术支持，包括全球定位系统(GPS)、地球信息系统(GIS)等技术。智慧物流将一系列相关的元素，如货物、运输车量、站点、运输路线、仓储等通过各种网络与智能技术连接起来，并借助其他信息技术的支持，使得物流过程具备自动化、可视化、可控化、自治化、自主优化等功能特征。

智慧的物流价值网络提供从生产端到客户端的集成。这种集成包括物流的整个垂直体系(物流的骨干网络、分支网络到交付网络)。对于客户来说，无论物流网络中间经过多少环节，应该感受到的是与制造商在直接交互。同时，智慧物流也支持多个物流网络横向集成，实现不同物流网络间的协作，从而优化成本。智能物流网络能够对突发事件进行智慧化的应对。由于物流是与时间空间相关的系统，在物流网络中应该建立相关检测系统、风险评估系统、应急响应系统和危机决策系统，从而能够对自然灾害、恐怖时间所导致物流元素改变做出正确的应对，维持物流网络的运行，并把成本和损失降到最低。

6. 服务价值网

服务价值网是连接生产、客户及产品的综合性网络系统。它是制造业服务化的重要依托平台，借助这个平台，把产品制造的价值通过服务实现进一步增值。智慧服务网络可以理解为：以新一代信息技术为基础，通过服务连接企业、产品、客户，并积极加速实现制造服务化转变的网络化系统。对客户而言，在这个网络中，产品逐渐失去了核心意义，服务是这个网络的核心内容。通过服务塑造制造商在客户心目中的全新价值，并通过这种价值让客户更加信赖和忠诚。这将促使客户进入新一轮的制造循环，并保障前端的客户资源网络更加强大。

从目前来看，服务价值网主要由企业后台云服务平台、呼叫中心、智慧产品、企业服务人员、移动或固定网络、客户智能终端及 APP 客户端构成。通过移动或固定网络，云服务平台、呼叫中心、智慧产品、企业服务人员、客户智能终端都被集成在这样的网络平台上。从产品交付开始，网络平台就开始发挥作用，直到产品生命周期结束。从特征上，网络平台能够自动远程监测产品，并自动维护更新，确保对用户的服务保持在最优状态；能够对用户发出的服务请求及时做出回应，并在设定的条件下自动通知服务人员，为用户提供专业的服务。它也是一个具有自治能力的网络平台，能够对减少的服务端和新增的服务端情况及时自动更新。另外，服务网络通过对服务过程数据的全程采集，并借助大数据分析和预测，对服务价值网络进行持续优化和改善，确保给客户的服务保持最优状态。

### 13.4.2 智能化时代制造业价值链提升的关键

1. 提升产业链核心环节的控制力

制造业产业链核心环节的控制力是产业高端的表现特征。产业链核心环节控制力带来的高战略引领性意味着具有产业发展的前瞻性，能够带动产业集聚发展和产业的升级；而对产业链核心环节的控制意味着对相关产业的关联带动作用，以及形成和谐的产业生态系统和产业发展环境，也就是产业发展的正向外部性影响，这些都是产业高效的内在要求。在制造业价值链与价值网络全球分布背景下，链与网络中的核心企业或系统集成商一般都是由跨国公司充当，跨国公司为了能长久地、更多地攫取由稀缺性要素所创造的高额垄断租金及利润，通常会限制其他制造企业进行技术创造和能力提升，并将它们长期锁定在全球价值链与价值网络的低端位置。近几年来上海的制造企业为了完成价值链条上的高端升级，一直在自主创新、市场开拓以及品牌运营等方面不懈努力着，虽然有些企业已经攀升至价值链中的研发设计、营销服务等高附加值环节，但在全球性的价值链与价值网络背景下，最终仍会出现被锁定的局面。

现阶段上海先进制造业价值链提升的关键就是要推进智能制造产业共性关键技术的自主研发与产业化，提高价值链价值网络的关键环节的掌控力。其中未来聚焦感知、控制、决策、执行等智能制造核心关键环节，突破制约智能制造发展的各类工业传感器等关键技术，增强数字化和软件化控制能力；研发具有自主知识产权的工业机器人、增材制造装备等关键装备，补齐工业数字化转型短板，全面提升智能制造的产业化水平，是提升上海制造业智能化发展并在全球价值链、价值网络中的控制力的关键。

2. 加速两化融合行业应用

在制造业价值网络中，工业互联网战略的实施对于制造业转型升级、国际竞争力提升起到了关键的推动作用。首先，“两化”融合是推动制造业智能化发展的必然选择。西方发达国家走了一条先工业化后信息化的发展道路，而我国是在工业化还没有完成的情况下迎来了信息化的发展浪潮，这对我们既是挑战又是机遇。其次,“两化”融合是建设现代产业体系的有力抓手。发展实体经济,重点在制造业、难点也在制造业。推动互联网、大数据、人工智能与实体经济深度融合,关键是要深化新一代信息技术与制造业的融合发展。未来十几年,中国制造业的发展将由创新驱动,制造的智能化已成为上海乃至中国保持制造业竞争力的关键。

工业互联网作为关键要素支撑着制造企业的发展,不仅仅是简单的生产技术与工具。今天的制造业也需要引入互联网思维,制造业企业只有充分利用信息和互联网技术,融合互联网思维,才能在未来的全球产业竞争中占领一席之地。与工业互联网的融合,可以通过以下几种途径加快制造业的转型升级:第一,充分意识到用户思维是互联网思维的核心,重视客户的多样化、个性化产品需求,增强企业的响应能力;第二,全面实现制造企业的智能化生产,提升技术创新能力及劳动生产率,形成成本竞争优势;第三,实现营销服务的网络化发展,充分利用互联网发展新客户群,维持老客户群;第四,提升企业扁平化管理能力,进一步增强组织的灵活性和协调能力,充分利用互联网开放性、即时性等特点,实现资源的有效整合及利用。

# 第十四章

# 上海市智能制造发展应用模式与案例

## 14.1 个性化定制——上汽大通

为了更好地满足市场对个性化选择的需求，上汽大通在2016年正式宣布“大规模定制”企业战略，在个人购车环节上，把车辆各项配置全部开放，供购车客户自由选配。上汽大通以D90为试点形成客户参与产品定义的产品全生命周期管理的决策体系，同步建设C端线上运营能力，吸引并留住客户。通过各方面的能力的建立和积累，建成上汽大通“互联网＋大数据＋智能制造”的汽车大规模定制模式，再造业务流程，创新业务模式，通过业务模式和商业模式创新，从传统汽车制造商向综合出行服务商转型升级。

### 14.1.1 建设方案

上汽大通基于供需对接的个性化定制平台由三个部分组成：个性化需求、个性化服务和个性化产品，实现商用车全生命周期个性化定制。

用户购车个性化需求信息平台——构建用户生态圈与体验圈。通过主机厂线上销售的试点，培养新客户将C2B平台作为关注和购买大通入口的习惯；建设大通俱乐部作为老客户的入口，完成微信服务号、QQ群、论坛等线上以及线下多渠道入口建设，培养种子客户，建设用户生态圈，全网吸引300万粉丝数。

个性化定制交互服务平台——基于数据分析的交互平台。建设基于云计算和大数据的个性化定制交互服务平台，为客户提供个性化配置选择、定制化设计、订单提交/变更/跟踪/支付、增值服务等价值点，建立客户与主机厂的直联，降低客户沟通成本，吸引并留住客户，促进转化。

个性化生产快速响应平台——实现个性化设计、敏捷性制造、快速响应服务。开放生态的创新设计：通过搭建协同设计平台，提高开发效率，缩短开发周期。并且可以引入社会化资源进行协同开发。智能计划排程：智能排产系统、OTD 数据平台；柔性制造：工艺流程管理、工艺可视化、工位管理、模块化供货。基于 C2B 的售后配件电子生产：通过 SBOM 和 EPC 在线服务用户，将个性化零件、特改车辆统一管理。

### 14.1.2　方案点评

上汽大通 C2B 定制模式是一个庞大的系统工程，前端是收集客户需求信息，中端是大通建立一个平台与客户互动，后端就是大通对接智能供应商

图 14－1　上汽大通全生命周期管理决策体系

体系，每一个环节都需要投入大量的时间、技术和成本（见图 14—1）。上汽大通在智能化改造方面的设想主要从高质量、低成本、柔性、协同和透明展开，在这套体系下，车企除了需要获得海量数据，还要求将客户需求的差异化和多样化投身到企业的工程能力上，也要求它在虚拟设计、仿真设计、虚拟验证等环节上拥有相应的能力。上汽大通推出全尺寸智能定制互联网SUVD90，是上汽大通作为行业首家提出并实践 C2B 智能化大规模定制的汽车企业的战略性产品，也是汽车历史上首款由用户取得，用户全程参与产品“定义、设计、验证、选配、定价和改进”六大阶段的 SUV 产品。根据上汽大通的规划，未来大通旗下所有车型都将实现 C2B 智能定制，而作为国内汽车企业的领头羊，上汽集团未来旗下车型也都将逐步导入到 C2B 智能定制的生产模式。

## 14.2 网络化协同——上海飞机设计研究院

上海飞机设计研究院是中国商用飞机有限责任公司的设计研发中心，是国内唯一的大中型民用飞机设计研究所。上飞院建立基于工业互联网的民机协同研制信息化平台，实现将飞机从设计到制造过程中涉及的设计商、制造商、供应商、集成商等成员有机联合，缩短民机研制周期，降低研制风险，为航空、航天、船舶等大型复杂产品的协同研制提供了有效借鉴（见图14—2）。

### 14.2.1 建设方案

目前民用飞机产业有五大特点：一是高投入高产出，一款新机型的研发通常投入数百亿元人民币，投入产出比高；二是长周期高风险，研制周期 10年以上，投资回收期 10～20 年；三是多专业协同，涉及气动、结构、重量、控制、导航、安全、电子等；四是复杂装配与集成制造，大尺寸机体部件、百万级零部件，百公里级线缆；五是全球协同研制。

上飞院以工业互联网作为支撑，建立大型客机全三维化协同设计平台，搭建包含总体气动、结构强度、航电、飞控、液压环控、电气、动力燃油、飞行试验等各专业协同设计环境，建立设计研发与总装制造、设计与部件系统供应商的协同研制环境，将基于模型的系统工程覆盖到民机产品研发全生命周期上。

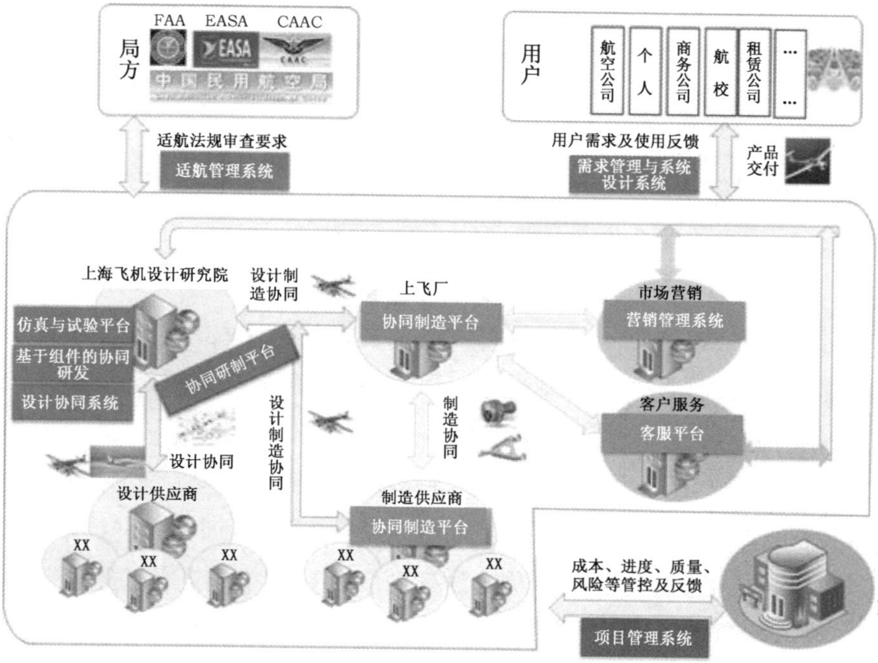


**图 14—2　商飞的网络化协同研发架构**

采用最新的 ARP4754A 适航标准，实现分级系统研制标准的全面覆盖。上飞院采用“双 V”(Validation&Verification)管理模式，将飞机需求从上而下分解为飞机级需求、系统级需求、分系统级需求、设备级需求并进行确认，再通过分析、仿真和试验等手段进行需求验证，并开展保证需求得到满足的系统集成试验，实现民机研制需求的闭环式管理。

建立完整的数字化协同设计环境，奠定飞机设计制造一体化基础。建立三维数字化平台，多学科协同设计环境、全机电子样机虚拟现实环境以及试验数据管理系统等，为数字化维护和数字化预装配形成贯穿于飞机研制全生命周期，减少在生产制造阶段出现的问题，实现设计和制造并行，缩短飞机生产准备周期。

建设基于企业互联的网络化协同研制平台，实现我国大飞机的全球化协作和快速研制。C919 采用“主制造商—供应商”协作模式，建设基于企业互联的网络化协同研制平台，可实现与全球不同供应商之间的协同设计，包括和制造单位的设计制造一体化，与试飞中心的试飞管理协同，与适航当局的适航取证管理和数据协同。该平台可支撑大飞机制造高度复杂的全球化协作，加快我国大飞机研制过程，并且支持未来宽体客机的研制。

### 14.2.2 方案点评

就中国商飞的研制模式来看，从设计到制造，再到试飞，甚至客服，这几大环节形成了飞机的全生命周期，不同环节需要不同部门的协同。在研制过程中，机体供应商、系统供应商、零件及材料供应商、航空公司、试航机构都在协同范围之内。协同过程中需要借助先进的信息技术手段，提高协作效率，缩短研制周期，提高研制质量。C919 飞机的研发成员企业包括了设计与主制造商、10 家机体结构、24 家机载设备、16 家材料供应商和 54 家标准件等供应商，另有二百多家企业参与了项目的研制过程。上飞院的民机协同研制信息化平台通过协同设计、敏捷生产与智能管理等先进技术手段，将飞机从设计到制造过程中涉及的设计商、制造商、供应商、集成商等成员有机紧密联合。

作为一个设计院，上飞院在设计飞机时便考虑整个供应商体系，以及供应商如何协同完成设计到制造的全过程。通过建立的协同研制信息化平台，集成了 PLM、ERP、MES、BI 等信息化平台，实现了各供应商系统之间的信息互通和集成，支撑了制造现场层、车间控制层、业务操作层、业务管理层、企业决策层的一体化智能管理。创新形成了民用飞机联合协同研制的新模式，为国产 C919 成功贡献了很大的力量。

## 14.3 智能化生产——华谊新材料

华谊新材料是华谊集团的全资子公司，成立于 2013 年 5 月。华谊新材料公司应用自主知识产权的成套丙烯酸及酯绿色环保生产工艺，通过生产过程监控系统、先进控制系统、制造执行系统、健康安全环境控制系统等工艺物联网技术的应用，打造丙烯酸及酯智能制造工厂，全面实现丙烯酸及酯产品从设计、生产(处理)、优化、检测、质控、物流、服务全数字化贯通，并将生产自动化系统升级为网络化生产的信息物理融合生产系统，使新材料从“传统流程型生产”向“可视化、集成化、自动化、模型化、数字化”转变。

### 14.3.1　建设方案

1. 总体方案

华谊新材料构建智能化联动系统，实现管理、生产、操作协同。过程控制层采用智能仪表及装置、GPS、PDA、LDAR、RFID 以及 DCS、PLC、ESD 控制系统全面管控生产过程，利用先进控制系统的应用（APC）实现对制备过程反应温度、进料配比及空间速度进行精确控制；生产执行层采用 MES、HSE 系统、能耗管理系统、调度优化系统、LIMS 系统等实现智能生产调度、智慧能源管理、工业信息安全加固系统、设备全生命周期管理、安全环保、应急救援、质量追溯及物流有效管控；经营管理层采用 ERP、PLM、RSIM、PIMS、虚拟和现实的仿真系统综合集控平台，使得生产过程全面感知，生产现场一目了然（见图 14—3）。

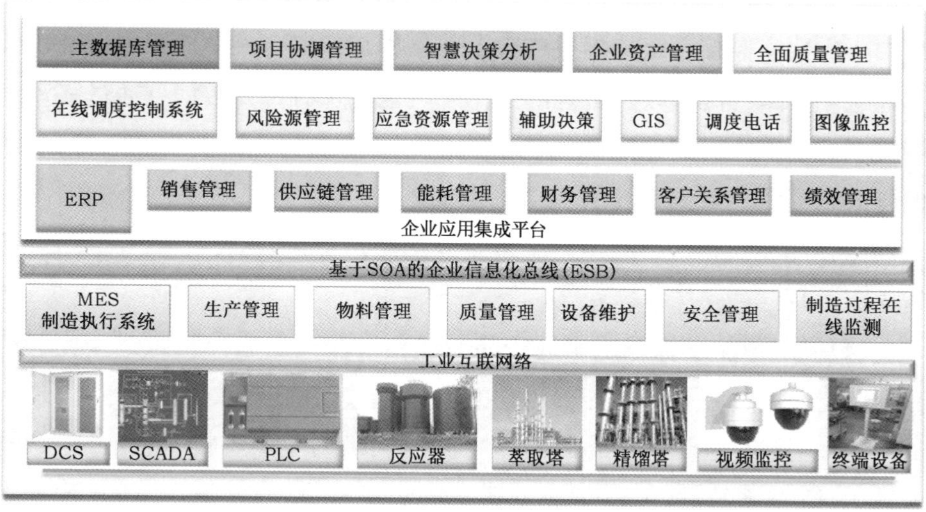


图 14—3　华谊新材料智能工厂系统架构

2. 具体做法

（1）构建智能化联动系统实现管理、生产、操作协同。华谊的丙烯酸及酯智能工厂整体上分为三个层次：一是管理层。以资源管理系统（ERP）应用为主，包括实验室信息管理系统(LIMS)、计量管理系统、环境监测系统等，主要是对生产中的人、物、数据进行管理。二是生产层。包括生产执行系统(MES)、生产计划与调度系统、流程模拟系统，并生成企业运行数据库，管理层的质量评价数据、分析数据，以及各项目标在这一层转换成具体操作指令。三是操作层。包括产品生命周期(PLM)、流程模拟(RSIM)，具体主要根据周、日的排产计划，监测生产设备与装置的负荷、仪器仪表运行、采集实时数据等。

(2)建立氧化与提纯环节生产管控中心实现连续性生产智能化流程型制造。许多化工产品生产的工艺过程是连续进行，不能中断。为此，在生产提纯环节建立生产管控中心，集生产运行、全流程优化、环保监测、DCS 控制、视频监控等多个信息系统于一体。通过此管控中心实时汇集传递生产、安全、环保、工艺、质量等信息，通过数据分析，制定出优化的生产安排，并如此反复优化整个生产流程。

(3)搭建内外协同联动系统实现数据连续性精准传输。通过工厂控制中心与工作现场的信息联动，实现中控室与生产现场操作及时互通。当控制中心的数字监控系统捕捉生产数据信息异常或者在日常检查中发现设备问题时，通知外部操作人员，外部操作人员也能及时将异常信息通过移动终端反馈到中控室。如此互动，中控室就可以根据整个生产流程的运行参数、设备信息等综合数据做出评判，给出解决方案，并向现场操作人员发出指令，进而解决问题，提高流程型制造企业的生产效率，保障生产安全和设备的稳定运行。

(4)应用智能发货系统实现产品配送精准快速。流程型制造企业的产品仓储与发货往往受到人为等因素的影响，比如记录靠手工、需要的管理人员多、劳动强度大等问题日益突出。为此，利用物联网等技术，通过地磅管理系统、ERP 系统、智能发货控制系统的集成整合，直接调取 ERP 系统中的销售出库单信息(客户、物品、应发数)，利用 RFID 技术对车辆进行识别和管理，通过控制系统定量发货，通过系统校验发货量，并读取地磅称重仪的两次过磅计量读数登记在过磅单上，并自动将过磅单净重回传至 ERP 系统中销售出库单的实际发货数量。该系统可避免手工计量可能存在的操作失误，提高数据质量和工作效率，可解决传统发货监控不足、误操作、投入人力多、劳动强度大等问题。

(5)协同一体化管控以实现各流程环节高效协同。引入 ERP、MES、先进过程控制等管理方式后,还要对此进行衔接与一体化梳理,形成一体化管理模式,从而实现整个生产运营过程的数字化管控,提升对各项生产指标的预测、预警,以及动态分析与辅助决策能力。

### 14.3.2 方案点评

丙烯酸及酯智能化生产的核心思想是:以网络化、集成化的智能管控系统全面创新应用为突破口,以智能工厂为构建目标,实现典型的劳动密集型产业转变为智能生产装置集群化产业,管理模式由粗放向网络化、数字化的精益模式转变。华谊新材料的智能生产模式在新一代化工原材料产业中具有可复制性和借鉴性;其他行业参照新材料模式转型升级的路线,可以起到事半功倍的效果。模式复制重点把握两个方面:一是根据企业自身特点,紧紧结合生产,开发适合本企业、本土的自主可控的核心装置与系统,提高快速、高效、高质生产能力;二是根据各自产业、企业特点,形成具有行业、企业特色的数字化运营平台。

## 14.4 服务化延伸——卡斯柯轨道交通

随着我国城市轨道交通建设的快速发展,城市轨道交通运控系统设备维修维护的数量急剧增长,系统技术复杂,集成度高,接口繁多,维护管理手段落后,以及各专业维护系统的分散配置,导致维护系统使用率低下,设备维护效率下降。高效的维修维护要求,迫切需要维护技术和管理手段的变革。基于大数据的轨道交通运控系统设备远程维护平台是卡斯柯信号有限公司城市轨道交通运控系统重要的组成部分,为卡斯柯轨道交通运控系统的日常维护、远程操控、故障智能分析、大数据挖掘、全生命周期管理等提供支持平台。该平台大大完善了卡斯柯信号有限公司城市轨道交通运控系统产业链、提高了城市轨道交通运控系统市场竞争力。

### 14.4.1 建设方案

基于大数据的轨道交通运控系统设备远程维护平台依据分级分层设计理念，将平台系统分为三个层级，分别为车站层（包括集中站/车辆段/停车场/工区）、线路中心层和城市中心层（见图 14—4）。

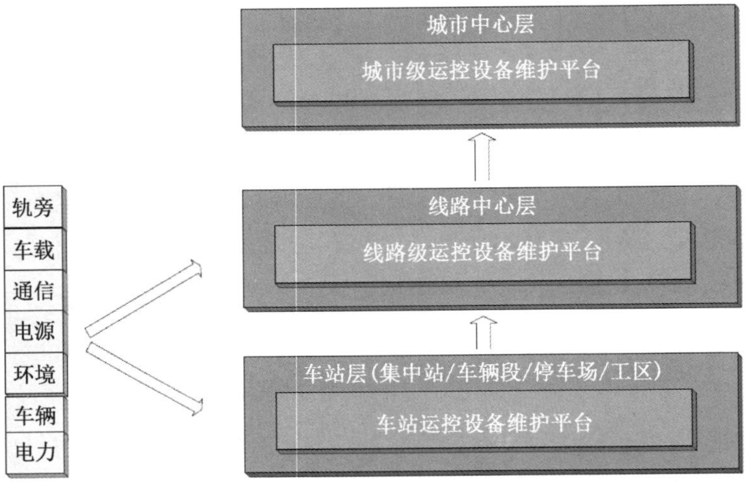


图 14—4 卡斯柯轨道交通运控系统设备远程维护平台

根据层级划分要求，在城市中心构建城市级运控系统设备维护平台，主要实现城市级范围的综合分析及维护功能；在线路中心构建线路级运控系统设备维护平台，主要实现线路级范围的综合分析及维护功能；在各集中站、车辆段、停车场部署车站运控系统设备维护平台，从而构成全息化的集数据融合管理、统一大数据分析、集成综合展现、远程维护监督于一体的维护保障平台。

基于大数据的轨道交通运控系统设备远程维护平台由四个子系统共同构建而成，依次为集中接入子系统、大数据存储子系统、大数据分析子系统、设备运维子系统。集中接入子系统负责实现各类业务系统异构异质数据的统一标准化接入和融合，为上层系统提供基础数据；大数据存储子系统负责实现基础数据的加工处理和持久化存储，并为上层系统提供统一化的数据访问接口；大数据分析子系统利用大数据处理技术实现数据的综合分析、趋势预测和数据挖掘，为应用系统提供数据分析结果；设备运维子系统实现运控系统设备的状态监视和诊断,并通过与生产资源、安全质量、运营调度等多方面数据的集成实现运控系统设备的全生命周期管理。

### 14.4.2　方案点评

从各城市的规划来看,在可预见的未来10～20年内,城市轨道交通将始终处于高速发展时期。按照目前维护系统的现状和维护模式,每新开一条新线路,就要新增大量的维护人员投入运控系统设备的维护,维护成本高、维护效率低下,而运营故障率也控制不好。

为保证城市轨道交通的安全、可靠、高效、低成本的运营,必须要做好信号设备的维护保障工作,而维护保障工作高效、顺利地进行,必须依靠完善的远程维护平台系统,依托系统的高度集成化、自动化、智能化、远程化的优势,必将大幅降低维护保障部门的维护工作量、提高自动化维护水平、实现减员增效、压缩故障延时,保障轨道交通的安全运营。因此,卡斯柯建设"基于大数据的轨道交通运控系统设备远程维护平台",具有重要的经济效益和社会意义。该应用模式顺应了中国轨道交通快速发展的趋势,在轨道交通运控系统远程维护方面,将起到重要的作用。

# 第十五章

# 上海制造业智能化发展的战略及路径

上海制造业再辉煌的战略首先应该与我国制造业强国的战略保持一致，其次必须考虑全球制造业发展的未来方向，再者，上海制造业发展应该在中国制造业走向全球领先的过程中承担起重要的责任。

## 15.1 我国制造业强国的发展战略

目前美国、德国等制造业传统强国，已经从自身的优势领域中切入到新一轮的工业革命中，在工业4.0、CPS体系、智能制造、大数据、人工智能、新一代互联网信息技术等方面大力投入迅速发展，积极引导智能技术、智能制造、工业互联网、人工智能等方面的进步，引导生产方法与模式的创新，进而谋求在未来全球产业体系与全球价值链分工体系中继续成为有竞争力的领导者。

我国目前是全球最大的制造业国家，但我们不是制造业强国，我们的制造业在全球产业链、价值链的低端，附加价值创造低，核心技术缺乏，国际竞争力弱，已经不能适应中国经济可持续发展的要求。为此国家启动了制造业强国的规划。规划坚持“创新驱动、质量为先、绿色发展、结构优化、人才为本”的基本方针；坚持“市场主导、政府引导；立足当前、着眼长远；整体推进、重点突破；自主发展、开放合作”的基本原则，通过三步走实现制造强国的战略目标。

### 15.1.1 三阶段目标

“第一步：力争用十年时间，迈入制造强国行列。到 2020 年，基本实现工业化，制造业大国地位进一步巩固，制造业信息化水平大幅提升。掌握一批重点领域关键核心技术，优势领域竞争力进一步增强，产品质量有较大提高。制造业数字化、网络化、智能化取得明显进展。重点行业单位工业增加值能耗、物耗及污染物排放明显下降。到 2025 年，制造业整体素质大幅提升，创新能力显著增强，全员劳动生产率明显提高，两化（工业化和信息化）融合迈上新台阶。重点行业单位工业增加值能耗、物耗及污染物排放达到世界先进水平。形成一批具有较强国际竞争力的跨国公司和产业集群，在全球产业分工和价值链中的地位明显提升。

第二步：到 2035 年，我国制造业整体达到世界制造强国阵营中等水平。创新能力大幅提升，重点领域发展取得重大突破，整体竞争力明显增强，优势行业形成全球创新引领能力，全面实现工业化。

第三步：新中国成立一百年时，制造业大国地位更加巩固，综合实力进入世界制造强国前列。制造业主要领域具有创新引领能力和明显竞争优势，建成全球领先的技术体系和产业体系。”①

### 15.1.2 现阶段制造业强国战略的重点领域

我国正处在一个消费者追求美好生活即消费需求与消费习惯已经或正在发生巨大的变化同时以智能化、大数据、互联网为代表的新技术革命正在爆发的新时代，新技术革命与消费变化将促进形成新型经济体系即基于新一代互联网的智能生产服务体系，这一体系的核心是为了实现智能化大规模个性化定制生产与服务，满足消费者全新的个性化需求，这一体系的核心是新一代先进制造业。目前美国、德国等制造业强国已经从自身的优势领域中切入到此新工业革命中，他们在积极引导智能技术智能制造等方面的进步，引导生产方法与模式的创新，进而谋求在未来全球产业体系与产业分工体系中成为有竞争力的领导者。

---

① 《中国制造 2025 计划》第 3 页，https://wenku.baidu.com/view/a9a898d30342a8956bec0975f46527d3240ca6e1.html。

现阶段我国将继续推动新型工业化、信息化、城镇化、农业现代化同步发展，加快建设制造强国，加快发展先进制造业，推动互联网、大数据、人工智能和实体经济深度融合，在中高端消费、创新引领、绿色低碳、共享经济、现代供应链、人力资本服务等领域培育新增长点，形成新动能。促进我国制造业迈向全球价值链中高端，发展核心技术、培育若干世界级先进制造业集群。

到“十三五”期末，我国在高端数字机床、轨道交通装备、高端船舶和海洋工程装备、智能机器人、智能汽车、现代农业机械、高端医疗器械和药品、新材料、人工智能、互联网信息技术、生命科学技术、数字技术、量子计算技术等重点领域，组织实施关键技术产业化专项，形成一批具有国际影响力的领军企业，打造一批中国制造的知名品牌，创建一批国际公认的中国标准，使中国制造业创新能力明显提升、产品质量大幅提高、综合素质显著增强。

## 15.2 上海制造业未来发展的目标

### 15.2.1 上海制造业未来发展的定位

上海未来的发展方向是卓越的全球城市，是四个中心建设与世界有影响力科创中心的建设，按照全球城市发展的规律来看，第三产业在城市经济总量的比重是很大的，至少达到 70%。在这样的状况下，上海未来制造业发展的定位是什么，怎么发展，就成为重塑“上海制造”的关键。

上海“十三五”发展规划明确提出，上海制造业占全市生产总值比重保持在 25%左右。这是上海第一次提出保持制造业比重相对稳定的发展目标，表明在经历了“十二五”期间制造业比重快速下降之后，上海开始重新关注和认识制造业在后工业化阶段服务型经济体系中的作用和定位。根据“十三五”规划中确立的经济增长速度目标，制造业比重保持在 25%左右，意味着到“十三五”期末，上海制造业增加值要比 2015 年增加 2 000 亿元以上。但是，对上海制造业而言，这不仅仅是要形成 2 000 亿元的新增长，而是要以 25%的高端制造业，确立上海在国内外产业发展格局中的竞争制高点，支撑上海服务经济的发展空间和增长潜力。

### 15.2.2　上海制造要成为制造业全球价值链中的领军者

面对全球制造业发展的新变化，面对新一轮技术革命，上海制造业要有跨越与赶超的勇气与动力，以先进制造业集群发展为载体，也就是通过自主创新，直接把握世界先进制造业的价值链高端，发展附加价值高收益大的环节，形成自己的核心竞争力，从而成为该产业价值链的控制者，形成能够引领其他相关产业转型升级的创新模式。这是上海制造业最重要也是最具有难度的挑战，因为目前价值链的控制者是发达国家，我们要走向高端，等于是取代了它们的位置，危及了它们的利益。上海制造业的再辉煌需要未来的上海制造业具备以下特点：

(1)高战略引领性，意味着具有产业发展的前瞻性，能够带动产业与价值链的升级和转型；具有较高的价值链控制力，具有一定的价值链治理权；能够发挥知识溢出效果、产业关联带动作用，以及有助于形成低碳、循环经济、环境友好的产业生态系统。

(2)高价值链控制力是产业高端即全球价值链领军者的表现特征。高价值链控制力带来的高战略引领性意味着具有产业发展的前瞻性，能够带动产业集聚发展和产业的升级，对价值链的控制意味着对产业的关联带动作用，以及形成和谐的产业生态系统和产业发展环境，也就是产业发展的正向外部性影响，这些也是产业高效的内在要求。

(3)高国际竞争力，关键是不断进行技术创新与产业创新。其中产业创新特别重要，是实现产业领先的根本途径，而企业则是产业创新的主体，只有通过产业创新，才能摆脱产业与企业发展的停滞和危机，才能打破僵局和困境，变被动为主动，化压力为动力，重建竞争优势。“上海制造”再辉煌，清楚表达了上海在国家先进制造业发展中的责任担当，也表现了上海现代产业体系建设、产业结构转变以及上海未来经济发展的谋篇布局。

(4)价值链治理能力。产品、新工艺的创新成功，并不能够保证新产品可以呈现在消费者面前，因为在社会分工的条件下，新产品的制造成功还有赖于其他合作产业、合作企业，这样的合作总是基于现有产业链、价值链，并在其基础上进行改进创新。这就需要上海的制造企业有产业链、价值链更新和价值链组织治理的能力。原因如下：

①新产品、新工艺、新技术的实施对原有各产业链、价值链环节厂商提出了新要求，如果现有厂商创新能力能够胜任新产品新分工的要求，则可能在新产品成功中获取更多价值，如果原厂商创新能力不能胜任新要求，则可能面临技术改进要求及价值链进入壁垒，降低获得的价值甚至被淘汰。

②新产品、新工艺、新技术的诞生可能促使新厂商进入价值链价值网络，以及现有厂商向相关价值链价值网络延伸和转移。

③新产品需求的新价值链形成还面临对原来价值链、价值合作网络调整、压缩、分拆、增加等环节。最后形成的新产业技术标准将对现行产业价值分配带来不同影响。这就需要对全球价值链的治理能力。

### 15.2.3 影响上海制造业发展的因素

决定上海制造业发展的约束性因素很多，关键有四个方面：一是上海是个特大型城市，人口众多；二是上海的生态环境质量的要求高；三是上海的资源基础条件；四是原有制造业技术与制造基础。这些约束性因素决定了上海制造业未来发展的一些方面，上海制造业发展定位当然还要看国家制造业"2025"战略的整体考虑，上海城市发展的定位以及上海对未来新技术革命、消费者美好生活需求的把握。未来上海制造业发展的定位应该充分考虑目前到未来四大技术的变化。

1. 人工智能、互联网与物联网信息技术

传统的认识中，互联网信息技术仅仅是人与人沟通的工具。随着人工智能技术的快速发展、互联、数字、智能化的融合，智能工厂智能产品将孕育而出，成为新工业革命的发展方向，而其核心正是互联网信息技术。互联网信息技术下的人工智能、物联网、WIFI 技术、云计算技术打破了人指挥机器的传统模式，让机器学会学习，学会交流，学会自主变化，人只要提要求，机器就能自己完成制造。

2. 信息、大数据分析技术及其影响

工业上的大数据技术成为工业大数据。它是由一个产品制造流程或者一个工业体系带出的数据。工业大数据使得产品带来更高的价值，每一个出产的产品最后都能回馈信息至生产者手中，从而反过来影响之后的生产者决策与行为，也能提前为生产者应对突发情况做出提示，使得生产过程中不再存在不确定的信息。工业大数据的信息系统对制造设备的要求越来越高，逐步成为新一代智能制造装备或工厂。

3. 新能源技术及其影响

我们目前的经济与社会发展模式、人们的生产方式与生活消费方式基本依赖于化石能源的生产与使用，然而目前化石能源已经逐步进入枯竭期。以太阳能、风能技术、海洋能技术、核能技术为代表的新能源技术正逐渐发挥作用，替代原有的产业结构与产品。新能源发电之外，新能源汽车、新能源住房等领域都带来了新的应用领域，且正成为主流的消费品。

4. 新材料技术及其影响

新一代的产品材料将选用诸如碳纳米管、陶瓷基纳米复合材料和新型碳纤维等新材料，而其生产方式将会是添加式的，一次定型。这样的材料生产方式的实现关键就是新型材料技术。新型材料会使未来的产品比现有制成品更硬、更轻、更节能、更耐用。如分子材料与制造技术将可以在原子精确度的条件下操控分子。物质可以轻易地被准确地操作，进而连接起来，由此带来成本的大幅度降低与成本的上升。

智能制造是“中国制造 2025”的关键内容，也是上海发展成为“有影响力的科技创新中心”的重要手段，该计划有利于促进生产制造自动化、流程管理数字化、企业信息网络化和智能制造云端化。上海坚持创新驱动、软硬协同、分类施策、大力推进智能制造应用新模式，到 2020 年，力争把上海打造成为全国智能制造的高地、智能制造核心技术的策源地以及智能制造系统解决方案的输出地。

## 15.3　智能化时代上海制造业发展战略思路

重塑上海制造业，使上海制造业发展成为全国乃至全球制造业区域领先者，应该找到比较适合上海制造业跨越式发展的路径。

### 15.3.1　重塑旧品牌

目前有一种重塑上海制造的思路与做法，就是重新大规模投资，试图恢复做大做好过去曾经有影响力的品牌，如自行车品牌永久与凤凰，上海牌手表，恢复各种上海的老名牌产品与服务等等。这种思路可称其为继承过去，发扬光大传统品牌以此拓展未来，重塑上海制造昔日辉煌的思路。这种思路与做法不能说错，但一些上海制造产品与品牌的衰落是因为消费需求的变化而导致的，如汽车替代自行车，地铁替代了公共汽车，智能手机替代了随身听和固定电话，美容美发替代了简单的剃头，等等。显然这一类产品要去恢复生产是可能的，但要恢复大规模的市场需求则是不太可能的。

另外，一些上海制造产品与品牌的衰落是因为在国际、国内市场上竞争不过其他地区与国家的产品和品牌，自身竞争力弱化导致的。今天要重新恢复竞争力，去夺回失去的市场，不是不可能，只是要更多更大的投入，有时是十分困难的。

还有一些上海制造产品与品牌的衰落是没有研发投入，没有创新开发，产品多年不变，最后被别人的更好更新的产品与服务所替代掉。这些方面，如果能够加大创新，推出更加好的产品与服务去替代现有市场上的产品与服务，应该也是有可能恢复品牌声誉的。

这一思路理论上没错，现实中有难度。因为多年消失的老品牌在消费者群体中究竟还有多少影响力，需要判断。老品牌在老年消费者心目中是有美好记忆的，但他们也不会去买当年的品牌产品。更重要的是今天的消费主力已经是 80 后、90 后、00 后，他们是伴随着互联网成长的新一代，他们的消费需求观念已经变了，他们更关注的是科技产品与时尚新品。

### 15.3.2 升级新兴产业

上海制造业转型升级的战略思路，还可以通过关注消费新变化，发展若干智能化、大数据与互联网融合的先进制造业集群，发展现代与未来的高科技时尚新品牌，重塑上海制造品牌影响力。具体可以建立如下 4 个先进制造业集群。

一是新一代消费品先进制造集群，它以人工智能技术为突破口，建立智能制造实现智能消费品生产与服务体系，通过创新与研发，开发全新产品重塑上海制造在消费者心目中的品牌形象。新一代智能消费品主要有智能新能源汽车、移动终端、家用机器人生产制造与服务、时尚智能家居产品等。上海在这些制造业方面是有基础的，同时又是美好生活需要的重点产品。

二是航空航天制造业集群，上海在民用飞机制造以及可以看到的航天产业民用化趋势以及上海拥有的基础来看，应该是可能建立这样的制造业集群的。这个集群是制造业上的皇冠，是制造业强国的关键，也是今天至未来“上海制造”品牌声誉的核心实力，非常重要。

三是智能装备产业集群。智能装备制造业是决定我国未来制造业在国际上竞争力的关键，也是我国能否成为制造业强国的关键。上海在智能设备、智能海洋装备、智能工程装备等方面应该加大投入与创新，与工业互联网发展协同，形成新型制造＋服务、线上＋线下新模式。

四是领先的健康产业集群。这个集群主要包括上海已经有基础的生物制药制造业，还应该包括领先的智能医疗设备制造业，尤其在养老支持智能机器人制造领域。这个制造业集群既是关系消费者消费新需求，也是上海制造整体实力的表现，这非常重要。

## 15.4　产业创新是上海制造业再辉煌的关键

上海制造业再辉煌应该是有重要支撑的，因为上海同时在建设有世界影响力的科创中心，创新已经成为上海突破当前经济与产业发展的重中之重。通过科技创新取得的成果，由企业进一步进行产业创新使之创新成果可以在市场上商业化成功，同时提升制造业智能制造水平，提升企业竞争力关系到上海的未来发展。

### 15.4.1　从科技创新到产业创新

产业领先是上海制造再辉煌的本质，产业领先就必须进行产业创新，产业创新是非常有难度的创新，它包含产品创新、工艺创新、组织创新和市场创新四个主要的环节，这四个环节环环相扣，缺一不可。

尽管新产品创新是产业创新的源头，是最重要的创新，值得重视与投入，但其他三个环节的创新及其成功对新产业成长与发展也十分重要，上海制造再辉煌不能忽视这三个环节，一旦忽视往往导致产业化创新失败。

更为重要的是，产品创新和工艺创新又会通过原来的或改革的协作网络、产业链和价值链压迫相关合作厂商进行相关的再创新，成就创新的波及效果，这就是我们指出的上海需要主导产品创新与工艺创新的科技型大企业主导重大创新，通过它来带动中小科技型企业再创新、合作创新。

### 15.4.2 转型升级的战略重点

全力推进上海制造业转型升级，最紧要的是抓牢智能制造关键核心技术、智能制造产业集群、过硬质量品质这三个环节，叫响“四名六创”。要以“四名”(名品打造、名企培育、名家汇聚、名园塑造)为引领，带动上海制造优势更优、特色更特、强项更强；以“六创”(技术创新、品牌创响、质量创优、融合创智、集群创建、绿色创先六个专项行动)为支撑，推动经济发展的质量、效率和动力变革。最终要实现“四个更加”，就是让上海制造的技术更先进、生产更智能、产品更高端、品牌更响亮。

1. 注重统筹重点产业布局

以上海制造引领支撑现代产业体系建设，加快转型高端发展之路。要超前布局未来前沿产业，聚焦信息网络、空天海洋等领域，实施一批基础前沿工程；加快培育战略性新兴产业，聚焦民用航空、生物医药等领域，加快培育形成新的经济增长点；改造提升传统优势产业，聚焦汽车、化工等领域，加快智能化技改提升。目前正在加快制定集成电路、民用航空产业发展等行动计划，推动产业链、创新链的联动发展。

2. 注重优化协调推进机制

上海将从扩大开放、制度供给、土地资源、产融结合、品牌宣传等八方面的保障措施，加强统筹协调、务实推进。近期，要加快推出振兴历史经典品牌、高成长性创新企业培育等系列配套政策。

3. 注重瞄准目标持续发力

未来3年里，围绕加快建设全球智能制造基地的总体目标，设定了三个分项目标；就是到2020年，要初步建成世界级新兴产业发展策源地，初步建成若干世界级先进制造业集群，初步建成世界级制造品牌汇聚地。

# 15.5　上海制造业转型升级的智能化发展规划

## 15.5.1　上海制造业智能化发展考虑的因素

上海制造业智能化发展就是掌握产业链、价值链核心环节的高端制造，满足市场多元化需求的品质制造，融合人工智能和工业互联网的智能制造，体现资源高效集约利用的绿色制造。上海的制造业智能化发展主要有三方面的考虑。

1. 要着力增强使命担当，服务国家战略

上海把打响制造品牌作为落实制造强国、网络强国战略的重要载体，牢固树立上海制造再出发的战略思维。不仅要主动应对产业新变革，着力打造“大国重器”，代表国家参与国际竞争合作；也要顺应市场新潮流，着力创造“时代精品”，重新走进千家万户、市民心中。

2. 要着力强化创新引领，加快培育新兴动能

创新是第一动力，上海把智能制造业作为全球科创中心建设的主战场，充分发掘上海制造创新驱动的动力源泉。要加快实施产业创新工程，推动科技创新成果产业化，实现“从无到有”、填补国内空白；同时加快开展技术改造焕新计划，实现“从有到优”、推动提质增效。上海则应有发挥制造业基础、新一代信息网络技术等方面的优势，特别是依托长三角的产业腹地优势，在工业互联网制造、智能制造高点竞争中率先突破。

3. 要着力深化改革开放，提振制造业品牌形象

上海要实施更加积极主动的开放战略，加大全球资源配置力度，始终坚持上海制造追求卓越、永攀高峰的发展取向。要把打响“上海制造”品牌作为推动高质量发展的重要抓手、创造高品质生活的重要举措，在设计新、质量好、标准高、服务优上，全力彰显美誉度。

具体而言，可以聚焦高端装备、汽车、航空航天等优势产业领域，依托上海电气、上汽集团等行业领军企业，培育打造国际水准的数字化、网络化、智能化企业级互联网平台；依托上海的技术创新优势和长三角腹地优势，着力培育具有全球影响力的跨行业、跨领域工业互联网平台，实现多平台互联互

通，通过工业互联网平台整合资源，构建设计、生产与供应链资源有效组织的协同制造体系；通过工业互联网平台与上海及长三角重点产业园区的互动，推动龙头企业依托工业互联网平台将业务流程与管理体系向上下游延伸，促进中小企业业务系统向云端迁移，带动中小企业工业互联网应用；以企业级平台和跨行业、跨领域平台为支撑，积极参与国家层面的工业互联网参考架构和标准体系建设，在中国制高点竞争中发挥重要作用。

### 15.5.2　上海制造业发展智能化发展的主要内容

1. 要以名品为抓手，擦亮上海制造新名片

通过深入挖掘市场需求潜力，特别是聚焦健康、时尚、智能等需求，着力打造500项“上海制造”精品。一是放大品牌效应，让上海制造在国内外叫得响。具体分为经典品牌、新锐品牌和优质品牌三个层次，以新技术、新模式和新机制，赋予老凤祥、三枪等经典品牌新的气质，加快培育联影、蔚来等一批新锐品牌。二是加快核心技术攻关，抢占产业制高点。核心技术靠化缘要不来、靠买也买不来，要着力突破集成电路、航空发动机等“卡脖子”瓶颈，解决关键环节受制于人的隐患；要有所为有所不为，形成一批具有核心技术和自主知识产权的品牌产品。三是把质量标准作为第一生命力，树立上海制造的全国质量标杆地位。全面开展质量提升行动，推出一批制造领域的上海品质认证产品和领跑标准。四是实施技改焕新计划，增强产业发展活力。大力推进智能化、服务化等改造提升，扩大品牌产品的新工艺、新材料、新装备应用。

2. 要以名企为引领，培育上海制造业新主体

集中优势资源，做好服务企业的“店小二”，着力培育以世界一流企业、“独角兽”企业、“隐形冠军”为核心的卓越制造企业群体。

一是做强世界一流企业，使上海制造辐射面更广。构建根植本地、面向全球布局的创新、生产和服务网络，加快新一代智能制造模式应用；以龙头企业为引领，建设20个工业互联网平台，争取3家左右制造企业进入世界500强。

二是做大“独角兽”企业，使上海制造创新力更强。聚焦智能硬件、生物医药、新能源与智能网联汽车等领域，支持企业加强技术创新、商业模式创

新，力争培育8～10家制造领域的“独角兽”企业。

三是做优“隐形冠军”，使上海制造专业化更精。开展“隐形冠军”同行业对标，引导企业专注于细分产品的研发制造和市场拓展，打造“百年老店”，形成200家国内外细分市场前三的“隐形冠军”企业。

3. 要以名家为纽带，汇聚上海制造新资源

人才是产业发展的第一资源，要着力汇聚以卓越科学家引领、卓越企业家运营、精工巧匠支撑的卓越制造人才队伍。

一是加快落实人才高峰工程，汇聚领军人才。面向集成电路与计算科学、脑科学与人工智能等重点领域，坚持引进和培育并举，造就产业高峰人才，实行量身定制、一人一策。

二是实施卓越制造人才计划，培育专业人才。打造一批“上海工程师”“上海师傅”，重点支持面向工程化、产业化应用的高精尖人才，加强住房、落户等人才服务。

三是弘扬企业家精神和工匠精神，实现人尽其用。瞄准科技前沿和新兴产业领域，集聚一批卓越科学家，弘扬勇于创新的企业家精神，倡导精益求精的工匠精神，聚天下英才而用之。

4. 要以名园为支撑，打造上海制造新载体

面对空间资源的天花板约束，要瞄准集约化利用、高效化配置，加快建设以世界级品牌园区、特色产业基地为重点的区域性承载体。

一是培育世界级品牌园区，促进资源集约。推动临港、漕河泾、张江、化工区、国际汽车城打造世界级品牌园区，优化增量、盘活存量、激活流量，建设一批绿色示范园区。

二是打造特色产业地标，形成区域品牌。加快编制全市产业地图，引导差异化精准定位；集中力量推动土地的二次开发、腾笼换鸟，加快吴泾、高桥、南大、吴淞、桃浦五个重点区域整体转型升级。

三是创建世界级先进制造业集群，实现联动发展。全力打造汽车、电子信息两个世界级产业集群，积极培育民用航空、生物医药、高端装备、绿色化工4个世界级产业集群。另外，还要加强长三角产业集群联动，深化智能网联汽车、工业互联网、5G等产业链对接合作。

# 第十六章

# 上海制造业智能化发展的主要对策

## 16.1 上海制造业智能化发展的模式转变对策

上海作为中国重要的制造业基地，21 世纪以来面临严峻挑战。外部存在全球金融危机和国内经济周期下行的影响，内部面临着体制、机制“瓶颈”、环境资源约束。在这种情况下，上海制造业如何进行智能化转型的路径设计，实现制造业的规模效益增长？上海制造业须在原有基础上，结合内外部环境分析，从产业链整合、价值再配置、供应链协同发展等方面，迎接新工业革命挑战，推进制造业的跨越式发展。

### 16.1.1 迎接智能化转型挑战，变革经济发展模式

1. 生产方式由标准化生产向定制化生产转型

我们现在是机器生产机器、大规模标准化生产方式；新的生产方式，是以互联网为支撑的智能化大规模定制生产方式，其基础是消费者个性化消费时代已经到来。具体来说：

第一，今天的互联网既是信息平台，又是交易平台和生产控制平台，当然它还是娱乐平台和社交平台。分布式信息集成技术的应用，使得数亿人在互联网上共享信息、相互交流沟通，相互参与互动。

第二，智能化意味着智慧型计算机嵌入在制造设备后能够使生产设备

更快地感知、自我反应，计算判断，分析决策，操作。智能化制造将使智能工厂、智能装备一体化，使智能产品大规模产出，更符合消费者美好生活的需要。

第三，定制过去是小量，但在数字化智能化制造条件下，符合个性化需要的个性化产品的大规模定制生产在技术上已经成为可能，部分已经成为现实。通过机构的小型化、无人化、智能化，企业间分工将更趋专门化，确定多品种小批量生产体制，使产品向轻薄短小的方向发展，定制化将迎来更多的发展机遇。

2. 制造模式由削减式向叠加式转型

制造业制造模式开始从削减式制造转变为叠加式制造模式。现在制造业的制造模式绝大部分是削减式制造，即先铸造毛坯，然后进行切削加工，最后形成零部件或产品。而叠加式制造又称为增材制造，它是快速叠加打印成型，一次成型无须切削，这一制造模式的典型是 3D 打印。与传统的制造模式相比，3D 技术拥有许多优势，如以往制作复杂结构的大型制件一般采用分段成形、拼接成整体的方法，不但生产周期长、成本高，制件连接处的强度也较差，而叠加式制造技术是一次整体成型，可以轻松解决上述问题，也节约了材料与人工。制造模式变革不仅涉及制造母机，还涉及材料等方面的重大革命，复合材料和纳米材料使得材料的强度、质量、性能和耐用性均优于传统材料，由于不需要生产线，降低了生产成本，也极大地减少了材料的浪费。

3. 生产组织方式由集中生产向分散生产转型

我们现在的生产组织方式为“集中生产，全球分销”，即产品集中生产制造是先圈一块地盖上厂房，把全世界原料买来运进来，集中生产后再运到全世界去销售的模式。这个模式是大规模生产的必然，导致结果是来往运输量大成本高，消费者搜寻信息与交易成本都很大，而且耗费不少资源与能源。新的生产组织方式则不一样，它叫作“分散生产，就地销售”，它不需要今天这样的集中生产工厂，仅需要有几台 3D 打印机、激光切割机、铣床和喷漆等设备，用户通过在线交流进行产品的研发、设计、筛选和完善，借助丰富的产品设计程序和模板，通过用户之间的互动机制形成扩散效应，实现产品的就地生产和销售。

4. 生活方式的变革

消费的同时就是生产。我们还有必要去购物中心吗？可能的购物就是在3D打印店取件便可，3D打印可以做到边设计边消费边生产，可以做到自己生产自己消费，这个过程可能是真正的体验消费。消费者也可以买家用3D打印机，过从前那样的自给自足生活，如能源的自给自足，如食品制造的自给自足，生活用具的自己设计自己打印。这就是一种新的生活方式，与工业化时代不同的生活方式，是一种高品质的生活方式。

### 16.1.2 整合产业链，形成高效合作价值网络

1. 通过产业链、价值链纵向整合获取互补性资源和要素

产业链的纵向整合一方面联系产业链上下游各企业之间的关系，一方面又使得一些企业涉足产业链、价值链更多的环节，是产业内企业外延发展的主要方式，企业间通过资源互补、技术协同在提高自身企业实力的同时，也培养起产业链的长期竞争优势。从技术研发的角度，产业链、价值链各环节间的企业通过彼此之间资源优势融合，共担研发费用，降低技术研发和技术失败、市场开拓的风险；从企业间的知识共享、技术协同角度，产业链、价值链各环节、企业之间通过关系构建，展开知识和技术的合作，优化信息、技术等资源的优化配置，降低其交易成本，通过规模经济效应和范围经济效应，实现知识的整合和技术创新合力的提高。从上海制造业结构转型的发展趋势来看，产业链的纵向整合将缩短产业链预期效果变为现实的时间，较快克服和改善产业链、价值链各环节间资源不连续、技术转换效率低的缺点。

2. 通过产业链、价值链横向整合提升产业竞争力

随着竞争环境的持续动态发展对企业产生的影响越来越大、企业创新活动及其风险成本的不确定性都大大增加，在业内竞争程度加剧的背景下，单个企业已经很难通过某种战略行为来获取所需的资源和能力，为了更有效率地推进战略进程，合作行为在同行业具有竞争关系的企业之间变得越来越普遍，这种合作类型就是横向企业联盟。未来的市场竞争将不再是企业之间的竞争，而是联盟与联盟之间的竞争。

加入横向企业联盟的各企业共同从事同一项经营活动，目的在于改善

各自企业在价值创造活动中的地位，通过联盟的集体力量使参与企业获得规模经济、获得知识溢出、平衡生产能力、降低经营风险。常见的企业横向联盟形式有技术联盟、生产联盟、销售联盟等多种形式。企业技术联盟可以通过降低联盟各方在新产品、新技术研究开发方面的成本，提高产品开发速度与效率，分散风险。生产联盟可以通过零部件标准化安排、共同采购原材料等降低生产成本，提高收益水平。企业营销联盟中联盟成员相互借助对方的销售渠道和关系网络而以更快的速度进入新市场提高销售规模，通过信息共享或者联合广告宣传等措施，降低营销成本。

因此，企业横向联盟与企业之间简单的合作范式有着本质区别，在企业横向联盟的运行过程中必须有良好的治理模式，只有协调好联盟内企业间并不完全一致的利益追求、处理好竞争与合作之间的对立关系，才能使得各种联盟形式能创造出独特的竞争优势，如合作投资、开拓市场、分散风险、提高行业地位、形成规模经济等合作效果。

3. 通过产业集群组织形式形成产业链、价值链成员之间良性竞合机制

产业链、价值链之间的竞争更多地表现为一种交融关系，也即在产业链、价值链的某些环节以竞争为主，在产业链、价值链的某些环节则以合作为主，随着产业链、价值链竞合关系的进一步发展，以及产业链分工的不断深化，产业链迂回的环节不断增多。当产业链、价值链的迂回在同一个空间发生时，如果产生了有利于提升竞争力的外部经济性，那么就形成了具备产业集群特征的空间组织式。产业集群是最具竞争力的一种产业组织形式，产业链、价值链成员之间具有竞争的自我强化机制。产业集群的竞争关系多体现在处于产业链、价值链同一环节的企业之间。产业链的上下游企业之间贯穿着产品的供、产、销流程，处于产业链下游的企业在对上游产品的选择上具有很大的自主选择权和控制权，使得上游企业要获取长期稳定的订单就必须使得自身产品具有过硬的质量和较低的成本，这种下游环节的最优选择机制决定了处于同一环节上企业间的竞争性，于是企业纷纷在核心技术和生产成本、产品质量等方面展开激烈的竞争，带来产业链、价值链环节整体技术提升、成本下降，而每一产业链价值链环节的优化促使产业链价值链最终形成“整体大于局部”的叠加效应。

产业集群区位集中的优势使得集群内信息高速流动，企业间的信息基

本处于对称状态,优秀的企业很容易得到下游企业的追捧,处于劣势的企业则容易被市场所冷落或淘汰。因此,产业集群内企业间信息公开的程度和氛围促使企业之间形成优胜劣汰机制,企业之间相互追赶,始终保持高度的警觉习惯和发展动力,在激烈的市场竞争中或壮大或衰亡。产业集群内部企业间的竞争表现为协同竞争。不能单纯地将产业集群内部产业链各环节企业之间的竞争看作你死我活的关系,实际上产业集群内部产业链各环节企业之间也存在着协作关系,正是由于这种协作关系才使得企业聚集在一起,发挥地理集中优势,通过协同竞争最终实现共同发展。因此,产业集群作为一个产业链或价值链系统,企业之间竞争的激烈性和合作的紧密性使其实现了"以合作求竞争"的竞合机制,企业之间形成一个共生体关系,是产业集群这个产业链系统创造和保持竞争优势的重要源泉。

### 16.1.3 价值链环节重新配置,加强价值链控制力

上海实现从现行制造业向先进智能制造业的升级,最根本是要使之形成在全球制造业价值链的控制力。

1. 大力提升关键技术自主研发能力

从研发投入进行原创技术创新固然重要,但对先进技术的吸收、消化、转化和应用更要引起重视,这样才能加快技术进步,从而促进制造业生产效率和绩效的提高。上海制造业向先进制造业升级发展过程中,要重视先进技术引进、消化和吸收,更要依靠自主创新,加强关键技术的自主研发能力。自主创新并不是关门自己创新,自主创新也可以进行开放式创新。上海的国有大中型制造企业是实现上海制造业升级的主体之一,近年来,这些企业在不断提升其在价值链前端的技术研发与产品设计能力,从以往引进成套技术设备为主逐步转向引进国外关键性前沿技术,并在此基础上加大对关键性技术领域研发的投入力度,组织骨干技术队伍进行技术攻关,只是主要还停留在对国外技术和产品的改进性创新阶段,真正体现先进制造关键技术与高附加值的自主研发能力有待提升。

2. 生产环节向规模化、高级化发展

目前上海一些以加工制造为主要收入和利润来源的传统制造企业,其技术研发的主要目的是改进生产设备和技术、提高生产线的生产效率,所产

生的价值增值效应比较有限。制造企业实现规模化经营高级化发展，通过提高技术、生产设备、管理组织、市场渠道、信息和原料的综合利用效率，促进技术进步，降低生产成本提高投入产出率只是一方面，实际上还需要强化产业集聚、产业配合的产业生态的良好。上海的工业园区是上海培育先进制造业、打造产业集群的重要载体。目前上海已形成微电子、汽车、石油化工和精细化工、精品钢材制造、装备产业、船舶产业(海洋装备)、航空产业、航天产业 8 个国家级重点产业基地，张江高科技园区、漕河泾新兴技术开发区等 10 个国家级开发区，以及遍布全市的 41 个高新技术产业化基地。这些工业园区为先进制造业的发展创造了充分的地理空间，提供了良好的创新环境。

### 16.1.4　推动供应链协同管理，促进产业链、价值链的网络化协同

供应链协同是指供应链中各节点企业为了提高供应链的整体竞争力而进行的彼此协调和联合。在新工业革命的背景下，制造业企业要想在市场的激烈竞争中获得竞争优势，就必须结合企业自身特点和环境，实现企业资源配置的最优化，将企业内部各个部门、企业的合作伙伴、供应商以及分销商和终端客户联系起来，以信息的自由交流，知识创新成果的共享，相互信任、共担风险、协同决策，共同挖掘满足市场需求，形成网络化供应链协同运作方式。

1. 实现供应链协同，需形成紧密的战略性合作伙伴关系

制造企业要想获得生存所需要的利益并保持持续的竞争优势，就不能仅仅依靠自身的价值链组织，需要产业链、价值链上中下游的供应商、制造商、销售商以及其他各个主体参与到整个供应链之中，一起进行供应链协同，提升自身在激烈竞争中的实力。制造企业之间相互进行合作，通过供应链协同实现预期的战略目标，形成利益共享、风险共担的局面，这就需要在供应链节点企业之间建立起紧密的战略性合作伙伴关系。而要建立和保持长期的战略合作伙伴关系，主要措施有：供应链的节点制造企业之间加强信任；要建立正式的合作机制，在供应链节点企业间实现利益共享和风险分担；要选择适当的、具有核心竞争能力的合作伙伴开展供应链的协同与合作。

2. 实现供应链协同,需加强供应链上信息的共享和交流

供应链的协同运作建立在各节点企业高质量的信息、知识创新成果的传递与共享的基础上,供应链节点企业必须建立有效的管理信息系统,并向其他综合性信息系统如企业资源计划、供应商管理以及客户管理等延伸,以实现内部管理全过程信息流的整合。提高供应链运作的协同性和运作效率,也有利于及时掌握供应链上潜在的风险,为及时采取风险控制措施赢得时间。

3. 实现供应链协同,网络化供应链协同运作平台必不可少

随着全球化、知识化、信息化的到来,网络化的经济发展模式将所有社会经济活动都纳入网络的运行轨道,使得企业之间的经济联系变得更为复杂而紧密。制造业网络化供应链协同运作方式是指,在统一的由信息技术支撑的网络化协同运作平台上,供应链节点企业在最终客户需求驱动下,协同制订计划和沟通信息,来协同节点企业的经营运作活动,以较快速的响应速度来满足客户的需求。这就需要供应链成员利用共同的信息化技术平台,作为供应链中各流程运作的协同平台,在需求确定后,节点企业在平台中协调确定计划、互相合作。

通过网络技术可以实现供应链协作伙伴成员间的信息系统的集成,实现运营数据、市场数据的实时共享和交流。网络化供应链协同具有四个方面的优点:第一,供应链节点企业都能够直接获取客户信息,避免盲目经营;第二,虽然仍然存在核心运作企业,但不再存在主从关系;第三,客户需求得到最大程度的满足,客户需求面向供应链所有节点企业,及时得到所需产品和服务;第四,整个供应链的运作效率得到大幅提高,生产目的性增强,计划更加协调,市场响应速度加快,库存大幅减少,使整个供应链竞争力得到提高。

## 16.2 推动上海制造业智能化发展的产业创新对策

上海制造业再辉煌,进行智能化发展,需要制造业企业不断进行产业创新。从微观上说,上海的制造业企业不愿意或没有能力进行产业创新,企业本身就没有转型升级的可能;从宏观上说,没有上海制造业产业创新也就没有制造业的转型升级,也就没有产业结构的转型升级。上海目前正处在迈

向全球城市，建设5个中心，新增长点增长比较乏力，产业结构面临重大调整，因此，上海制造业要担当科技创新成果转化、产业创新的主力，形成上海的人工智能+高新技术产业与产品联动。

### 16.2.1　上海应该进行制造业与服务业的创新联动

一个城市的制造业衰落并不等于一个国家的制造业的衰落，因为一个城市的制造业仅仅是国家制造业的一个部分，反之一个国家制造业的问题也不一定就会在这个城市的制造业中表现出来。如果一个国家制造业问题同样也是一个城市的制造业问题，那只能说明这个城市的制造业本来与其他省市的制造业水平相差无几，也就是没有差异性和竞争力。不巧的是，上海的制造业情况就是如此，这些年上海的制造业并无特别的竞争力和竞争优势。也正是如此，上海的制造业及其制造业结构必须进行结构性改革与调整，尤其在新一轮技术革命来临之际！

这些年上海的第三产业有了长足的发展，对上海GDP的贡献、对上海市财政收入的贡献不断增加。这一方面表明上海的工业化水平在不断提升，另一方面也表明上海"四个中心"建设取得了成绩。但仔细分析，服务业内部结构方面还有许多问题，如生产服务发展虽然比较快，但在整个服务业GDP中的比重还不大，业态以及服务技术含量都还有极大的上升空间，另外在消费服务方面，产能过剩与供给不足的状况同时并存。

面对未来，上海进行自身产业体系的调整是必要的。产业体系的转型升级的出路是创新，是科技创新、产业创新。上海应该以建立具有全球影响力的科技创新中心为契机，一方面要关注和推进科技创新，其中包括基础科学研究创新和应用技术研究创新；另一方面还应该关注和推进科技创新成果的产业化，即产业创新。必须鼓励更多的制造业企业家投身于产业化创新，因为我国目前已经到了消费升级的转折点，上海的人均GDP水平比较高，上海的科研院所、科技人才以及新技术进步也为此做好了准备。上海应该大规模地开展产业创新，加快培育和发展知识密集度高、高新技术为核心、资源耗费量少、环境友好、综合效益明显、且具有较强成长潜力的新型产业，形成新的经济增长点，实现产业结构的转型升级，推动上海制造业的再辉煌，提高人民的生活质量和水平，促进资源节约型和环境友好型社会建设。

### 16.2.2 以“高端高效”为产业创新实现的目标特征

面对新一轮产业革命，上海未来的产业体系应该是以先进制造业为扎实基础的与金融、贸易、物流、供应链管理等现代生产服务业互相融合的产业体系。因此上海应该针对性实施“率先加快转变经济发展方式、建设新型产业体系、进一步提升国际竞争力”的战略，以“高端高效”目标特征作为产业发展导向，在提升产业核心竞争力上求突破，而这首先需要客观、科学、前瞻地对现代制造业、现代服务业进行评价，了解这些产业的特征。

产业高端的内涵可以从三个方面理解：(1)高级要素禀赋，指要素禀赋从传统的资源禀赋到知识禀赋，而知识禀赋在企业多体现为在核心技术和关键工艺环节有高的技术密集度。如目前 ICT 产业中的云计算、物联网等。(2)高的价值链位势，如制造业价值链形如“微笑曲线”，高的价值链位势就是在“微笑曲线”两端，而动态维持高价值链位势需要具有高的自主创新能力。(3)高的价值链控制力，从在价值链上所处的环节位置判断，实质就是对价值链关键环节——核心技术专利研发或营销渠道、知名品牌等的控制力，高价值链控制力对于产业也具有高战略引领性。

“产业高效”是指产业资源配置效率高，具有良好的经济效益和社会效益。产业高效的内涵也有三方面的内容：(1)高的产出效率，如单位面积土地产出效率、人均产出效率等。(2)高的附加价值，如利润率高，工业增加值率高，税收贡献大等。(3)高的正向外部性，指产业与环境和谐友好，生产过程产生污染少、符合低碳经济要求，还有就是对就业的促进和产业链上其他企业的带动作用等。产业创新的成功是建立新型产业体系，调整现行产业结构，产业转型升级，发展新实体经济，经济焕然一新的内在需要。

### 16.2.3 重新认识产业创新，重新认识再创新的价值

产业创新是过程性创新，产业创新的成功需要产品创新、工艺创新、组织创新和市场创新四个创新环节交替发力，动态演进，最终形成伟大的新兴产业，甚至改变人类的生活方式。从另外一方面看，除了产品创新是产业创新的源头创新外，其他三个环节本质上是帮助新产品实现市场成功的再创新。所谓再创新是指在前一次创新的基础上进行更进一步的创新，完善或

帮助实现原创新的创新。

今天，更要关注和支持再创新，大力鼓励制造业企业包括中小企业在别人创新的基础上进行改造再创新，千万不要造成这样的误解：一谈创新就一定是原创！再创新能力比较强的是日本企业，汽车不是日本的原创，但日本丰田等企业可以在欧美汽车的基础上大胆再创新形成特色，成就日系汽车产业的成功。甚至可以这么说，后起国家的跨越式发展成功的关键，就是这个国家的再创新能力与再创新实效。

### 16.2.4　大胆进行体制机制的深化改革，强大产业创新主体的创新动力

应该说，建立新型产业体系的关键之一是创新。创新的关键在于创新激励机制能否建立。现在很多个人的发明创造，发明者所在的单位都会声称这是发明者的职务发明，此时如果发明者要去开个公司，发明者所在单位虽然不出资却要求占大头，而发明者辛辛苦苦只拿小头，如此创新者的创新动力就不足。经济学告诉我们，只有创新者分享到了创新带来的红利才能有更大的动力投入下一步创新，要形成正向的反馈。

需要深入研究上海科技创新成果及其应用、产业创新不足的总体状况，通过对上海制造业产业创新的主体即民营企业、国有企业的状况分析，研究分析出这些主体在产业创新应用及所谓“产学研”合作中的困惑及背后的体制与机制难点，进行大胆的体制机制创新。现在，国有企业混合所有制的改革必须深化，改革的关键是企业经营者的利益如何更加有效地与企业中长期的成长和业绩挂钩，而不是简单地说什么允许创新犯错，因为如果不能够从经营者内在的利益机制设计上使得他在经营企业时有内在的约束力，那么允许犯错就会成为下一轮寻租的一个方面。

## 16.3　制造业智能化发展的协同发展策略

### 16.3.1　上海制造业智能化发展需要深入开展价值链合作

今天我们谈“上海制造”这个话题，已经不是过去意义上的完全由“上海

企业生产制造”的含义，而是在全球、全国制造业价值链新型分工的基础上通力合作生产的结果。“再出发”的上海制造，产品与服务应该，而且已经是“你中有我，我中有你”。因为今天各国产业与企业的竞争实际上是产业链、价值链的竞争，作为一个制造业价值链的领军者固然十分重要，但如果没有价值链上高质量有能力的合作者，价值链整体的竞争力就要弱化。因此上海如何进一步开放，如何进一步与全球、全国、长江经济带地区的制造业实现价值链新分工合作，是上海制造业智能化发展、也是上海制造重建竞争力的重要前提之一。

(1)长江经济带地区经济发达，制造业体系相对完整、整体实力较强。长江经济带地区应该在我国制造业转型成为制造业强国的历史过程中，担当重要的历史责任，更何况今天制造业智能化发展对空间载体、产业关联、价值链协同配套、共同创新有着更大的关联度和更高的要求。因此上海制造业智能化发展与周边地区、与长江经济带地区制造业联动、协同发展，最终形成一个个先进的智能制造业集群密切相关。

(2)需要指出的是，价值链合作在空间上的一种状况就是产业集群。上海的智能制造业集群就是一个空间的概念，它虽然在上海，但又是长江经济带先进制造业合作的载体。需要考虑智能制造业空间治理的政策与制度建设，提高单位空间创造的制造业附加价值，也就是提高空间的经济使用效率。需要提醒的是，在此过程中，务必要清醒认识到空间聚集的先进智能制造业是有自己生命周期的，因为所谓“先进”本身就带有时间特性，今天先进的智能制造业，明天就可能是落后产能，所以，在规划先进的智能制造业产业集群时，需要为今后的技术创新迭代留足空白。

(3)可以肯定地说，政府的政策或制度会影响企业的战略决策和经营行为。上海应该在制造业智能化发展过程中有计划、有步骤地从政策上引导和培育优势企业尤其是世界级的价值链领军者，成为上海制造的中坚力量。特别在创新与研发的支持、人才的引进与使用，企业家的激励、企业新品开放、品牌建设等方面给予重点支持。推动企业成为所在制造业产业链与价值链上的领导者，开展精品战略，提高附加价值创造。

(4)从微观上看，“上海制造”这块“金字招牌”的基础是上海的制造业本身，也是先进智能制造业价值链上的关键环节之一，当然它同时也是上海制造业产品与服务品牌的总和，所以，上海可以考虑建立市一级的上海智能产品与服务的品牌发展平台，其主要功能就是推进建设上海智能制造企业的产品与服务品牌，建设名牌，重塑上海制造的品牌影响力，重塑价值链，凝聚全国乃至全球消费者，引导精品生产与消费，引导美好生活需求。

### 16.3.2　制造业智能化发展与服务业的协同要求

现代产业体系中的服务业包括两个重要方面：一是为消费者服务的服务业，即为来自国内外所有消费者提供优质满意的性价比高的各类服务；二是为生产者服务的服务业，即为一二三产业内的生产者尤其是制造业企业提供优质满意及时的服务，这类服务通常称之为生产性服务。

随着科学技术的进步和价值链分工深化，现代制造业价值链日趋由线性价值链向价值网络演变（李海舰，2010），其最显著的特征就是现代制造业生产过程与生产性服务的分工与集成同步并行。具体有三个方面：一是基于管理服务链的各类辅助服务环节从原制造业产业价值链的母体上分离出来并独立运作，如战略决策、人力资源、会计审计、咨询等；二是基于制造业企业投入产出价值链，抽离出系列与生产过程直接关联的服务环节，如信息服务、产品设计、检测服务、融资租赁等；三是围绕"制造"环节，衍生出系列服务环节，如供应链服务、信息管理服务、供应链金融、仓储物流服务、制造维修及节能与环保等。

根据基于知识联结的生产性服务网络的理论生成机制，现代生产性服务可分为结构嵌入型和关系嵌入型生产性服务，有助于从本质上刻画生产性服务与制造业协同演进的内在机制（刘明宇、芮明杰和姚凯，2010），见图16—1。

（1）结构嵌入型生产性服务是指那些在功能上直接嵌入生产过程但又脱离于生产过程而独立市场化经营的服务模块。这些服务是直接作为制造业企业生产过程中的中间投入或作为商品交换过程的一部分的流通和金融服务。结构嵌入型生产性服务是最终产品得以形成必不缺少的环节，例如信息服务、科研技术服务、物流服务、非银行金融服务、制造维修服务、采购外包服务等。

（2）关系嵌入型生产性服务是指那些与商品形成全过程有一定的外部

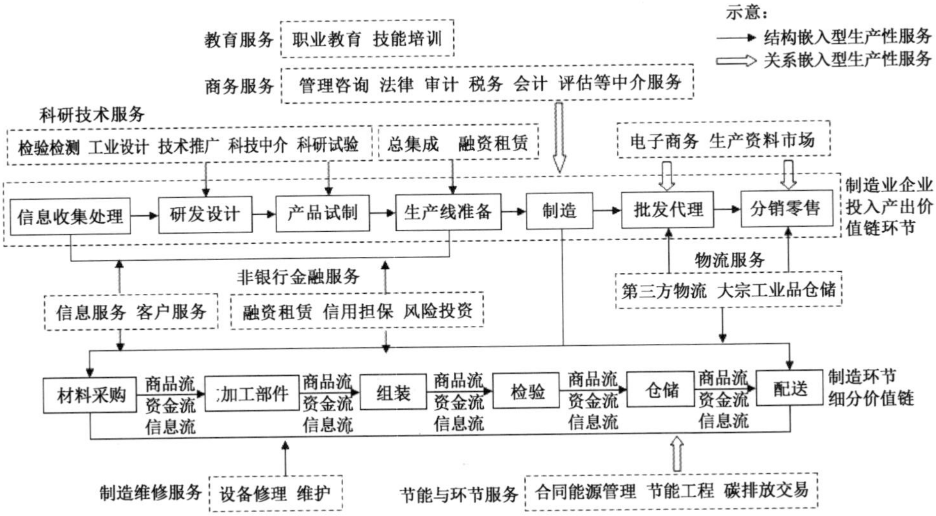


**图 16—1 基于制造产业价值链的生产性服务分解与集成**

相关性且独立市场化经营的服务模块。这些服务包括与新生产结构相适应的人力资本的形成所需要的服务，以及对生产性服务业和制造业形成的整个生产体系进行空间上协调和规制所需要的服务，如教育服务、商务服务、节能与环保服务、电子商务、生产资料市场等。对商品形成全过程来说，它们起到辅助、润滑和降低交易成本的作用。关系嵌入型生产性服务的种类和服务水平对结构嵌入型生产性服务的分离和功能发挥，以及现代制造业生产率的提高都有很重要的影响。

### 16.3.3 与上海制造业智能化发展协同的生产性服务业发展策略

上海制造业智能化发展的成功实际上离不开“上海服务”的发展，尤其是上海现代生产性服务业的发展壮大。产业经济理论早已经证明，由于生产性服务业通过向先进制造业提供研究开发、信息技术及网络平台、财务结算和数据分析、检测维修、供应链服务以及其他辅助工作等专业化服务，可以大大降低先进制造业企业的生产经营成本。实践中的国际经验也表明，制造企业服务外包可使企业平均节省成本 9%。同时，制造业企业竞争力的提高也有赖于把更多的非核心业务外包。将自己不擅长的服务外包给专门的生产性服务企业，有利于制造业企业集中自己的人、财、物力于主业，是增强先进制造业企业核心能力的有效选择。据测算，生产性服务的外包可使制造业企业的能力和质量提升 15%。因此可以预计，未来通过上海服务产业的发展，一定可以协同上海先进制造业更好地发展。

如何根据上海制造业智能化发展的要求以及长江经济带产业的整体协同发展的要求，发展现代生产性服务业是“上海服务”品牌建设的一个重要的问题。解决这个问题，上海当前应该至少有以下几个重要策略：

（1）有一定竞争优势的本土生产服务业企业，重点开展高嵌入型生产性服务业包括：科研技术服务、非银行金融服务（融资租赁、信用担保、风险投资）、制造维修服务（设备修理、维护）、供应链服务（第三方物流、大宗工业品仓储）等；低嵌入型生产性服务包括教育服务（职业教育、技能培训）、商务服务（管理咨询、法律、审计、税务、会计、评估等）、电子商务、生产资料市场、节能与环保服务（合同能源管理、节能工程、碳排放交易）等，与上海及长江经济带先进制造业互动协同发展。

（2）鼓励生产性服务企业争创服务品牌，支持这些企业不断进行管理创新、服务创新、产品创新，增强企业核心竞争力和专业服务水平，培育上海本土生产性服务业龙头企业和高端服务品牌，使之发展成为“上海服务”品牌中的重要组成部分。通过市场竞争、自主创新、项目扶持等多种方式，培育上海的一批生产性服务业的本土旗舰企业，促进其规模化、品牌化经营，形成一批拥有自主知识产权和知名品牌、具有较强竞争力的大型生产性服务企业集团。

（3）拓宽生产性服务业投融资渠道，推动其健康快速发展。应该鼓励符合条件的上海生产性服务业企业进入境内外资本市场融资，积极拓宽筹资渠道。鼓励上海生产性服务企业以商标、专利等知识产权为纽带，通过知识产权质押融资，进行跨地区、跨行业兼并和重组。引导和鼓励金融机构对符合国家产业政策的生产性服务企业与上海先进制造业协同发展予以投融资等方面支持，提高服务水平服务质量。

# 参考文献

[1]Browning C,Singelman J. *The Emergence of a Service Society*[M]. Springfield:National Technical Information Service,1975:23—25.

[2]Chenery,Hopis B. Patterns of Industrial Growth[J]. *The American Economics Review*,1960,50(4):624—654.

[3]Daniels P W,Moulaert F. *The Changing Geography of Advanced Producer Services*[M]. London:Belhaven Press,1991:15—29.

[4] Salter W E G. *Productivity and Technical Change* [M]. Cambridge University Press. 1960:78—86.

[5]Fagerberg Jan. Technological Progress,Structural Change and Productivity Growth: a Comparative Study[J]. *Structural Change and Economic Dynamics U. S.*, 2000, 11: 393—411.

[6] Hansen N. The Strategic Role of Producer Services in Regional Development [J]. *International Regional Science Review*,1993,16(1/2):187—195.

[7]Martinelli F. A Demand-Orientted Approach to Understanding Producer Services. in P. W. Daniels, and F. Moulaet (eds.) *The Changing Geography of Advanced Producer Services*[M]. London:Belhaven Press,1991.

[8]Richard Goe. Factors Associated with the Development of Nonmetropolitan Growth Nodes in Producer Services Industries,1980—1990[J]. *Rural Sociology*,2009,67(3):416—441.

[9]Timmer P. Marcel,Adam Szirmai. Productivity Growth in Asian Manufacturing:the Structural Bonus Bypothesis Examined[J]. *Structural Change and Economic Dynamics U. S.*,2000,11:371—392.

[10]W. G. Hoffmann. *Industrial Economics*[M]. Manchester, Manchesters University Press:1958.

[11]查贵勇,程静岚．上海生产性服务业发展影响因素实证研究[J]. 商场现代化,2007(7):324—325.

[12]曹明福，李树民．全球价值链分工的利益来源：比较优势、规模优势和价格倾斜优势[J]．中国工业经济，2005，(10)：22－28.

[13]陈菲琼，王丹霞．全球价值链的动态性与企业升级[J]．中国工业经济，2011，(11)：52－59.

[14]陈海英．国际高端制造业转移对湖南生产性服务业升级的影响研究[D]．湘潭：湘潭大学，2013.

[15]程贵孙，芮明杰．战略性新兴产业理论研究新进展[J]．商业经济与管理，2013，(8)：75－83.

[16]程贵孙，朱浩杰．民营企业发展战略性新兴产业的市场绩效研究——基于 21 个细分行业面板数据分析[J]．科学学与科学技术管理，2014，(01)：109－116.

[17]赛迪智库.从九江石化看流程型智能制造模式[J]．中国科技财富，2016，(05)：38－39.

[18]邓群．湘电股份电动汽车产业化研究[D]．武汉：中国地质大学，2008－05－01.

[19]杜德瑞，王喆，杨李娟．工业化进程视角下的生产性服务业影响因素研究——基于全国 2002－2011 年 31 个省市面板数据分析[J]．上海经济研究，2014(1)：3－17.

[20]董楠楠，钟昌标．美国和日本支持国内企业创新政策的比较与启示[J]．经济社会体制比较，2015，(03)：198－207.

[21]郭楠，贾超．《信息物理系统白皮书(2017)》解读(上)[J]．信息技术与标准化，2017，(04)：36－40.

[22]韩德超，张建华．中国生产性服务业发展的影响因素研究[J]．管理科学，2008，21(6)：81－87.

[23]黄阳华．德国“工业 4.0”计划及其对我国产业创新的启示[J]．经济社会体制比较，2015，(02)：1－10.

[24]何昊，薛君．西安市生产性服务业发展影响因素的实证研究[J]．长安大学学报：社会科学版，2016，(1)：42－47.

[25]胡鞍钢，周绍杰，任皓．供给侧结构性改革——适应和引领中国经济新常态[J]．清华大学学报(哲学社会科学版)，2016，(3)：12－19.

[26]霍宇同，徐治立，田德录．新世纪日本创新政策演进趋势及其对中国的启示[J]．科学管理研究．2014，(04)：108－112.

[27]《黑龙江档案》编辑部．面向未来的中国制造 2025 [J]．黑龙江档案，2017，(5).

[28]贾常艳．互联网来袭新的产业价值链应运而生[J]．电器工业，2015，(08)：64－65.

[29]科学技术部火炬高技术产业开发中心：www. chinatorch. gov. cn.

[30]雷新军．上海制造业转型瓶颈:挑战成本制约与创新动力不足[J]. 检察风云，2017,(05):34—35.

[31]雷新军等．供给侧改革视角下上海制造业转型升级路径探索[J]. 上海经济研究，2017,(07):81—92.

[32]李国学,何帆．全球生产网络的性质[J]. 财经问题研究,2008,(09):3—9.

[33]李波．基于云平台的大数据驱动的CPS的建模表示、分析与设计[D]. 广州:广东工业大学,2017—05—01.

[34]梁洪力,王海燕．日本创新体系的演进特征及启示[J]. 中国国情国力,2014,(07): 68—70.

[35]林毅夫,方永军．比较优势、竞争优势与发展中国家的经济发展 [J]. 管理世界，2013,(07):21—28.

[36]刘晶．基于能力的公司经营战略[D]. 西安:西安交通大学,2000—05—01.

[37]刘明宇,芮明杰．价值网络重构、分工演进与产业结构优化[J]. 中国工业经济，2012,(5):148— 160.

[38]刘明宇,芮明杰．全球化背景下中国现代产业体系的构建模式研究[J]. 中国工业经济,2009,(05):57—66.

[39]刘萍．浅析产业集群的发展[J]. 山西经济管理干部学院学报,2010,18(01):23—25.

[40]刘湘丽．日本促进制造业发展的动因、措施及启示[J]. 中国经贸导刊,2015,(04): 10—12.

[41]刘伟．工业化进程中的产业结构研究[M]. 北京:中国人民大学出版社,1995.

[42]刘伟,李绍荣．产业结构与经济增长[J]. 中国工业经济,2002,(05):14—21.

[43]刘志彪．重塑中国经济动力结构[J]. 探索与争鸣,2015,27(5):23—29.

[44]刘志彪．全球化背景下中国制造业升级的路径与品牌战略[J]. 财经问题研究，2013,(5):25—31.

[45]吕文栋,张辉．全球价值链下的地方产业集群战略研究[J]. 中国软科学,2012,(02):120—126.

[46]牛禄青．工业大数据驱动智能制造[J]. 新经济导刊,2017,(06).

[47]裴瑱,毕玉江．加工贸易、生产性服务业与中国服务业结构升级——基于长三角地区的实证研究[J]. 经济经纬,2012,(6):11—16.

[48]蒲欣,朱恒源,李广海．中国与欧美发达国家企业产品创新的比较研究[J]. 科研管理．2007,(06): 66—75.

[49]秦丽萍．从供给侧结构性改革看上海制造业转型升级之路[J]. 统计科学与实践，

2016,(06):4—6.

[50]邱斌,叶龙凤．参与全球生产网络对中国制造业价值链提升影响的实证研究——基于出口复杂度的分析[J]. 产业经济,2012,(01):57—67.

[51]芮明杰．上海供给侧结构性改革的关键是产业化创新[J]. 科学发展,2016,(11):25—28.

[52]芮明杰,刘明宇．网络状产业链的知识整合研究[J]. 中国工业经济,2006,(01):49—55.

[53]芮明杰,张群．生态系统中舵手型企业的创新促进机制研究——以丰田汽车为案例[J]. 经济与管理研究,2015,(5):115—123.

[54]上海市人民政府．上海市制造业转型升级“十三五”规划[EB/OL].(2016—07—22). http://www. sh. xinhuanet. com/2016-07/22/c_135532738. htm.

[55]上海市人民政府网站:www. shanghai. gov. cn.

[56]上海市统计局:www. stats-sh. gov. cn.

[57]上海市科委:www. stcsm. goc. cn.

[58]上海市经信委:www. sheitc. gov. cn.

[59]盛革．制造业价值网的系统结构与价值创新机制[J]. 技术经济与管理研究,2014,(03):8—12.

[60]王爱虎,钟雨晨. 中国吸引跨国外包的经济环境和政策研究[J]. 经济研究,2006,(08):12—17.

[61]魏杰,杨林．经济新常态下的产业结构调整及相关改革[J]. 经济纵横,2015,(6):1—5.

[62]王昌林,姜江,盛朝讯,等．大国崛起与科技创新——英国、德国、美国和日本的经验与启示[J]. 全球化,2015(09): 39—49.

[63]王发明,周颖,殷鸣．基于全球价值链分工的我国地方产业集群风险研究——以浙江绍兴纺织产业集群为例[J]. 北京交通大学学报(社会科学版),2009,(04):62—67.

[64]王凤荣,王慧．价值链理论视角的我国企业集群隐性升级[J]. 山东大学学报,2007,(06):81—89.

[65]肖林．经济新常态下结构性改革的上海实践[J]. 科学发展,2015,(12):32—36.

[66]徐盈之,孙剑．信息产业与制造业的融合——基于绩效分析的研究[J]. 中国工业经济,2009(07):56—66.

[67]王子军,芮明杰,徐诤．上海电子信息产品制造业转型升级的思路——目标、方向、关键点、路径与发展模式[J]. 科学发展,2011,(10):59—72.

[68]王明波．工业互联网背景下我国制造业发展问题探讨[J]. 经济师,2017,(02):

291－292.

[69]万华．苹果公司核心竞争力分析及对我国电子企业的启示与应用研究[D]．天津：天津大学，2012－12－01.

[70]肖红等．智能制造信息物理系统安全研究[J]．信息安全研究，2017，(08)：727－735.

[71]宣烨，余永泽．生产性服务业层级分工对制造业效率提升的影响[J]．工业经济研究，2014，(3)：1－10.

[72]杨丽萍．基于价值链视角的嘉兴制造业转型升级路径选择[J]．企业技术开发，2013，(14)：35－38.

[73]杨锐，张洁，芮明杰．基于主体属性差异的生产性服务网络形成及双重结构[J]．中国工业经济，2011，(03)：139－148.

[74]杨仁发，刘纯彬．中国生产性服务业 FDI 影响因素实证研究[J]．国际贸易问题，2012，(11)：107－116.

[75]叶健．苹果公司核心竞争力分析及其启示[D]．上海：复旦大学，2009－04－18.

[76]原毅军，李军．国际产业转移与中国生产性服务业升级——基于承接高端制造业国际转移视角[J]．经济研究导刊，2011，(4)：137－165.

[77]张弘．基于价值网络的企业竞争优势来源与构建[J]．湖南社会科学，2007，(05)：111－113.

[78]张其仔．比较优势的演化与中国产业升级路径的选择[J]．中国工业经济，2008，(09)：58－68.

[79]张琰．模块化分工条件下网络状产业链中知识创新研究[D]．上海：复旦大学，2008－10－09.

[80]章玉贵．产品内分工与上海制造业升级路径研究[J]．学术争鸣，2011，(11)：30－36.

[81]郑树泉等．工业大数据技术与架构[J]．大数据，2017，(04)：67－80.

[82]祝毓．国外政府促进制造业创业创新对策研究[J]．竞争情报，2015，(6)：47－54.

[83]中华人民共和国科技部：www. most. gov. cn.

[84]中华人民共和国工业和信息化部：www. miit. gov. cn.

[85]中华人民共和国统计局：www. stats. gov. cn.

# 附　录

# 中国产业发展的创新成效分析报告

创新驱动发展是我国近年来经济与产业发展的重大战略，其目标是利用知识、技术、企业制度与商业模式等无形创新要素对现有的劳动、资本、自然资源等进行新的组合改造，在减少传统生产要素投入的情况下实现经济增长，经济增长方式由粗放型转为集约型，实现经济的内涵式增长与可持续发展。创新驱动发展是实现我国产业价值链中位置从低端向高端转变，也是走出我国目前产业体系结构性陷阱全面深化供给侧结构性改革的关键。这在理论上也是成立的，我国已经进入了迈克·波特所提出的国家产业发展阶段的第三个阶段，即“创新驱动发展阶段”。区别于主要依赖于劳动力、自然资源、投资投入的“生产要素驱动发展阶段”和“投资驱动发展阶段”，技术创新与产业创新成为一个国家发展的第三阶段中经济发展和产业发展的主要驱动力。

著名经济学家熊彼特教授指出，创新的本质是把生产要素和生产条件的新组合引入生产体系，形成新生产函数的过程（Schumpeter，1912），这个过程主要包括技术创新和产业创新两部分。所以，本报告所指创新涵盖从研究开发到商业化推广应用直至产生经济效益的所有过程，具体包括技术创新、产品创新、流程创新和市场创新，即技术创新与产业创新全过程。本报告主要对我国近年来创新驱动产业发展的状况进行分析，因此就涉及创新的投入产出总量与结构，创新对产业发展的影响，以及创新环境、政策变化等方面的分析。

# 1. 我国创新投入产出的总体状况

本章主要对中国近年来创新(科技创新与产业创新)投入产出的总体状况、结构变动以及创新效果进行分析。

## 1.1 近年来我国创新投入的分析

本部分主要从研究与开发的投入情况,技术引进、技术购买、消化吸收以及技术改造等方面对我国创新投入的基本情况进行分析。

### 1.1.1 研发经费投入保持较快增速,投入强度与发达国家比尚有差距

近年来,我国研发投入持续上升,增速维持在高位运行,但投入增速出现较大幅度下降。近年来,研究与开发经费支出增速 2011 年达到最高,为 23%,之后增速逐年下降。2016 年,我国研究与试验发展(R&D)内部经费支出 15 500 亿元,投入总量仅次于美国,比上年增长 9.4%。

同时,随着研发投入力度的不断加强,我国研发强度逐年上升。2010 年以来,研发强度逐步从 1.71%上升至 2016 年的 2.08%(见附图 1—1)。

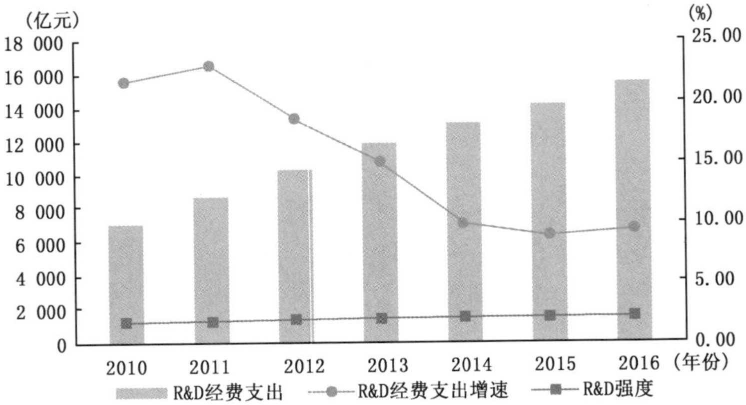


资料来源:根据《2016 中国科技统计年鉴》及科技部数据绘制。

附图 1—1 研发经费支出及研发强度

虽然我国研发投入力度不断增强，但与发达国家相比仍存在一定差距。2015 年，中国研发投入强度为 2.07%，排名世界第 15 位。远低于研发投入强度最高的以色列，不到其一半。韩国、日本、瑞典、奥地利等国研发强度也均在 3%以上。此外，丹麦、芬兰、德国、美国、比利时、法国、斯洛文尼亚、新加坡、冰岛等国的研发强度也均高于中国（见附图 1—2）。

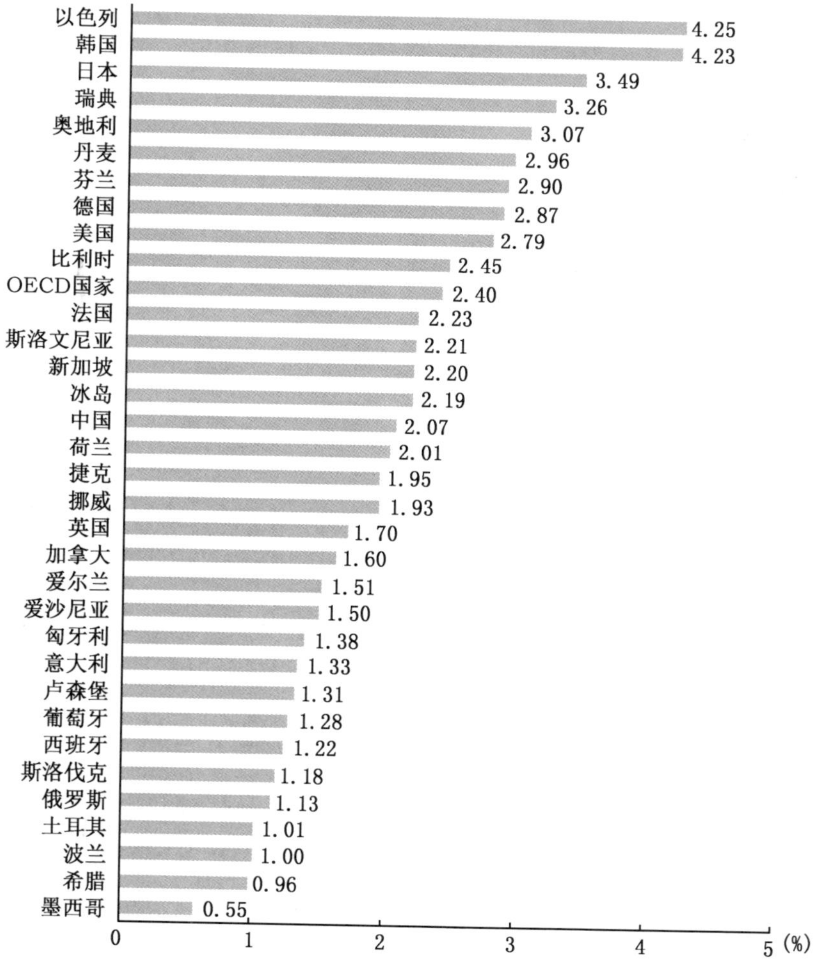


注：新加坡、加拿大、爱尔兰和土耳其为 2014 年数据。

资料来源：国家科学技术部网站。

**附图 1—2　2015 年世界主要国家 R&D 经费投入强度比较**

### 1.1.2 创新人才投入增长缓慢

从事研究与开发的创新人才投入增长较为缓慢。2014 年以来增速在 5%以下。2016 年,研究与试验发展人员全时当量为 387.8 万人/年,比上年增长了 3.17%,比 2010 年增长了 51.8%,增速较 2015 年的 1.3%有所提升(见附图 1—3)。但相较于增速较高的研究经费投入,人员投入增速缓慢,可能成为制约我国创新能力提升的"瓶颈"因素。

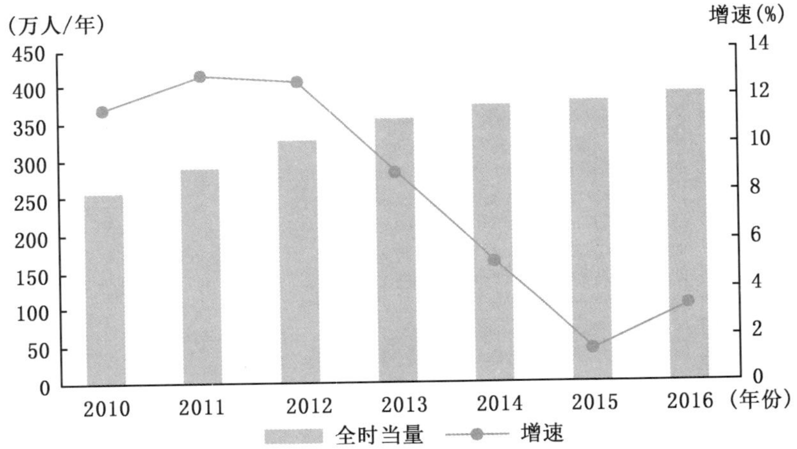


资料来源:根据 2011～2017 年《中国统计年鉴》数据绘制。

**附图 1—3 2010～2016 年 R&D 人员全时当量及增速**

### 1.1.3 项目规模持续上升,人员投入稍显不足

从单个研发项目的投入情况看,近年来,我国研发项目数量及规模稳步增长。2016 年,全年国家重点研发计划共安排 42 个重点专项项目,1 163 个科技项目,国家科技重大专项共安排 224 个课题,国家自然科学基金共资助 41 184 个项目[①]。2011～2015 年,我国研究与实验发展项目数不断增加,2015 年达到 130.5 万项,比 2011 年增长了 37.4%。与此同时,单个项目规模不断上升,项目平均经费由 2011 年的 72.5 万元增长至 2015 年的 93.5 万元。

① 资料来源:《2016 年国民经济和社会发展统计公报》。

然而，科技人员投入稍显不足。项目的平均人员投入并未随项目规模的扩大而增长，相反，2013 年以来，项目平均人员投入反而呈持续下降趋势，从 2013 年的 2.76 人/项下降至 2015 年的 2.60 人/项（见附图 1—4）。

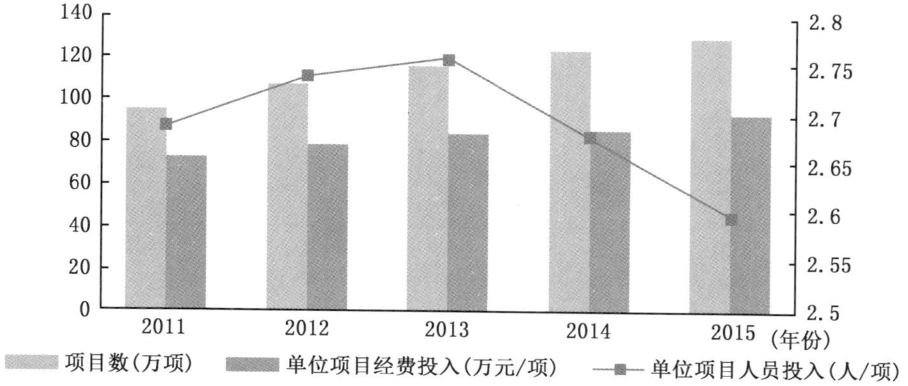


资料来源：根据 2012～2016 年《中国科技统计年鉴》数据绘制。

**附图 1—4　2011～2015 年研究与试验发展项目情况**

### 1.1.4　基础研究投入增速上升，但基础研究投入不足的局面尚未根本转变

从研发投入的类型看，我国以试验发展研究为主，基础研究投入最少。基础研究、应用研究、试验发展研究的投入比重基本在 5 ∶ 10 ∶ 85。2016 年，我国三种类型的研究投入分别为 822.9 亿元、1 610.5 亿元、13 243.4 亿元，占研发投入的比重分别为 5.2%、10.3%和 84.5%（见附图 1—5）。虽然我国基础研究投入比重近年来持续上升，并于 2015 年开始超过 5%，但这一比例远远低于主要创新型国家的 10%以上比例，基础研究投入不足的局面尚未实现根本转变。

各类型研发投入呈现不同的增长趋势。近年来，试验发展研究投入增速持续下降，增速最高为 2011 年的 24%，最低为 2015 年的 8.96%。2016 年增速回升，达到 11.05%。应用研究增速相对较低，且呈持续下降趋势，由 2010 年的 22.3%持续下降至 2016 年的 5.35%。基础研究投入增速呈现先降后升的趋势，从最高的 26.9%下降至 2014 年的 10.55%，后上升至 2016 年的 14.9%。总体维持在较高增速（见附图 1—5）。

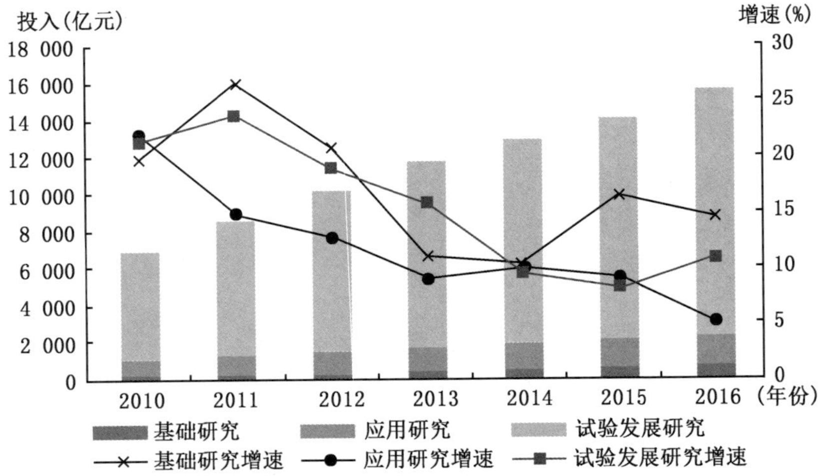


资料来源:根据 2011～2017 年《中国统计年鉴》数据绘制。

**附图 1－5　2010～2016 年不同类型研发投入比重及增速**

### 1.1.5　企业创新对外部的依赖有所减弱

从企业研发经费的支出情况看,近年来,规模以上工业企业技术引进增速逐年上升,技术引进金额逐渐增大。其中,购买国内技术的经费支出基本稳定,在 200 亿元上下浮动,增速在－10%～10%间波动。然而,技术引进与国内技术购买经费支出增速低于企业研发经费支出增速,技术引进和国内技术购买经费投入与企业研发经费支出的比重持续下降,企业创新对外部的依赖有所减弱。

2016 年,规模以上工业企业技术引进经费支出 475.4 亿元,比上年增长 14.8%,占企业研发经费支出的比重为 4.34%。其中,购买国内技术经费支出 208 亿元,同比减少 9.5%,占企业内部研发经费支出的比重为 1.9%(见附图 1－6)。

### 1.1.6　技术消化吸收及技术改造支出持续下降,新产品开发投入增加

从创新类型看,我国技术消化吸收及技术改造支出持续下降,新产品开发投入增加。与持续增长的技术引进经费支持相反,技术消化吸收经费支

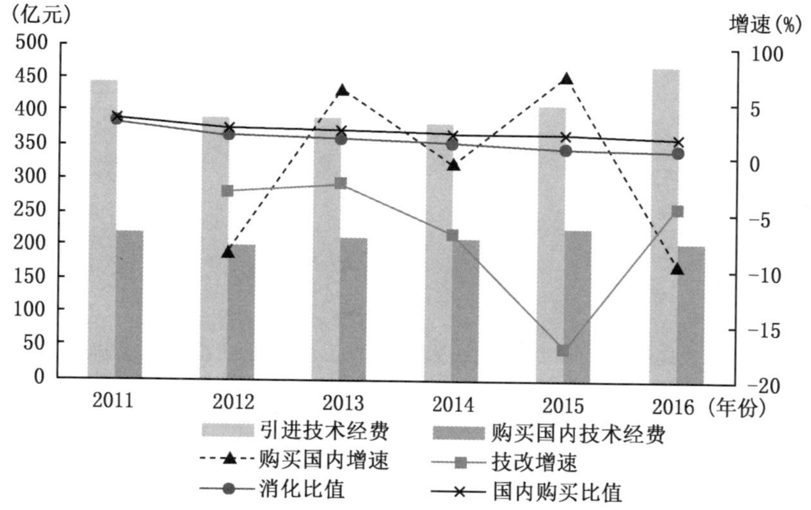


资料来源:根据 2011～2017 年《中国统计年鉴》数据绘制。

**附图 1—6　2011～2016 年规模以上工业企业技术引进和技术购买经费支出及增速**

出持续下降,近年来增速一直在 0 以下,连续多年呈负增长态势,2015 年降幅达到最大,经费支出减少了 24.3%。2016 年有所回升,消化吸收的经费支出 109.2 亿元,比上年增加了 0.8 亿元,同比增速 0.79%,但相较 2011 年减少了 47.6 亿元,减少了约 43.6%。消化吸收经费支出占企业研发经费支出的比重持续下降,由 2011 年的 3.4%持续下降至 2016 年的 1%以下。持续增长的技术引进支出与日益减少的消化吸收经费支出,可能带来外来技术难以被掌握的风险。

技术改造支出持续下降,年均降幅在 5%以上。2016 年,规模以上工业企业技术改造经费支出 3 016.6 亿元,较 2011 年减少了 1 277 亿元,同比增速为−4.16%。技术改造经费支出与企业研发经费支出的比重持续下降,从 2011 年的 71.6%快速下降至 2016 年的 27.6%(见附图 1—7)。

新产品研发经费支出则不断上升。近年来,工业企业新产品研发投入持续增加,新产品研发强度不断增强。2016 年,工业企业新产品开发经费支出 11 766 亿元,占主营业务销售收入的 1.02%。新产品研发强度不断增强(见附图 1—8)。

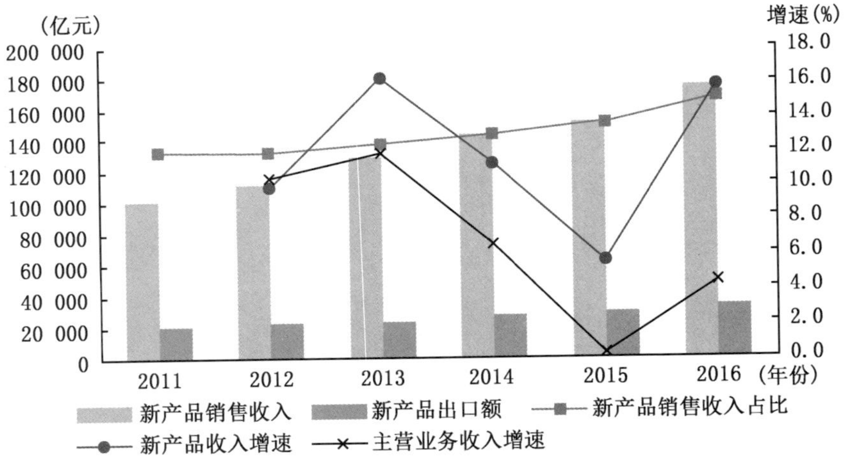


资料来源:根据2011～2017年《中国统计年鉴》数据绘制。

**附图1—7　2011～2016年规模以上工业企业消化吸收和技术改造经费支出及增速**

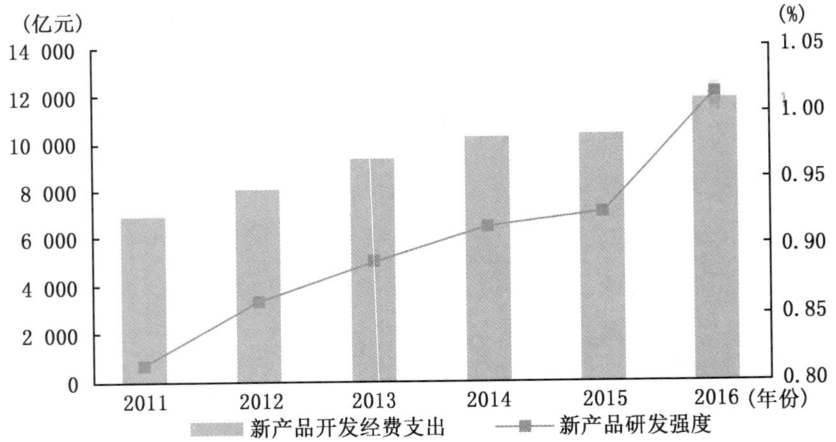


资料来源:根据2011～2017年《中国统计年鉴》数据绘制。

**附图1—8　2011～2016年规模以上工业企业新产品开发投入情况**

### 1.1.7　创新投入指数快速增长

据国家统计局社科文司《中国创新指数研究》课题组测算,近年来,我国创新投入迅速增加,创新投入指数快速增长。

2005～2016年以来,我国创新产出指数增幅与创新指数总体增速较为一致,2016 年略低于创新指数,由 2005 年的 100 增长至 172.2。在构成创新投入指数的各类分指数中,每万人研发人员全时当量指数与基础研究人员人均经费支出指数增速最快,2016 年分别增长至 268.7 和 262.5。研发强度指数增速居中,与创新投入指数变化趋势基本一致。研发经费占主营业务收入的比重指数则增速相对较缓,2016 年分别为 143.8 与 122。产学研合作创新进展缓慢,自 2005 年以来仅增长了 14.5%(见附图 1—9)。

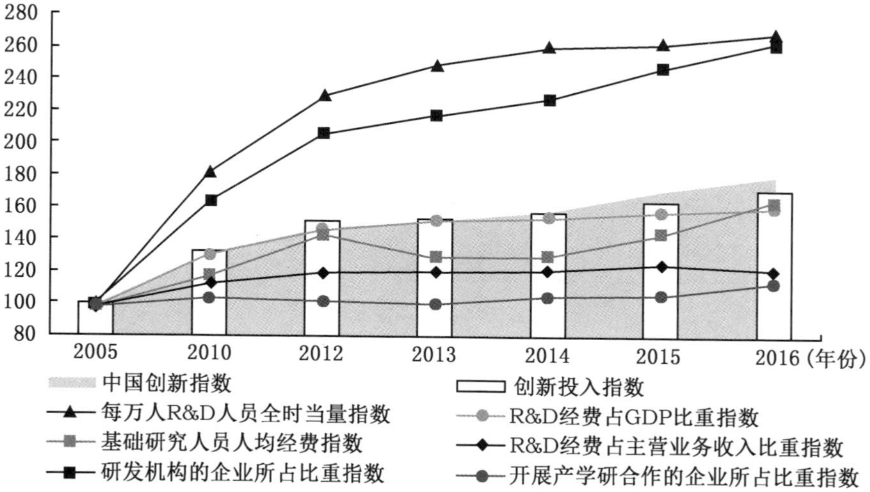


资料来源:根据国家统计局数据绘制。

**附图 1—9　2005～2016 年中国创新投入指数**

## 1.2　近年来我国创新产出变化分析

这一部分主要从专利产出、科研论文产出、新产品产出以及高技术产业发展等方面对中国近些年来的创新产出情况进行分析。其中,专利产出既包括职务专利产出,也包括个人产出。

### 1.2.1　专利申请与有效专利增长较快,专利成果增速波动幅度较大

我国已成为专利第一大国,近年来专利申请和授予数均为世界第一。近年来,我国专利申请数量逐年上升。2016 年,我国专利申请 346.5 万件,

较上年增长 23.8%。2017 年 1～10 月专利申请 287 万件,同比增速在 4%左右。然而,2015 年以来,我国国内专利授予数逐年下降,增速较低。截至 2017 年 10 月,国内三种专利授权数 134.3 万件,相较于 2016 年同期的 129.5 万件仅增长了 3.7%(见附图 1—10)。

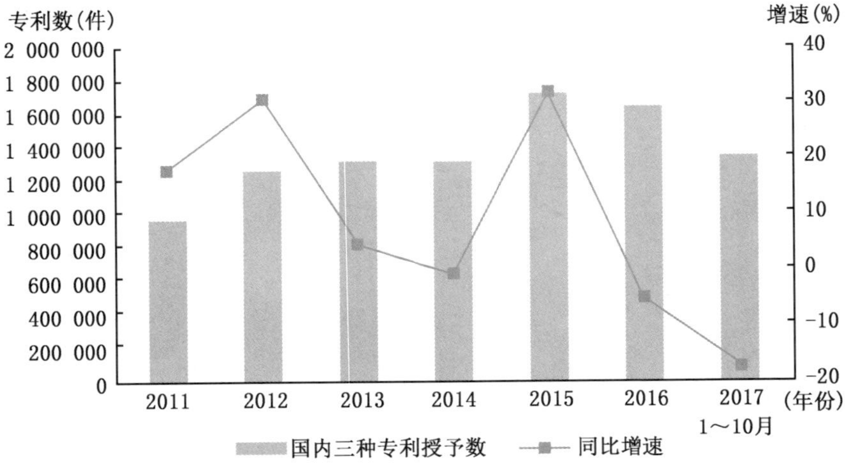


资料来源:根据国家知识产权局数据绘制。

**附图 1—10　2011～2017 年国内专利申请授权数及增速**

有效专利数快速上升。2016 年底,我国有效专利 628.5 万件,其中境内有效发明专利 110.3 万件,每万人口发明专利拥有量 8.0 件。截至 2017 年 10 月,我国有效专利 689.5 万件,高于上年全年有效专利数,其中,境内有效发明专利数 136 万件。

### 1.2.2　专利产出质量有所上升

从专利类型看,实用新型专利稳步上升,发明专利与使用新型专利占比提升,外观设计专利占比下降。专利产出质量明显上升,自主创新能力有所增强。

在三种专利产出中,发明创新占比呈螺旋上升态势,专利占比从 2013 年的 15%左右,上升至 2017 年的 19.4%。实用新型占比在 50%左右,且近年来比重有所上升,从 2010 年的 42.3%上升至 2017 年的 55.8%。在 2016 年授权的 346.5 万件中,发明专利 30.2 万件,占比 18.5%;实用新型专利

89.7万件，占比55.1%；外观设计专利43万件，占比26.4%。2017年1～10月，三种专利授权比重分别为19.4%、55.8%和24.8%（见附图1—11）。

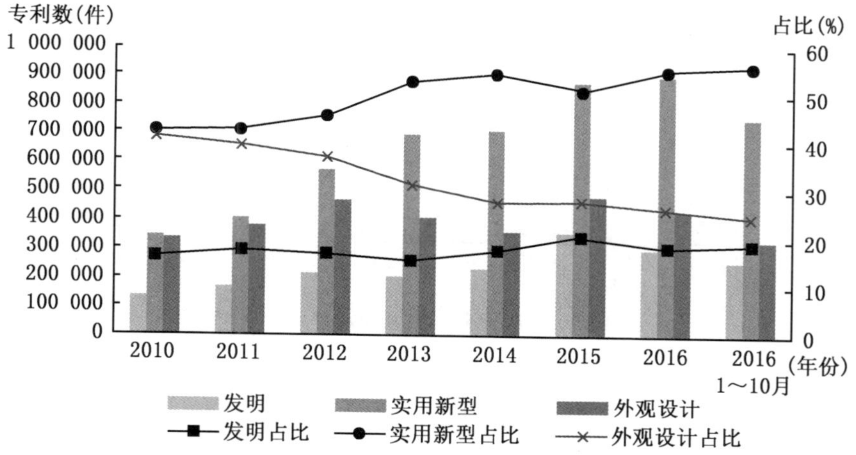


资料来源：根据国家知识产权局数据绘制。

**附图1—11　2010～2017年国内外三种专利申请授权数**

从各类专利授权与申请受理比重看，发明专利的授权/申请受理比重最低，且总体呈下降趋势，由2010年的46.1%下降至2017年的28%。实用新型专利授权/申请受理比重较高，但近年来逐步下降，由2010年的84.6%下降至2017年的56.6%，降幅较大。外观设计专利授权/申请受理比重较高，但同样有所下降，由2010年的81.9%下降至2017年的69.2%，降幅较大（见附图1—12）。

### 1.2.3　科技论文发表数持续增长

高水平科技论文发表数快速增长。在科研产出方面，近年来我国科技论文与科技著作产出不断提高。2016年，全国发表科技论文数165万篇，出版科技著作5.33万种。与此同时，科研水平持续上升，高水平科技论文发表数快速增长。国家统计局数据显示，SCI检索论文收录数从2009年的10.9万篇快速增长至2015年的26.6万篇，年均复合增长率高达16%。EI检索论文收录数从2009年的9.8万篇上升至2015年的20.4万篇（见附图1—13）。

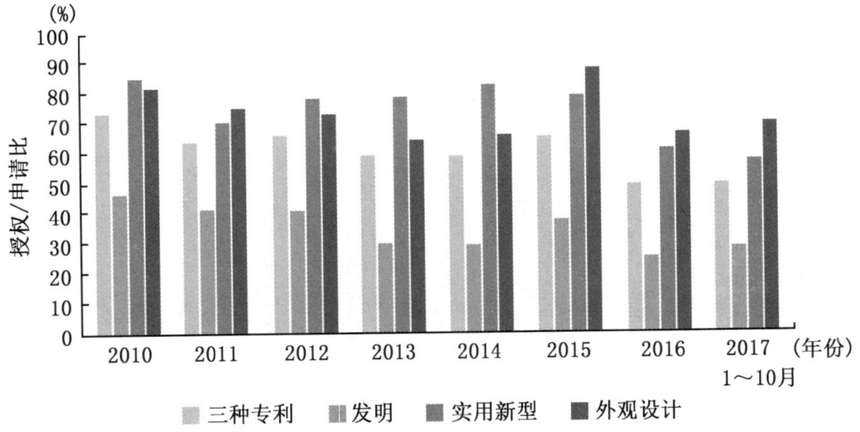


资料来源：根据国家知识产权局数据绘制。

**附图 1－12　2010～2017 年国内外三种专利授权/申请受理数**

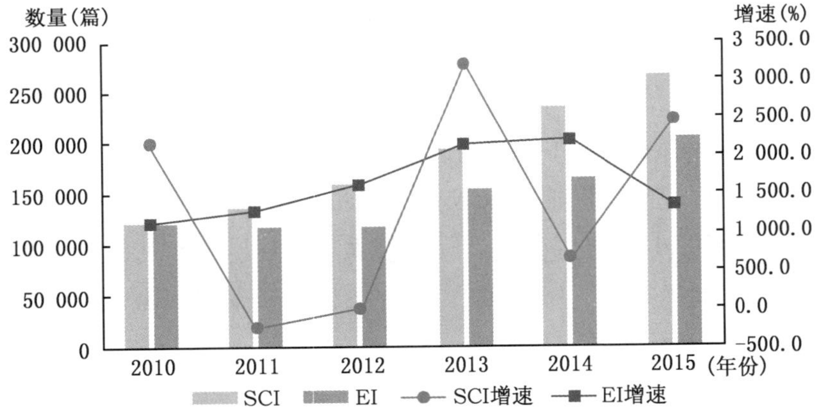


资料来源：根据 2012～2017 年《中国统计年鉴》数据绘制。

**附图 1－13　2010～2015 年高水平论文发表数及增速**

## 1.2.4　新产品产出与出口额稳步增长，成为工业增长的新动力

从规模以上工业企业的新产品产出看，一方面，我国新产品产出不断增长，由 2011 年的 100 583 亿元增长至 2016 年的 174 604 亿元。同时，新产品出口额不断增长，2016 年新产品出口额为 32 713 亿元，占新产品销售收

入的比重约为 18.7%。新产品出口额占新产品销售收入的比重较为稳定，基本在 20%上下浮动(见附图 1—14)。

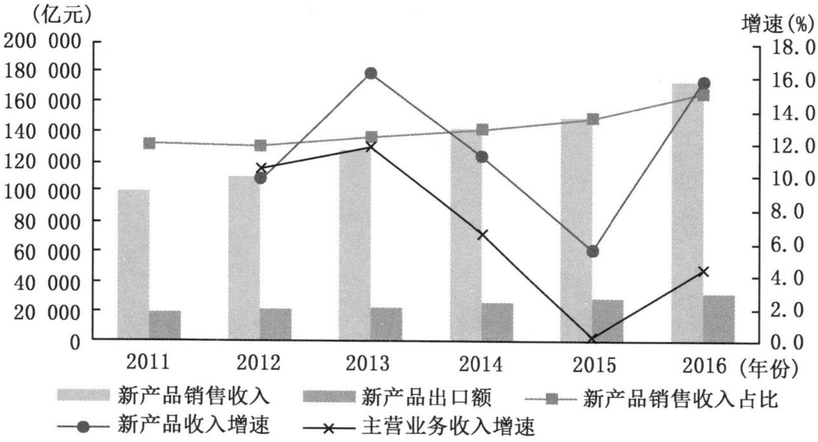


资料来源：根据 2011～2017 年《中国统计年鉴》数据绘制。

**附图 1—14　2011～2016 年规模以上工业企业新产品销售情况**

另一方面，新产品销售收入增速高于企业主营业务收入增速，且差距持续拉大，新产品收入占企业收入的比重持续上升，新产品成为工业增长的新动力。2016 年，新产品收入占企业主营业务收入的比重增速为 15.1%，比 2011 年增长了 3.2 个百分点。其中，主营业务收入增速为 4.4%，新产品收入增速为 15.7%，高于主营业务收入增速 10 个百分点以上。

### 1.2.5　高技术产业快速增长，高新技术产品出口额有所下降

近年来，高技术产业主营业务收入持续增长，在工业产出中的比重持续上升，显示出较强的生命力。2016 年，高新技术企业主营业务收入 153 769.33 亿元，占工业企业主营业务收入的 13.3%，6 年来增长了近 3 个百分点。同时，高技术产业保持较快增速，但增速呈下降趋势，2014 年以来保持在 10%左右，比 2011 年下降了约 8 个百分点。2012 年以来，高技术企业主营业务收入增速持续高于工业企业整体增速，最大增速差距在 9%以上(见附图 1—15)。

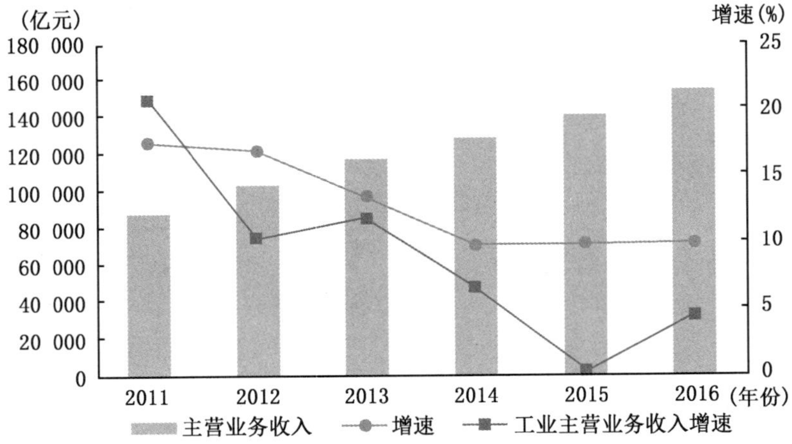


资料来源:根据2011～2017年《中国统计年鉴》数据绘制。

**附图1－15　2011～2016年高技术企业主营业务收入及增速**

从高新技术产品出口情况看,2014年以来,高新技术产品出口额持续下降,占出口总额的比重基本稳定在28%～30%。2016年,高新技术产品出口额6 303亿万美元,占出口总额的30%左右;2017年1～10月,出口额为5 213.6亿美元,占比28.6%。高新技术产品对出口的贡献无明显增长,且2017年出现较大幅度下降,高新技术产品国际竞争力无明显提升(见附图1－16)。

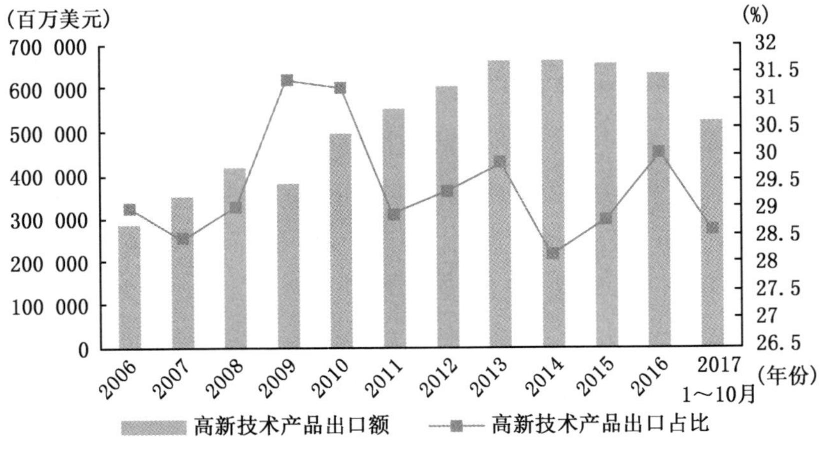


资料来源:根据海关总署数据绘制。

**附图1－16　2006～2017年高新技术产品出口情况**

# 1.3　近年来我国创新效果变化及其趋势

本部分主要从科技进步贡献率、高技术产业发展、专利和新产品的投入产出效率、科技成果转化、企业利润情况等方面对我国创新效果进行分析。

## 1.3.1　国家创新指数有所上升，创新产出指数稳步提升

据中国科学技术发展战略研究院发布的《国家创新指数报告 2016～2017》显示，我国 2016～2017 年国家创新指数为 69.8，排名提升至第 17 位，比上年提升 1 位，比 2000 年提升了 21 位，成为 20 强国家中唯一的发展中国家，与发达国家的差距日益缩小，创新能力得到稳步提升（见附图 1—17）。尤其在知识产出效率和质量以及企业创新能力方面表现出较快增速。

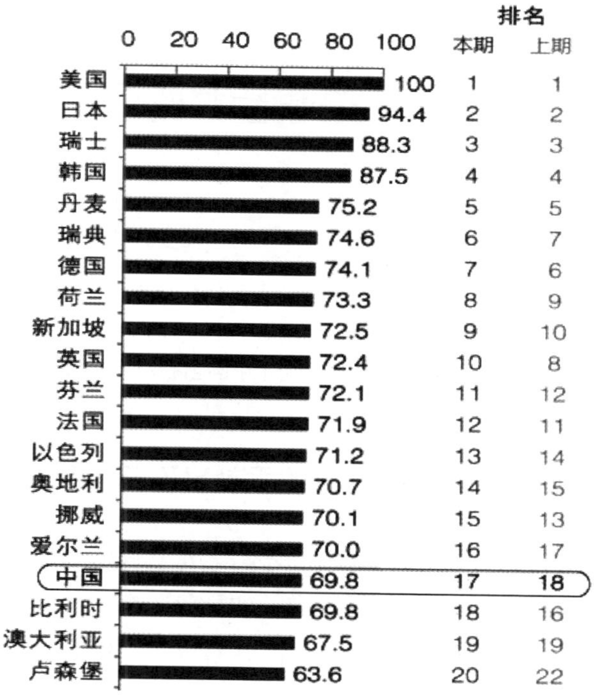


资料来源：《国家创新指数报告 2016～2017》。

**附图 1—17　2016～2017 年国家创新指数排名**

国家统计局社科文司《中国创新指数研究》课题组从创新环境、创新投入、创新产出和创新成效四个方面衡量创新指数。2005 年以来，我国创新指数持续增长。以 2005 年为基期(100)，2016 年中国创新指数增长至 181.2。

创新产出指数增幅大于创新指数总体增速，2016 年增长至 223。在构成创新产出指数的各类分指数中，专利授权数增速最快，技术市场成交额次之，之后分别为商标拥有量以及科技论文，而发明专利授权指数增速最慢(见附图 1—18)。

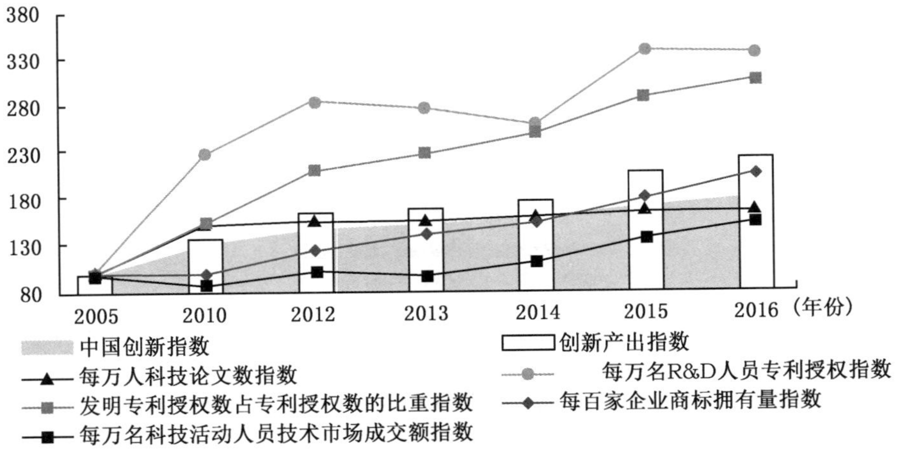


资料来源：根据国家统计局数据绘制。

**附图 1—18　2005～2016 年中国创新产出指数**

### 1.3.2　科技进步对经济增长的贡献率不断上升

科技进步贡献率衡量广义技术进步对经济增长的贡献份额，是扣除了资本和劳动因素后，科技因素对经济增长的贡献份额，是衡量区域科技竞争实力和科技转化为现实生产力的综合性指标①。近年来，科技进步对于我国经济增长的贡献率不断上升。2011 年以来，科技进步对于经济增长的贡献始终在 50%以上，超过资本和劳动对经济增长贡献的综合，并保持较快

① 资料来源：中国统计年鉴。

增速。2016 年，科技进步贡献率增至 56.2%。比 2010 年增长了 5.3 个百分点（见附图 1—19）。

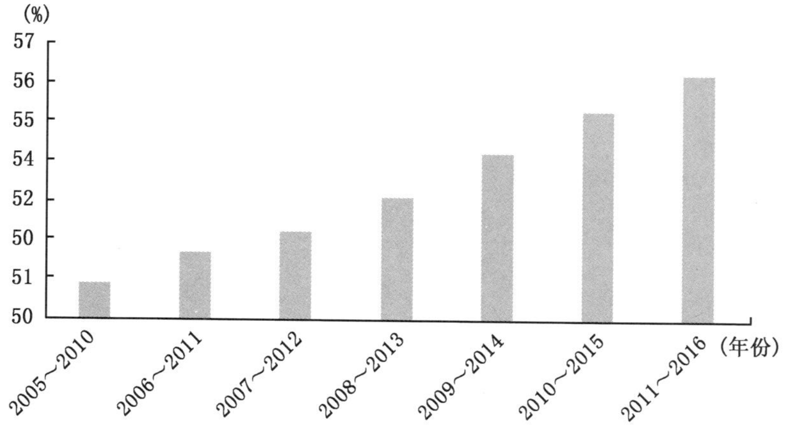


资料来源：根据 2011～2016 年《中国科技统计年鉴》及 2016 年政府工作报告数据绘制。

**附图 1—19　2005～2016 年中国科技进步贡献率**

### 1.3.3　高技术产业在产业中的比重不断上升

随着我国创新投入的不断增强，高技术产业保持较快增长，并成为工业增长的新动力。近年来，高技术产业占工业总比重不断增长，2014 年以来，高技术产业占比增速加快。2016 年，高技术产业主营业务收入 153 796 亿元，占工业企业主营业务收入的比重为 13.3%，比 2011 年增加了 2.9 个百分点（见附图 1—20）。创新投入与产出的持续增长，以及相伴而来的高技术产业的快速成长，助力于我国产业结构的改善。

### 1.3.4　新产品创新投入产出效率有所提高

从产品创新效率看，近年来，我国新产品投入产出效率持续提高。2012 年以来，单位新产品研发投入带来的新产品销售收入持续增长，且在 2012～2015 年增速持续上升。2016 年，规模以上工业企业每投入 1 单位新产品研发经费，将带来 14.8 单位的新产品收入，同比增速 1%，增速有所回落，比 2012 年增长了 1 单位（见附图 1—21）。总体而言，新产品产出效率持

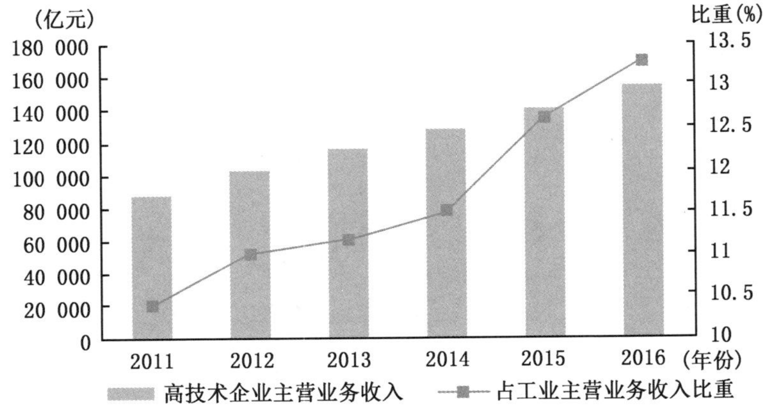


资料来源:根据2011～2017年《中国统计年鉴》数据绘制。

**附图1—20　2011～2016年高技术产业主营业务收入及其占制造业的比重**

续提高。

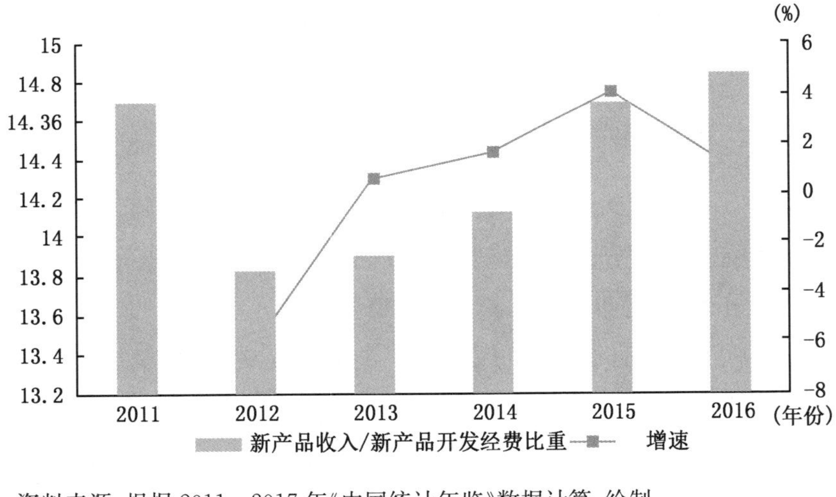


资料来源:根据2011～2017年《中国统计年鉴》数据计算、绘制。

**附图1—21　2011～2016年规模以上工业企业新产品收入与新产品开发经费比重及增速**

## 1.3.5　新产品产出与科技成果产出存在较大差距

从科技成果转化情况看,不断增长的专利创新成果未能有效转化成产出。近年来,我国单项有效专利所对应的新产品收入不断下降,增长率基本在0以下。2016年,我国平均每项专利所对应的新产品收入为316万元,与上年基本持平,比2011年减少了121万元,下降了27.7%(见附图1—22)。不断增长的有效专利并未能带来新产品销售收入的增长,总体而言,我国科技创新可能存在转换效率不高,且增长缓慢的问题。

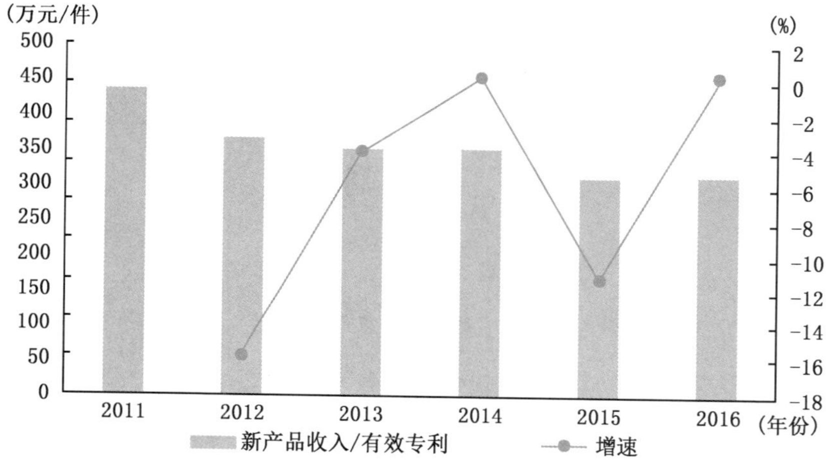


资料来源:根据2011～2017年《中国统计年鉴》数据计算、绘制。

**附图1—22 2011～2016年规模以上工业企业新产品销售收入与有效专利比重及增速**

从工业各细分行业看,规模以上工业企业新产品销售收入以及主营业务收入增速与其有效发明专利数并没有明显的相关性。2016年,规模以上工业企业有效发明专利数共77万项,平均每项有效发明专利对应2 268万元收入。单项有效发明专利对应新产品销售收入较高的行业包括纺织业、石油加工业、化学纤维业和汽车制造业,而这些行业的收入增速与其他行业并无显著差异(见附图1—23)。

### 1.3.6 企业利润情况无明显改善

与此同时,新产品并产出的持续增长并未带来企业经营状况的改善,工业企业利润率无明显提升。一方面,工业企业新产品在企业主营业务收入的比重稳步上升,2016年达到14.6%。但另一方面,工业企业利润率呈下滑态势,新产品比重的上升并未带来企业利润的相应增长。2015年,工业企业利润率不到6%,2016年有所回升,达到6.2%。

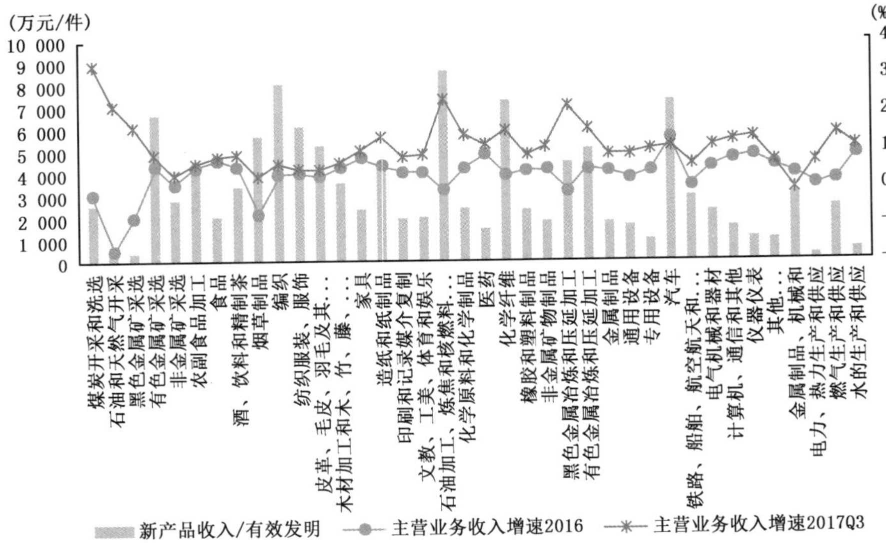


资料来源:根据 2011～2017 年《中国统计年鉴》及国家统计局数据计算、绘制。

**附图 1—23　分行业工业企业新产品销售收入与有效专利比重及主营业务增速**

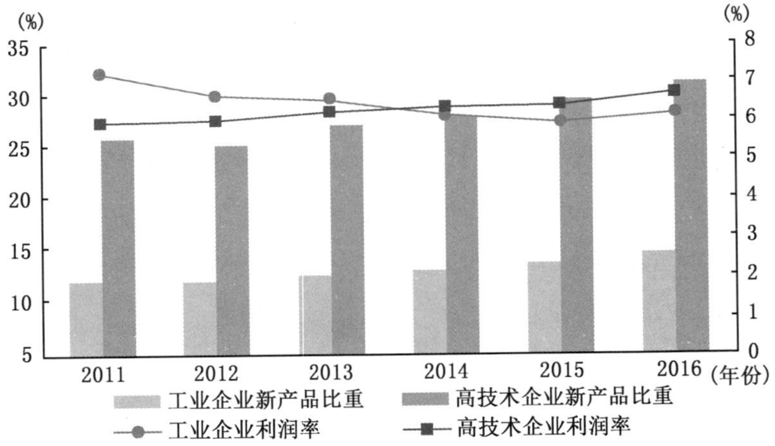


资料来源:根据 2011～2017 年《中国统计年鉴》数据计算、绘制。

**附图 1—24　2011～2016 年工业企业与高技术企业新产品产出及利润**

高技术企业利润率则出现上升趋势,但增速滞后于新产品产出比重的增长趋势。2016 年,高技术企业新产品比重达到 31.2%,比上年增长了 1.8 个百分点,相较于 2011 年增长了 24%左右;高技术企业利润率则为 6.7%,

比上年增长约 0.27 个百分点，相较于 2011 年增长了 11.6%（见附图 1—24）。

### 1.3.7　创新成效指数增速较慢

据国家统计局社科文司《中国创新指数研究》课题组测算，近年来，我国创新成效增长较为缓慢。

2005～2016 年以来，我国创新成效指数增幅低于国家创新指数总体增速，2016 年与创新指数的差距进一步拉大，仅由 2005 年的 100 增长至 2016 年的 157.3，与创新指数的差距扩大至 24。在构成创新成效指数的各类分指数中，劳动生产率指数快速增长，2016 年超过 300，10 年间增长了两倍。单位 GDP 能耗指数则与创新成效指数基本持平，2016 年为 159.6。新产品销售收入占主营业务收入比重指数与科技进步贡献率指数差异日益减小，2016 年分别为 139.5 和 130.6。高技术产品出口额占比指数则基本无增长，2016 年为 100.6（见附图 1—25）。

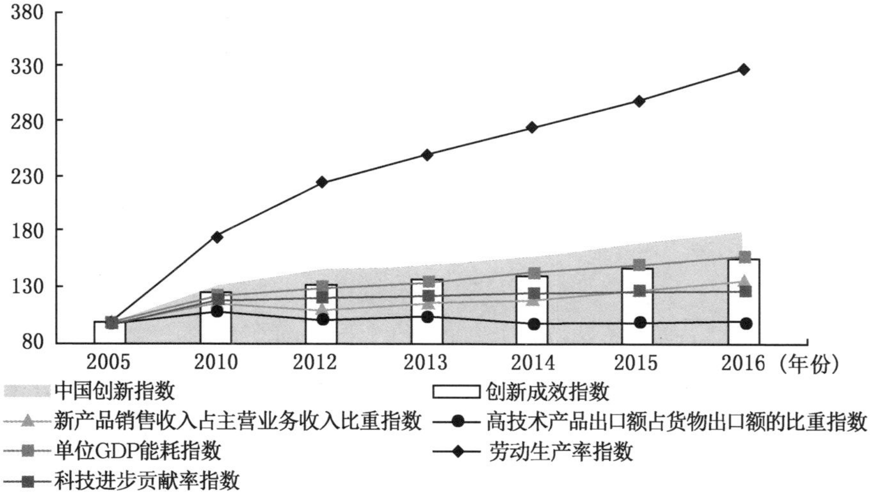


资料来源：根据国家统计局数据绘制。

**附图 1—25　2005～2016 年创新成效指数**

# 2. 我国创新投入产出的结构分析

本部分主要分析我国创新的投入产出结构，分别从创新投入结构、创新产出结构和效果、以及内资企业创新能力三个部分进行分析。

## 2.1 创新投入结构分析

本部分从区域结构、产学研创新结构、行业结构以及企业创新结构等几个角度对中国近年来的创新投入结构进行分析。

### 2.1.1 创新投入的地区分布情况

我国各地区创新投入极不均衡[①]。东部地区创新活动较为活跃，研发活动投入高，占全国研发经费总额将近 70%，且近年来持续降低。而东北地区研发投入相对较少，占比在 7%以下，且近年来持续降低。中部地区和西部地区占比则较为稳定，分别在 15%和 12%左右。从研发投入的增速看，东北地区最低，并在 2014 年和 2015 年连续出现负增长，其他三个地区增速则较为相近。2016 年，东、中、西及东北地区研发经费投入分别为 10 689 亿元、2 378 亿元、1 945 亿元以及 665 亿元，分别占全国研发总投入的 67.95%、15.15%、12.22%以及 4.68%（见附图 1—26）。

从各省市情况看，不同省市研发投入及研发强度差异非常大，研发经费投入地区之间最大相差九百多倍，研发强度最大相差三十多倍。总体而言，东部地区研发强度较高，而西部地区研发强度则相对较弱。2016 年，研发投入较高的省市有广东、江苏、山东和北京，其研发经费投入分别为 2 035.1 亿元、2 026.9 亿元、1 566.1 亿元以及 1 484.6 亿元。研发强度则

① 东部地区包括北京、天津、河北、上海、江苏、浙江、福建、山东、广东和海南 10 个省市；中部地区包括山西、安徽、江西、河南、湖北和湖南 6 个省市；西部地区包括内蒙古、广西、重庆、四川、贵州、云南、西藏、陕西、甘肃、青海、宁夏和新疆 12 个省市；东北地区包括辽宁、吉林和黑龙江 3 个省。

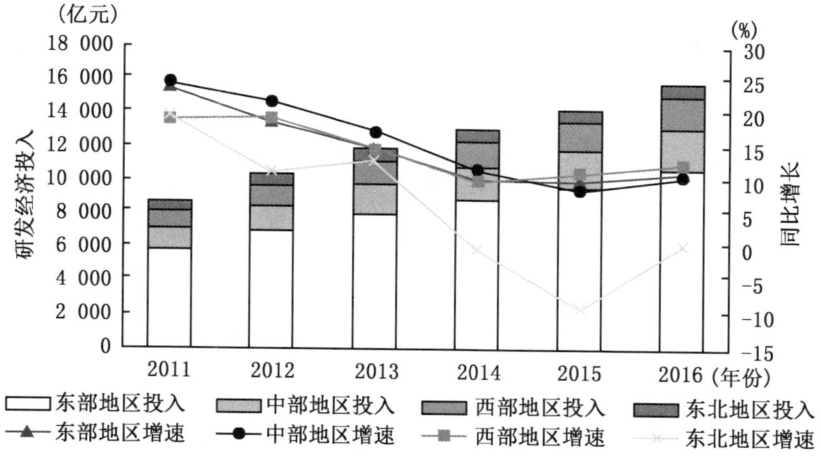


资料来源：根据2012～2017年《中国统计年鉴》数据绘制。

**附图1—26　2011年以来各地区研发投入及增速**

北京最高，为5.96%，上海以3.82%位列第二，其他研发强度在2%以上的省市还包括天津、江苏、广东、浙江和陕西(见附图1—27)。

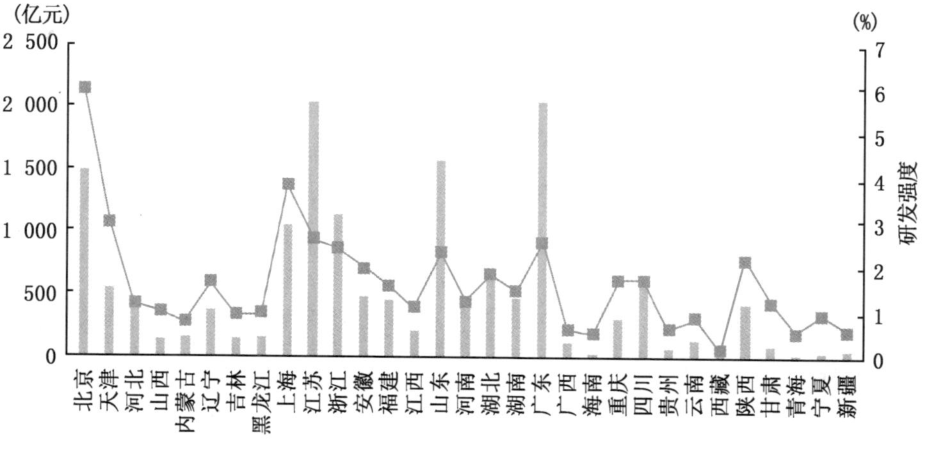


资料来源：根据2017年《中国统计年鉴》数据绘制。

**附图1—27　2016年各省市研发投入及强度**

### 2.1.2　产学研创新主体投入分布情况

我国创新主体主要包括企业、研究机构以及高校，各类创新主体的投入情况存在不同的特点。

1. 企业是创新的主要力量，投入强度及占比有所下降，增速放缓[①]

在各类创新主体中，企业创新投入占比最高，其研发经费投入占全国总投入的70%以上，是我国创新的主要力量。企业、研发机构以及高校研发经费投入比约为75：15：7，其他主体的研发投入占比在3%～4%。2016年，企业、研发机构以及高校研究与开发经费投入分别为12 344.33亿元、2 260.2亿元和1 072.2亿元，分别占比78.74%、14.4%和6.8%（见附图1—28）。

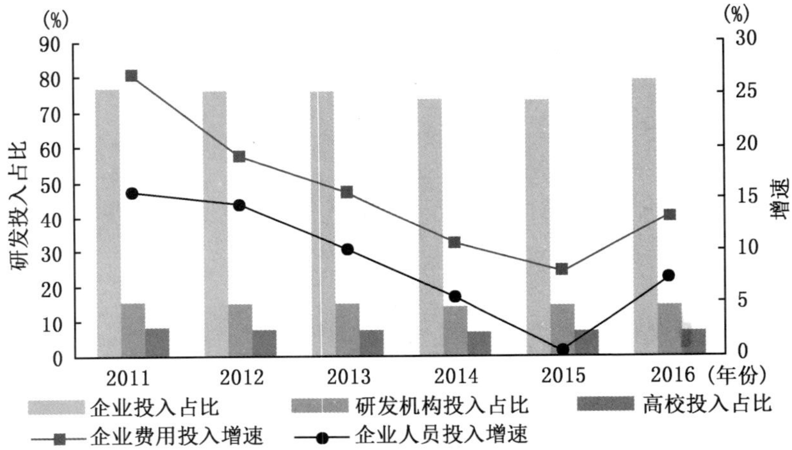


资料来源：根据2012～2017年《中国统计年鉴》数据绘制。

**附图1—28　2011年以来各类创新主体投入占比**

然而，2011～2015年间，企业创新投入占比呈现不断下降的趋势。从2011年的76.6%逐年下降至2015年的73.2%。同时，企业研发经费投入以及研发人员投入增速持续下降，5年间，企业研发费用增速由27%降低至8%，下降了19个百分点；研发人员增速由15%下降至1%，下降了14个百分点。2016年，在“双创”政策推动下，企业创新投入占比以及创新投入增速均有所上升。

从创新主体数量看，具有研发活动的企业数量最高，研发机构次之，高

① 2016年企业创新投入数据依据全国研发投入与科研机构以及高校的差值计算。

等学校最少。其中，有研发活动的企业数呈现较快增速。2016年，有R&D活动的规模以上工业企业数量、研发机构数量以及高等学校数量分别为72 963个、3 611个以及2 596个。同时，企业研发强度逐步提高。然而，总体研发强度在1%以下，研发投入力度仍然不强（见附图1—29）。

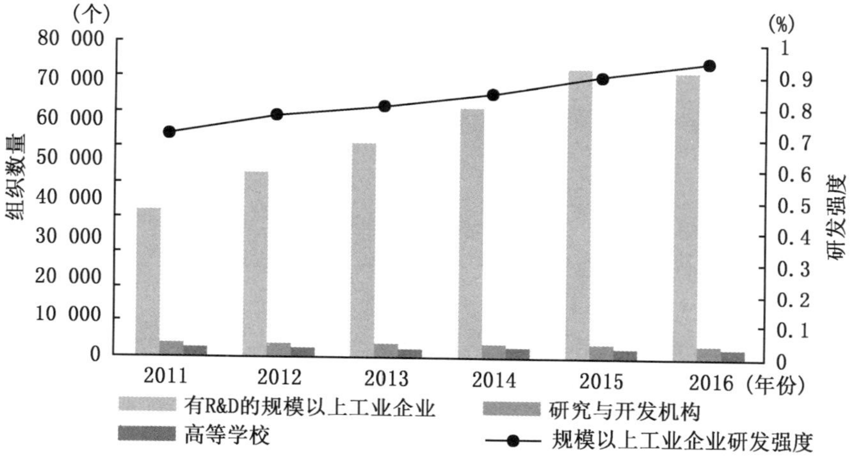


资料来源：根据2012～2017年《中国统计年鉴》数据绘制。

**附图1—29　2011年以来各类创新主体数量**

2. 各类创新主体投入各有侧重

企业的研发投入主要集中在试验发展，其研发经费投入比重在97%以上，企业各类研究比重相对稳定。应用研究和基础研究则相对较少，基础研究投入规模尤其小，占比不到1%。2016年，企业研究与发展经费合计12 344.33亿元，其中，基础研究53亿元、应用研究440亿元、试验发展研究11 851亿元，三者比重为0.4∶3.6∶96。研发人员投入比重与研发经费投入比重近似，2016年，企业研发人员投入291.09万人/年，三种研究人员投入比重为0.7∶4.5∶94.8①（见附图1—30）。

研发机构则以试验发展与应用研究为主，且基础研究比重不断上升。研发机构基础研究、应用研究以及实验发展研发经费投入的比重约为13∶30∶57，研发人员投入占比约为17∶35∶48。2016年，研发机构研究与发展经费合计2 260.2亿元，其中，基础研究337.4亿元，应用研究642.1亿元，试验发展

① 2016年企业创新投入数据依据全国研发投入与科研机构以及高校的差值计算。

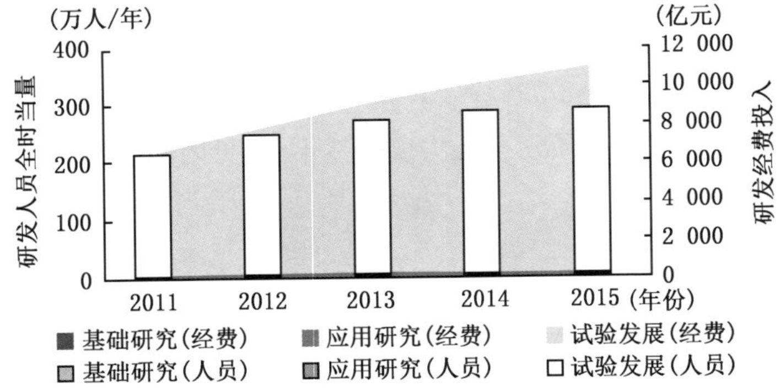


资料来源:根据 2012～2016 年《中国科技统计年鉴》数据绘制。

**附图 1—30　2011 年以来企业三大类研究投入结构**

研究 1 280.7 亿元,三者比重为 14.9∶28.4∶56.7。2016 年,研发机构研发人员投入 39 万人/年,三种研究人员投入比重为 21.5∶32.6∶45.9(见附图 1—31)。

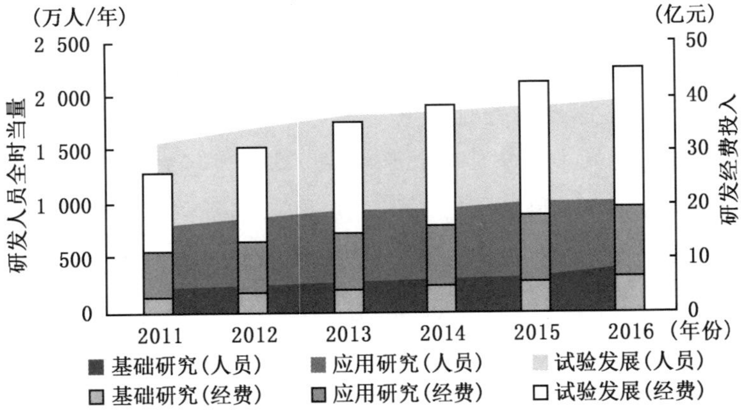


资料来源:根据 2012～2017 年《中国统计年鉴》数据绘制。

**附图 1—31　2011 年以来研究机构三大类研究投入结构**

高校基础研究与应用研究并重,试验发展较少,基础研究占比逐年升高,试验发展占比持续降低。高校基础研究、应用研究以及实验发展研发经费投入的比重约为 36∶52∶ 12,研发人员投入占比约为 45∶49∶6。2016 年,高校研究与发展经费合计 1 072.2 亿元,其中,基础研究 432.5 亿元、应用研究 528.4 亿元、试验发展研究 111.4 亿元，三者比重为 40.3∶49.3∶10.4。2016 年，高校研发人员投入 36.0 万人/年，三种研究人员投入比重为 46.4∶47.9∶5.7(见附图 1—32)。

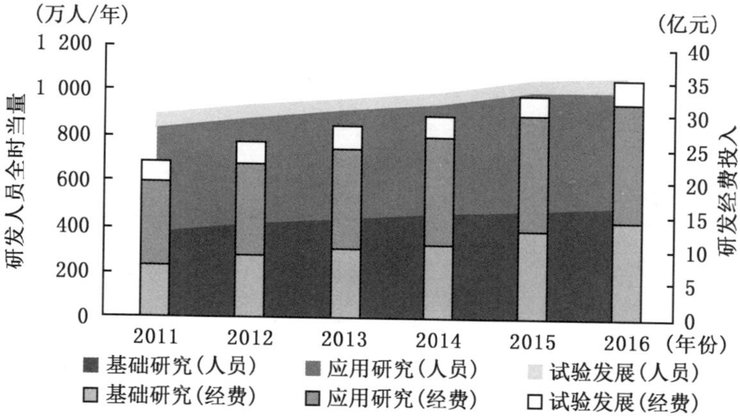


资料来源：根据 2012～2017 年《中国统计年鉴》数据绘制。

**附图 1—32　2011 年以来高校三大类研究投入结构**

3. 产学研合作创新不活跃[①]

从创新资金来源看，各创新主体资金来源较为单一，第一大资金来源基本占其所有创新资金的 70%以上。其中，企业超过 90%的研发经费来源于内部，而研究机构和高校经费中来源于政府的经费分别超过 80%和 60%以上。2016 年，在企业的创新资金中，来源于企业内部的经费为 11 522.62 亿元，占比 93.35%；政府资金和其他资金分别为 601.45 亿元和 220.26 亿元，占比分别为 4.87%和 1.78%。2016 年，研发机构的创新资金中，政府资金为 1 851.6 亿元，占比 81.92%；企业资金和其他资金分别占比 4%和 14.08%。在高校 2016 年的 1 072.2 亿元研发经费中，来自政府、企业以及其他来源的资金比重则分别为 64.14%、28.96%和 6.9%(见附图 1—33)。相较于产、研合作，产、学合作更为活跃。2016 年，与企业合作仅占研发机构研发经费总额的 4%，而与企业合作资金占高校研发经费总额的 28.96%。总体而言，各创新主体间合作并不密切。

① 企业创新投入数据依据全国研发投入与科研机构以及高校的差值计算。

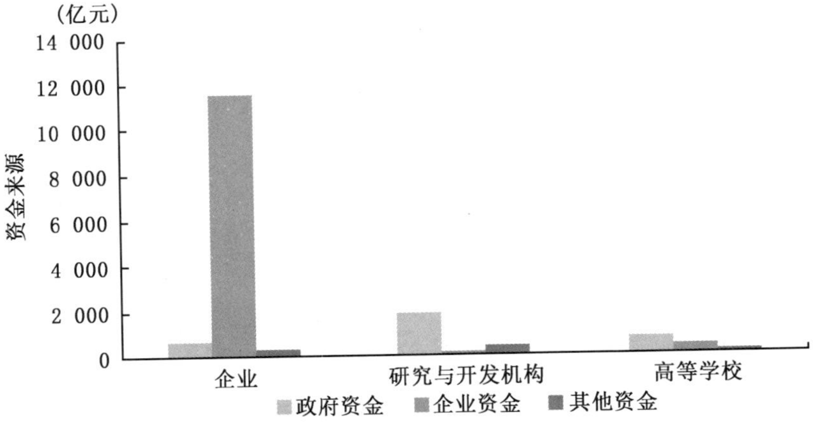


资料来源:根据 2017 年《中国统计年鉴》数据绘制。

**附图 1—33　2016 年各创新主体资金来源构成**

2016 年,在来源于企业的创新资金中,96.64%用于企业的创新活动,0.76%和 2.6%分别流向研发机构和高校(见附图 1—34)。

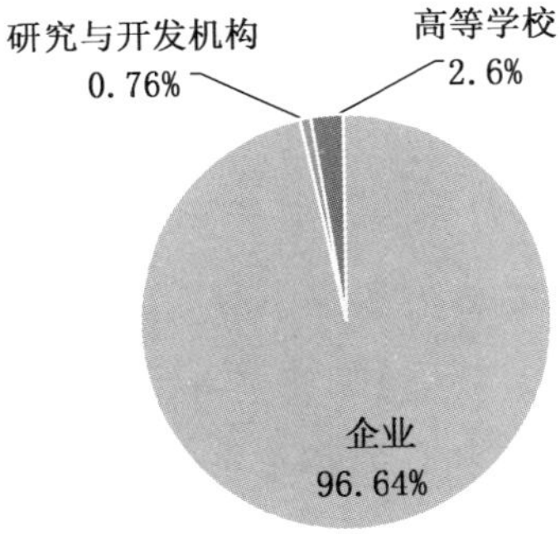


资料来源:根据 2017 年《中国统计年鉴》数据绘制。

**附图 1—34　2016 年企业研发资金去向**

### 2.1.3　创新投入的行业分布情况

1. 企业创新投入的行业分布

在企业创新投入中,规模以上工业企业研发投入占绝大部分,比重在 90%以上。以 2015 年数据为例,在企业投入的 10 881.36 亿元研发经费中,规模以上工业企业研发经费投入 10 013.9 亿元，占比 92.9%。因此，本报告采用规模以上工业企业创新投入的行业分布代表企业创新投入的行业分布情况。

经费投入较多的行业包括计算机制造业、电气制造业、汽车制造业以及化学制造业。2016 年，上述 4 个行业研发经费投入分别为 1 811 亿元、1 102 亿元、1 049 亿元以及 841 亿元，分别占规模以上工业企业研发经费总投入的 16.55%、10.07%、9.58%以及 7.68%。而研发强度较高的行业则为铁路船舶制造业、仪器仪表制造业、计算机制造业、医药制造业、专用设备制造业以及金属制品业，2016 年，上述行业研发强度分别为 2.38%、1.95%、1.82%、1.73%、1.54%以及 1.51%(见附图 1—35)。

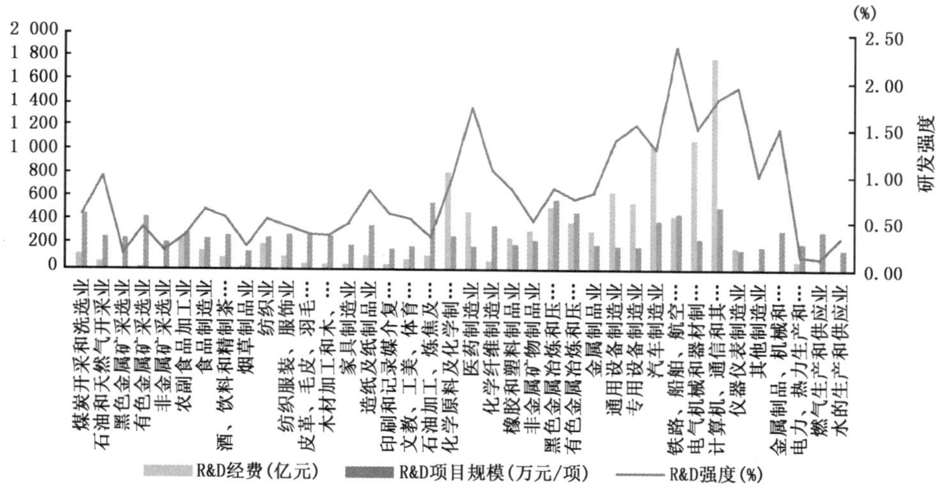


资料来源：根据 2017 年《中国统计年鉴》数据绘制。

**附图 1—35　2016 年企业研发经费投入的行业分布**

从研发人员投入看，企业研发人员投入较多的行业包括计算机制造业、电气制造业、汽车制造业、通用设备制造业。2016 年，上述行业研发人员全时当量分别为 43 万人/年、28 万人/年、23 万人/年以及 20.9 万人/年。分别占规模以上工业企业研发人员全时当量总投入的 15.94%、10.34%、8.49%以及 7.72%。从研发人员占行业从业人数的比重看，仪器仪表制造业、铁路船舶制造业、医药制造业、专用设备制造业占比较高，分别占比

6.65%、5.6%、5.53%和5.1%(见附图1—36)。

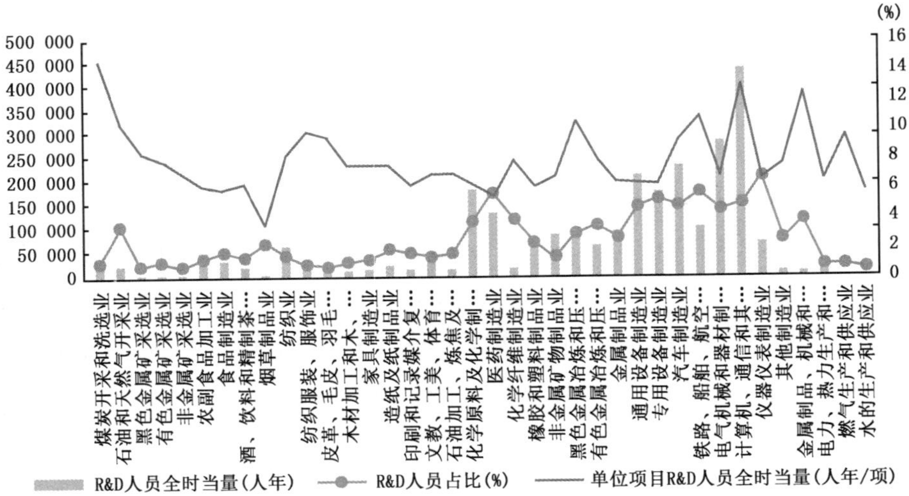


资料来源:根据2017年《中国统计年鉴》数据绘制。

**附图1—36　2016年企业研发人员投入的行业分布**

2. 研发机构创新投入的行业结构

从研发机构服务的行业看,创新投入则主要集中在科技服务业以及制造业,在制造业中,运输设备制造业以及计算机制造业为创新投入的重点行业。

在研发经费投入上,投入较多的行业包括科技服务业、农林牧渔业、卫生服务业以及制造业中的运输设备制造业以及计算机制造业。2015年,上述5个行业研发经费投入分别为534.89亿元、144.32亿元、65.78亿元、844.53亿元以及259.38亿元,分别占研发机构研发经费总投入的25.04%、6.75%、3.08%、39.53%以及12.14%(见附表1—1)。

**附表1—1　　研发机构研发经费服务行业分布(2015年)**

| 行　业 | 经费支出(亿元) | 占比(%) | 行　业 | 经费支出(亿元) | 占比(%) |
|---|---|---|---|---|---|
| 总计 | 2 136.49 | 100 | 采矿业 | 3.59 | 0.17 |
| 农林牧渔业 | 144.32 | 6.75 | 建筑业 | 2.11 | 0.1 |
| 运输、仓储和邮政业 | 6.37 | 0.3 | 制造业 | 1 315.08 | 61.55 |

续表

| 行　业 | 经费支出（亿元） | 占比（%） | 行　业 | 经费支出（亿元） | 占比（%） |
|---|---|---|---|---|---|
| 信息服务业 | 11.04 | 0.52 | 农副食品加工业 | 4.28 | 0.2 |
| 科技服务业 | 534.89 | 25.04 | 石油加工业 | 39.99 | 1.87 |
| 水利、环境服务业 | 32.68 | 1.53 | 化学制造业 | 5.7 | 0.27 |
| 教育 | 3.2 | 0.15 | 医药制造业 | 13.74 | 0.64 |
| 卫生服务业 | 65.78 | 3.08 | 专用设备制造业 | 8.83 | 0.41 |
| 文娱业 | 5.64 | 0.26 | 运输设备制造业 | 844.53 | 39.53 |
| 公共管理业 | 7.19 | 0.34 | 计算机制造业 | 259.38 | 12.14 |

资料来源：根据 2016 年《中国科技统计年鉴》制成。

研发人员投入情况与研发经费投入情况较为类似，在 2015 年研发机构的 383 597 人/年研发人员全时当量中，科技服务业、农林牧渔业、卫生服务业以及制造业中的运输设备制造业以及计算机制造业分别占比 27.96%、12.29%、4.37%、28.4%以及 11.73%（见附表 1—2）。

**附表 1—2　　　　研发机构研发人员服务行业分布（2015 年）**

| 行　业 | 全时当量（人年） | 占比（%） | 行　业 | 全时当量（人年） | 占比（%） |
|---|---|---|---|---|---|
| 总计 | 383 597 | 100 | 采矿业 | 871 | 0.23 |
| 农、林、牧、渔业 | 47 159 | 12.29 | 制造业 | 194 250 | 50.64 |
| 建筑业 | 1 000 | 0.26 | 农副食品加工业 | 1 074 | 0.28 |
| 运输、仓储和邮政业 | 1 274 | 0.33 | 石油加工业 | 5 949 | 1.55 |
| 信息服务业 | 2 070 | 0.54 | 化学制造业 | 1 563 | 0.41 |
| 科技服务业 | 107 263 | 27.96 | 医药制造业 | 4 019 | 1.05 |
| 水利、环境服务业 | 8 194 | 2.14 | 专用设备制造业 | 2 336 | 0.61 |
| 教育 | 873 | 0.23 | 运输设备制造业 | 108 954 | 28.4 |
| 卫生服务业 | 16 747 | 4.37 | 计算机制造业 | 45 015 | 11.73 |
| 文娱业 | 1 407 | 0.37 | 其他制造业 | 23 534 | 6.14 |
| 公共管理业 | 1 926 | 0.5 | 水电热供应业 | 471 | 0.12 |

资料来源：根据 2016 年《中国科技统计年鉴》制成。

3. 高校创新投入的学科结构

从研发经费投入看，高等学校的创新投入领域主要为工程与技术科学、医学、农林牧渔学、生物学、地球科学以及化学。

2015 年，上述 6 大领域研发经费投入分别为 350.17 亿元、90.73 亿元、42.48 亿元、34.5 亿元、31.97 亿元以及 31 亿元，分别占高校研发经费总额的 45.74%、11.85%、5.55%、4.51%、4.18%和 4.05%。其中，工程与技术科学中电子通信与自动控制、机械工程、材料科学、土木建筑工程投入较大，分别占高校 2015 年研发经费总额的 6.13%、5.63%、5.52%以及 4.58%（见附表 1—3）。

附表 1—3　　高等学校研发经费学科分布(2015 年)

| 学　科 | 经费支出（亿元） | 占比（%） | 学　科 | 经费支出（亿元） | 占比（%） |
|---|---|---|---|---|---|
| 全国 | 765.64 | 100 | 信息与系统工程 | 13.00 | 1.70 |
| 数学 | 15.52 | 2.03 | 矿山工程技术 | 12.17 | 1.59 |
| 信息与系统科学 | 17.10 | 2.23 | 机械工程 | 43.12 | 5.63 |
| 物理学 | 22.98 | 3.00 | 材料科学 | 42.25 | 5.52 |
| 化学 | 31.00 | 4.05 | 动力与电气工程 | 27.84 | 3.64 |
| 地球科学 | 31.97 | 4.18 | 电信与自动控制 | 46.90 | 6.13 |
| 生物学 | 34.50 | 4.51 | 计算机科学技术 | 29.07 | 3.80 |
| 农林牧渔学 | 42.48 | 5.55 | 化学工程 | 19.25 | 2.51 |
| 医学 | 90.73 | 11.85 | 土木建筑工程 | 35.06 | 4.58 |
| 管理学 | 29.10 | 3.80 | 交通运输工程 | 14.86 | 1.94 |
| 经济学 | 11.81 | 1.54 | 航空、航天技术 | 27.51 | 3.59 |
| 工程与技术科学 | 350.17 | 45.74 | 环境科学技术 | 24.67 | 3.22 |

资料来源：根据 2016 年《中国科技统计年鉴》制成。

研发人员投入则与研发经费投入存在一定差异，主要集中在工程与技术科学、医学、管理学、农林牧渔学以及经济学。2015 年，5 大领域研究人员全时当量分别为 94 600 人/年、77 466 人/年、23 885 人/年、14 811 人/年以及 14 357 人/年，分别占高校研究人员全时当量总额的 26.69%、21.85%、

6.74%、4.18%和4.05%(见附表1—4)。

附表1—4　高等学校研发人员学科分布(2015年)

| 学　科 | 全时当量(人年) | 占比(%) | 学　科 | 全时当量(人年) | 占比(%) |
|---|---|---|---|---|---|
| 全国 | 354 475 | 100 | 信息与系统工程 | 2 527 | 0.71 |
| 数学 | 6 449 | 1.82 | 矿山工程技术 | 3 111 | 0.88 |
| 信息与系统科学 | 4 091 | 1.15 | 机械工程 | 12 301 | 3.47 |
| 物理学 | 7 202 | 2.03 | 材料科学 | 11 724 | 3.31 |
| 化学 | 10 792 | 3.04 | 动力与电气工程 | 6 437 | 1.82 |
| 地球科学 | 7 118 | 2.01 | 电信与自动控制 | 12 458 | 3.51 |
| 生物学 | 11 587 | 3.27 | 计算机科学技术 | 12 695 | 3.58 |
| 农林牧渔学 | 14 811 | 4.18 | 化学工程 | 5 912 | 1.67 |
| 医学 | 77 466 | 21.85 | 土木建筑工程 | 9 111 | 2.57 |
| 管理学 | 23 885 | 6.74 | 交通运输工程 | 4 805 | 1.36 |
| 经济学 | 14 357 | 4.05 | 航空、航天技术 | 2 189 | 0.62 |
| 工程与技术科学 | 94 600 | 26.69 | 环境科学技术 | 7 609 | 2.15 |

资料来源:根据2016年《中国科技统计年鉴》制成。

### 2.1.4　企业创新投入分布情况

1. 有研发活动的企业占比逐渐上升

近年来,有研发活动的企业数总体呈上升趋势,但增速持续下降,2016年甚至出现负增长。而规模以上工业企业中有研发活动的企业占比呈持续增长态势。2016年,有研发活动的工业企业数为72 963个,同比减少了0.83%;占企业总数量的比重为19.27%,与上年基本持平,这一比重较2011年增长了7.75个百分点。然而,总体而言,有研发活动的企业数相对较少,规模以上工业企业占比数不足20%,绝大多数企业没有进行研发活动(见附图1—37)。

2. 新产品开发占企业研发投入的绝大部分

从企业研发经费支出的用途看,用于基础研究、应用研究和试验发展三类项目的费用支出以及相应的管理和服务的费用支出的企业内部研发经费

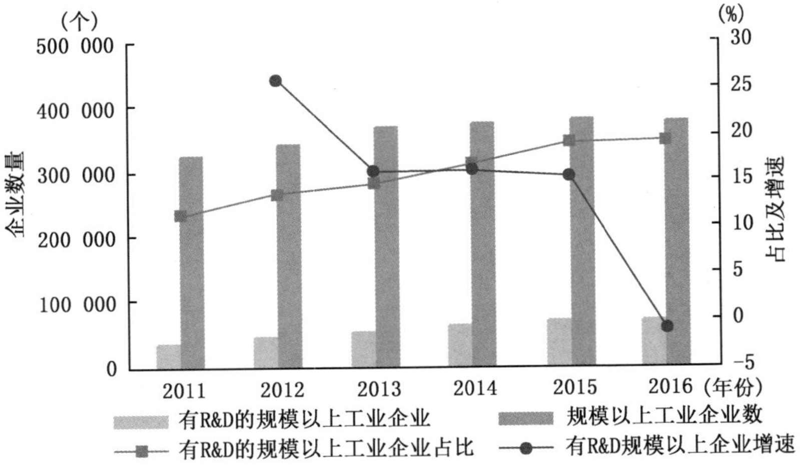


资料来源：根据 2012～2017 年《中国统计年鉴》数据绘制。

**附图 1—37　2011 年以来有研发活动企业数及增速**

快速增长，用于包括新产品的研究、设计、模型研制、测试、试验等费用支出的新产品研发费用支出同样增长迅速，而企业外部研发经费支出则相对较少。近年来，企业新产品开发经费支出与内部研发经费总额的比值持续下降。2016 年，规模以上工业企业内部研发经费支出以及产品开发费用分别为 10 945 亿元以及 11 766 亿元。2015 年，内、外部研发经费支出以及产品开发费用则分别为 10 014 亿元、520 亿元以及 10 271 亿元，内外部研发经费支出与新产品开发的费用比值由 2011 年的 107.8%下降至 97.5%（见附图 1—38）。

3. 企业外部创新更依赖于研发机构

在企业的外部研发经费中，对境内研究机构支出占比较高，占比在 40%以上，且近年来占比逐渐上升。高校支出占比在 20%左右，且近年来出现较大幅度下滑。2015 年，规模以上工业企业外部研发经费支出 520.5 亿元，其中，对境内研发机构支出 237.5 亿元，占比 45.6%，比 2011 年增加了约 5 个百分点；对高校支出 72.5 亿元，占比 13.9%，与 2011 年的 21.3%相比出现较大幅度下滑（见附图 1—39）。

4. 大企业成为创新的主力

在企业研发活动中，规模以上工业企业占所有企业研发投入的 90%以

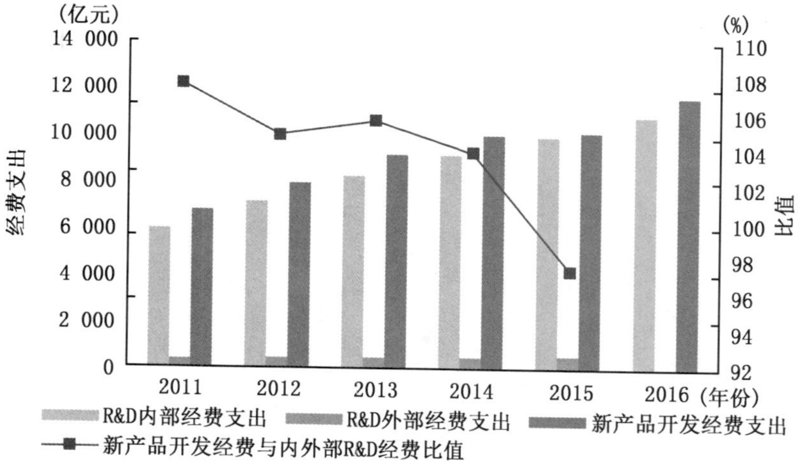


资料来源:根据 2012～2016 年《中国科技统计年鉴》以及 2017 年《中国统计年鉴》数据绘制。

**附图 1—38 2011 年以来规模以上工业企业研发经费支出情况(一)**

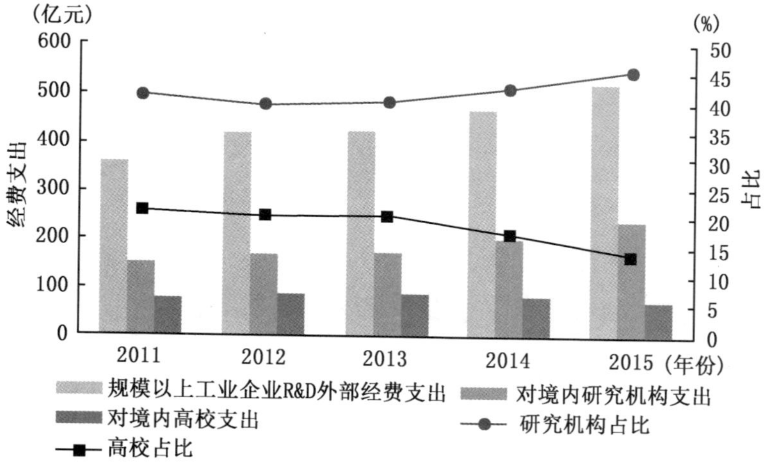


资料来源:根据 2012～2016 年《中国科技统计年鉴》以及 2017 年《中国统计年鉴》数据绘制。

**附图 1—39 2011 年以来规模以上工业企业研发经费支出情况(二)**

上,且近年来持续上升。其中,大中型工业企业发挥了主要作用,在企业研发总投入中所占比重在 70%以上,但近年来有所下降。2016 年,规模以上工业企业研发投入 10 945 亿元，2015 年规模以上工业企业研发投入占企业研发投入总额的比重为 92.03%，其中，大中型企业占比 71.61%（见附图 1—40）。

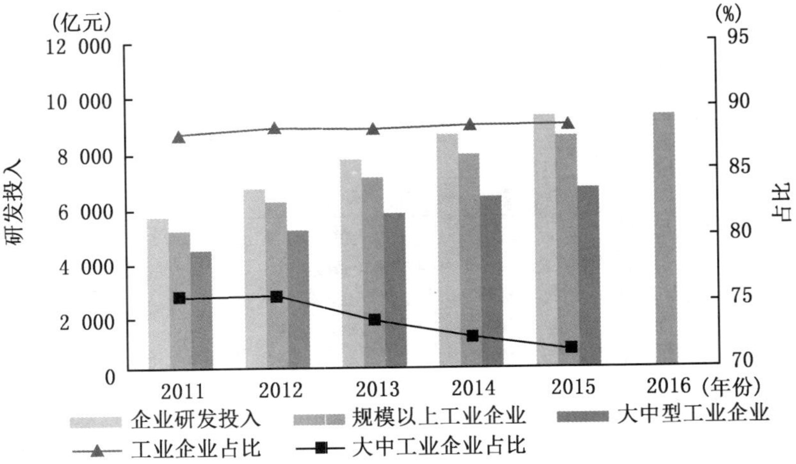


资料来源：根据 2012～2016 年《中国科技统计年鉴》及 2017 年《中国统计年鉴》绘制。

**附图 1—40　2011 年以来按规模分企业创新投入及占比**

## 2.2　创新产出结构和产出效果

本部分从区域结构、产学研创新结构、行业结构以及企业创新结构等几个角度对中国近年来的创新产出结构和效果进行分析。

### 2.2.1　创新产出及效率的地区分布情况

我国各地区创新产出和效率同样存在明显差异。东部地区专利产出占比较高，占比在 70%以上，近年来呈持续降低趋势。东部地区专利产出比重高于其研发经费投入在全国的比重，专利的总体产出效率较高。中西部地区专利产出情况十分相近，占比在 12%上下浮动，东北地区占比较低，基本在 5%以下，且占比持续下降。从专利产出增速看，西部地区增速较高，东北地区和东部地区增速相对较低。2016 年，东、中、西以及东北地区专利授权数分别为 111.5 件万件、22.8 万件、21.6 万件以及 5.3 万件，分别占比

69.2%、14.1%、13.4%以及3.3%，同比增速分别为0.42%、6.4%、7.53%以及0.27%（见附图1—41）。

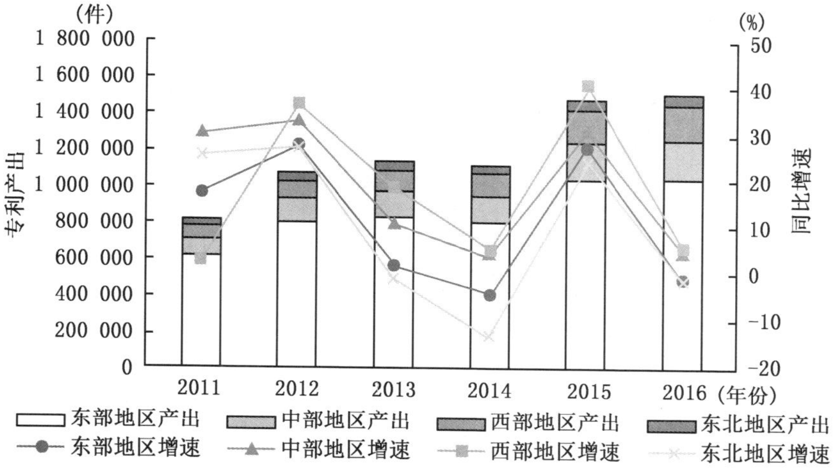


资料来源：根据2012～2017年《中国统计年鉴》数据绘制。

**附图1—41　2011年以来各地区专利产出及增速**

从专利的投入产出效率看，各地区差异较大，创新能力存在明显差异，但近年来差异逐渐减小。高研发经费投入与高产出并不一一对应，就平均每亿元所产出的专利数量而言，东部地区产出效率最高，但近年来总体呈下降趋势，与其他地区的差异日益减少，中西部地区专利产出效率则呈现出较快增长。2015年以来，西部地区专利产出效率反超东部地区。

在专利产出质量上，总体而言，各地区发明专利占比数不断上升，专利质量有所提升。其中，东北地区发明专利占比明显高于其他地区。东部地区发明专利占比增速较快，西北地区增速最慢。

2016年，东、中、西以及东北地区平均每亿元研发经费产出专利数分别为104件、96件、111件以及80件。其中，发明专利分别占比16%、16.4%、15.5%以及24.2%（见附图1—42）。

从各省市创新产出及成效看，广东、江苏、浙江三省专利产出较多。其中，浙江每亿元研发投入所带来的专利产出最多，2016年达到196件/亿元。就专利产出质量而言，北京发明专利产出占比最高。2016年，占比超过40%，其次为广西和上海，两者均超过30%（见附图1—43）。

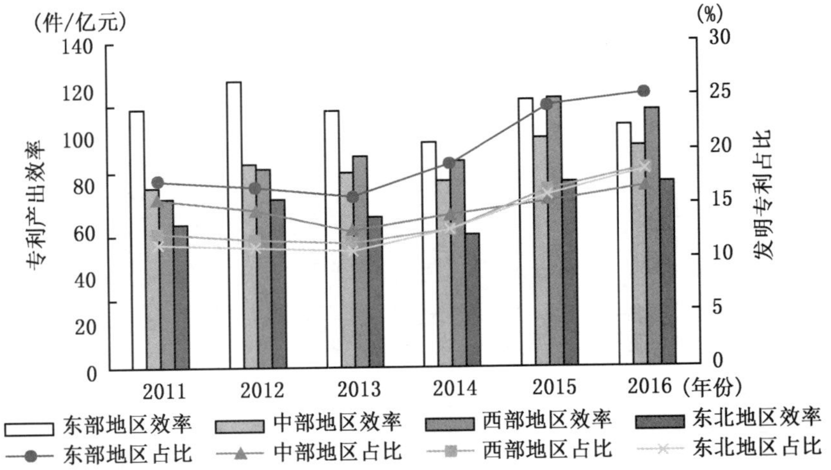


资料来源:根据 2012～2017 年《中国统计年鉴》数据绘制。

**附图 1—42　2011 年以来各地区专利产出效率及质量**

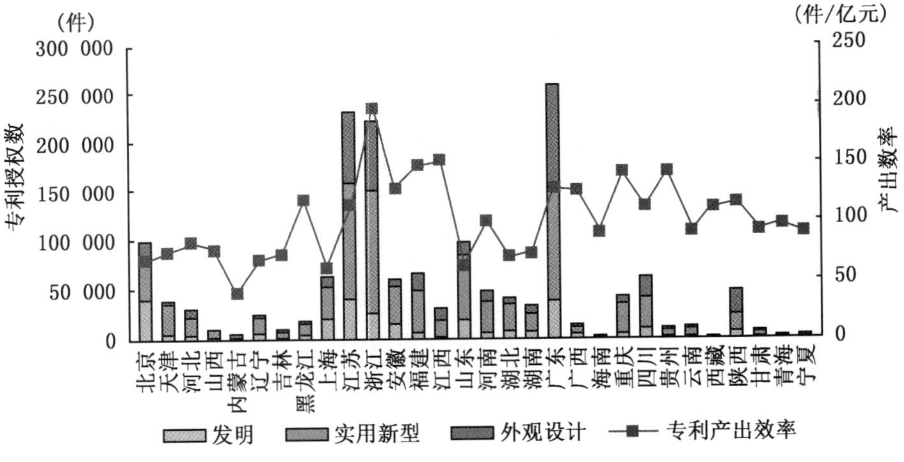


资料来源:根据 2017 年《中国统计年鉴》数据绘制。

**附图 1—43　2016 年各省市专利产出数量及效率**

## 2.2.2　产学研创新产出分布情况

各创新主体产出各有侧重,呈现出不同的特点。

1. 企业以实用新型为主,外观设计占比持续下降

在企业专利产出结构中,实用新型专利占绝大部分,占比在 50%以上,

且近年来有上升趋势;而发明占比相对较少,占比在15%左右,且近年来持续上升;外部设计专利则呈现持续下降的趋势。2016年,在规模以上工业企业申请的715 397件专利中,发明专利申请数为286 987件,占比高达40%。2017年前三季度,在企业授权的825 384件职务专利中,发明专利、实用新型专利以及外观设计专利分别为145 713件、521 272件以及158 399件,占比分别为17.65%、19.19%以及63.16%(见附图1—44)。

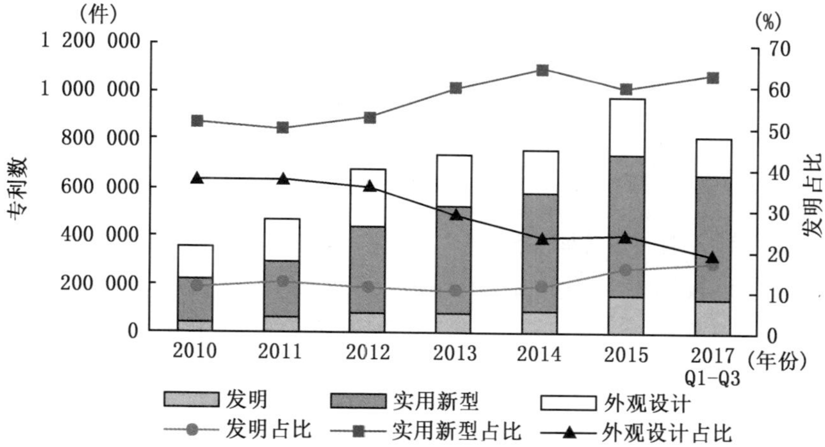


注:2017年数据不包括个人专利。

资料来源:根据2011～2016年《中国科技统计年鉴》以及国家知识产权局数据绘制。

**附图1—44　2010～2017年企业各类专利产出数量及占比**

2. 科研机构发明和使用新型并重,发明占比增加

在科研机构专利产出结构中,发明专利和使用新型占比占绝大部分,两者占比分别在50%和40%以上,且两者占比为此消彼长的关系,其中,发明专利占比数总体上升。2010～2012年间,发明占比逐渐增加至56.7%,2013年下降后逐渐上升至2016年的67.2%。而实用新型占比在2010～2012年间逐渐下降至39%,2013年上升后又逐步下降至2015年的40.65%。外观设计专利占比则逐步下降,由2010年的4.46%下降至2015年的2.16%。2016年,在科研机构授权的32 442件专利中,发明专利占比67.24%。2017年前三季度,科研机构授权的27 488件职务专利中,发明专利、实用新型专利以及外观设计专利分别为16 418件、10 431件以及649

件，占比分别为 59.7%、37.9%以及 2.4%（见附图 1—45）。

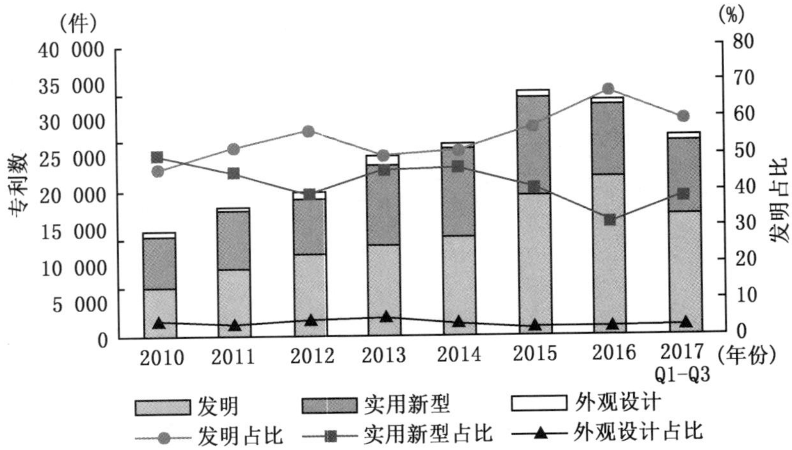


注：2017 年数据不包括非职务专利。

资料来源：根据 2011～2016 年《中国科技统计年鉴》以及国家知识产权局数据绘制。

**附图 1—45　2010～2017 年科研机构各类专利产出数量及占比**

3. 高校发明和使用新型并重，外观设计占比减少

高等学校的专利产出结构与研发机构类似，但高校中实用新型专利占比更高，两者占比均值 45%左右。2013 年以来，发明占比逐渐上升，而实用新型专利占比下降。外观设计占比则自 2010 年以来逐年下降。2016 年，在高等院校授权的 149 524 件专利中，发明专利占比 45%。2017 年前三季度，高校授权的 115 933 件职务专利中，发明专利、实用新型专利以及外观设计专利分别为 54 364 件、16 418 件、53 677 件以及 7 892 件，占比分别为 46.9%、46.3%以及 6.8%（见附图 1—46）。

### 2.2.3　创新产出的行业分布情况

1. 发明专利产出集中在化工、物理和电学领域

在国际专利分类中（IPC），发明专利分为生活必需品、作业运输、化学冶金、纺织造纸、固定建筑物、机械工程以及物理和电学八个部门。其中，我国发明专利申请数较高的部门为生活必需品类、物理类以及作业运输类。2016 年发明专利申请数分别为 227 852 件、214 440 件以及 211 957 件，分别

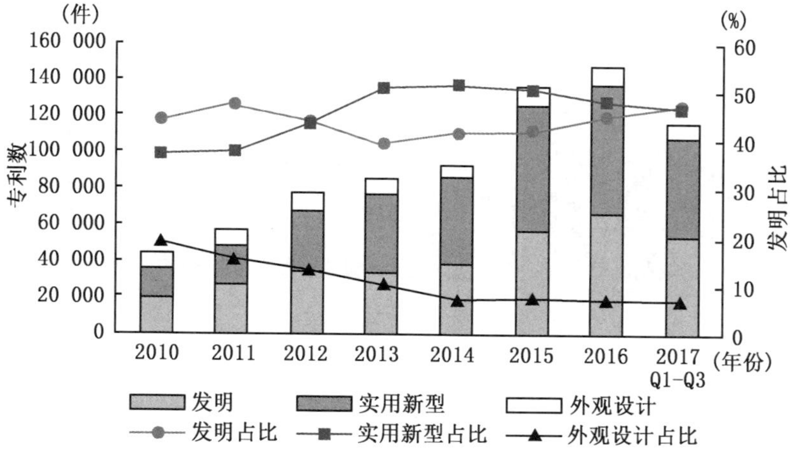


注:2017 年数据不包括非职务专利。

资料来源:根据 2011～2016 年《中国科技统计年鉴》以及国家知识产权局数据绘制。

**附图 1—46　2010～2017 年高校各类专利产出数量及占比**

占专利申请总数的 19.5%、18.4%和 18.2%。

在发明专利授权数中,数量最多的前三个部门则分别为作业运输类、电学类以及物理类,2016 年三者分别授权发明专利数 79 829 件、76 529 件以及 75 953 件,分别占发明专利申请数量的 19.7%、18.9%以及 18.8%。

从发明专利有效数看,电学、物理以及化学冶金最高,2016 年分别达到 393 211 件、331 043 件以及 322 877 件,分别占比 22.2%、18.7%和 18.2%(见附图 1—47)。

2. 企业创新产出的行业分布

从专利产出看,规模以上工业企业创新产出主要集中在计算机、电气机械以及通用与专用设备制造业。2016 年,上述 4 个行业有效发明专利数分别为 227 365 件、85 028 件、55 508 件和 67 163 件,分别占规模以上工业企业有效发明专利数量的 29.5%、11%、7.2%和 8.7%(见附图 1—48)。

从新产品开发情况看,研发投入带来了行业新产品产出,但并未带来利润的增长。在研发强度超过 1%的各个行业中,新产品收入占比较高,基本在 15%以上。而研发投入强度低于 1%的其他行业新产品收入占比基本在 10%以下。然而,行业利润率并未随研发投入和新产品收入的提高而增长,

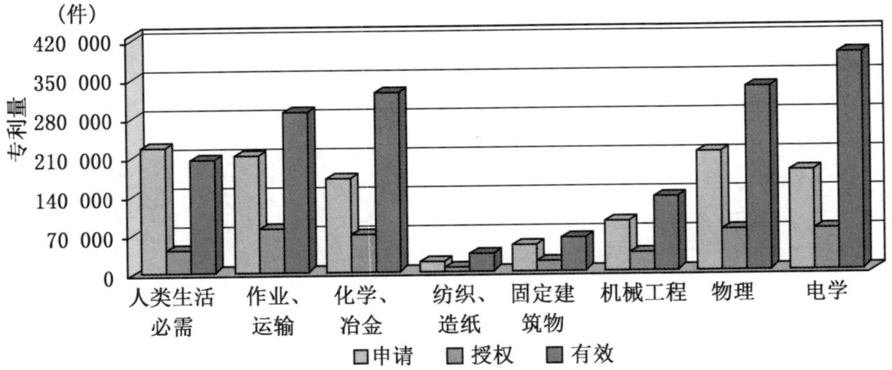


资料来源：根据 2011～2016 年《中国科技统计年鉴》以及国家知识产权局数据绘制。

**附图 1—47　2016 年发明专利申请、授权、有效按 IPC 分类统计**

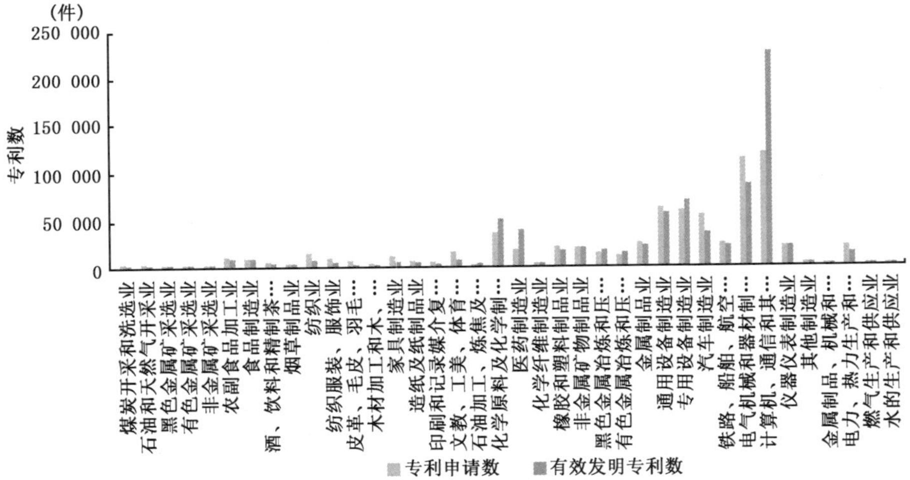


资料来源：根据 2017 年《中国统计年鉴》数据绘制。

**附图 1—48　2016 年规模以上工业企业专利情况**

创新并未带来企业竞争力的提升。2016 年，新产品销售收入占比和利润率最高的行业分别为计算机制造业以及烟草制造业。而企业研发强度以及新产品研发强度最高的行业则分别为铁路船舶制造业和石油天然气开采业(见附图 1—49)。

从企业产品创新和工业创新普及程度看，烟草、计算机、仪器仪表、医药、电气机械、设备制造等行业实现产品创新和工艺创新的企业占比较高。

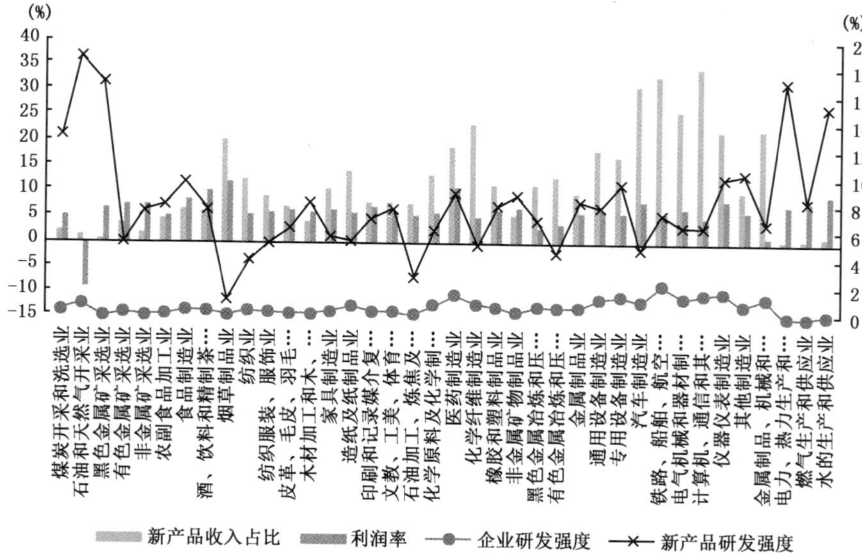


资料来源：根据 2017 年《中国统计年鉴》数据绘制。

**附图 1—49　2016 年规模以上工业企业新产品情况**

2016 年，电气机械、计算机和仪器仪表制造业实现产品创新的企业占比均值 40%以上，分别达到 41.1%、47.3%和 53.9%。而烟草制品、医药、计算机以及仪器仪表制造业实现工业创新的企业占比也超过了 40%，分别达到 46.1%、42.9%、44.5%和 46.5%（见附图 1—50）。

3. 高水平科技论文学科分布情况

国内论文发表增速放缓，主要集中在医学、计算机以及环境科学等领域。国家科学技术部统计显示，2015 年，国内科技论文发表 56.95 万篇，同比下降 2.7%。其中，临床医学，计算技术，电子、通信与自动控制，农学，中医学，预防医学与卫生学，基础医学，环境科学，冶金、金属学和地学十个领域的论文发表数最多，合计占 2015 年国内论文发表数的 56.6%。

国际论文发表质量齐升，主要集中在医学、生物学、化学、物理、计算机等领域。2015 年，中国发表 SCI 论文 29.68 万篇，占世界总量的 16.3%，仅次于美国，连续 7 年排名第二。其中，国际合作论文 7.5 万篇。同时，论文质量有所提升，2015～2016 年 9 月间，发表的 174.29 万篇国际论文中，共被引用 1 489.85 万次，同比增速高达 15.7%，世界排名第 4。临床医学，生物

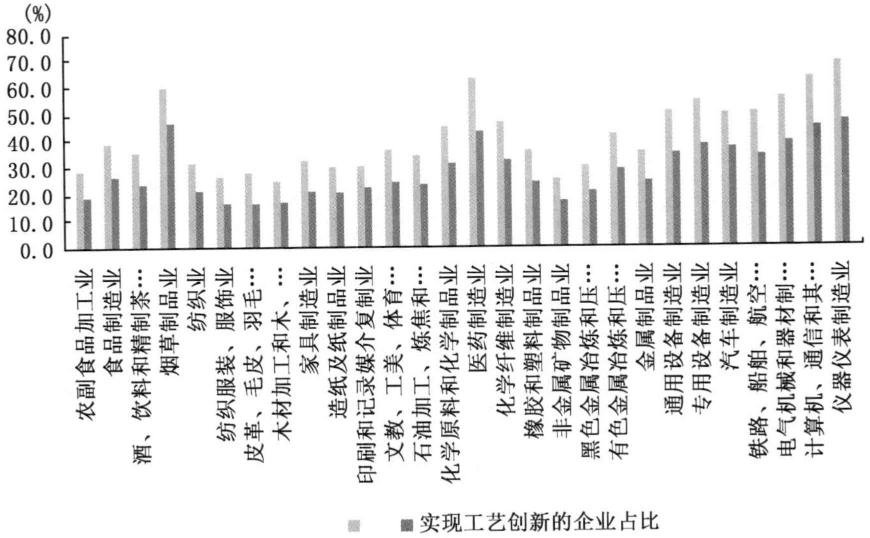


资料来源：根据 2017 年《中国统计年鉴》数据绘制。

**附图 1—50　2016 年规模以上工业企业产品和工艺创新情况**

学，物理学，材料科学，基础医学，电子、通信与自动控制，计算技术，地学和数学为 SCI 论文收录数最多的十大领域，占我国 SCI 收录数的 80%。

### 2.2.4　企业创新产出分布情况

1. 企业创新主体地位日益凸显，创新效率有所提升

从专利产出数量上看，企业专利占比逐渐提高。其中，发明专利和实用新型专利占比稳步提升：实用新型占比由 2011 年的 53%上升至 2015 年的 70%，发明占比则由 2011 年的 30%上升至近 40%。而外观设计专利则经历了先上升后下降的趋势。截至 2017 年前三季度，企业三种专利授权占比数分别为 62.6%、77.6%和 52.8%(见附图 1—51)。

从专利产出效率看，在企业投入占比减小的情况下，企业专利产出占比不断增加，平均每亿元产出的专利数逐步增加，企业创新的效率有所提升。企业创新主体地位不断凸显。

2. 大企业新产品产出效率较高

从新产品产出效率来看，大型企业每单位新产品研发成本所带来的收

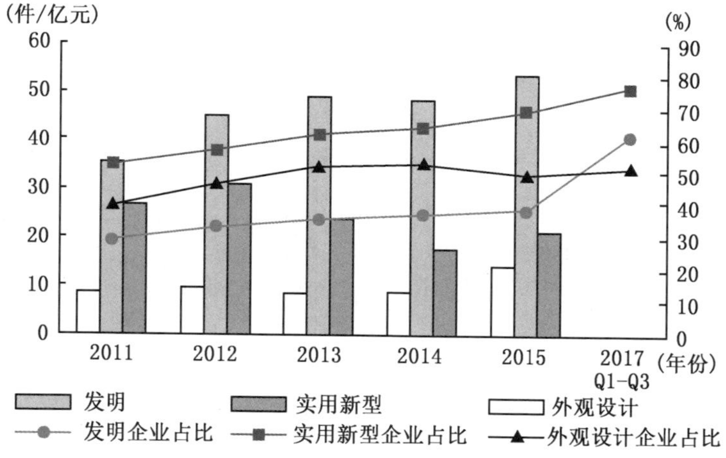


注:2017 年数据不包括非职务专利。

资料来源:根据 2011～2016 年《中国科技统计年鉴》以及国家知识产权局数据绘制。

**附图 1－51　2011～2017 年企业各类专利产出效率及占比**

益大于中型企业,大企业显示出更高的创新效率,但这一差距有缩小的趋势。2011 年,大型企业与中型企业每单位新产品研发经费所带来的新产品销售收入分别为 17 个单位和 11.5 个单位,两者差距为 5.5 个单位。2015 年,大型企业与中型企业每单位新产品研发经费所带来的新产品销售收入分别上升至 17.5 个单位和 13.1 个单位,两者之间的差距缩小为 4.4 个单位(见附图 1－52)。

## 2.3　我国内资企业创新能力分析

在本报告中,内资企业是指按注册登记类型分的内资企业,包括国有企业和私营企业,港澳台商投资企业包括港澳台商投资的全资企业以及与大陆企业的合资企业,外商投资企业包括外商投资的全资企业以及与大陆企业的合资企业。本部分主要对我国内资企业与港澳台企业以及外资企业的创新投入产出情况和效率进行对比分析。

### 2.3.1　内资企业研发强度低,研发规模较小

从研发投入强度看,内资企业研发投入小于港澳台商投资企业和外商

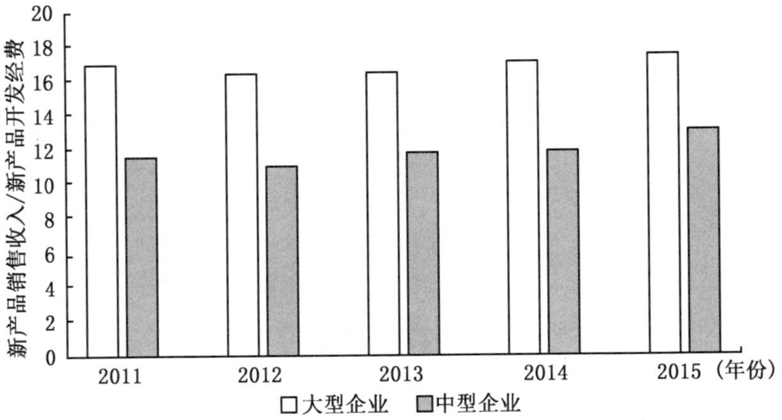


资料来源：根据 2011～2016 年《中国科技统计年鉴》数据绘制。

**附图 1－52　2011～2015 年不同规模企业新产品产出效率**

投资企业。同时，有产品或工艺创新的企业占比以及有研发机构的企业占比也少于港澳台商投资企业和外商投资企业。其中，在内资企业中，国有企业中有产品或工艺创新的企业占比以及研发强度高于私营企业，但有研发机构的企业占比低于私营企业。

2016 年，国有企业、外商企业以及港澳台资企业有产品或工艺创新的企业占比在 40％以上。2015 年，港澳台商以及外资企业研发强度为 0.98％和 0.91％，而国有企业和私营企业分别为 0.72％和 0.61％，内资企业研发强度远低于港澳台商以及外资企业。在研发机构方面则差距更大，2015 年，内资企业与港澳台商企业以及外资企业中有研发机构的企业占比差距在 5 个百分点以上(见附图 1－53)。

从研发项目规模上看，与港澳台商投资企业和外商投资企业相比，内资企业单个研发项目的资金投入和人员投入较少，项目规模较小。其中，国有企业项目规模较大，超过港澳台商企业以及外商企业，而私营企业项目规模较小。2016 年，国有企业项目经费规模和项目人员规模约为私营企业的两倍(见附图 1－54)。

## 2.3.2　内资企业自有创新资金投入较少

从创新资金来源看，与港澳台商投资企业和外商投资企业相比，内资企

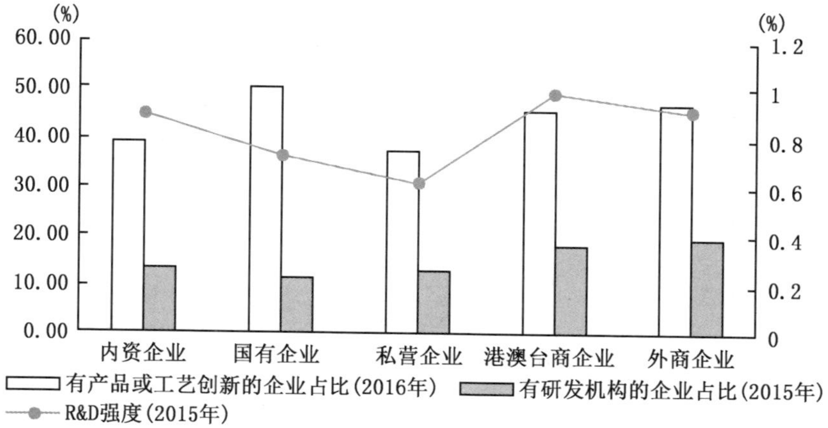


资料来源:根据2016年《中国科技统计年鉴》和2017年《中国统计年鉴》数据绘制。

**附图1—53　2015～2016年按登记注册类型分规模以上工业企业创新基本情况**

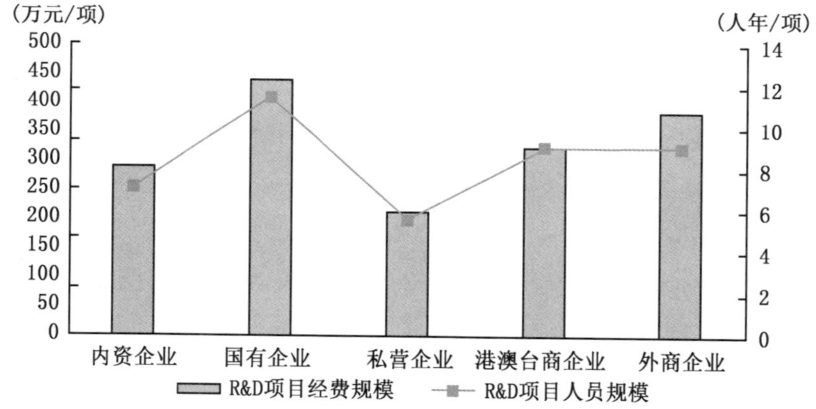


资料来源:根据2017年《中国统计年鉴》数据绘制。

**附图1—54　2016年按登记注册类型分规模以上工业企业R&D项目规模**

业资金来源较为多样化,政府资金明显高于港澳台商以及外资企业,而来源于企业内部资金占比相对较少。其中,国有企业来源于政府的资金占比约为私营企业的6倍。2015年,国有企业、私营企业、港澳台商企业以及外商企业中创新资金来源于企业资金的占比分别为86%、96%、96%、95%(见附图1—55)。

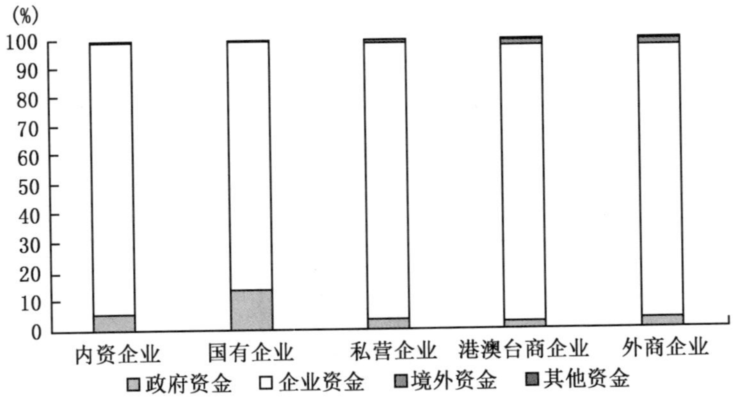


资料来源：根据2016年《中国科技统计年鉴》数据绘制。

**附图1—55　2015年按登记注册类型分规模以上工业企业R&D资金来源**

### 2.3.3　内资企业仪器设备支出较多，科技人员支出较少

从研发经费的使用情况看，与港澳台商投资企业和外商投资企业相比，内资企业的资本性支出占比较高，尤其仪器设备购买较多，而研发人员劳务支出占比相对较少，其中，私营企业仪器设备支出约为港澳台商以及外商企业的两倍。2015年，国有企业、私营企业、港澳台商企业以及外商企业用于人员劳务费支出的占比分别为26.2%、25.3%、33.4%和33.3%；用于仪器设备支出的比重则分别为8.75%、14.1%、8.58%和9.41%（见附图1—56）。

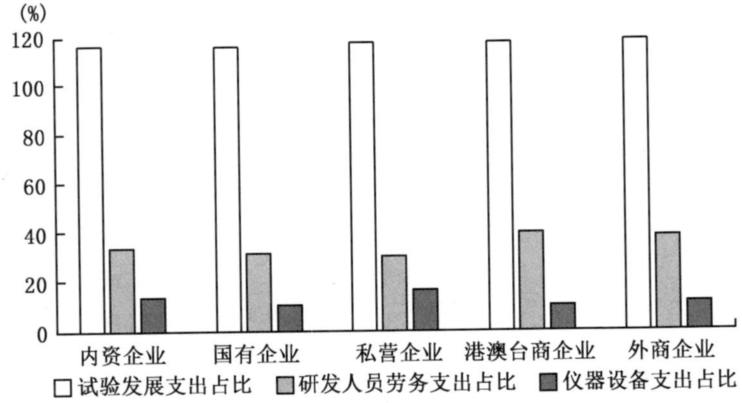


资料来源：根据2017年《中国统计年鉴》数据绘制。

**附图1—56　2015年按登记注册类型分规模以上工业企业R&D内部经费支出**

### 2.3.4　内资企业专利产出效率较高

从专利产出看，与港澳台商投资企业和外商投资企业相比，内资企业平均每单位研发经费投入的专利产出量较多。其中，国有企业每亿元研发经费申请的专利数和发明专利数均高于私营企业。从发明专利占比看，国有企业最高，而私营企业低于港澳台商企业以及外商企业。2016 年，国有企业、私营企业、港澳台商企业以及外商企业的发明专利申请占比分别为 49.56%、22.03%、37.17%和 42.11%（见附图 1—57）。

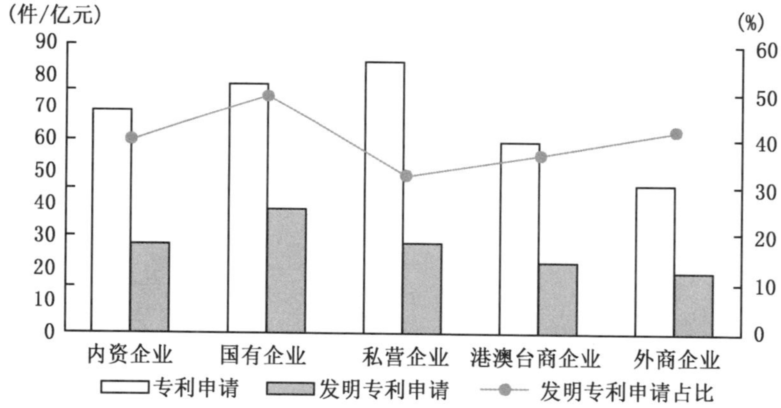


资料来源：根据 2017 年《中国统计年鉴》数据绘制。

**附图 1—57　2016 年按登记注册类型分规模以上工业企业专利情况**

### 2.3.5　内资企业新产品产出效率较低，利润率较低

从新产品产出看，与港澳台商投资企业和外商投资企业相比，内资企业每单位新产品研发投入所带来的新产品产出较低，新产品占总收入的比重较低，且企业利润率较低，出口占比较低，国际竞争力不强。其中，私营企业新产品开发效率，即每一单位新产品开发费用带来的新产品销售收入以及新产品销售收入占比均低于国有企业，但其出口比重与利润率高于国有企业。2016 年，国有企业、私营企业、港澳台商企业以及外商企业的新产品开发效率分别为 15.8%、13.1%、18.8%和 19.1%（见附图 1—58）。

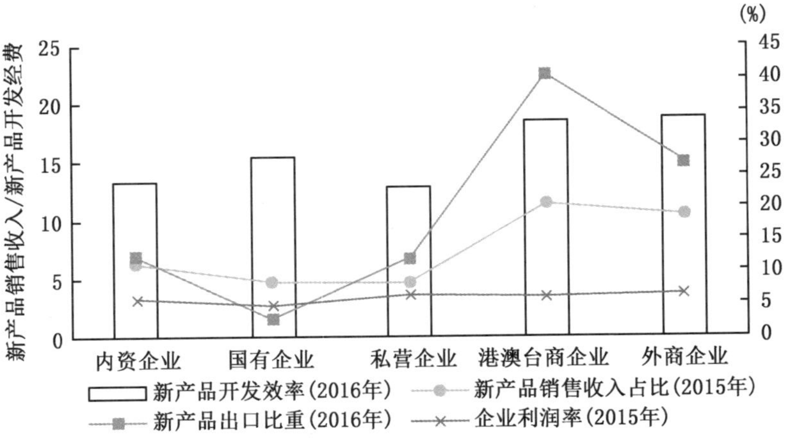


资料来源:根据2017年《中国统计年鉴》和2016年《中国科技统计年鉴》数据绘制。

**附图1—58　2015～2016年按登记注册类型分规模以上工业企业新产品产出情况**

# 3. 我国总体创新环境分析

## 3.1　创新的制度环境分析

本部分主要从制度环境和市场环境两个方面分析我国创新的制度环境。

### 3.1.1　创新政策环境

近年来,我国大力鼓励创新活动,在创新规划、创新制度、创新激励等方面都推出了诸多政策,创新政策环境良好,参见附表1—5。

附表 1－5　　**2010 年以来的国家科技政策(部分)**

| | | |
|---|---|---|
| 创新规划 | | 国家创新驱动发展战略纲要(2017－01－17)<br>国家“十三五”科学和技术发展规划(2016－07 )<br>国家中长期科学和技术发展规划纲要(2006－2020 年)<br>“十三五”国际科技创新合作专项规划(2017－05)<br>关于县域创新驱动发展的若干意见(2017－05) |
| 创新体制 | | 深化科技体制改革实施方案(2017－01)<br>关于深化体制机制改革加快实施创新驱动发展战略的若干意见(2017－01)<br>加强高等学校科技成果转移转化工作的若干意见(2017－01)<br>关于深化科技体制改革加快国家创新体系建设的意见(2012－09) |
| 创新服务 | | 关于建设大众创业万众创新示范基地的实施意见<br>进一步推进大众创业万众创新深入发展的意见(2017－07)<br>国家科技企业孵化器“十三五”发展规划(2017－06)<br>关于科技企业孵化器政策的通知(2017－01)<br>关于国家大学科技园政策的通知(2017－01)<br>关于推广中关村国家自主创新示范区试点政策有关问题的通知(2017－01)<br>关于鼓励科普事业发展进口政策的通知(2017－01)<br>关于发展众创空间推进大众创新创业的指导意见(2015－03)<br>关于将国家自主创新示范区有关试点政策推广到全国范围实施的通知(2015－11)<br>关于促进科技和金融结合加快实施自主创新战略的若干意见(2011－10)<br>关于创业投资企业和天使投资个人有关试点政策的通知(2017－05) |
| 创新激励 | 企业 | 关于提高科技型中小企业研究开发费用税前加计扣除比例的通知(2017－05)<br>“十三五”期间支持科技创新进口政策的通知(2017－01)<br>关于完善研究开发费用税前加计扣除政策的通知(2017－01)<br>关于进一步完善固定资产加速折旧企业所得税政策的通知(2015－11)<br>关于完善研究开发费用税前加计扣除政策的通知(2015－11)<br>关于高新技术企业境外所得适用税率及抵免问题的通知(2011－05)<br>国家中小企业公共服务示范平台(技术类)进口科技开发用品免征进口税的暂行规定(2011－11) |
| | 个人 | 关于完善股权激励和技术入股有关所得税政策的通知(2017－01)<br>关于高新技术企业职工教育经费税前扣除政策的通知(2017－01)<br>关于支持和鼓励事业单位专业技术人员创新创业的指导意见(2017－03)<br>扩大种业人才发展和科研成果权益改革试点的指导意见(2017－01)<br>国家科学技术奖励条例(2017－01)<br>关于深化科技奖励制度改革方案的通知(2017－06) |
| 其他 | | 关于深化人才发展体制机制改革的意见(2017－01)<br>国家中长期人才发展规划纲要(2010－2020 年)(2010－04)<br>“十三五”国家科技人才发展规划(2017－04)<br>进一步推动科技型中小企业创新发展的若干意见(2015－01)<br>高新技术强企业认定管理工作指引(2016－06－29) |

资料来源:根据相关资料制成。

1. 将创新作为国家战略,多层面推动创新

在创新规划上,2010 年以来,国务院和国家各部门先后出台了《国家创新驱动发展战略纲要》《国家“十三五”科学和技术发展规划》以及《国家中长期科学和技术发展规划纲要》等诸多纲领性文件,将创新作为国家战略,提升到前所未有的高度。强调科技创新是提高社会生产力和综合国力的战略

支撑，必须摆在国家发展全局的核心位置，并指出："创新驱动就是创新成为引领发展的第一动力，科技创新与制度创新、管理创新、商业模式创新、业态创新和文化创新相结合，推动发展方式向依靠持续的知识积累、技术进步和劳动力素质提升转变，促进经济向形态更高级、分工更精细、结构更合理的阶段演进。"①

2. 不断深化科技体制改革，加快创新发展

在创新制度上，2010 年以来，国家相继出台了《关于深化科技体制改革加快国家创新体系建设的意见》《关于科技企业孵化器政策的通知》以及《深化科技体制改革实施方案》等，加速我国科技体制机会的改革，激发创新活动，从而加快推进我国向创新型国家建设的步伐。并通过强化企业创新的主体地位、加强创新协同以及改革科技管理体制，提升创新能力和效率。《关于深化体制机制改革加快实施创新驱动发展战略的若干意见》具体指出，要从营造激励创新的公平竞争环境、建立技术创新市场导向机制、强化金融创新的功能、完善成果转化激励政策、构建高效的科研体系以及创新培养、用好和吸引人才机制、推动形成深度融合的开放创新局面以及各项创新政策协调的 9 个方面切实深化体制机制改革，加快创新发展。

3. 加强国家创新体系建设，并推进各类创新服务机构发展

在创新服务体系上，2010 年以来，国家相继出台了《关于建设大众创业万众创新示范基地的实施意见》《关于科技企业孵化器政策的通知》《关于推广中关村国家自主创新示范区试点政策有关问题的通知》以及《关于创业投资企业和天使投资个人有关试点政策的通知》等，从创新基地、孵化机构、创新资本等各方面推动国家创新体系建设，推进各类创新服务机构的发展和完善。一方面，通过鼓励建立包括孵化器、创客空间等企业孵化机构以及完善创业投融资机制降低创新创业的门槛和综合成本，推动创新创业的发展；另一方面，通过科技中介服务以及公共服务的改善提升企业创新效率，加快科技成果的转化，促进科技成果、专利在企业的推广应用。

4. 企业与科技人才创新激励并重

在创新激励上，近些年来，我国大力推动科技型中小企业创新，为企业

---

① 资料来源：《国家创新驱动发展战略纲要》。

创新提供各项税收优惠政策，同时对优秀的科技人才和科技成果进行奖励。

在企业创新激励政策方面，先后出台了《关于提高科技型中小企业研究开发费用税前加计扣除比例的通知》《“十三五”期间支持科技创新进口政策的通知》《关于完善研究开发费用税前加计扣除政策的通知》《关于进一步完善固定资产加速折旧企业所得税政策的通知（2015－11）》等一系列税收优惠政策，通过税收减免、加计扣除以及创新基金等方式为企业创新提供便利条件，减低企业创新成本。

在个人创新激励政策方面，先后出台了《关于完善股权激励和技术入股有关所得税政策的通知》《关于支持和鼓励事业单位专业技术人员创新创业的指导意见》以及《国家科学技术奖励条例》等政策，加大了对科技人员的创新激励力度。

除上述 4 个方面的政策外，近些年来，我国还出台了包括科技人才发展以及科技企业发展等诸多方面的政策。总体而言，在国家大力推动创新创业的情况下，我国创新政策环境良好。

### 3.1.2　创新的法律环境

与良好的创新政策环境相比，我国创新法律体系较为单薄，主要集中在知识产权保护、科技成果转化与科技普及方面。然而，知识产权及权益保护意识较为薄弱，创新成果保护法律体系尚有待完善。

1. 知识产权法律体系逐步完善

我国知识产权体系包括法律、行政法规、地方性法规、行政规章以及国际公约五个部分，我国知识产权法律体系正在不断完善。

在法律方面，1982 年以来，我国相继颁布实施了《中华人民共和国专利法》《中华人民共和国商标法》《中华人民共和国著作权法》《反不正当竞争法》《科学技术普及法》等，并颁布了配套的实施细则和司法解释。

在行政法规方面，我国先后颁发了《计算机软件保护条例》《集成电路布图设计保护条例》《著作权集体管理条例》《音像制品管理条例》《植物新品种保护条例》《知识产权海关保护条例》《特殊标志管理条例》等。

地方性法规和行政规章则是在法律和法规指导下制定的各项具体的条令条例以及规章制度等，如《山东省著作权保护条例》《著作权行政处罚实施办法》《计算机软件著作权登记办法》等。

在世界公约方面，我国加入了《建立世界知识产权组织公约》《保护工业产权巴黎公约》《保护文学艺术作品的伯尔尼公约》《世界版权公约》《商标国际注册马德里协定》和《专利合作条约》以及《与贸易有关的知识产权协定》等国际公约。

然而，由于我国知识产权保护起步较晚，至今才20多年，我国总体知识产权意识较为薄弱，侵权行为发生频繁。同时，由于不同部门以及不同地区的各项法律法规存在一定的差异，我国总体知识产权的法律环境仍然有待进一步完善。

2. 产权纠纷增加

近年来，随着知识产权意识的逐步增强，知识产权纠纷数量呈快速上升趋势。

2016年，人民法院新收知识产权民事、行政和刑事案件数量大幅增加，其中，一审案件152 072件，比2015年上升16.80%。其中，知识产权民事一审案件上升幅度最为明显，达到24.82%，且主要集中在著作权以及商标权案件上。2016年，地方各级人民法院共新收著作权案件86 989件，同比上升30.44%；新收商标案件27 185件，同比上升12.48%，两者合计占新收知识产权民事案件比重的83.6%。而技术合同案件快速上升，2016年新收2 401件，同比上升62.23%(见附图1—59)。

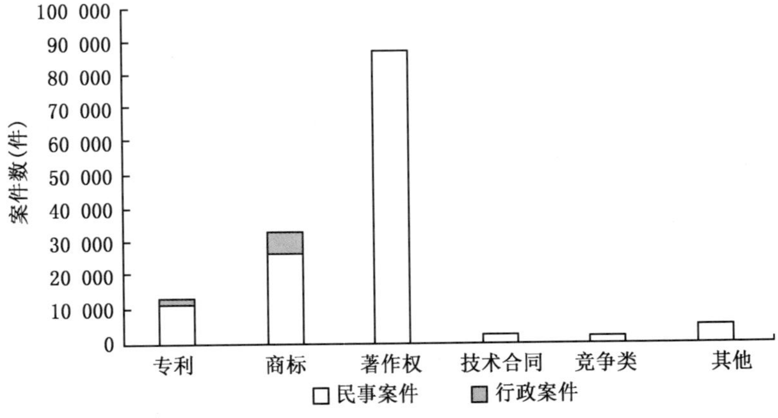


资料来源：根据2016年《中国法院知识产权司法保护状况数据》绘制。

**附图1—59　2016年地方各级人民法院共新收一审案件数**

从地区分布看，北京、上海、江苏、浙江、广东五省市法院收案数量维持高位运行态势，2016 年新收各类知识产权案件数合计 107 011 件，占全国法院的 70.37%。其中，广东、上海、山东、福建等地的新收各类知识产权案件数同比增速超过 20%。

3. 维权成本高，赔偿额度相对较低

近些年来，知识产权维权成本逐渐增高。一方面，侵权案件处理审理难度大，知识产权案件尤其是技术类案件涉及复杂技术事实认定，同时涉及高精尖技术的专利案件，涉及新技术合作开发、技术成果应用纠纷等技术类案件明显增加，大大增加了事实查明和分析判断的难度；许多侵权案的社会关注度高，案件事实复杂难辨，法律适用新奇特殊，如互联网著作权纠纷、北京"枭龙"商标行政纠纷案等，加大了审理和维权的难度。另一方面，高企的律师费和诉讼费增加了维权成本，而维权过程耗费时间较长，时间成本高，同时需要投入的精力和其他资源较大，维权成本上升。

虽然维权成本高，但相应的赔偿额度则相对较低。以专利侵权为例，美国专利法规定，专利权人在侵权认定成立后，对于自己的损失可寻求损害赔偿救济，其赔偿金额的计算方式包括利润损失和合理许可费，在实践中，美国通常按照合理许可费方式计算赔偿，以侵权产品的实际销售数量与法院确定的专利使用费率计算损害赔偿的数额。而我国专利法规定了四种专利侵权损害赔偿数额的计算方式，并且将"权利人因被侵权所受到的实际损失"作为专利侵权损害赔偿计算方式的第一选择，在立法上给予实际损失优先使用性，只有在其难以确定时，才考虑按照"侵权获利"确定赔偿数额，在实践中，我国法院的判决主要依据侵权产品的实际销售数量与每件专利产品的合理利润之积计算原告因侵权受到的实际损失，很少按照许可费方式进行赔偿。

从实际赔偿数量看，北京知识产权法院在专利侵权、商标侵权案件领域做出的最高判赔金额为告经济损失和合理支出 4 900 万元，中南财经政法大学知识产权研究中心研究表明，在我国 2008～2013 年专利权侵权案件中，法定赔偿的平均赔偿额为 8 万元，非依法定赔偿额平均为 15 万元，其中，97%的专利侵权案件采取法定赔偿。而美国专利侵权判赔金最高纪录为 25.4 亿元，据普华永道报告显示，1995～2013 年美国专利侵权判赔平均数额为 550 万美元。

## 3.2　创新市场环境分析

本部分主要从基础设施环境、技术市场环境以及金融环境分析我国创新的市场环境。

### 3.2.1　基础设施环境

1. 交通基础设施日趋完善

近些年来，随着基础设施建设步伐的加快，我国交通状况日益改进，公路、铁路以及航空运输快速增长。其中，铁路电气化里程 2015 年快速上升。2016 年，我国铁路营业里程、内河航道里程、公路里程以及定期航班线里程数分别为 12.4 万公里、12.7 万公里、469.6 万公里以及 634.8 万公里，除内河航道里程外，其余里程数均较上年有一定幅度增长，我国交通基础设施持续改善（见附图 1－60）。

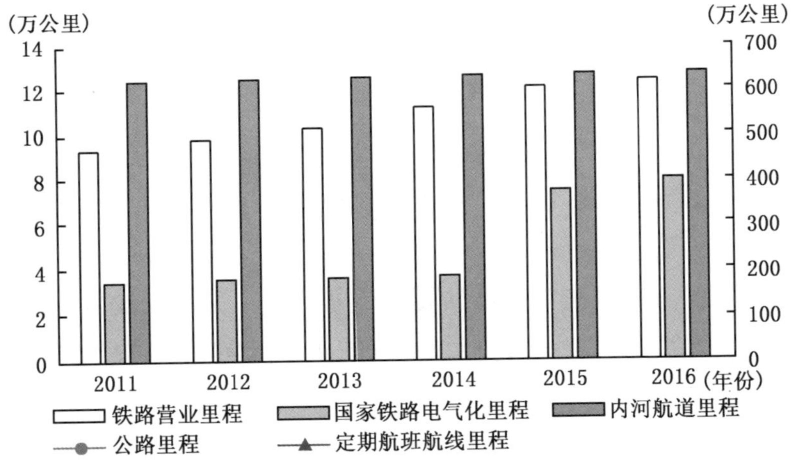


资料来源：根据 2012～2017 年《中国统计年鉴数据》绘制。

**附图 1－60　2011～2016 年我国运输里程数**

2. 信息化水平日益提高

新一代信息技术由于其应用的广泛性以及对社会生活与生产的巨大而

深入的影响，信息技术以及信息化水平的发展已经成为新基础设施。

近年来，我国信息技术水平快速增长。据中国互联网络信息中心(CNNIC)的《国家信息化发展评价报告》显示，2016 年，在包括网络基础设施就绪度、产业与技术创新指数、应用效益指数以及可持续发展指数在内的信息化发展指数中，我国总得分为 72.8 分，低于最高的美国 11.3 分，全球信息化排名 25，较上年上升了 6 位(见附图 1—61)。

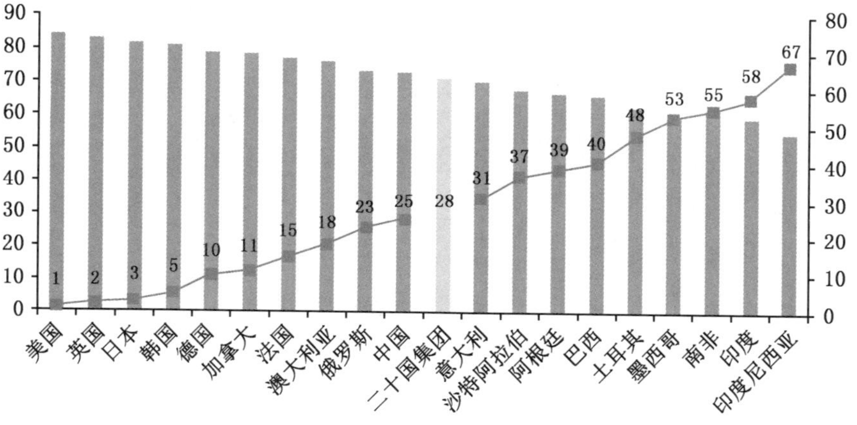


资料来源:《国家信息化发展评价报告(2016)》。

**附图 1—61　2016 年“二十国集团”国家信息化发展总指数对比**

从各省市看，北京、上海、广东、浙江、江苏、福建、山东和天津等东部省市始终居于我国信息化发展的领先位置，而西部地区相对落后。

### 3.2.2　技术市场环境

1. 技术市场快速发展

近年来，我国技术市场快速发展，技术市场成交额稳步上升，但增速波动幅度较大。其中，技术开发与技术服务市场最为活跃，两者合计占我国技术市场成交额的 80%以上，而技术转让以及技术咨询市场相对低迷。2016 年，我国技术市场合同达成 320 437 份，成交额首次超过万亿元，达到 11 407 亿元，比上年增长了 15.97%。2017 年上半年，全国共签订技术合同 113 807 项，成交金额 4 073.3 亿元，同比增长 20.7%。在四类合同构成中，技术服务合同占比最大，成交金额为 2 070.9 亿元，同比增长

19.8%；技术开发合同增速最快，2017年上半年成交金额为1 377.2亿元，同比增速高达31.5%；而技术转让合同与技术咨询合同成交金额分别为499.3亿元和125.9亿元，其中，技术咨询合同成交金额出现负增长（见附图1—62）。

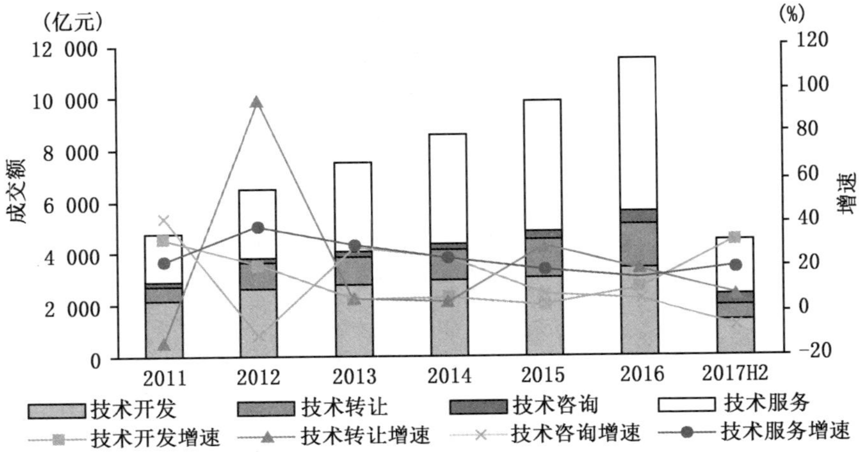


资料来源：《国家信息化发展评价报告(2016)》。

**附图1—62　2011～2017年我国技术市场成交情况**

按技术领域统计，成交金额居前三位的是电子信息、城市建设与社会发展和现代交通领域。2017年上半年，其成交金额分别为1 386.4亿元、746.3亿元和492.6亿元。农业技术领域增幅明显，成交金额为120.9亿元，增长86.8%。

从交易主体看，技术交易主体仍以企业为主。2017年上半年，企业法人输出79 837项，成交额3 637.2亿元，占各类主体总输出额的89.3%。而科研机构和高等院校输出额分别占比6.5%以及2.1%，其中，高等院校输出额出现负增长。

2. 科技服务日益完善

一方面，我国科技服务产业较快增长，近年来年均增速接近20%。2015年底，全国纳入火炬计划统计的孵化器达2 530家，其中国家级孵化器736家，从业人员近4.3万人，孵化面积超过8 600万平方米。2011～2015年，累计毕业企业数量从39 562家上升为74 838家，呈不断增长态势。于此同时，众创空间迅猛发展，2015 年火炬调研数据显示，全国已建成各类众创空间 2 300 余家(经科技部备案 498 家)，生产力促进中心数量也已超过 200 家，并且总数在不断增加中。

另一方面，在政府创业投资引导基金、科技成果转化引导基金等各类母基金引导下，各类孵化器积极设置子基金，为在孵企业提供创业投融资服务。2016 年，国家科技成果转化引导基金累计设立 9 只子基金，资金总规模 173.5 亿元。

### 3.2.3　金融环境

近年来，我国创业投资类金融机构数量快速增长。2015 年，中国创业投资类机构数达到 1 775 家，较 2014 年增长 14.4%。全国创业投资管理资本总量达到 6 653.3 亿元，占 GDP 总量的 0.96%，较 2014 年增长 31.7%。全国创业风险投资机构累计投资项目数达到 17 376 项，其中投资高新技术企业项目数 8 047 项，占 46.3%(见附表 1—6)。

从地区分布上看，创业投资机构集中在江苏、浙江、北京、上海、广东等经济发达地区，2015 年，这些地区的风险投资机构数量达到 1 130 家，占全国总量的 3.7%。

附表 1—6　　2006～2015 年中国创业风险投资机构总量、增量

| 项目＼年份 | 2006 | 2007 | 2008 | 2009 | 2010 | 2011 | 2012 | 2013 | 2014 | 2015 |
| --- | --- | --- | --- | --- | --- | --- | --- | --- | --- | --- |
| 现存的 VC 机构(家) | 345 | 383 | 464 | 576 | 867 | 1 096 | 1 183 | 1 408 | 1 551 | 1 775 |
| ＃VC 基金(家) | 312 | 331 | 410 | 495 | 720 | 860 | 942 | 1 095 | 1 167 | 1 311 |
| ＃VC 管理机构(家) | 33 | 52 | 54 | 81 | 147 | 236 | 241 | 313 | 384 | 464 |
| VC 机构增长(%) | 8.2 | 11.0 | 21.1 | 24.1 | 50.5 | 26.4 | 7.9 | 19.0 | 10.2 | 14.4 |

资料来源：科技部网站。

## 3.3 创新人才培养

本部分从科普教育、劳动力受教育程度以及科技从业人员情况三个方面分析我国创新人才环境。

### 3.3.1 科普教育逐年推进，普及率较低，资源较为紧张

近年来，我国科普教育稳步推进，大众科学素养有所提高。科技馆数量、科技馆参观人次、科普图书出版册数以及科普活动参加人次呈持续增长态势。2015 年，我国科技馆数量由 2011 年的 335 个增长至 444 个，6 年间增长了 32.5%；科技馆参观达到 4 695 万人次，比上年增长了 12%；科普图书则出现较快增长，2015 年比 2010 年增长了 106%，达到 13 491 万册（见附表 1—7）。

**附表 1—7　　2006～2015 年中国科普状况一览**

| 年份 | 科普专职人员（人） | 科技馆数量（个） | 科技馆参观（万人次） | 科普经费筹集（万元） | 科普图书出版（万册） | 科普活动参加（万人次） |
|---|---|---|---|---|---|---|
| 2010 | 223 413 | 335 | 3 044 | 995 157 | 6 520 | 10 795 |
| 2011 | 224 162 | 357 | 3 374 | 1 052 977 | 5 696 | 11 130 |
| 2012 | 231 086 | 364 | 3 422 | 1 228 827 | 6 571 | 13 909 |
| 2013 | 242 276 | 380 | 3 734 | 1 321 902 | 8 860 | 10 582 |
| 2014 | 234 982 | 409 | 4 192 | 1 500 290 | 6 160 | 15 726 |
| 2015 | 221 511 | 444 | 4 695 | 1 412 010 | 13 491 | 15 753 |

资料来源：根据 2011～2016 年《中国科技统计年鉴》数据制成。

然而，总体而言，我国科普教育普及率仍然较低。2015 年全年参加科普活动仅 15 753 万次，我国平均每人参加科普活动次数仅 0.1 次。此外，科普资源相对紧张，近 6 年来，科普专职人员和科普经费筹集增长较为缓慢，2015 年，两者均为负增长（见附表 1—7）。

从长远来看，科普教育的缓慢发展不利于我国创新人才的培育。

### 3.3.2 劳动力平均受教育程度不断提高

从劳动力受教育程度看,近年来,我国劳动力平均受教育程度不断上升,其中,高等教育程度劳动力占比不断上升,而文化程度为高中(包括中等职业教育和高等职业教育)的劳动力占比基本保持不变。

2015 年,劳动力中高等教育程度占比由 2010 年的 10.1%上升至 17.4%,上升了 7 个百分点。而初中及以下劳动力占比则由 2010 年的 76.1%下降至 2015 年的 63.9%(见附图 1—63)。

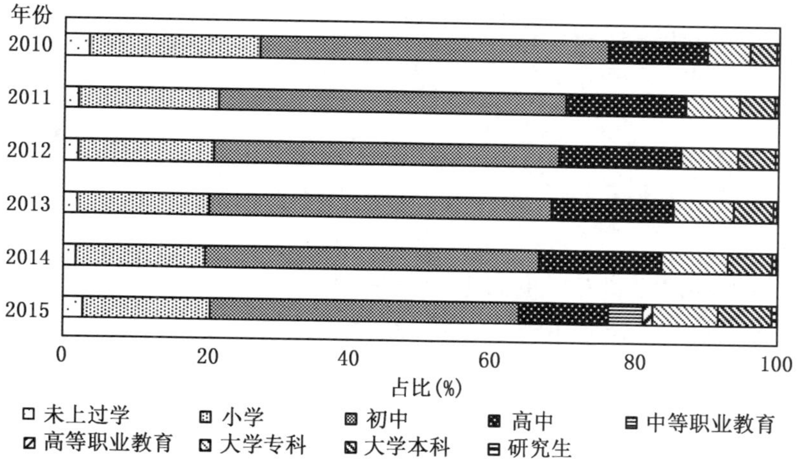


资料来源:根据 2011～2016 年《中国劳动统计年鉴》数据绘制。

**附图 1—63 2010～2015 年我国劳动力受教育程度构成**

随着对教育重视程度的日益加深,我国劳动力平均受教育程度还将进一步提高。这为创新驱动产业发展提供了有利的条件。

### 3.3.3 科技从业人员持续增长,增速加速下降

从直接从事科技事业的人员数量看,近年来,我国科研人员数量持续增长,但增速呈快速下降态势。

2015 年,我国科研人员数为 548.3 万人,比 2010 年增加了 194.1 万人,增长了 54.8%。然而,我国研发人员增速呈快速下降态势,由 2012 年最高的 14.9%下降至 2015 年的 2.4%(见附图 1—64)。近年来,与快速增长的

研发经费投入以及研发成果相比，我国研发人员增速较低，未来研发人员可能存在较大缺口。

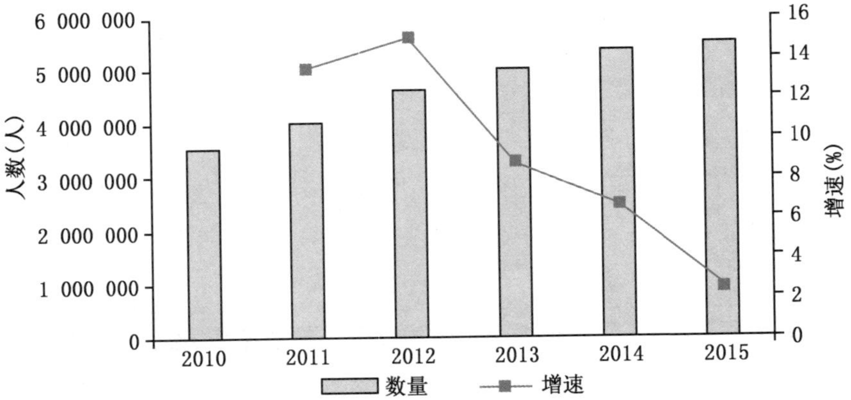


资料来源：根据 2011～2016 年《中国劳动统计年鉴》数据绘制。

**附图 1—64　2010～2015 年我国科研人员数量及增速**

受高等教育劳动力比重的上升与科研人员增速持续下降显示，科研行业的人才吸引力正逐步下降。在这种情况下，加快探索科学有效的体制机制，激发科研人员创新积极性，提升科研行业的人才竞争力，对我国创新驱动型社会的发展具有十分重要的意义。

据国家统计局社科文司《中国创新指数研究》课题组测算，近年来，我国创新环境持续改善，创新投入指数快速增长。但总体而言，目前我国创新环境仍然有待进一步改善。

2005～2016 年，我国创新环境指数滞后于我国创新指数的发展，2016 年略低于创新指数，但总体增长还不错，由 2005 年的 100 增长至 2016 年的 172。在构成创新环境指数的各类分指数中，经济活动人口中大专以上学历人数指数与人均 GDP 指数增速最快，2016 年分别增长至 237.3 和 253.7。而享受加计扣除减免税企业所占比重指数增速较快，尤其自 2014 年以来，增速在所有指数中最高，2016 年该指数达到 175.8，略高于创新环境指数。而信息化指数以及科技拨款占财政拨款的比重数增速则均低于创新环境指数增速，后者增速尤其缓慢，2016 年仅为 105（见附图 1—65）。

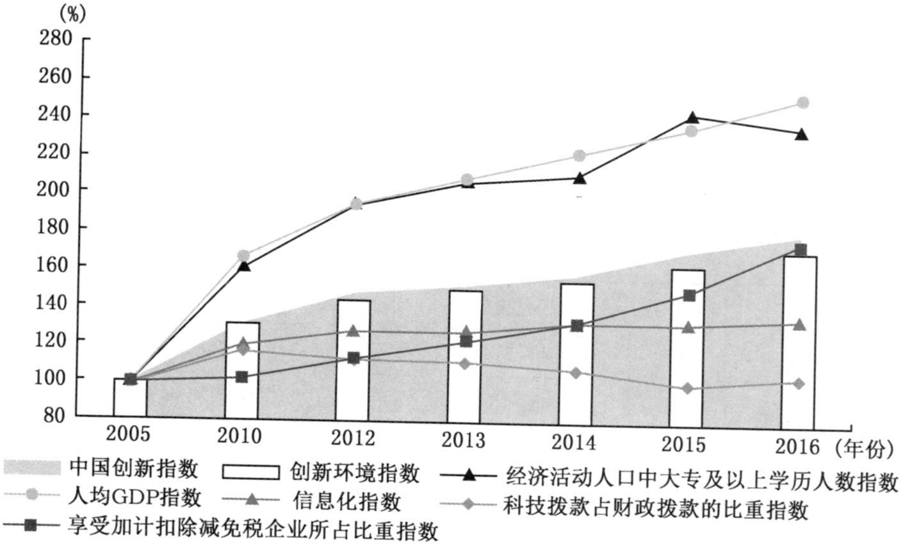


资料来源：根据国家统计局数据绘制。

附图 1—65　2005～2016 年中国创新环境指数

# 4. 我国“大众创业、万众创新”发展战略推进情况分析

本部分主要分析近年来我国双创“大众创业、万众创新”创新驱动发展战略的推进举措和推进效果。

## 4.1 “双创”推进举措

2012 年，国务院 6 号文发布了首个与创新创业相关的文件，并在 2015 年 32 号文中正式提出要大力推进“大众创业、万众创新”。

### 4.1.1 中央政府“双创”推进举措

2012～2017年，国务院共发布与创新创业相关的各项文件49份，发改委、财政部、科技部等16部委也发布了相应的文件，总计250余份（见附表1—8）。

附表1—8 中央“双创”政策汇总

| 发文机构 | 文件数 | 发文机构 | 文件数 | 发文机构 | 文件数 |
|---|---|---|---|---|---|
| 国务院 | 49 | 科技部 | 13 | 审计署 | 2 |
| 发改委 | 10 | 教育部 | 6 | 中国人民银行 | 13 |
| 工业和信息化部 | 16 | 文化部 | 2 | 银监会 | 32 |
| 商务部 | 10 | 税务总局 | 29 | 证监会 | 15 |
| 农业部 | 14 | 工商总局 | 30 | 保监会 | 11 |
| 财政部 | 41 | 人力资源社会保障部 | 12 | | |

资料来源：根据公开资料整理制成。

中央发布的各项双创推动举措主要集中在以下几个方面。

1. 促进企业创新

企业是创新的主体，在推进创新驱动发展战略过程中，中央主要从以下几个方面促进企业创新。

一是引导企业加大创新投入。包括：①加大对国有企业技术创新经营绩效的考核制度；②加大专项资金对科技项目的支持力度以及加强国家科技奖励对企业技术创新的引导激励；③继续推行对企业研发费用税前加计扣除和研发设备加速折旧以及其他相关税收优惠等。

二是促进科技型中小企业发展。包括：①通过专项资金（包括国家中小企业发展专项资金、中小企业技术改造资金、科技型中小企业创业投资引导基金等）支持中小企业技术创新和升级改造；②强化各项目计划（包括火炬计划、星火计划、国家重点新产品计划、新兴产业创投计划、中小企业创新能力建设计划等）引导支持中小企业创新；③完善科技型中小企业及高技术企业认定，落实各项税收优化政策等。

三是发展技术创新联盟与合作创新。包括：①以企业为主导，建立产业技术创新战略联盟以及产业共性技术研发基地；②鼓励科研院所和高等学校与企业共建研发机构，共建学科专业，实施合作项目；③鼓励企业开展国际创新合作等。

2. 鼓励大众创业

创业与创新紧密相连，在推进创新驱动发展战略过程中，中央主要从以下几个方面鼓励大众创业。

一是鼓励高教育水平人员创业。其措施包括：①鼓励科研人员，建立健全双向流动机制；②支持大学生创业，实施大学生创业计划，提供创业基金支持；③鼓励境外人才以及留学回国高端人才创业，提供创业启动资金与相关社会保障。

二是拓展创业渠道。其措施包括：①鼓励电子商务、云计算等新兴产业创业，降低准入门槛，提供相关税收优惠政策；②支持返乡人员围绕休闲农业、农产品深加工、乡村旅游、农村服务业等开展创业；③完善基础创业支撑服务，完善跨区域创业转移接续制度等。

3. 扩宽企业融资渠道

资金是开展创新创业活动的血液，也是创新活动开展的必要资源。中央主要从以下几个方面拓宽企业融资渠道。

一是加快推进面向创业企业的资本市场建设。其措施包括：①完善创业板、新三板以及中小板规则；②推进全国中心企业股份转让系统向创新板转板；③规范区域性股权市场的发展等。

二是加大对创新企业的融资支持。其措施包括：①鼓励符合条件的企业上市或通过债券市场融资；②加大对创新性企业上市融资及再融资以及市场化并购重组的支持力度；③加大政策性银行、商业银行对企业创新资金的信贷支持等。

三是鼓励各类资本参与创投。其措施包括：①完善信息产业创业投融资政策体系、市场体系和法律体系；②推动创投行业协会建立；③设立创投引导基金；④对符合条件的天使投资、创业投资企业提供税收优惠政策；⑤发展国有资本创业投资；⑥鼓励外资开展创业投资业务等。

四是鼓励金融服务的发展。其措施包括：①探索创业融资新模式；②鼓励银行等金融机构为创业企业及中小企业提供一站式系统化金融服务；③支持知识产权金融发展；④完善质押融资、金融担保制度等。

4. 促进创新服务业发展

创新服务业包括各项中介服务以及各类创新发展平台等，对于构建良好的生态以及促进创新创业有十分重要的作用，中央主要从以下几个方面促进创新服务业发展。

一是加快创新服务平台的发展。其措施包括：①打造创新创业公共服务平台，提升各类信息以及创新创业政策透明度；②加快自主创新示范基地建设、扩大试点范围；③大力发展创新工场、车库咖啡等新型孵化器以及创客空间的发展；④落实各项补贴与税收优惠政策，鼓励在不影响市场公平的前提下对众创空间等孵化机构的办公用房、用水、用能、网络等软硬件设施给予适当优惠，对符合条件的孵化器以及创客空间等适用科技企业孵化器的税收优惠政策等。

二是大力发展专业服务业。其措施包括：①加快发展技术转移和产业化服务体系，促进科技成果转化；②通过财政资金引导加快企业发展研究开发服务、技术转移服务、检验检测认证服务、创业孵化服务、知识产权服务、科技咨询服务、科技金融服务、科技普及服务等第三方服务，丰富服务业态；③研究探索公共服务新模式，提高专业化服务能力和网络化协同水平等。

5. 加强人才队伍建设

人才是开展创新创业活动的基础，也是创新的主要动力源。中央主要从以下几个方面加强人才队伍建设。

一是引进海外高层次人才。其措施包括：①通过在海外高层次人才引进计划、创新人才推进计划等人才工程持续引进海外高层次人才以及留学归国人员；②放宽签证、永久居留等条件；③完善配偶就业、子女入学、医疗等各项保障措施等。

二是加强专业技术人才与高技能人才培育。其措施有通过教育体系、人才评价体系等的优化加速人才队伍建设，培养领军人才等。

三是鼓励人才流动和人才激励。其措施包括：①通过推进社会保障制度改革，破除人才自由流动制度障碍，鼓励科技人员流动；②通过晋升、奖金等加强对有贡献的科技人才进行奖励等。

6. 改革管理体制机制

创新管理体制机制改革的主要目的是提高创新效率。中央主要从以下几个方面改革管理体制机制。

一是简化审批管理流程。其措施包括:①通过建立市场准入负面清单降低准入门槛;②改革工商登记管理程序,简化审批流程,为创业创新提供便利的工商登记服务。

二是促进科技资源开放共享。其措施包括:①规范统计口径,推动各类信息共享;②鼓励科研院所、高等学校、企业的科研设施和仪器设备等科技资源向社会开放,促进科技资源优化配置和高效利用;③建立科技基础设施、大型科研仪器和专利信息资源向全社会开放的长效机制;④支持有条件的地区先试先行发展创新创业区域平台,通过各项政策措施盘活各类闲置用房等。

三是塑造公平竞争环境。其措施包括:①加强对垄断和不正当竞争行为的打击力度,消除不利于创业创新发展的垄断协议和不正当竞争行为;②建立规范企业信用发布和公平竞争审查机制,促进信息公开,建立统一透明、有序规范的市场环境。

四是加强知识产权保护。其措施包括:①开展集专利快速审查、快速确权、快速维权于一体的一站式综合服务;②建立健全全国知识产权运营公共服务平台、知识产权快速维权与维权援助机制,减少维权成本;③探索惩罚性赔偿机制,加大处罚力度,加强知识长期保护等。

### 4.1.2　地方"双创"推进举措

自中央提出创新驱动发展以来,各地方政府纷纷响应。2012～2017年,各地方政府累计出台了各项文件350余份(见附表1—9)。

**附表1—9**　　地方"双创"政策汇总

| 地区 | 文件数 | 地区 | 文件数 | 地区 | 文件数 | 地区 | 文件数 |
|---|---|---|---|---|---|---|---|
| 北京 | 14 | 上海 | 22 | 湖北 | 6 | 云南 | 2 |
| 天津 | 12 | 江苏 | 23 | 湖南 | 2 | 西藏 | 1 |
| 河北 | 13 | 浙江 | 18 | 广东 | 20 | 陕西 | 9 |
| 山西 | 12 | 安徽 | 30 | 广西 | 11 | 甘肃 | 8 |
| 内蒙古 | 8 | 福建 | 18 | 海南 | 28 | 青海 | 11 |

续表

| 地区 | 文件数 | 地区 | 文件数 | 地区 | 文件数 | 地区 | 文件数 |
|---|---|---|---|---|---|---|---|
| 辽宁 | 11 | 江西 | 12 | 重庆 | 15 | 宁夏 | 60 |
| 吉林 | 6 | 山东 | 34 | 四川 | 15 | 新疆 | 4 |
| 黑龙江 | 19 | 河南 | 6 | 贵州 | 2 | 新疆建设兵团 | 3 |

注：各地区文件数为省/直辖市发文数，不包括地级市和园区文件数。

资料来源：根据公开资料整理制成。

地方推进举措表现出如下几个方面的特点。

1. 地区推进力度差异明显

从政策文件出台数量看，各地区存在明显差异。总体而言，东部地区政策出台较为密集，推进力度较强。其中，宁夏出台文件数最多，在2015～2016年密集出台了60份文件，从各个方面推进"双创工作"。其次为山东、安徽、海南、江苏、上海和广东，出台文件数均在20份以上。

从推进措施所涉及的部门看，各地区同样差异明显。不少中西部地区，如云南、西藏、甘肃等地基本采用中央出台的各项推进政策措施与优惠政策，地方性特色"双创"推进措施较少。而北京、黑龙江、安徽、福建、广东、海南等地区不仅省级层面的各个部门出台了相应的具体推进措施，其园区、地级市也纷纷出台了各项措施，其中，广东省广州、深圳两市共计推出市级文件40余份。

2. 地区推进时间有所不同

从政策文件出台时间看，2015年为政策出台较为密集的年份，各地区"双创"推进举措约90%以上均在2015年出台。

相较于中西部地区，北京、天津、山东、江苏、上海、黑龙江、广东、海南等东部地区"双创"推进措施较早，延续时间较长。其中，广东省深圳市最早在2010年开始推出创新奖励和创新人才激励办法。而其他中西部地区则基本在2015年才开始推动。

3. 地区推进措施各有侧重

从具体推进举措看，各地区推进重点存在较大差异。

东部地区中，北京主要推进中关村自主创新示范区建设以及创新中心建设和资源共享。天津重点推进创客空间建设以及加大科技型中小企业和高技术企业补贴。河北则重点推进就业和创业工作开展。上海注重推行科技成果转化以及创新金融体系发展。江苏则重视电子商务、文化创意产业等新兴产业创业以及金融业健康发展。浙江同样关注于电子商务等新兴产业以及创新服务业的发展。山东重点推行创业贴息、免税以及中小微企业补贴和优惠等工作。福建则重视人才引进以及创业企业发展。广东则重视创新人才和科技奖励以及创业工作开展。海南则重视中小企业、互联网等新兴产业发展以及促进创业。

中部地区中,山西则注重创业工作开展以及小微企业发展。安徽着力推动各项体制机制改革以及创业工作开展。河南则将为重视科技创投以及体制机制改革。江西关注高校就业创业以及互联网相关产业发展。湖北重点推进科技创业。湖南则主要推动创客空间发展。

西部地区中,内蒙古主要推动体制机制改革,广西重视创客空间与孵化器发展以及体制机制改革,重庆重视小微企业发展以及高校创新创业。四川重点推进农民创业。贵州重视农民返乡就业。云南则重视众创空间以及农民创业。陕西较为重视创业就业工作。甘肃重视科技服务业发展与就业创业工作。青海重视创业创投工作。宁夏着力推动体制机制改革与人才引进。

东北地区中,辽宁主要推动创业工作开展以及创新成果转化。黑龙江主要推动全民创业、科技资源共享以及体制机制改革。吉林省则对农民创业及就业工作较为重视。

## 4.2 “双创”推进效果分析

### 4.2.1 市场主体数量显著增长,带动就业明显增加

国家信息网数据显示,2016 年,全国新登记市场主体 1 651.3 万户,同比增长 11.6%,其中企业 552.8 万户,增长 24.5%,日均新增 1.51 万户。其中,战略性新兴产业和现代服务业新创办企业数快速增长。2016 年前 11 个月,信息传输、软件和信息技术服务业新登记企业同比增长 31.3%,交通

运输、仓储和邮政业同比大幅增长 129.4%，明显快于全国平均水平[①]。

与此同时，新兴产业和现代服务业带动就业快速增加。《2016 年中国大众创业万众创新发展报告》相关数据显示，2016 年仅互联网分享经济市场所提供的劳动岗位就超过 5 000 万人，约占劳动人口总数的 5.5%。2016 年专车共享、教育、娱乐、医疗保健等领域用工需求同比均保持两位数增长。

### 4.2.2 创客空间蓬勃发展

在"双创"战略推动下，我国创客空间快速发展，数量和质量全面提升。据科技部数据显示，截至 2016 年底，我国众创空间数量已达 4 298 家，众创空间共服务创业团队和初创企业近 40 万家，带动就业超过 180 万人，覆盖了全国所有省份。

随着创客空间的蓬勃发展，其在帮助创业企业融资、开展创新活动等方面发挥了重大作用。2016 年众创空间帮助 1.5 万个团队和企业获得投资，总额约 539.6 亿元，其中民间社会资本投资 444.6 亿元，众创空间自身投资约 78.8 亿元，培育上市挂牌企业近 1 000 家。众创空间为 4.9 万家常驻的企业和团队提供了技术支持服务，常驻团队和企业目前共拥有有效知识产权 7.9 万项，其中发明专利约 1.8 万项。

### 4.2.3 双创基地建设成效初显

截至 2016 年 12 月底，中央企业已搭建各类双创平台 409 个，比 2015 年增长 66%，制定印发各类双创制度 145 个，设立或参与创业投资基金 67 只。

目前，我国 2016 年批准建设的首批 28 个"双创"示范基地取得了良好成效，打造了中关村、深圳湾等一批"双创"高地，并树立了航天云网、海尔集团、阿里巴巴等创新创业龙头企业品牌，同时积极探索"基地＋基金""园区＋资本""五位一体创业教育"等"双创"制度模式。

### 4.2.4 各类创新成果不断涌现

自 2015 年推动"双创"战略以来，我国创新成果不断涌现。2016 年我

---

① 数据来源：http://www.sic.gov.cn/News/541/7602.htm。

国专利申请 346.5 万件，较上年增长 23.8%。涌现出一大批优秀创新成果。涵盖优秀创业企业、专利、新产品、工艺流程、产业化项目、创新服务平台等各个方面。如七色美粮、中核集团的“华龙一号”、中天水土资源生态开发有限公司的“利用暗管技术改良盐碱地项目”、政和的“创业创新服务云平台”“转塔式数控加工中心生产线”等。

## 5. 报告分析的基本结论

随着我国产业结构的深入调整，我国正处于从“要素驱动”向“创新驱动”转变的阶段。本报告从我国创新投入产出的总体状况、创新投入产出的结构、创新环境以及“双创”战略推动情况等方面进行分析，希望可以对我国近些年来产业发展的创新成效有一个比较准确的判断。

### 5.1 创新驱动产业发展趋势明显，创新成果与效率在提升

总体而言，目前我国创新投入力度明显增强，创新投入指数快速增长，研发经费与研发人员保持较快增长，研发强度不断上升，基础研究投入增加，企业创新对外部依赖有所降低，创新效率有所提升。创新成果不断增加，专利数量与质量有所提升，高水平科技论文数量不断增长，新产品产出与出口稳步增长，高技术产业为工业增长提供新动力，创新产出指数稳步提升，新产品投入产出效率有所增长，科技进步贡献率稳步上升推动了我国产业结构的持续改善。但仔细分析可以看到：近年来我国的科技成果转化效率无明显提高，企业利润情况未见改善，创新成效指数增长相对缓慢。

### 5.2 创新投入产出结构发生变化，地区差异明显

从我国创新投入地区结构来看，地区创新投入和产出差异明显，东部地区投入高。从创新投入主体结构来看，企业为创新投入的主力，产学研各创新主体研发投入类型各有侧重，合作创新不密切。从创新投入行业结构来看，企业研发投入主要集中在制造业上，其中高新技术产业占比较高；研发机构则主要服务于高技术服务业、农林牧渔业、卫生服务业以及制造业；高校研发投入集中于工科领域。从企业创新投入结构看，有研发活动的企业

数不断上升，大企业成为创新的主力。

从我国创新产出及效果的地区结构看，地区专利产出效率和质量差异明显，东部地区专利产出高，创新效率高。从创新产出主体结构来看，各主体专利创新产出各有侧重，企业以实用新型为主，研发机构和高校发明和使用新型并重。从创新产出及效果的行业结构来看，发明专利产出集中在化工、物理和电学领域；企业专利产出和新产品产出集中在计算机行业，但专利成果以及新产品产出的增加并未带来利润的增长；科技论文则主要集中在医学以及计算机领域。从企业创新产出结构看，企业创新效率逐步提高，其中，大企业表现出更高的投入产出效率。

## 5.3 本土企业产业创新能力比较弱，新产品竞争力不强

从不同注册类型企业创新投入产出情况看，内资企业创新能力依然薄弱。内资企业研发投入相对较少，在支出结构中机器设备购置支出较高，专利产出效率较高，但新产品产出效率以及利润率较低。其中，国有企业研发投入较高，专利产出数量较多，但企业利润率较低。

## 5.4 创新环境有待改善

近年来，我国创新环境持续向好，但总体而言，目前我国创新环境仍然有待进一步改善。创新政策扶持力度大，知识产权法律体系逐步完善，但知识产权纠纷增加，维权成本高企。创新发展的基础设施环境、技术市场环境以及金融环境逐步改善。高素质人才逐渐增多，但从事企业创新的就业人数增长缓慢。

创新驱动发展战略稳步推进，中央以及各级地方政府出台了涵盖创新投入、科技成果转化、创业、融资、科技服务、科技人才、体制机制等各个方面的推动政策及优惠措施。各地区特色化创新创业推进举措也在加快探索。创新驱动发展战略成效开始逐步显现，创新主体数量快速增长，创客空间与双创基地蓬勃发展，各类创新成果不断涌现。

## 5.5 创新发展存在的问题

虽然我国创新发展取得了一定成效，但仍然存在诸多问题，迫切需要解

决。报告中发现的问题主要有：企业创新投入相对还是不足，政府对基础研究投入不够，创新成果转化率不高，产业创新效率不佳，产学研合作不畅，大企业创新激励不强，创新人才不足，等等。

## 5.6　创新发展的几点政策建议

为进一步推动创新驱动发展战略的实施效果，政府可能需要在以下方面进一步加强领导：

一是突出大企业产业创新的主导地位。大企业拥有较为雄厚的资源与创新能力，是产业创新的主要力量。然而目前政策体系主要激励中小企业创新，对大企业产业创新激励不足。进一步激发大企业创新活力有助于我国创新投入及产出效率的进一步提升。

二是需要进一步完善创新制度体系的保障功能，塑造公平、开放的创新生态体系。制度环境对于创新活动有重要影响。良好的制度环境和创新生态能够激发技术创新和产业创新，降低创新成本，促进产业平稳、健康发展。同时还能提升创新的投入产出效率与成果转化效率。

三是需要重视创新人才的关键作用。人才是创新的关键资源，也是提升我国自主创新能力的关键所在。创新人才关键作用的发挥包括两个方面的内容：一方面是创新人才的培育，提升创新人才的创新能力；另一方面是加大创新人才的激励力度，充分激发创新人才的主观能动性。